西北政法大学自编系列教材

证券投资分析

ZHENGQUAN TOUZI FENXI

主　编○曹　潇　周　明
副主编○陈卫东　王巨贤
参　编○孙陵霞　牛晓冬　刘　浩

中国政法大学出版社

2020·北京

图书在版编目（CIP）数据

证券投资分析/曹潇，周明主编. —北京：中国政法大学出版社，2020.12
ISBN 978-7-5620-9456-2

Ⅰ.①证… Ⅱ.①曹…②周… Ⅲ.①证券投资－投资分析－教材 Ⅳ.①F830.91

中国版本图书馆CIP数据核字(2020)第017325号

出 版 者　中国政法大学出版社
地　　址　北京市海淀区西土城路 25 号
邮寄地址　北京 100088 信箱 8034 分箱　邮编 100088
网　　址　http://www.cuplpress.com (网络实名：中国政法大学出版社)
电　　话　010-58908435(第一编辑部) 58908334(邮购部)
承　　印　固安华明印业有限公司
开　　本　720mm×960mm　1/16
印　　张　21.25
字　　数　370 千字
版　　次　2020 年 12 月第 1 版
印　　次　2021 年 1 月第 1 次印刷
印　　数　1～5000 册
定　　价　66.00 元

总　序

　　西北政法大学是一所法学特色鲜明，哲学、经济学、管理学、文学等学科相互支撑、协调发展的多科性大学。学校是西北地区法学教育研究中心和人文社会科学研究的重要基地，被誉为政法人才培养国家队的"五院四系"之一，是陕西省重点建设的高水平大学、一流学科建设高校，是全国政法大学"立格联盟"和西安高校"长安联盟"的成员单位。建校82年来，学校扎根祖国西部，形成了"政治坚定、实事求是、勇于创新、艰苦奋斗"的"老延大"优良传统，铸就了"严谨、求实、文明、公正"的校训，凝练了"法治信仰、中国立场、国际视野、平民情怀"的育人理念，培养了15万余名德才兼备、德法兼修的高素质专门人才。这些人才以"专业扎实、工作踏实、作风朴实、为人诚实"的特点深受用人单位和社会各界好评。

　　教材体系建设是育人育才的关键，高水平教材是培养德才兼备、德法兼修高素质专门人才的重要依托。习近平总书记提出："要抓好教材体系建设，形成适应中国特色社会主义发展要求、立足国际学术前沿、门类齐全的哲学社会科学教材体系。"西北政法大学历来高度重视教材建设，在积极推进"马工程"重点教材统一使用的基础上，鼓励和支持专业学术造诣高、教学经验丰富的教师参与教材编写，加强教材研究，创新教材呈现方式和话语体系，大力推进习近平新时代中国特色社会主义思想进教材、进课堂、进头脑。学校自2017年启动新一轮自编系列教材建设，重点编写系列特色教材、实践（实验、技能）类教材、双语教材，力求做到重点难点突出、理论实践结合、深度广度兼容、原理前沿兼顾，确保教材的科学性、前沿性，增强教材的针对性和实效性。

　　系列教材凝结着全体编写人员和出版社编辑的辛勤付出，欢迎选用，同时期望广大师生和实务界同行提出宝贵建议和意见。我们将及时根据使用和评价情况，丰富内容，优化结构，持续打造西北政法大学高水平特色系列教材，为哲学社会科学教材体系建设做出贡献。

西北政法大学
2019 年 8 月

前　言

　　随着我国资本市场规范化、市场化、国际化的发展趋势日渐显著，证券经营机构的竞争能力和风险控制水平不断提高，推动了我国经济体制和社会资源配置方式的变革，证券市场在国民经济中的地位和作用也日益突出。我国证券市场的发展将面临新的机遇和挑战，将基本完成由"新兴＋转轨"向成熟市场的过渡，迈入全面发展的时期。一个更加公正、透明、高效的证券市场，将在我国经济构筑自主创新体系的过程中发挥重要作用，成为建设和谐社会的重要力量。同时，一个更加开放和具有国际竞争力的证券市场，也将在国际金融体系中发挥应有的作用。伴随证券市场的发展和变化，证券投资理论研究要与时俱进，证券投资人才的培养要与之适应，为提升在校大学生和广大证券市场参与者理论基础和实践操作水平，证券投资学相关教材内容的及时更新显得尤为重要。我们组织编写了这本《证券投资分析》教材。本书在编写过程中，着重突出以下几个特点：

　　第一，反映国内外证券投资学发展的最新成果。本书紧密联系全球经济、金融发展的最新动态，将证券投资纳入金融经济运行的整体框架中进行研究，使读者更清晰、更准确地把握证券投资学的基本理论框架。

　　第二，内容充实，通俗易懂。本书紧密结合本科阶段"证券投资分析"课程的特点和新型人才培养的需要，在内容安排上，避免与相关课程内容交叉，充分考虑与先导课程和后续课程的衔接，力求体系完整、结构清晰、内容充实、行文简练，以增强其在教学中的适用性。

　　第三，注重理论与实践的结合。本书在内容安排和材料选用上注重专业性、权威性和实用性，引用了大量的历史资料、最新研究成果和相关理论，并将理论、案例、问题融为一体，体现了理论和实践相结合的特点。

　　总之，本书力求结合我国证券市场发展改革的实践，体现最新的研究成果；使用简洁的语言，深入浅出地阐述证券投资学的基本理论和原理。

　　本书由西北政法大学经济学院曹潇副教授、周明教授任主编，西北政法大学经济学院陈卫东副教授、王巨贤任副主编，西北政法大学经济学院孙陵霞、牛晓冬参与编写。其中第一章由周明教授编写，第七章、第八章由曹潇副教授编写，第十二章由陈卫东副教授编写，第二章、第四章、第五章由王巨贤编写，第九章、第十章由孙凌霞编写，第三章、第六章由牛晓冬编写，第十一章由刘浩编写。

　　尽管我们参考了大量文献，也做了最大努力，但仍存在很多缺点和不足，有待读者、专家补充和指正。

编　者

2020 年 8 月

目 录

第一章 证券投资工具

📖 教学目标

本章主要介绍证券的基本内涵、基本原理，要求学生基本了解有价证券的基本概念、分类，把握有价证券在整个证券领域的中心地位。

📖 重点和难点

本章重点是：对有价证券分类的理解，金融衍生工具的特征。本章的难点是：证券投资基金的分类。

第一节 证券的分类

一、概述

证券实质上是具有财产属性的民事权利，证券的特点在于把民事权利表现在证券上，使权利与证券相结合，权利体现为证券，即权利的证券化。它是权利人行使权利的方式和过程用证券形式表现出来的一种法律现象，是投资者投资财产符号化的一种社会现象，是社会信用发达的一种标志和结果。

证券必须与某种特定的表现形式相联系。在证券的发展过程中，最早表现证券权利的基本方式是纸张，在专用的纸单上借助文字或图形来表示特定化的权利，因此证券也被称为"书据""书证"。但随着经济的飞速前进，尤其是电子技术和信息网络的发展，现代社会出现了证券的"无纸化"，证券投资者已几乎不再拥有任何实物券形态的证券，其所持有的证券数量或者证券权利均相应地记载于投资者账户中。证券"有纸化"向"无纸化"的发展过程，揭示了现代证券概念与传统证券概念的巨大差异。

从广义上，按照是否能给使用者带来收入，证券可以分为有价证券和无价证券两大类。

有价证券，是证券的一种，即其本质仍然是一种交易契约或合同。不过与其他证券的不同之处在于，有价证券具有以下特征：任何有价证券都有一定的面值，任何有价证券都可以自由转让，任何有价证券本身都有价格，任何有价证券都能在将来给其持有人带来一定的收益。

有价证券是一种具有一定票面金额，证明持券人有权按期取得一定收入，并可自由转让和买卖的所有权或债权证书，通常简称为证券。主要形式有股票和债券两大类。其中债券又可分为公司债券、国债和不动产抵押债券等。

有价证券本身并没有价值，只是由于它能为持有者带来一定的股息或利息收入，因而可以在证券市场上自由买卖和流通，即有价证券具有流通价值。

无价证券，是指不能给使用者带来收入的证券，包括凭证证券和所有权证券。凭证证券又称证据证券，是专门证明某种事实的文件，例如借据、收据、票证等，一般不具有市场流通性。所有权证券，是指证明持证人为某种权利的合法所有者的证券，如土地所有权证书等。

二、有价证券

（一）有价证券的定义

有价证券是指标有票面金额，用于证明持有人或该证券指定的特定主体对特定财产拥有所有权或债权的凭证。这类证券本身没有价值，但由于它代表着一定量的财产权利，持有人可凭该证券直接取得一定量的商品、货币，或是取得利息、股息等收入，因而可以在证券市场上买卖和流通，客观上具有了交易价格。

有价证券是虚拟资本的一种形式。所谓虚拟资本，是指以有价证券形式存在，并能给持有者带来一定收益的资本。虚拟资本是相对独立于实际资本的一种资本存在形式。通常，虚拟资本的价格总额并不等于其所代表的真实资本的账面价格，甚至与真实资本的重置价格也不一定相等，其变化并不完全反映实际资本额的变化。

（二）有价证券的分类

有价证券有广义与狭义两种概念。狭义的有价证券即指资本证券，广义的有价证券包括商品证券、货币证券和资本证券。

商品证券是证明持有人享有商品所有权或使用权的凭证，取得这种证券就等于取得这种商品的所有权或使用权，持有人享有的这种证券所代表的商品所有权受法律保护。属于商品证券的有提货单、运货单、仓库栈单等。

货币证券是指本身能使持有人或第三者取得货币索取权的有价证券。货币证券主要包括两大类：一类是商业证券，主要是商业汇票和商业本票；另一类是银行证券，主要是银行汇票、银行本票和支票。

资本证券是指由金融投资或与金融投资有直接联系的活动而产生的证券，持有人享有一定的收入请求权。资本证券是有价证券的主要形式，本书中的有价证券即指资本证券。

有价证券的种类多种多样，可以从不同的角度按不同的标准进行分类。

1. 按证券发行主体的不同，有价证券可分为政府证券、政府机构证券和公司证券。政府证券通常是指由中央政府或地方政府发行的债券。中央政府债券也称国债，通常由一国财政部发行。地方政府债券由地方政府发行，以地方税或其他收入偿还，我国目前尚不允许除特别行政区以外的各级地方政府发行债券。政府机构证券是由经批准的政府机构发行的证券，我国目前也不允许政府机构发行债券。公司证券是公司为筹措资金而发行的有价证券，公司证券包括的范围比较广泛，有股票、公司债券及商业票据等。此外，在公司证券中，通常将银行及非银行金融机构发行的证券称为金融证券，其中金融债券尤为常见。

2. 按是否在证券交易所挂牌交易，有价证券可分为上市证券与非上市证券。上市证券是指经证券主管机关核准发行，并经证券交易所依法审核同意，允许在证券交易所内公开买卖的证券。非上市证券是指未申请上市或不符合证券交易所挂牌交易条件的证券。非上市证券不允许在证券交易所内交易，但可以在其他证券交易市场发行和交易。凭证式国债、电子式储蓄国债、普通开放式基金份额和非上市公众公司的股票属于非上市证券。

3. 按募集方式分类，有价证券可以分为公募证券和私募证券。公募证券是指发行人向不特定的社会公众投资者公开发行的证券，对其审核较严格，并采取公示制度。私募证券是指向少数特定的投资者发行的证券，其审查条件相对宽松，投资者也较少，不采取公示制度。目前，我国信托投资公司发行的信托计划以及商业银行和证券公司发行的理财计划均属私募证券，上市公司如采取定向增发方式发行的有价证券也属私募证券。

4. 按证券所代表的权利性质分类，有价证券可以分为股票、债券和其他证券三大类。股票和债券是证券市场中两个最基本、最主要的证券类型；其他证券包括基金证券、证券衍生产品等，如金融期货、可转换证券、权证等。

（三）有价证券的特征

1. 收益性。证券的收益性是指持有证券本身可以使持有者获得一定数额的收益，这是投资者取得资本所有权或使用权的回报。证券代表的是对一定数额的某种特定资产的所有权或债权，投资者持有证券也就同时拥有取得这部分资产增值收益的权利，因而证券本身具有收益性。

2. 流动性。证券的流动性是指证券变现的难易程度。证券具有极高的流动性必须满足三个条件：很容易变现、变现的交易成本极小、本金保持相对稳定。证券的流动性可通过到期兑付、承兑、贴现、转让等方式实现。不同证券的流动性是不同的。

3. 风险性。证券的风险性是指实际收益与预期收益的背离，或者说是证券收益的不确定性。从整体上说，证券的风险与其收益成正比。通常情况下，风险越大的证券，投资者要求的预期收益越高；风险越小的证券，预期收益越低。

4. 期限性。债券一般有明确的还本付息期限，以满足不同筹资者和投资者对融资期限以及与此相关的收益率需求。债券的期限具有法律约束力，是对融资双方权益的保护。股票没有期限，可以视为无期证券。

第二节　股票

一、股票的特征与类型

股票是一种有价证券，它是股份有限公司签发的证明股东所持股份的凭证。

股份有限公司的资本划分为股份，每一股股份的金额相等。公司的股份采取股票的形式。股份的发行实行公平、公正的原则，同种类的每一股份具有同等权利。股票一经发行，购买股票的投资者即成为公司的股东。股票实质上代表了股东对股份公司的所有权，股东凭借股票可以获得公司的股息和红利、参加股东大会并行使自己的权利，同时也承担相应的责任与风险。

（一）股票的特征

股票具有以下五个方面的特征：

1. 收益性。收益性是股票最基本的特征，它是指股票可以为持有人带来收益的特性。持有股票的目的在于获取收益。股票的收益来源可分成两类：一是来自股份公司。认购股票后，持有者即对发行公司享有经济权益，这种经济权益的实现形式是从公司领取股息和分享公司的红利。股息红利的多少取决于股份公司的经营状况和盈利水平。二是来自股票流通。股票持有者可以持股票到依法设立的证券交易场所进行交易，当股票的市场价格高于买入价格时，卖出股票就可以赚取差价收益。这种差价收益称为资本利得。

2. 风险性。股票风险的内涵是股票投资收益的不确定性，或者说实际收益与预期收益之间的偏离。投资者在买入股票时，对其未来收益会有一个预期，但真正实现的收益可能会高于或低于原先的预期，这就是股票的风险。很显然，风险不等于损失，高风险的股票可能给投资者带来较大损失，也可能带来较大的预期收益。风险本身是一个中性概念，但是，多数理性的投资者厌恶风险，如果要引导投资者投资风险较高的股票，就必须提供更高的预期收益，这就是"高风险高收益"的含义。

3. 流动性。流动性是指股票可以通过依法转让而变现的特性，即在本金保持相对稳定、变现的交易成本极小的条件下，股票很容易变现的特性。股票持有人不能从公司退股，但股票转让为股票提供了流动性。通常，判断股票的流动性强弱主要分析三个方面。首先是市场深度，以每个价位上报单的数量来衡量。如果买卖盘在每个价位上均有较大报单，则投资者无论买进或是卖出股票都会较容易成交，不会对市场价格形成较大冲击。其次是报价紧密度，指买卖盘各价位之间的价差。若价差较小，则新的买卖发生时对市场价格的冲击也会比较小，股票流动性就比较强。在有做市商的情况下，做市商双边报价的买卖价差通常是衡量股票流动性的最重要指标。最后是股票的价格弹性或者恢复能力，指交易价格受大额交易冲击而变化后，迅速恢复原先水平的能力。价格恢复能力越强，股票的流动性越强。

需要注意的是，由于股票的转让可能受各种条件或法律法规的限制，因此并非所有股票都具有相同的流动性。通常情况下，大盘股流动性强于小盘股，上市公司股票的流动性强于非上市公司股票，而上市公司股票又可能因市场或监管原因而受到转让限制，从而具有不同程度的流动性。

4. 永久性。永久性是指股票所载有权利的有效性是始终不变的，因为它是一种无期限的法律凭证。股票的有效期与股份公司的存续期间相联系，二者是并存的关系。这种关系实质上反映了股东与股份公司之间比较稳定的经济关系。股票代表着股东的永久性投资，当然股票持有者可以出售股票，转让其股东身份，而对于股份公司来说，由于股东不能要求退股，所以通过发行股票募集到的资金，在公司存续期间是一笔稳定的自有资本。

5. 参与性。参与性是指股票持有人有权参与公司重大决策的特性。股票持有人作为股份公司的股东，有权出席股东大会，行使对公司经营决策的参与权。股东参与公司重大决策权利的大小通常取决于其持有股份数量的多少，如果某股东持有的股份数量达到决策所需要的有效多数时，就能实质性地影响公司的经营方针。

（二）股票的类型

股票的种类很多，分类方法亦有差异。常见的股票类型如下：

1. 普通股票和优先股票。按股东享有权利的不同，股票可以分为普通股票和优先股票。

（1）普通股票。普通股票是最基本、最常见的一种股票，其持有者享有股东的基本权利和义务。普通股票的股利完全随公司盈利的高低而变化。在公司盈利较多时，普通股票股东可获得较高的股利收益，但在公司盈利和剩余财产的分配顺序上列在债权人和优先股票股东之后，故其承担的风险也较高。与优先股票相比，普通股票是标准的股票，也是风险较大的股票。

（2）优先股票。优先股票是一种特殊股票，在其所代表的股东权利、义务中附加了某些特别条件。优先股票的股息率是固定的，其持有者的股东权利受到一定限制，但在公司盈利和剩余财产的分配顺序上比普通股票股东享有优先权。有关普通股票和优先股票的详细内容将在本章第三节进一步阐述。

2. 记名股票和无记名股票。按是否记载股东姓名，股票可以分为记名股票和无记名股票。

（1）记名股票。记名股票是指在股票票面和股份公司的股东名册上记载股东姓名的股票。很多国家的公司法都对记名股票的有关事项作出了具体规定。一般来说，如果股票是归某人单独所有，则应记载持有人的姓名；如果股票是归国家授权的投资机构或者法人所有，则应记载国家授权的投资机构或者法人的名称；如果股票持有者因故改换姓名或者名称，就应到公司办理变更股东姓名或者名称的手续。

（2）无记名股票。无记名股票是指在股票票面和股份公司股东名册上均不记载股东姓名的股票。无记名股票也称不记名股票，与记名股票的差别不是在股东权利等方面，而是在股票的记载方式上。无记名股票发行时一般留有存根联，它在形式上分为两部分：一部分是股票的主体，记载了有关公司的事项，如公司名称、股票所代表的股数等；另一部分是股息票，用于进行股息结算和行使增资权利。我国《公司法》规定，发行无记名股票的，公司应当记载其股票数量、编号及发行日期。

3. 有面额股票和无面额股票。按是否在股票票面上标明金额，股票可以分为有面额股票和无面额股票。

（1）有面额股票。有面额股票是指在股票票面上记载一定金额的股票。这一记载的金额也称为票面金额、票面价值或股票面值。股票票面金额的计算方法是资本总额除以股份数，但实际上很多国家是通过法规予以直接规定，而且一般限定了这类股票的最低票面金额。另外，同次发行的有面额股票的每股票面金额是相等的，票面金额一般以国家主币为单位。大多数国家的股票都是有面额股票。我国《公司法》规定，股份有限公司的资本划分为股份，每一股的金额相等。

（2）无面额股票。无面额股票是指在股票票面上不记载股票面额，只注明它在公司总股本中所占比例的股票。无面额股票也称为比例股票或份额股票。无面额股票的价值随股份公司净资产和预期未来收益的增减而相应增减。公司净资产和预期未来收益增加，每股价值上升；反之，公司净资产和预期未来收益减少，每股价值下降。无面额股票淡化了票面价值的概念，但仍然有内在价值，它与有面额股票的差别仅在表现形式上。也就是说，它们都代表着股东对公司资本总额的投资比例，股东享有同等的股东权利。20世纪早期，美国纽约州最先通过法律，允许发行无面额股票，以后美国其他州和其他一些国家也相继仿效，但目前世界上很多国家（包括中国）的公司法规定不允许发行无面额股票。

二、股票的价值与价格

（二）股票的价值

1. 股票的票面价值。股票的票面价值又称面值，即在股票票面上标明的金额。该种股票被称为有面额股票。股票的票面价值在初次发行时有一定的参考意义。如果以面值作为发行价，称为平价发行，此时公司发行股票募集的资金等于股本的总和，也等于面值总和。发行价格高于面值称为溢价发行，募集的资金中等于面值总和的部分计入资本账户，以超过股票票面金额的发行价格发行股份所得的溢价款列为公司资本公积金。随着时间的推移，公司的净资产会发生变化，股票面值与每股净资产逐渐背离，与股票的投资价值之间也没有必然的联系。尽管如此，票面价值代表了每一份股份占总股份的比例，在确定股东权益时仍有一定的意义。

2. 股票的账面价值。股票的账面价值又称股票净值或每股净资产，在没有优先股的条件下，每股账面价值等于公司净资产除以发行在外的普通股票的股数。公司净资产是公司资产总额减去负债总额后的净值，从会计角度说，等于股东权益价值。股票账面价值的高低对股票交易价格有重要影响，但是，通常情况下，股票账面价值并不等于股票的市场价格。主要原因有两点：一是会计价值通常反映的是历史成本或者按某种规则计算的公允价值，并不等于公司资产的实际价格；二是账面价值并不反映公司的未来发展前景。

3. 股票的清算价值。股票的清算价值是公司清算时每一股份所代表的实际价值。从理论上说，股票的清算价值应与账面价值一致，实际上并非如此。只有当清算时公司资产实际出售价款与财务报表上的账面价值一致时，每一股份的清算价值才与账面价值一致。但在公司清算时，其资产往往只能压低价格出售，再加上必要的清算费用，所以大多数公司的实际清算价值低于其账面价值。

4. 股票的内在价值。股票的内在价值即理论价值，也即股票未来收益的现值。股票的内在价值决定股票的市场价格，股票的市场价格总是围绕其内在价值波动。研究和发现股票的内在价值，并将内在价值与市场价格相比较，进而决定投资策略是证券研究人员、投资管理人员的主要任务。由于未来收益及市场利率的不确定性，各种价值模型计算出来的内在价值只是股票真实的内在价值的估计值。经济形势的变化、宏观经济政策的调整、供求关系的变化等都会影响上市公司未来的收益，引起股票内在价值的变化。

（一）股票的价格

股票价格是指股票在证券市场上买卖的价格。从理论上说，股票价格应由其价值决定，但股票本身并没有价值，不是在生产过程中发挥职能作用的现实资本，而只是一张资本凭证。股票之所以有价格，是因为它代表着收益的价值，即能给它的持有者带来股息红利。股票交易实际上是对未来收益权的转让买卖，股票价格就是对未来收益的评定。股票及其他有价证券的理论价格是根据现值理论而来的。现值理论认为，人们之所以愿意购买股票和其他证券，是因为它能够为它的持有人带来预期收益，因此，它的价值取决于未来收益的大小。可以认为，股票的未来股息收入、资本利得收入是股票的未来收益，亦可称之为期值。将股票的期值按必要收益率和有效期限折算成今天的价值，即为股票的现值。股票的现值就是股票未来收益的当前价值，也就是人们为了得到股票的未来收益愿意付出的代价。可见，股票及其他有价证券的理论价格就是以一定的必要收益率计算出来的未来收入的现值。价格由股票的价值决定，但同时受许多其他因素的影响。其中，供求关系是最直接的影响因素，其他因素都是通过作用于供求关系而影响股票价格的。由于影响股票价格的因素复杂多变，所以股票的市场价格呈现出高低起伏的波动性特征。

（三）影响股票价格的因素

在自由竞价的股票市场中，股票的市场价格不断变动。引起股票价格变动的直接原因是供求关系的变化，或者说是买卖双方力量强弱的转换。根据供求规律，价格是供求对比的产物，同时也是恢复供求平衡的关键变量。在任何价位上，如果买方的意愿购买量超过此时卖方的意愿出售量，股价将会上涨；反之，股价就会下跌。从根本上说，股票供求以及股票价格主要取决于预期。买方之所以愿意按某个价位买进股票，主要是因为他们认为持有该股票带来的收益超过了目前所花资金的机会成本（比如说，预期股价将会上涨、预期公司将派发较高红利），换言之，认为该股票的价格被低估了。同理，卖方之所以愿意出售股票，主要原因是他们认为该价格被高估了，将来可能下跌。当然，某些特殊原因也可能产生股票的供求，比如为了夺取或保持公司控制权而买入股票，履行某种承诺（如期权到期行权）而买进股票。同样，股票持有人也可能因为流动性挤压或者财产清算等原因而卖出股票。分析股价变动的因素，就是要梳理影响供求关系变化的深层次原因。

第三节　债券

一、债券的定义、票面要素和特征

（一）债券的定义

债券是一种有价证券，是社会各类经济主体为筹集资金而向债券投资者出具的、承诺按一定利率定期支付利息并到期偿还本金的债权债务凭证。债券所规定的资金借贷双方的权责关系主要有：①所借贷货币资金的数额；②借贷的时间；③在借贷时间内的资金成本或应有的补偿（即债券的利息）。

债券所规定的借贷双方的权利义务关系包含四个方面的含义：①发行人是借入资金的经济主体；②投资者是出借资金的经济主体；③发行人必须在约定的时间付息还本；④债券反映了发行者和投资者之间的债权债务关系，而且是这一关系的法律凭证。债券具有以下基本性质：

1. 债券属于有价证券。首先，债券反映和代表一定的价值。债券本身有一定的面值，通常它是债券投资者投入资金的量化表现；另外，持有债券可按期取得利息，利息也是债券投资者收益的价值表现。其次，债券与其代表的权利联系在一起，拥有债券就拥有了债券所代表的权利，转让债券也就将债券代表的权利一并转移。

2. 债券是一种虚拟资本。债券尽管有面值，代表了一定的财产价值，但它也只是一种虚拟资本，而非真实资本。因为债券的本质是证明债权债务关系的证书，在债权债务关系建立时所投入的资金已被债务人占用，债券是实际运用的真实资本的证书。债券的流动并不意味着它所代表的实际资本也同样流动，债券独立于实际资本之外。

3. 债券是债权的表现。债券代表债券投资者的权利，这种权利不是直接支配财产权，也不以资产所有权表现，而是一种债权。拥有债券的人是债权人，债权人不同于公司股东，是公司的外部利益相关者。

（二）债券的票面要素

债券作为证明债权债务关系的凭证，一般以一定格式的票面形式来表现。通常债券票面上有四个基本要素。

1. 债券的票面价值。债券的票面价值是债券票面标明的货币价值，是债券发行人承诺在债券到期日偿还给债券持有人的金额。在债券的票面价值中，首先要规定票面价值的币种，即以何种货币作为债券价值的计量标准。确定币种主要考虑债券的发行对象。一般来说，在本国发行的债券通常以本国货币作为面值的计量单位；在国际金融市场筹资，则通常以债券发行地所在国家的货币或以国际通用货币为计量标准。此外，确定币种还应考虑债券发行者本身对币种的需要。币种确定后，则要规定债券的票面金额。票面金额大小不同，可以适应不同的投资对象，同时也会产生不同的发行成本。票面金额定得较小，有利于小额投资者购买，持有者分布面广，但债券本身的印刷及发行工作量大，费用可能较高；票面金额定得较大，有利于少数大额投资者认购，且印刷费用等也会相应减少，但使小额投资者无法参与。因此，债券票面金额的确定也要根据债券的发行对象、市场资金供给情况及债券发行费用等因素综合考虑。

2. 债券的到期期限。债券的到期期限是指债券从发行之日起至偿清本息之日止的时间，也是债券发行人承诺履行合同义务的全部时间。各种债券有不同的偿还期限，短则几个月，长则几十年，习惯上有短期债券、中期债券和长期债券之分。

3. 债券的票面利率。债券票面利率也称名义利率，是债券年利息与债券票面价值的比率，通常年利率用百分数表示。利率是债券票面要素中不可缺少的内容。

4. 债券发行者名称。这一要素指明了该债券的债务主体，既明确了债券发行人应履行对债权人偿还本息的义务，也为债权人到期追索本金和利息提供了依据。

需要说明的是，以上四个要素虽然是债券票面的基本要素，但它们并非一定在债券票面上印制出来。在许多情况下，债券发行者以公布条例或公告的形式向社会公开宣布某债券的期限与利率，只要发行人具备良好的信誉，投资者也会认可接受。

此外，债券票面上有时还包含一些其他要素，如有的债券具有分期偿还的特征，在债券的票面上或发行公告中附有分期偿还时间表；有的债券附有一定的选择权，即发行契约中赋予债券发行人或持有人具有某种选择的权利，包括附有赎回选择权条款的债券、附有出售选择权条款的债券、附有可转换条款的债券、附有交换条款的债券、附有新股认购权条款的债券等。附有赎回选择权条款的债券表明债券发行人具有在到期日之前买回全部或部分债券的权利；附有出售选择权条款的债券表明债券持有人具有在指定的日期内以票面价值将债券卖回给发行人的权利；附有可转换条款的债券表明债券持有人具有按约定条件将债券转换成发行公司普通股票的选择权；附有交换条款的债券是指债券持有人具有按约定条件将债券与债券发行公司以外的其他公司的普通股票交换的选择权；附有新股认购权条款的债券表明债券持有人具有按约定条件购买债券发行公司新发行的普通股票的选择权。

（三）债券的特征

1. 偿还性。偿还性是指债券有规定的偿还期限，债务人必须按期向债权人偿还本金和支付利息。债券的偿还性使资金筹措者不能无限期地占用债券购买者的资金，换言之，他们之间的借贷经济关系将随偿还期结束、还本付息手续完毕而不复存在。这一特征与股票的永久性有很大的区别。在历史上，债券的偿还性也有例外，曾有国家发行过无期公债或永久性公债。这种公债无固定偿还期，持券者不能要求政府清偿债务，只能按期取息。当然，这只能视为特例，不能因此而否定债券具有偿还性的一般特性。

2. 流动性。流动性是指债券持有人可按需要和市场的实际状况，灵活地转让债券，以提前收回本金和实现投资收益。流动性首先取决于市场为转让债券所提供的便利程度；其次取决于债券在迅速转变为货币时，是否在以货币计算的价值上蒙受损失。

3. 安全性。安全性是指债券持有人的收益相对稳定，不随发行者经营收益的变动而变动，并且可按期收回本金。一般来说，具有高度流动性的债券同时也是较安全的，因为它不仅可以迅速地转换为货币，而且还可以按一个较稳定的价格转换。

4. 收益性。收益性是指债券能为投资者带来一定的收入，即债券投资的报酬。在实际经济活动中，债券收益可以表现为三种形式：一是利息收入，即债权人在持有债券期间按约定的条件分期、分次取得利息或者到期一次取得利息。二是资本损益，即债权人到期收回的本金与买入债券或中途卖出债券与买入债券之间的价差收入。从理论上说，如果市场利率在持有债券期间一直不变，这一价差就是自买入债券或是自上次付息至卖出债券这段时间的利息收益表现形式。但是，由于市场利率会不断变化，债券在市场上的转让价格将随市场利率的升降而上下波动。债券持有者能否获得转让价差、转让价差的多少，要视市场情况而定。三是再投资收益，即投资债券所获现金流量再投资的利息收入，受市场收益率变化的影响。

二、债券的分类

债券种类很多，在债券的历史发展过程中出现过许多不同品种的债券，各种债券共同构成了一个完整的债券体系。债券可以依据不同的标准进行分类。

（一）按发行主体分类

根据发行主体的不同，债券可以分为政府债券、金融债券和公司债券。

1. 政府债券。政府债券的发行主体是政府。中央政府发行的债券称为国债，其主要用途是解决由政府投资的公共设施或重点建设项目的资金需要和弥补国家财政赤字。根据不同的发行目的，政府债券有不同的期限，从几个月至几十年不等。政府债券的发行和收入的安排使用是从整个国民经济的范围和发展来考虑的。政府债券的发行规模、期限结构、未清偿余额，关系着一国政治、经济发展的全局。除了政府部门直接发行的债券外，有些国家把政府担保的债券也划归为政府债券体系，称为政府保证债券。这种债券由一些与政府有直接关系的公司或金融机构发行，并由政府提供担保。

2. 金融债券。金融债券的发行主体是银行或非银行金融机构。金融机构一般有雄厚的资金实力，信用度较高，因此，金融债券往往也有良好的信誉。银行和非银行金融机构是社会信用的中介，它们的资金来源主要靠吸收公众存款和金融业务收入。它们发行债券的目的主要有：筹资用于某种特殊用途；改变本身的资产负债结构。对于金融机构来说，吸收存款和发行债券都是它的资金来源，构成了它的负债。存款的主动性在存款户，金融机构只能通过提供服务条件来吸引存款，而不能完全控制存款，是被动负债，而发行债券则是金融机构的主动负债，金融机构有更大的主动权和灵活性。金融债券的期限以中期较为多见。

3. 公司债券。公司债券是公司依照法定程序发行、约定在一定期限还本付息的有价证券。公司债券的发行主体是股份公司，但有些国家也允许非股份制企业发行债券，所以，归类时可将公司债券和企业发行的债券合在一起，称为公司（企业）债券。公司发行债券的目的主要是为了满足经营需要。由于公司的情况千差万别，有些经营有方、实力雄厚、信誉高，也有一些经营较差，可能处于倒闭的边缘，因此，公司债券的风险性相对于政府债券和金融债券要大一些。公司债券有中长期的，也有短期的，视公司的需要而定。

（二）按付息方式分类

根据债券发行条款中是否规定在约定期限向债券持有人支付利息，债券可分为零息债券、附息债券、息票累积债券三类。

1. 零息债券。零息债券也称零息票债券，指债券合约未规定利息支付的债券。通常，这类债券以低于面值的价格发行和交易，债券持有人实际上是以买卖（到期赎回）价差的方式取得债券利息。

2. 附息债券。附息债券的合约中明确规定，在债券存续期内，对持有人定期支付利息（通常每半年或每年支付一次）。按照计息方式的不同，这类债券还可细分为固定利率债券和浮动利率债券两大类。固定利率债券是在债券存续期内票面利率不变的债券。浮动利率债券是在票面利率的基础上参照预先确定的某一基准利率予以定期调整的债券。有些附息债券可以根据合约条款推迟支付定期利率，故称为缓息债券。

3. 息票累积债券。与附息债券相似，这类债券也规定了票面利率，但是，债券持有人只能在债券到期时一次性获得本息，存续期间没有利息支付。

（三）按债券形态分类

债券有不同的形式，根据债券券面形态可以分为实物债券、凭证式债券和记账式债券。

1. 实物债券。实物债券是一种具有标准格式的实物券面的债券。在标准格式的债券券面上，一般印有债券面额、债券利率、债券期限、债券发行人全称、还本付息方式等各种债券票面要素。有时债券利率、债券期限等要素也可以通过公告向社会公布，而不在债券券面上注明。无记名国债就属于这种实物债券，它以实物券的形式记录债权、面值等，不记名，不挂失，可上市流通。实物债券是一般意义上的债券，很多国家通过法律或者法规对实物债券的格式予以明确规定。

2. 凭证式债券。凭证式债券是债权人认购债券的一种收款凭证，而不是债券发行人制定的标准格式的债券。我国 1994 年开始发行凭证式国债。我国的凭证式国债通过各银行储蓄网点和财政部门国债服务部面向社会发行，券面上不印制票面金额，而是根据认购者的认购额填写实际的缴款金额，是一种国家储蓄债，可记名、挂失，以凭证式国债收款凭证记录债权，不能上市流通，从购买之日起计息。在持有期内，持券人如遇特殊情况需要提取现金，可以到原购买网点提前兑取。提前兑取时，除偿还本金外，利息按实际持有天数及相应的利率档次计算，经办机构按兑付本金的 2% 收取手续费。

3. 记账式债券。记账式债券是没有实物形态的票券，利用证券账户通过电脑系统完成债券发行、交易及兑付的全过程。我国 1994 年开始发行记账式国债。目前，上海证券交易所和深圳证券交易所已为证券投资者建立了电子证券账户，发行人可以利用证券交易所的交易系统来发行债券。投资者进行记账式债券买卖，必须在证券交易所设立账户。记账式国债可以记名、挂失，安全性较高，同时由于记账式债券的发行和交易均无纸化，所以发行时间短，发行效率高，交易手续简便，成本低，交易安全。

三、债券与股票的比较

(一) 债券与股票的相同点

1. 债券与股票都属于有价证券。尽管债券和股票有各自的特点，但它们都属于有价证券。债券和股票作为有价证券体系中的一员，是虚拟资本，它们本身无价值，但又都是真实资本的代表。持有债券或股票，都有可能获取一定的收益，并能行使各自的权利和流通转让。债券和股票都在证券市场上交易，是各国证券市场的两大支柱类交易工具。

2. 债券与股票都是筹措资金的手段。债券和股票都是有关经济主体为筹资需要而发行的有价证券。经济主体在社会经济活动中必然会产生对资金的需求，从资金融通角度看，债券和股票都是筹资手段。与向银行贷款间接融资相比，发行债券和股票筹资的数额大，时间长，成本低，且不受贷款银行的条件限制。

3. 债券与股票收益率相互影响。从单个债券和股票看，它们的收益率经常会发生差异，而且有时差距还很大。但是，总体而言，如果市场是有效的，则债券的平均收益率和股票的平均收益率会大体保持相对稳定的关系，其差异反映了二者风险程度的差别。这是因为，在市场规律的作用下，证券市场上一种融资手段收益率的变动，会引起另一种融资手段收益率发生同向变动。

（二）债券与股票的区别

1. 权利不同。债券是债权凭证，债券持有者与债券发行人之间的经济关系是债权债务关系，债券持有者只可按期获取利息及到期收回本金，无权参与公司的经营决策。股票则不同，股票是所有权凭证，股票所有者是发行股票公司的股东，股东一般拥有表决权，可以通过参加股东大会选举董事，参与公司重大事项的审议和表决，行使对公司的经营决策权和监督权。

2. 目的不同。发行债券是公司追加资金的需要，它属于公司的负债，不是资本金；发行股票则是股份公司创立和增加资本的需要，筹措的资金列入公司资本。发行债券的经济主体很多，中央政府、地方政府、金融机构、公司企业等一般都可以发行债券，但能发行股票的经济主体只有股份有限公司。

3. 期限不同。债券一般有规定的偿还期，期满时债务人必须归还本金，因此，债券是一种有期证券。股票通常是无须偿还的，一旦投资入股，股东便不能从股份公司抽回本金，因此，股票是一种无期证券，或称永久证券。但是，股票持有者可以通过市场转让收回投资资金。

4. 收益不同。债券通常有规定的票面利率，可获得固定的利息。股票的股息红利不固定，一般视公司经营情况而定。

5. 风险不同。股票风险较大，债券风险相对较小。这是因为：其一，债券利息是公司的固定支出，属于费用范围；股票的股息红利是公司利润的一部分，公司有盈利才能支付，而且支付顺序列在债券利息支付和纳税之后。其二，倘若公司破产，清理资产有余额偿还时，债券偿付在前，股票偿付在后。其三，在二级市场上，债券因其利率固定、期限固定，市场价格也较稳定；而股票无固定期限和利率，受各种宏观因素和微观因素的影响，市场价格波动频繁，涨跌幅度较大。

第四节　证券投资基金

一、证券投资基金

（一）证券投资基金的产生与发展

证券投资基金是指通过公开发售基金份额募集资金，由基金托管人托管，由基金管理人管理和运用资金，为基金份额持有人的利益，以资产组合方式进行证券投资的一种利益共享、风险共担的集合投资方式。

作为一种大众化的信托投资工具，各国和地区对证券投资基金的称谓不尽相同，如美国称共同基金，英国和我国香港特别行政区称单位信托基金，日本则称证券投资信托基金等。一般认为，基金起源于英国，是在 18 世纪末、19 世纪初产业革命的推动下出现的。当时，产业革命的成功使英国生产力水平迅速提高，工商业都取得较大的发展，其殖民地和海外贸易遍及全球，大量的资金为追逐高额利润而涌向其他国家。可是大多数投资者缺乏国际投资知识，又不了解外国的情况，难以直接参加海外投资。于是，人们便萌发了众人集资、委托专人经营和管理的想法。这一想法得到了英国政府的支持。1868 年英国政府出面组建了海外和殖民地政府信托组织，公开向社会发售受益凭证。海外和殖民地政府信托组织是公认的最早的基金机构，以分散投资于国外殖民地的公司为主，其投资地区遍及南北美洲、中东、东南亚地区和意大利、葡萄牙、西班牙等国，当时的投资总额达 48 万英镑。该基金类似股票，不能退股，也不能兑现，认购者的权益仅限于分红和派息。

100 多年来，随着社会经济的发展，世界基金产业从无到有、从小到大，尤其是 20 世纪 70 年代以来，随着世界投资规模的剧增、现代金融业的创新，品种繁多、名目各异的基金风起云涌，形成了一个庞大的产业。以美国为例，2009 年年底，美国共同基金的净资产总额已达 10.3 万亿美元，超过了商业银行的资产规模。基金产业已经与银行业、证券业、保险业并驾齐驱，成为现代金融体系的四大支柱之一。

（二）我国证券投资基金业发展概况

证券投资基金在我国发展的时间还比较短，但在证券监管机构的大力扶植下，在短短几年时间里获得了突飞猛进的发展。1997 年 11 月，国务院颁布《证券投资基金管理暂行办法》；1998 年 3 月，两只封闭式基金——基金金泰、基金开元设立，分别由国泰基金管理公司和南方基金管理公司管理；2004 年 6 月 1 日，我国《证券投资基金法》正式实施，以法律形式确认了证券投资基金在资本市场及社会主义市场经济中的地位和作用，成为中国证券投资基金业发展史上的一个重要里程碑。基金产品差异化日益明显，基金的投资风格也趋于多样化。我国的基金产品除股票型基金外，债券基金、货币市场基金、保本基金、指数基金等纷纷问世。近年来，基金品种不断丰富，出现了如结构化基金、ETF 联接基金等。在投资风格方面，除传统的成长型基金、混合型基金外，还有收益型基金、价值型基金等。我国基金业发展迅速，对外开放的步伐加快。近年来，我国基金业发展迅速，基金管理公司不断增多，管理基金规模不断扩大。

（三）证券投资基金的特点

证券投资基金之所以在许多国家受到投资者的广泛欢迎，发展迅速，与证券投资基金本身的特点有关。作为一种现代化投资工具，证券投资基金所具备的特点是十分明显的。

1. 集合投资。基金的特点是将零散的资金汇集起来，交给专业机构投资于各种金融工具，以谋取资产的增值。基金对投资的最低限额要求不高，投资者可以根据自己的经济能力决定购买数量，有些基金甚至不限制投资额大小，因此，基金可以最广泛地吸收社会闲散资金，集腋成裘，汇成规模巨大的投资资金。在参与证券投资时，资本越雄厚，优势越明显，而且可能享有大额投资在降低成本上的相对优势，从而获得规模效益的好处。

2. 分散风险。以科学的投资组合降低风险、提高收益是基金的另一大特点。在投资活动中，风险和收益总是并存的，因此，"不能将鸡蛋放在一个篮子里"。但是，要实现投资资产的多样化，需要一定的资金实力。对小额投资者而言，由于资金有限，很难做到这一点，而基金则可以帮助中小投资者解决这个困难，即可以凭借其集中的巨额资金，在法律规定的投资范围内进行科学的组合，分散投资于多种证券，实现资产组合多样化。通过多元化的投资组合，一方面借助于资金庞大和投资者众多的优势使每个投资者面临的投资风险变小；另一方面，利用不同投资对象之间收益率变化的相关性，达到分散投资风险的目的。

3. 专业理财。将分散的资金集中起来以信托方式交给专业机构进行投资运作，既是证券投资基金的一个重要特点，也是它的一个重要功能。基金实行专业理财制度，由受过专门训练、具有比较丰富的证券投资经验的专业人员运用各种技术手段收集、分析各种信息资料，预测金融市场上各个品种的价格变动趋势，制订投资策略和投资组合方案，从而可避免投资决策失误，提高投资收益。对于那些没有时间，或者对市场不太熟悉的中小投资者来说，投资于基金可以分享基金管理人在市场信息、投资经验、金融知识和操作技术等方面所拥有的优势，从而尽可能地避免盲目投资带来的失误。

（四）证券投资基金的作用

1. 基金为中小投资者拓宽了投资渠道。对中小投资者来说，存款或买债券较为稳妥，但收益率较低；投资于股票有可能获得较高收益，但风险较大。证券投资基金作为一种新型的投资工具，将众多投资者的小额资金汇集起来进行组合投资，由专家来管理和运作，经营稳定，收益可观，为中小投资者提供了较为理想的间接投资工具，大大拓宽了中小投资者的投资渠道。在美国，有50%左右的家庭投资于基金，基金占所有家庭资产的40%左右。因此可以说，基金已进入了寻常百姓家，成为大众化的投资工具。

2. 有利于证券市场的稳定和发展。其一，基金的发展有利于证券市场的稳定。证券市场的稳定与否同市场的投资者结构密切相关。基金的出现和发展，能有效地改善证券市场的投资者结构。基金由专业投资人士经营管理，其投资经验比较丰富，收集和分析信息的能力较强，投资行为相对理性，客观上能起到稳定市场的作用。同时，基金一般注重资本的长期增长，多采取长期的投资行为，较少在证券市场上频繁进出，能减少证券市场的波动。其二，基金作为一种主要投资于证券市场的金融工具，它的出现和发展增加了证券市场的投资品种，扩大了证券市场的交易规模，起到了丰富和活跃证券市场的作用。随着基金的发展壮大，它已成为推动证券市场发展的重要动力。

（五）证券投资基金与股票、债券的区别

1. 反映的经济关系不同。股票反映的是所有权关系，债券反映的是债权债务关系，而基金反映的则是信托关系，但公司型基金除外。

2. 筹集资金的投向不同。股票和债券是直接投资工具，筹集的资金主要投向实业，而基金是间接投资工具，筹集的资金主要投向有价证券等金融工具。

3. 风险水平不同。股票的直接收益取决于发行公司的经营效益，不确定性强，投资于股票有较大的风险。债券的直接收益取决于债券利率，而债券利率一般是事先确定的，投资风险较小。基金主要投资于有价证券，投资选择灵活多样，从而使基金的收益有可能高于债券，投资风险又可能小于股票。因此，基金能满足那些不能或不宜直接参与股票、债券投资的个人或机构的需要。

二、证券投资基金的分类

（一）按基金的组织形式不同，可分为契约型基金和公司型基金

契约型基金又称为单位信托基金，是指将投资者、管理人、托管人三者作为信托关系的当事人，通过签订基金契约的形式发行受益凭证而设立的一种基金。契约型基金起源于英国，后来在我国香港特别行政区、新加坡、印度尼西亚等国家和地区十分流行。契约型基金是基于信托原理而组织起来的代理投资方式，没有基金章程，也没有公司董事会，而是通过基金契约来规范三方当事人的行为。基金管理人负责基金的管理操作；基金托管人作为基金资产的名义

持有人，负责基金资产的保管和处置，对基金管理人的运作实行监督。

公司型基金是依据基金公司章程设立，在法律上具有独立法人地位的股份投资公司。公司型基金以发行股份的方式募集资金，投资者购买基金公司的股份后，以基金持有人的身份成为投资公司的股东，凭其持有的股份依法享有投资收益。公司型基金在组织形式上与股份有限公司类似，由股东选举董事会，由董事会选聘基金管理公司，基金管理公司负责管理基金的投资业务。

1. 公司型基金的特点：

（1）基金的设立程序类似于一般股份公司，基金本身为独立法人机构。但不同于一般股份公司的是，它委托基金管理公司作为专业的财务顾问或管理人来经营、管理基金资产。

（2）基金的组织结构与一般股份公司类似，设有董事会和股东大会。基金资产归公司所有。

2. 契约型基金与公司型基金的区别：

（1）资金的性质不同。契约型基金的资金是通过发行基金份额筹集起来的信托财产；公司型基金的资金是通过发行普通股票筹集的公司法人的资本。

（2）投资者的地位不同。契约型基金的投资者购买基金份额后成为基金契约的当事人之一，投资者既是基金的委托人，即基于对基金管理人的信任，将自己的资金委托给基金管理人管理和营运，又是基金的受益人，即享有基金的受益权。公司型基金的投资者购买基金公司的股票后成为该公司的股东，因此，公司型基金的投资者对基金运作的影响比契约型基金的投资者大。

（3）基金的营运依据不同。契约型基金依据基金契约营运基金，公司型基金依据投资公司章程营运基金。

由此可见，契约型基金和公司型基金在法律依据、组织形式以及有关当事人的地位等方面是不同的，但它们都采用把投资者的资金集中起来，按照基金设立时所规定的投资目标和策略，将基金资产分散投资于众多的金融产品上，获取收益后再分配给投资者的投资方式。目前我国的基金全部是契约型基金。

（二）按基金运作方式不同，可分为封闭式基金和开放式基金

封闭式基金是指经核准的基金份额总额在基金合同期限内固定不变，基金份额可以在依法设立的证券交易场所交易，但基金份额持有人不得申请赎回的基金。由于封闭式基金在封闭期内不能追加认购或赎回，投资者只能通过证券经纪商在二级市场上进行基金的买卖。封闭式基金的期限是指基金的存续期，即基金从成立到终止之间的时间。决定基金期限长短的因素主要有两个：一是

基金本身投资期限的长短。一般来说，如果基金的目标是进行中长期投资，其存续期就可长一些；反之，如果基金的目标是进行短期投资（如货币市场基金），其存续期就可短一些。二是宏观经济形势。一般来说，如果经济稳定增长，基金存续期就可长一些，否则应相对短一些。当然，在现实中，存续期还应依据所在国家或地区的法律法规规定以及基金发起人和众多投资者的要求来确定。基金期限届满即为基金终止，管理人应组织清算小组对基金资产进行清产核资，并将清产核资后的基金净资产按照投资者的出资比例进行公正合理的分配。

开放式基金是指基金份额总额不固定，基金份额可以在基金合同约定的时间和场所申购或者赎回的基金。为了满足投资者赎回资金、实现变现的要求，开放式基金一般都从所筹资金中拨出一定比例，以现金形式保持这部分资产。这虽然会影响基金的盈利水平，但作为开放式基金来说是必需的。

封闭式基金与开放式基金之间主要有以下区别：

1. 期限不同。封闭式基金有固定的存续期，通常在 5 年以上，一般为 10 年或 15 年，经受益人大会通过并经监管机构同意可以适当延长期限。开放式基金没有固定期限，投资者可随时向基金管理人赎回基金份额，若大量赎回甚至会导致清盘。

2. 发行规模限制不同。封闭式基金的基金规模是固定的，在封闭期限内未经法定程序认可不能增加发行。开放式基金没有发行规模限制，投资者可随时提出申购或赎回申请，基金规模随之增加或减少。

3. 基金份额交易方式不同。封闭式基金的基金份额在封闭期限内不能赎回，持有人只能在证券交易场所出售给第三者，交易在基金投资者之间完成。开放式基金的投资者则可以在首次发行结束一段时间后，随时向基金管理人或其销售代理人提出申购或赎回申请，绝大多数开放式基金不上市交易，交易在投资者与基金管理人或其销售代理人之间进行。

4. 基金份额的交易价格计算标准不同。封闭式基金与开放式基金的基金份额除了首次发行价都是按面值加一定百分比的购买费计算外，以后的交易计价方式不同。封闭式基金的买卖价格受市场供求关系的影响，常出现溢价或折价现象，并不必然反映单位基金份额的净资产值。开放式基金的交易价格则取决于每一基金份额净资产值的大小，其申购价一般是基金份额净资产值加一定的购买费，赎回价是基金份额净资产值减去一定的赎回费，不直接受市场供求影响。

5. 基金份额资产净值公布的时间不同。封闭式基金一般每周或更长时间公布一次，开放式基金一般在每个交易日连续公布。

6. 交易费用不同。投资者在买卖封闭式基金时，在基金价格之外要支付手续费；投资者在买卖开放式基金时，则要支付申购费和赎回费。

7. 投资策略不同。封闭式基金在封闭期内基金规模不会减少，因此可进行长期投资，基金资产的投资组合能有效地在预定计划内进行。开放式基金因基金份额可随时赎回，为应付投资者随时赎回兑现，所募集的资金不能全部用来投资，更不能把全部资金用于长期投资，必须保持基金资产的流动性，在投资组合上须保留一部分现金和高流动性的金融工具。

（三）按投资标的划分，可分为债券基金、股票基金、货币市场基金等

1. 债券基金。债券基金是一种以债券为主要投资对象的证券投资基金。由于债券的年利率固定，因而这类基金的风险较低，适合于稳健型投资者。债券基金的收益会受市场利率的影响，当市场利率下调时，其收益会上升；反之，若市场利率上调，其收益将下降。除此以外，如果基金投资于境外市场，汇率也会影响基金的收益，管理人在购买国际债券时，往往还需要在外汇市场上进行套期保值。

在我国，根据现行《公开募集证券投资基金运作管理办法》的规定，80%以上的基金资产投资于债券的，为债券基金。

2. 股票基金。股票基金是指以上市股票为主要投资对象的证券投资基金。股票基金的投资目标侧重于追求资本利得和长期资本增值。基金管理人拟定投资组合，将资金投放到一个或几个国家、甚至全球的股票市场，以达到分散投资、降低风险的目的。股票基金是最重要的基金品种，它的优点是资本的成长潜力较大，投资者不仅可以获得资本利得，还可以通过它将较少的资金投资于各类股票，从而实现在降低风险的同时保持较高收益的投资目标。按基金投资的分散化程度，可将股票基金划分为一般股票基金和专门化股票基金。前者分散投资于各种普通股票，风险较小；后者专门投资于某一行业、某一地区的股票，风险相对较大。由于股票投资基金聚集了巨额资金，几只甚至仅仅一只大规模的基金就可以引发股市动荡，所以各国政府对股票基金的监管都十分严格，不同程度地规定了基金购买某一家上市公司的股票总额不得超过基金资产净值的一定比例，以防止基金过度投机和操纵股市。

在我国，根据《公开募集证券投资基金运作管理办法》的规定，80%以上的基金资产投资于股票的，为股票基金。

3. 货币市场基金。货币市场基金是以货币市场工具为投资对象的一种基金，其投资对象期限在 1 年以内，包括银行短期存款、国库券、公司短期债券、银行承兑票据及商业票据等货币市场工具。根据《公开募集证券投资基金运作管理办法》的规定，仅投资于货币市场工具的，为货币市场基金。货币市场基金的优点是资本安全性高，购买限额低，流动性强，收益较高，管理费用低，有些还不收取赎回费用。因此，货币市场基金通常被认为是低风险的投资工具。

4. 衍生证券投资基金。衍生证券投资基金是一种以衍生证券为投资对象的基金，包括期货基金、期权基金、认股权证基金等。这种基金风险大，因为衍生证券一般是高风险的投资品种。

（四）按投资目标划分，可分为成长型基金、收入型基金和平衡型基金

1. 成长型基金。成长型基金追求的是基金资产的长期增值。为了达到这一目标，基金管理人通常将基金资产投资于信誉度较高、有长期成长前景或长期盈余的成长公司的股票。成长型基金又可分为稳健成长型基金和积极成长型基金。

2. 收入型基金。收入型基金主要投资于可带来现金收入的有价证券，以获取当期的最大收入为目的。收入型基金资产的成长潜力较小，损失本金的风险相对也较低，一般可分为固定收入型基金和股票收入型基金。固定收入型基金的主要投资对象是债券和优先股，因而尽管收益率较高，但长期成长的潜力很小，而且当市场利率波动时，基金净值容易受到影响。股票收入型基金的成长潜力比较大，但易受股市波动的影响。

3. 平衡型基金。平衡型基金将资产分别投资于两种不同特性的证券上，并在以取得收入为目的的债券及优先股和以资本增值为目的的普通股之间进行平衡。这种基金一般将 25% ~50% 的资产投资于债券及优先股，其余的投资于普通股。平衡型基金的主要目的是从其投资组合的债券中得到适当的利息收益，与此同时又可以获得普通股的升值收益。投资者既可获得当期收入，又可得到资金的长期增值。平衡型基金的优点是风险比较低，缺点是成长的潜力不大。

（五）按投资理念的不同，可分为主动型基金和被动型基金

1. 主动型基金。主动型基金是指力图取得超越基准组合表现的基金。

2. 被动型基金。被动型基金一般选取特定指数作为跟踪对象，因此通常又被称为指数基金。指数基金是 20 世纪 70 年代以来出现的新的基金品种。由于其投资组合模仿某一股价指数或债券指数，收益随着即期的价格指数上下波动，因此当价格指数上升时，基金收益增加；反之，收益减少。基金因始终保持即

期的市场平均收益水平，因而收益不会太高，也不会太低。

（六）特殊类型的基金

1. ETF。ETF 是英文"Exchange Traded Funds"的简称，常被译为"交易所交易基金"，上海证券交易所则将其定名为"交易型开放式指数基金"。ETF 是一种在交易所上市交易的、基金份额可变的基金运作方式。ETF 结合了封闭式基金与开放式基金的运作特点，一方面可以像封闭式基金一样在交易所二级市场进行买卖，另一方面又可以像开放式基金一样申购、赎回。不同的是，它的申购是用一篮子股票换取 ETF 份额，赎回时也是换回一篮子股票而不是现金。这种交易方式使该类基金存在一、二级市场之间的套利机制，可有效防止类似封闭式基金的大幅折价现象。

（1）ETF 的产生。ETF 出现于 20 世纪 90 年代初期。加拿大多伦多证券交易所于 1991 年推出的指数参与份额（TIPs）是严格意义上最早出现的 ETF，但于 2000 年终止。现存最早的 ETF 是美国证券交易所（AMEX）于 1993 年推出的标准普尔存托凭证（SPDRS）。ETF 尽管出现的时间不长，但其发展非常迅速。在亚洲，自 1999 年我国香港特别行政区推出盈富基金以来，新加坡、日本等地的交易所也纷纷推出了 ETF 产品（我国香港特别行政区称"交易所买卖基金"）。2004 年 12 月 30 日，我国华夏基金管理公司以上证 50 指数为模板，募集设立了"上证 50 交易型开放式指数证券投资基金"（简称"50ETF"），并于 2005 年 2 月 23 日在上海证券交易所上市交易，采用的是完全复制法。2006 年 2 月 21 日，易方达深证 100ETF 正式发行，这是深圳证券交易所推出的第一支 ETF。

（2）ETF 的特点。ETF 是以某一选定的指数所包含的成分证券为投资对象，依据构成指数的证券种类和比例，采用完全复制或抽样复制的方法进行被动投资的指数型基金。根据 ETF 跟踪的指数不同，可分为股票型 ETF、债券型 ETF 等，并且还可以进一步细分。ETF 最大的特点是实物申购、赎回机制，即它的申购是用一篮子股票换取 ETF 份额，赎回时是以基金份额换回一篮子股票而不是现金。ETF 有"最小申购、赎回份额"的规定，通常最小申购、赎回单位是 50 万份或 100 万份，申购、赎回必须以最小申购、赎回单位的整数倍进行，一般只有机构投资者才有实力参与一级市场的实物申购与赎回交易。ETF 实行一级市场和二级市场并存的交易制度。在一级市场，机构投资者可以在交易时间内以 ETF 指定的一篮子股票申购 ETF 份额或以 ETF 份额赎回一篮子股票。在二级市场，ETF 与普通股票一样在证券交易所挂牌交易，基金买入申报数量为 100

份或其整数倍，不足 100 份的基金可以卖出，机构投资者和中小投资者都可以按市场价格进行 ETF 份额交易。这种双重交易机制使 ETF 的二级市场价格不会过度偏离基金份额净值，因为一、二级市场的差价会产生套利机会，而套利交易会使二级市场价格回复到基金份额净值附近。

2. LOF。上市开放式基金（Listed Open-ended Funds）是一种既可以在场外市场进行基金份额申购、赎回，又可以在交易所进行基金份额交易和基金份额申购或赎回，并通过份额转托管机制将场外市场与场内市场有机地联系在一起的一种开放式基金。

尽管同样是交易所交易的开放式基金，但就产品特性看，深圳证券交易所推出的 LOF 在世界范围内具有首创性。与 ETF 相区别，LOF 不一定采用指数基金模式，也可以是主动管理型基金；同时，申购和赎回均以现金进行，对申购和赎回没有规模上的限制，可以在交易所申购、赎回，也可以在代销网点进行。LOF 所具有的可以在场内外申购、赎回，以及场内外转托管的制度安排，使 LOF 不会出现封闭式基金大幅度折价交易的现象。2004 年 10 月 14 日，南方基金管理公司募集设立了南方积极配置证券投资基金（LOF），并于 2004 年 12 月 20 日在深圳证券交易所上市交易。

3. 保本基金。保本基金是指通过采用投资组合保险技术，保证投资者在投资到期时至少能够获得投资本金或一定回报的证券投资基金。保本基金的投资目标是在锁定下跌风险的同时力争有机会获得潜在的高回报。目前，我国已有保本基金。

4. QDII 基金。QDII 是合格的境内机构投资者（Qualified Domestic Institutional Investors）的简称。QDII 基金是指在一国境内设立，经该国有关部门批准从事境外证券市场的股票、债券等有价证券投资的基金。它为国内投资者参与国际市场投资提供了便利。2007 年我国推出了首批 QDII 基金。

5. 分级基金。分级基金又被称为"结构型基金""可分离交易基金"，是指在一只基金内部通过结构化的设计或安排，将普通基金份额拆分为具有不同预期收益与风险的两类（级）或多类（级）份额并可分离上市交易的一种基金产品。

第五节　金融衍生工具

近 30 年来，衍生产品市场的快速崛起成为市场经济史中最引人注目的事件之一。过去，人们通常把市场区分为商品（劳务）市场和金融市场，进而根据金融市场工具的期限特征把金融市场分为货币市场和资本市场。衍生产品的普及改变了整个市场结构：它们连接起传统的商品市场和金融市场，并深刻地改变了金融市场与商品市场的截然划分；衍生产品的期限可以从几天扩展至数十年，已经很难将其简单地归入货币市场或是资本市场；其杠杆交易特征撬动了巨大的交易量，它们无穷的派生能力使所有的现货交易都相形见绌；衍生工具最令人着迷的地方还在于其强大的构造特性，不但可以用衍生工具合成新的衍生产品，还可以复制出几乎所有的基础产品。它们所具有的这种不可思议的能力已经改变了"基础产品决定衍生工具"的传统思维模式。

要论衍生产品功过，还是要坚持一分为二的辩证立场。衍生产品所具有的灵活方便、设计精巧、高效率等特征的确是风险管理和金融投资的利器，不能因为引致金融"海啸"就彻底否定它，对它的研究和运用都还需要进一步深化；同时也必须看到，对微观个体分散风险有利的衍生工具，并没有从根本上消除金融风险的源头，反而可能引起风险总量的净增长，在特定条件下，就可能酝酿出巨大的金融灾难。因此，强化对金融衍生产品的政府监管、信息披露以及市场参与者的自律将是必要之举。

一、金融衍生工具的概念和特征

（一）金融衍生工具的概念

金融衍生工具又称金融衍生产品，是与基础金融产品相对应的一个概念，指建立在基础产品或基础变量之上，其价格取决于基础金融产品价格（或数值）变动的派生金融产品。这里所说的基础产品是一个相对的概念，不仅包括现货金融产品（如债券、股票、银行定期存款单等），也包括金融衍生工具。作为金融衍生工具基础的变量种类繁多，主要是各类资产价格、价格指数、利率、汇率、费率、通货膨胀率以及信用等级等，近些年来，某些自然现象（如气温、降雪量、霜冻、飓风）甚至人类行为（如选举、温室气体排放）也逐渐成为金融衍生工具的基础变量。

在实践中，为了更好地确认衍生工具，各国及国际权威机构给衍生工具下了比较明确的定义。1998 年，美国财务会计准则委员会（Financial Accounting Standards Board，FASB）所发布的第 133 号会计准则——《衍生工具与避险业务会计准则》是首个具有重要影响的文件，该准则将金融衍生工具划分为独立衍生工具和嵌入式衍生工具两大类，并给出了较为明确的识别标准和计量依据，尤其是所谓公允价值的应用，对后来各类机构制定衍生工具计量标准具有重大影响。2001 年，国际会计准则委员会发布的第 39 号会计准则——《金融工具：确认和计量》和 2006 年 2 月我国财政部颁布的《企业会计准则第 22 号——金融工具确认和计量》均基本沿用了 FASB133 的衍生工具定义。

1. 独立衍生工具。根据我国《企业会计准则第 22 号——金融工具确认和计量》的规定，衍生工具包括远期合同、期货合同、互换合同和期权合同，以及具有远期合同、期货合同、互换合同和期权合同中一种或一种以上特征的工具，具有下列特征：

（1）其价值随特定利率、金融工具价格、商品价格、汇率、价格指数、费率指数、信用等级、信用指数或其他类似变量的变动而变动，变量为非金融变量的，该变量不应与合同的任何一方存在特定关系。

（2）不要求初始净投资，或者与对市场因素变化预期有类似反应的其他合同相比，要求较少的初始净投资。

（3）在未来某一日期结算。

2. 嵌入式衍生工具。这是指嵌入到非衍生工具（即主合同）中，使混合工具的全部或部分现金流量随特定利率、金融工具价格、商品价格、汇率、价格指数、费率指数、信用等级、信用指数或其他类似变量的变动而变动的衍生工具。嵌入式衍生工具与主合同构成混合工具，如可转换公司债券等。

衍生产品定义不仅仅是单纯的学术问题，之所以要详细讨论它，更重要的原因还在于，根据金融资产确认和计量的会计准则，一旦被确认为衍生产品或可分离的嵌入式衍生产品，相关机构就要把这一部分资产归入交易性资产类别，按照公允价格计价。特别地，若该产品存在活跃的交易市场，就要按照市场价格记账，还要将浮动盈亏记入当期损益。

（二）金融衍生工具的基本特征

由金融衍生工具的定义可以看出，它们具有下列四个显著特性：

1. 跨期性。金融衍生工具是交易双方通过对利率、汇率、股价等因素变动趋势的预测，约定在未来某一时间按照一定条件进行交易或选择是否交易的合约。无论是哪一种金融衍生工具，都会影响交易者在未来一段时间内或未来某时点上的现金流，跨期交易的特点十分突出。这就要求交易双方对利率、汇率、股价等价格因素的未来变动趋势作出判断，而判断的准确与否直接决定了交易者的交易盈亏。

2. 杠杆性。金融衍生工具交易一般只需要支付少量的保证金或权利金就可签订远期大额合约或互换不同的金融工具。例如，若期货交易保证金为合约金额的 5%，则期货交易者可以控制 20 倍于所交易金额的合约资产，实现以小搏大的效果。在收益可能成倍放大的同时，交易者所承担的风险与损失也会成倍放大，基础工具价格的轻微变动也许就会带来交易者的大盈大亏。金融衍生工具的杠杆效应一定程度上决定了它的高投资性和高风险性。

3. 联动性。这是指金融衍生工具的价值与基础产品或基础变量紧密联系、规则变动。通常，金融衍生工具与基础变量相联系的支付特征由衍生工具合约规定，其联动关系既可以是简单的线性关系，也可以表达为非线性函数或者分段函数。

4. 不确定性或高风险性。金融衍生工具的交易后果取决于交易者对基础工具（变量）未来价格（数值）的预测和判断的准确程度。基础工具价格的变幻莫测决定了金融衍生工具交易盈亏的不稳定性，这是金融衍生工具高风险性的重要诱因。

二、金融衍生工具的分类

金融衍生工具可以按照基础工具的种类、风险—收益特性以及自身交易方法的不同而有不同的分类。

（一）按产品形态分类

根据产品形态，金融衍生工具可分为独立衍生工具和嵌入式衍生工具。

1. 独立衍生工具。这是指本身即为独立存在的金融合约，例如期权合约、期货合约或者互换交易合约等。

2. 嵌入式衍生工具（embedded derivatives）。这是指嵌入到非衍生合同（以下简称"主合同"）中的衍生金融工具，该衍生工具使主合同的部分或全部现金流量将按照特定利率、金融工具价格、汇率、价格或利率指数、信用等级或信用指数，或类似变量的变动而发生调整，例如目前公司债券条款中包含的赎回条款、返售条款、转股条款、重设条款等。

（二）按照交易场所分类

金融衍生工具按交易场所可以分为两类。

1. 交易所交易的衍生工具。这是指在有组织的交易所上市交易的衍生工具，例如在股票交易所交易的股票期权产品，在期货交易所和专门的期权交易所交易的各类期货合约、期权合约等。

2. OTC 交易的衍生工具。这是指通过各种通讯方式，不通过集中的交易所，实行分散的、一对一交易的衍生工具，例如金融机构之间、金融机构与大规模交易者之间进行的各类互换交易和信用衍生品交易。从近年来的发展看，这类衍生品的交易量逐年增大，已经超过交易所市场的交易额，市场流动性也得到增强，还发展出专业化的交易商。

（三）按照基础工具种类分类

金融衍生工具从基础工具分类角度，可以划分为股权类产品的衍生工具、货币衍生工具、利率衍生工具、信用衍生工具以及其他衍生工具。

1. 股权类产品的衍生工具。这是指以股票或股票指数为基础工具的金融衍生工具，主要包括股票期货、股票期权、股票指数期货、股票指数期权以及上述合约的混合交易合约。

2. 货币衍生工具。这是指以各种货币作为基础工具的金融衍生工具，主要包括远期外汇合约、货币期货、货币期权、货币互换以及上述合约的混合交易合约。

3. 利率衍生工具。这是指以利率或利率的载体为基础工具的金融衍生工具，主要包括远期利率协议、利率期货、利率期权、利率互换以及上述合约的混合交易合约。

4. 信用衍生工具。这是指以基础产品所蕴含的信用风险或违约风险为基础变量的金融衍生工具，用于转移或防范信用风险，是20世纪90年代以来发展最为迅速的一类衍生产品，主要包括信用互换、信用联结票据等。

5. 其他衍生工具。除以上四类金融衍生工具之外，还有相当数量的金融衍生工具是在非金融变量的基础上开发的，例如用于管理气温变化风险的天气期货、管理政治风险的政治期货、管理巨灾风险的巨灾衍生产品等。

（四）按照金融衍生工具自身交易的方法及特点分类

金融衍生工具从其自身交易的方法和特点可以分为金融远期合约、金融期货、金融期权、金融互换和结构化金融衍生工具。

1. 金融远期合约。金融远期合约是指交易双方在场外市场上通过协商，按约定价格（称为"远期价格"）在约定的未来日期（交割日）买卖某种标的金融资产（或金融变量）的合约。金融远期合约规定了将来交割的资产、交割的日期、交割的价格和数量，合约条款根据双方需求协商确定。金融远期合约主要包括远期利率协议、远期外汇合约和远期股票合约。

2. 金融期货。金融期货是以金融工具（或金融变量）为基础工具的期货交易。主要包括货币期货、利率期货、股票指数期货和股票期货4种。近年来，不少交易所又陆续推出更多新型的期货品种，例如房地产价格指数期货、通货膨胀指数期货等。

3. 金融期权。这是指合约买方向卖方支付一定费用（称为"期权费"或"期权价格"），在约定日期内（或约定日期）享有按事先确定的价格向合约卖方买卖某种金融工具的权利的契约。包括现货期权和期货期权两大类。除交易所交易的标准化期权、权证之外，还存在大量场外交易的期权，这些新型期权通常被称为奇异型期权。

4. 金融互换。这是指两个或两个以上的当事人按共同商定的条件，在约定的时间内定期交换现金流的金融交易。可分为货币互换、利率互换、股权互换、信用违约互换等类别。

5. 结构化金融衍生工具。前述 4 种常见的金融衍生工具通常也被称作建构模块工具，它们是最简单、最基础的金融衍生工具，而利用其结构化特性，通过相互结合或者与基础金融工具相结合，能够开发设计出更多具有复杂特性的金融衍生产品，后者通常被称为结构化金融衍生工具，或简称为结构化产品。例如，在股票交易所交易的各类结构化票据、目前我国各家商业银行推广的挂钩不同标的资产的理财产品等都是其典型代表。

三、金融衍生工具的产生与发展动因

从 20 世纪 60 年代开始，特别是进入 70 年代以后，随着布雷顿森林体系的解体和世界性石油危机的发生，利率和汇率出现了剧烈波动。宏观经济环境的变化，使金融机构的原有经营模式和业务种类失去市场，同时又给它们创造了开发新业务的机会和巨大的发展空间。与此同时，计算机与通信技术的长足发展及金融理论的突破促使金融机构的创新能力突飞猛进，而创新成本却日益降低。在强大的外部需求召唤下，在美好的盈利前景吸引下，金融机构通过大量的创新活动，冲破来自内外部的各种制约，导致全球金融领域发生了一场至今仍在继续的广泛而深刻的变革：形形色色的新业务、新市场、新机构风起云涌，不仅改变了金融总量和结构，而且还对金融体制发起了猛烈的冲击，对货币政策和宏观调控提出了严峻挑战，导致国际金融市场动荡不定，国际金融新秩序有待形成。

（一）金融衍生工具产生的最基本原因是避险

20 世纪 70 年代以来，随着美元的不断贬值，布雷顿森林体系崩溃，国际货币制度由固定汇率制走向浮动汇率制。1973 年和 1978 年两次石油危机使西方国

家经济陷于滞胀，为对付通货膨胀，美国不得不运用利率工具，这又使金融市场的利率波动剧烈。利率的升降会引起证券价格的反方向变化，并直接影响投资者的收益。面对利市、汇市、债市、股市发生的前所未有的波动，市场风险急剧放大，迫使商业银行、投资机构、企业寻找可以规避市场风险、进行套期保值的金融工具，金融期货、期权等金融衍生工具便应运而生。

（二）20 世纪 80 年代以来的金融自由化进一步推动了金融衍生工具的发展

所谓金融自由化，是指政府或有关监管当局对限制金融体系的现行法令、规则、条例及行政管制予以取消或放松，以形成一个较宽松、自由、更符合市场运行机制的新的金融体制。金融自由化的主要内容包括：

1. 取消对存款利率的最高限额，逐步实现利率自由化。如美国《1980 年银行法》废除了 Q 条例，规定从 1980 年 3 月起分 6 年逐步取消对定期存款和储蓄存款的最高利率限制。

2. 打破金融机构经营范围的地域和业务种类限制，允许各金融机构业务交叉、互相自由渗透，鼓励银行综合化发展。

3. 放松外汇管制。

4. 开放各类金融市场，放宽对资本流动的限制。

其他还包括放宽对本国居民和外国居民在投资方面的许多限制，减轻金融创新产品的税负以及促进金融创新等。金融自由化一方面使利率、汇率、股价的波动更加频繁、剧烈，使得投资者迫切需要可以回避市场风险的工具；另一方面，金融自由化促进了金融竞争。由于允许各金融机构业务交叉、相互渗透，多元化的金融机构纷纷出现，直接或迂回地夺走了银行业很大一块阵地；再加上银行业本身业务向多功能、综合化方向发展，同业竞争激烈，存贷利差趋于缩小，使银行业不得不寻找新的收益来源，改变以存、贷款业务为主的传统经营方式，把金融衍生工具视作未来的新增长点。

（三）金融机构的利润驱动是金融衍生工具产生和迅速发展的又一重要原因

金融机构通过设计开发金融衍生工具以及担任中介，显著地推进了金融衍生工具的发展。金融中介机构积极参与金融衍生工具的发展主要有两方面原因：一是在金融机构进行资产负债管理的背景下，金融衍生工具业务属于表外业务，既不影响资产负债表状况，又能带来手续费等收入。1988 年国际清算银行（Bank for International Settlements，BIS）制定的《巴塞尔协议》规定：开展国际业务的银行必须将其资本对加权风险资产的比率维持在 8% 以上，其中核心资本至少为总资本的 50% 。这一要求促使各国银行大力拓展表外业务，相继开发了既能增进收益、又不扩大资产规模的金融衍生工具，如期权、互换、远期利率协议等。二是金融机构可以利用自身在金融衍生工具方面的优势，直接进行自营交易，扩大利润来源。为此，金融衍生工具市场吸引了为数众多的金融机构。但是，由于越来越多的金融机构尤其是商业银行介入了金融衍生工具交易，引起了监管机构的高度关注，目前新的《巴塞尔协议 II》对国际性商业银行从事金融衍生工具业务也规定了资本金要求。

（四）新技术革命为金融衍生工具的产生与发展提供了物质基础与手段

金融衍生产品价格变动与基础资产之间的紧密关系、价格计算以及交易策略的高度复杂性对计算机、网络技术、通信技术提出了非常苛刻的要求。相关领域科技发展的日新月异，极大地便利了衍生产品市场的各类参与者，市场规模和交易效率均显著提高。

金融衍生工具极强的派生能力和高度的杠杆性使其发展速度十分惊人，根据国际清算银行的金融衍生产品统计报告（BIS，2018），截至 2017 年 6 月，全球商业银行持有的各类现货资产总数为 412 823 亿美元，衍生产品名义金额平均年增长近 20%。考虑到商业银行在整个金融行业内的显著地位，可以毫不夸张地说，目前基础金融产品与衍生工具之间已经形成了倒金字塔结构，单位基础产品所支撑的衍生工具数量越来越大。

本章小结

本章主要介绍了证券的分类，重点在有价证券的分类和特征，对股票、债券、投资基金等金融工具分别进行了详细分析，为后面各章内容做出了基础铺垫。

参考文献

1. 黄本笑主编：《证券投资学》，中国人民大学出版社 2012 年版。

2. 杨大楷主编：《证券投资学》，上海财经大学出版社 2011 年版。

3. 王军旗、李丽霞主编：《证券投资理论与实务》，中国人民大学出版社 2011 年版。

4. ［美］劳伦斯·J. 吉特曼、迈克尔·D. 升恩科、斯科特·B. 斯马特：《投资学基础》，清华大学出版社 2011 年版。

5. 吴晓求主编：《证券投资学》，中国人民大学出版社 2013 年版。

6. ［美］滋维·博迪、亚历克斯·凯恩、艾伦·J·马库斯：《投资学》，机械工业出版社 2014 年版。

7. 中国证券业协会编：《证券市场基础知识》，中国财政经济出版社 2012 年版。

8. 中国证券业协会编：《证券投资基金》，中国金融出版社 2012 年版。

9. 中国证券业协会编：《证券交易》，中国金融出版社 2012 年版。

10. 中国证券业协会编：《证券发行与承销》，中国财政经济出版社 2012 年版。

11. 中国证券业协会编：《证券投资分析》，中国金融出版社 2012 年版。

12. 霍文文主编：《证券投资学》，高等教育出版社 2017 年版。

思考题

1. 有价证券的涵义和分类是什么？
2. 股票价值和价格之间的区别和联系是什么？
3. 债券和股票的区别在哪里？
4. 证券投资基金的分类有哪些？
5. 金融衍生工具发展的动因是什么？

第二章　证券市场

⊙**教学目标**

通过本章的教学，要求学生掌握证券市场的基本概念；了解证券发行市场的运作机制，熟悉我国现行的发行制度；了解证券交易市场的运作机制，熟悉交易所交易的规则及流程；掌握证券市场监管的主要内容，并能联系实际进行分析。

⊙**重点和难点**

本章的教学重点包括：证券市场的功能及分类；主要参与者及其作用；发行市场的运作机制以及我国现行的发行制度；交易市场的运作机制以及交易所交易的规则及流程；国际、国内主要市场的价格指数；关于证券监管的理论、机构、内容等。难点包括：对机构投资者的特点把握；对核准制及注册制的区分；注册制的利弊分析和推出条件；对于融资融券的利弊分析；证券监管的"三公"原则如何落实，如何有效地解决内幕交易、操纵市场及欺诈客户等问题。

第一节　证券市场概述

一、证券市场的定义

证券市场是股票、债券、证券投资基金等有价证券发行和交易的场所。它是融通长期资金的市场，是市场经济发展到一定阶段的产物，是为解决资本供求矛盾和流动性而产生的市场。

与一般的商品交易市场不同，证券市场有它自己的特点。

1. 证券市场是价值直接交换的场所。股票、债券、投资基金等有价证券都是价值凭证，是价值的直接代表和表现形式。一般商品市场交易的是不同使用价值的商品。

2. 证券市场是财产权利直接交换的场所。证券市场上交易的股票、债券、投资基金等有价证券，本身并无价值，但它们都代表着一定量的财产权利，表明持有者拥有相应的所有权、债权、收益权。

3. 证券市场是风险直接交换的场所。证券市场是一个高风险的市场，尤其是股票投资，其波动性极大，未来很难预测，投资者在追求高收益的同时，要承担高风险。证券通过交易，在收益权转让的同时，风险也随之转让了。

二、证券市场的功能

1. 筹资与投资功能。筹资与投资功能是证券市场最基本、最重要的功能。在经济运行过程中，总会有资金盈余者，也会有资金短缺者，前者要寻找可以增值的投资对象，后者要寻找发展业务的资金，二者通过证券市场的买卖，达到了自己的投资目的和筹资目的。此项功能是一个整体，不可偏废，忽视任何一个方面都会导致严重缺陷。

2. 资本的价格发现功能。在证券市场上，发行价格和交易价格都是通过供求双方的竞争形成的。发行价格通常由发行人和承销商根据市场的供求状况，结合自己的专业判断，通过协商或者询价后产生的，因此具有价格发现功能；交易价格则是在同一市场公开竞价，直至双方满意才能成交。如此竞争的结果就是：谁的投资回报高，市场需求就大，相应价格就高，反之则价格就低。

3. 资源配置功能。由于证券市场具有价格发现功能，可以引导社会资金的流向，进而实现资源的合理配置。它像无形的手一样，促使社会资金流向安全性好、流动性强、收益率高的行业和企业；与此相反，若某种证券收益低下，安全性、流动性无法保证，资金就会撤出。这样一来，有限的社会资源得到了优化配置，资金从效益差的企业转移到效益好的企业，促进了社会整体经济效益的提高。

三、证券市场的分类

（一）按证券市场功能的不同，分为一级市场和二级市场

1. 一级市场（发行市场）。一级市场是有价证券发行的市场。它一方面为资金的需求者提供筹资的渠道，另一方面为资本的供应者提供投资的场所。由于发行活动是股市一切活动的源头和起点，因此发行市场又称一级市场。

2. 二级市场（交易市场）。二级市场是有价证券交易的场所，是为已发行的有价证券提供买卖交易的场所。

二级市场与一级市场关系很密切，二者既相互依存，又相互制约。一级市场是二级市场的基础和前提，它决定着二级市场上流通证券的规模、结构与速度，二级市场对一级市场起着积极的推动作用。没有二级市场的健康发展，证券发行不可能顺利进行，扩大发行更不可能，暂停首次公开募股（Initial Public Offering，IPO）倒是会不时发生。

（二）按上市条件的不同，分为主板市场和二板市场

1. 主板市场。也称一板市场，是指传统意义上的证券市场，是一个国家或地区证券发行、交易的主要场所。主板市场早于二板市场产生，是资本市场中最重要的组成部分，很大程度上能反映经济发展状况，故有"晴雨表"之称。主板市场的上市标准较高，上市企业多为成熟企业，具有较大的资产规模和稳定的盈利能力。

2. 二板市场。也称创业板市场，其定位是为高成长的中小企业和高科技企业提供融资服务，是中小企业的直接融资渠道。与主板市场相比，其上市标准较低，其功能主要在于：作为风险资本的退出渠道，促进产业升级等。

（三）按交易对象的不同，分为股票市场、债券市场、基金市场和衍生品市场

1. 股票市场。股票市场是各种股票发行和买卖交易的场所。按其基本职能划分，又分为股票发行市场和股票交易市场，二者在功能上是互补的。

2. 债券市场。债券市场是各种债券发行和交易的场所。债券的发行市场和交易市场也是相互依存、相互作用的。发行市场是交易市场的存在基础，交易市场也能促进发行市场的发展，为其提供变现的场所，保证了债券的流动性。

3. 基金市场。基金市场是基金证券发行和转让的场所，基金作为一种投资工具，是一种利益共享、风险共担的制度安排，可以自由买卖和转让，因而形成了基金的流通市场。

4. 衍生品市场。衍生品市场是各类衍生品发行和交易的场所，具体包括期权市场、期货市场、远期市场和互换市场。衍生品市场以高风险著称。

（四）按组织形式的不同，分为场内市场和场外市场

1. 场内市场。也称交易所市场。交易所是最主要的证券交易场所，它具有固定的交易时间和场所，交易对象必须是上市证券，参加券商必须是其会员，成交原则是两个优先，必须接受监管部门全面而严格的监管等。

2. 场外市场。场外通常指柜台市场（店头市场）以及第三市场、第四市场，它指在交易所以外进行证券交易的市场。它没有固定的交易场所，主要通过电传、电报、电话、网络等成交。以柜台交易的证券，可以是已上市证券，也

包括部分未上市证券，全国中小企业股份转让系统（新三板市场）就是经国务院批准设立的全国性场外市场，它标志着我国多层次的资本市场体系逐步形成。

四、证券市场的参与者

证券市场的参与者数量众多，主要包括以下几类：

1. 证券发行人（证券的提供者，资金的需求者）。证券发行人是指为筹措资金而发行股票、债券等有价证券的主体。主要包括：

（1）公司（企业）。在证券市场上，公司可以发行股票，也可以发行债券来筹资。只有股份有限公司才能发行股票，公司通过发行股票募集的资金属于公司的自有资本，计入所有者权益；通过发行债券筹集的资金属于借入资本，计入负债。

（2）政府及政府机构。发行债券的主体较多，有中央政府、地方政府、金融机构等。

政府发行债券的目的主要有：弥补财政赤字，兴建大型基础性建设项目，战争期间可以弥补战争费用的开支等。由于中央政府拥有税收特权、货币发行权等，一般不存在违约风险，因此其发行的债券被视为无风险证券。

2. 证券投资者（资金的提供者，证券的需求者）。证券投资者指买入证券进行投资的各类机构法人和自然人，主要有两大类：

（1）机构投资者，主要有政府机构、金融机构、各类企事业单位法人、各类基金等。

政府机构参与证券投资的主要目的是调剂资金余缺，进行宏观经济调控。比较常见的是央行在公开市场上的操作。

金融机构包括证券经营机构、银行业经营机构、保险经营机构，以及其他经营机构等。证券经营机构以其自有资本参与证券投资，是证券市场上最主要的机构投资者；银行以其自有资金买卖政府债券和金融债券，向客户提供理财服务等；保险机构主要考虑资金的安全性、流动性，可以进行长期投资。

各类企事业法人，一般用自己积累的资金或者闲置资金进行证券投资，达到参股或者控股的目的，并获取一定的投资收益。

基金种类很多，有证券投资基金、社保基金、企业年金、社会公益基金等。

以上机构投资者与个人投资者相比，虽然数量不多，但有明显的三大优势，即资金优势、信息优势、人才优势，它们对证券市场的影响比较明显，值得关注。

（2）个人投资者。个人投资者是指从事证券投资的自然人。他们数量众多，是证券市场最广泛的参与主体。由于个人投资者的资质和学识参差不齐，因此为保护个人投资者利益，对于部分高风险产品，监管者要求相关人必须具有一定的知识，并签署知情同意书。要严格遵守投资适当性的要求，即让"适合的投资者购买恰当的产品"。

3. 证券市场中介机构。证券市场中介机构，指为发行和交易提供服务的各类机构，它们不是可有可无的点缀，而是重要的桥梁和媒介，没有它们的工作，证券发行和交易就不能正常进行。

（1）证券公司，又称为券商，其形式可以是有限责任公司或者股份有限公司。其主要业务有：证券经纪业务、证券投资咨询业务、财务顾问业务、证券承销和保荐业务、证券自营业务、资产管理业务等。根据功能来划分，可以分为证券经纪商、证券自营商和证券承销商。券商每年要进行评级，结果予以公示。

（2）证券服务机构，主要包括证券登记结算机构、投资咨询机构、会计师事务所、律师事务所、资产评估机构、资信评级机构等。

4. 证券行业自律性组织：

（1）证券交易所。根据我国《证券法》的规定，证券交易所是为证券集中交易提供场所和设施，组织和监督证券交易，实行自律管理的法人。我国的证券交易所是会员制的，包括上海证券交易所和深圳证券交易所。

（2）证券业协会。中国证券业协会是证券行业的自律性组织，它具有独立的法人地位，采取会员制的组织形式。其具体职能有：对会员单位进行自律管理，对从业人员进行自律管理以及其他事项。

（3）证券登记结算机构。证券登记结算机构是为证券交易提供集中登记、存管与结算服务，不以营利为目的的法人。我国的证券登记结算机构为中国证券登记结算公司，性质为有限责任公司，实行行业自律管理。

5. 证券监管机构。在我国，证券监管机构指中国证监会及其派出机构，中国证监会是国务院直属的证券监督管理机构，根据国务院的授权和相关法律法规，对证券市场进行集中、统一监管。

第二节　证券市场的运行机制

一、证券发行市场的运行机制

（一）证券发行市场的定义及作用

所谓证券发行，是指证券发行人将有价证券出售给投资者的行为和过程，证券发行的场所即证券发行市场。与交易市场不同，它通常无固定时间、无固定场所，是一个无形的市场。

证券发行市场的作用主要有三个：为资金需求者提供筹措资金的渠道；为资金供应者提供投资的机会，实行储蓄向投资的转化；形成资金流动的收益定向机制，促进资金配置的不断优化。

（二）证券发行的方式

1. 公募发行与私募发行：

公募发行，又称公开发行，是指以不特定的广大投资者为证券发行的对象，按统一的条件公开发行证券的方式。公募发行一般数额较大，发行人通常委托承销商代理发行，因而发行成本较高；公募发行须经过严格的审查，发行程序比较复杂，但信用度较高且流通性较好。

私募发行，又称不公开发行，是指以特定投资者为对象的证券发行方式。私募发行一般数额较小，发行程序比较简单，发行人不必委托中介机构推销，因此发行成本较低。但由于私募发行不经过严格的审查和批准，所以一般不能公开上市，流动性较差。

公募发行是证券发行中最常见、最基本的发行方式。

2. 直接发行与间接发行：

直接发行，即发行人直接向投资者推销、出售证券的发行方式。它可以节省向中介机构缴纳的手续费，降低发行成本，但如果发行额较大，由于缺乏专业人才和发行网点，发行人自身要承担较大的发行风险。这种发行方式只适用于有既定发行对象或者发行人知名度高、发行数量少、风险低的证券。

间接发行，是由发行人委托证券承销商代理出售证券的方式。对发行人来说，发行风险较小，但发行成本较高。

一般情况下，公募发行大多数采用间接发行；私募发行则以直接发行为主。

3. 初次发行和增资发行：

初次发行也称首次发行，有三种情况：一是组建股份公司的时候；二是原来非股份公司改制为股份公司时；三是原私人持股公司改组为公众股份公司时。其中，前两种情况为设立发行，第三种为首次公开发行。

增资发行是随着公司发展和业务的扩大，为达到增加公司资本金的目的而再次发行股票筹集资金的方式。

（三）证券发行制度

1. 注册制。证券发行注册制实行公开管理原则，其实质是一种发行公司的财务公开制度。它要求发行人提供关于发行本身以及和证券发行有关的所有信息，发行人不仅要完全公开有关信息，还要为信息的真实性、完整性、可靠性承担法律责任。证券监管机构不对证券发行本身作出价值判断，对公开资料只作形式审查，不涉及任何发行的实质条件。目前，世界上很多国家实行注册制，如美国、英国、德国、新加坡等。

2. 核准制。证券发行核准制实行实质管理原则，即证券发行人不仅要公开披露与发行有关的信息，保证其真实性、准确性、可靠性，还要满足证券监管机构指定的若干实质性条件，二者缺一不可。

核准制的核心是监管部门要进行合规性审核。我国当前的发行制度是核准制，但是从 2015 年起，开始研究由核准制向注册制过渡。

（四）我国的证券发行审核

1. 审核方式。证券发行主要为形式审查，即合规性审查，因为实质性审查难以完成。

2. 审核的主要内容：文件是否齐备；文件是否合规；发行条件是否具备。

3. 发行审核的法律后果：①只表明发行人资格合法和形式上合法，而不表示实质上完全合格；②只表明发行程序合法，并不证明发行在本质上符合发行条件；③发行人和投资者各自承担发行和投资风险，证监会不做任何承诺。

（五）首次公开发行股票（IPO）审核工作流程

按照依法行政、公开透明、集体决策、分工制衡的要求，证监会对首次公开发行的审核流程分为以下 10 个环节：

（1）材料受理、分发环节：依法受理文件，并转发行监管部。

（2）见面会环节：发行人与发行监管部的初步沟通。

（3）问核环节：督促保荐机构及其代表人做好尽职调查工作。

（4）反馈会环节：审核一处、审核二处从非财务及财务两个角度撰写审核报告，提及反馈会讨论。

（5）预先披露环节：反馈意见落实完毕、相关政府部门意见齐备、财务资料未过有效期的，安排进行预先披露。

（6）初审会环节：由综合处组织，出具初审报告，转发审会审核。

（7）发审会环节：即专家决策机制。每次会议由 7 名委员参会，独立进行表决，同意票数达到 5 票为通过。

（8）封卷环节：首发申请通过审核后，将申请文件的原件重新归类，存档备查。

（9）会后事项环节：会后事项指通过审核以后，招股说明书刊登之前发生的对投资者决策有重大影响的事项，应该予以披露。

（10）核准发行环节：下发核准批文，申报企业进行公示。

（六）证券承销制度

承销是指将证券销售业务委托给专门的证券经营机构（承销商）来销售，具体方式有两种：

1. 包销。证券包销是指证券承销商将发行人的证券按照协议全部购入，或者在承销期结束时将售后剩余证券全部自行购入的承销方式，具体分为全额包销和余额包销两种。

（1）全额包销：先由承销商全额购买发行人该次发行的证券，再向投资者发售，其发行风险由承销商全部承担的承销方式。

（2）余额包销：由承销商按照规定的发行额和发行条件，在约定的期限内向投资者发售证券，到销售截止日，如果投资者实际认购总额低于预定发行总额，未售出证券由承销商认购，并按约定时间向发行人支付全部证券款项的承销方式。

2. 代销。代销是指承销商代发行人发售证券，在承销期结束时，将未售出的证券全部退还给发行人的承销方式。

二、证券交易市场的运行机制

（一）证券交易方式

目前，常见的交易方式有以下几种：

1. 现货交易，又称"现金现货交易"，指证券交易双方在成交后即时清算交割证券和价款的交易方式。现货交易的双方为持券待售者和持币待购者，它是最古老、最原始、最常见的一手交钱一手交货的钱券两清交易。按照现行的"T+1"交割规则，证券公司与投资者应在成交后的下一个交易日办理完毕交割事宜，如果下一个交易日恰逢法定休假日，则顺延至下一个营业日。

2. 期货交易，又称期货合约交易，指证券交易双方在将来某一特定时间以事先协定的价格进行证券清算和交割的交易方式。对于买者，它是预购；对于卖者，它是预销。

期货交易的特点是：成交与交割非同步进行；成交价格与交割期限是预定的；买卖双方盈亏的不确定性；可以采用相互冲抵的方式办理净额净券的交割；具有一定的投机性。

3. 信用交易，又称保证金交易，指由经纪商给买进证券的客户贷款，或给委托卖出证券的客户贷券而进行的交易方式。分为融资交易和融券交易两种形式。利用保证金交易，投资者要交一定数量的现款作为保证金，保证金与要买卖的证券总值之比称为保证金比率，一般情况，保证金比率大约为50%。

4. 期权交易，又称选择权交易，指投资者在付出一定的费用（期权费）后，可以在一定期限内按约定价格向对方买进或卖出一定数量的证券的交易方式。期权买方通过支付期权费获得此权利，但不是义务，他可以行权也可以放弃，因此，买卖双方的权利是不对等的。期权合约有看涨期权和看跌期权。

（二）证券交易所的定义、特征和职能

1. 证券交易所的定义：证券交易所是证券买卖双方公开交易的场所，是整个证券市场的核心。它本身不买卖证券，也不决定证券价格，我国《证券法》规定，证券交易所是为证券集中交易提供场所和设施，组织和监督证券交易，实行自律管理的法人。

2. 证券交易所的特征：①有固定的交易场所和交易时间；②参加交易者必须是有会员资格的证券经营机构；③交易对象只限于上市证券；④通过公开竞价的方式决定交易价格；⑤具有较高的成交速度和成交率；⑥实行公开、公平、公正原则，并对证券交易进行严格管理。

3. 证券交易所的职能：①提供证券交易的场所和设施；②制定证券交易所的业务规则；③接受上市申请、安排证券上市；④组织、监督证券交易；⑤对会员进行监管；⑥对上市公司进行监管；⑦设立证券登记结算机构；⑧管理和公布市场信息；⑨中国证监会许可的其他职能。

（三）交易原则和交易规则

1. 交易原则。证券交易必须遵循两个优先的原则：

（1）价格优先原则。即价格较高的买入申报优先于价格较低的买入申报，价格较低的卖出申报优先于价格较高的卖出申报。

（2）时间优先原则。同价位申报，依照申报时序决定优先顺序，即买卖方向、申报价格相同的，先申报者优先于后申报者。先后顺序按交易所主机接受申报的时间来确定。

2. 交易规则：

（1）交易时间。分为集合竞价时间和连续竞价时间。上交所及深交所的开盘集合竞价时间是：每个交易日的9：15～9：25；连续竞价时间为：每个交易日的9：30～11：30，13：00～14：57；收盘集合竞价时间为每个交易日的14：

57～15：00，大宗交易延长至15：30。

（2）交易单位。一个交易单位俗称"一手"，委托买卖的数量通常为一手或一手的整数倍。沪深交易所规定，通过竞价交易买入股票、基金、权证的，申报数量应该为100股（份）或其整数倍，卖出时，余额不足100股（份）的，应当一次性申报卖出。

（3）报价方式。现代交易所多采用电脑报价方式，接受会员的限价申报和市价申报。

（4）涨跌幅限制。为保护投资者利益，防止股价暴涨暴跌和投机盛行，交易所对每日股票价格的涨跌幅度予以适当限制。高于涨幅限制的委托和低于跌幅限制的委托均为无效委托。沪深交易所的涨跌幅比例为10%，其中，ST和＊ST的股票涨跌幅限制为5%。

（5）挂牌、摘牌、停牌、复牌。交易所对上市证券实行挂牌交易；证券上市期届满或者不再具备上市条件的，对其证券终止上市，予以摘牌；如果交易出现异常波动的，交易所可以决定停牌，直至相关当事人做出公告当日上午的10：30以后，予以复牌。

（6）交易异常情况处理。因不可抗力、意外事件、技术故障或交易所认定的其他异常情况，导致部分或全部交易不能进行的，交易所将发布公告，并视情况单独或同时采取技术性停牌、临时停市、暂缓进入交收等措施。

（四）证券交易的程序

目前，我国证券市场上交易的品种主要有A股、B股、国债、基金等，不同品种的证券，其交易程序不尽相同。我们仅以A股为例，说明证券交易的流程程序。它主要包括四个阶段。

1. 开立账户，包括证券账户和资金账户。

（1）证券账户的种类：包括三种账户，即人民币普通股票账户，简称"A股账户"；人民币特种股票账户，简称"B股账户"；以及证券投资基金账户。

开证券账户时必须遵守合法性和真实性原则。

（2）资金账户：指客户在证券公司开立的专门用于证券交易结算的账户。证券营业部为客户开立资金账户时应严格遵守实名制原则，从2007年开始，中国证监会明确要求证券公司全面实施"客户交易结算资金第三方存管"，这是一种从制度上保证客户资金安全，维护投资者利益，控制证券行业风险，维护市场稳定的资金管理制度。

2. 委托买卖。

（1）委托形式：可以是柜台委托，即委托人或其代理人到证券营业部交易柜台，填写委托单并签章的形式；也可以是非柜台委托，主要通过电话、传真、自助委托、网上委托等形式。

（2）委托价格限制形式：有市价委托和限价委托两种形式。

市价委托指客户向证券经纪商发出买卖某种证券的委托指令时，要求经纪商按交易所当时的市场价格买进或卖出证券。其优点是：没有价格上的限制，成交迅速，但缺点是：只有在委托执行以后才知道实际的成交价格。

限价委托指客户要求证券经纪商执行委托指令时，必须以限价或者低于限价买进证券，以限价或者高于限价卖出证券。其优点是：证券可以以客户预期的价格或更有利的价格成交，缺点是：由于限价与市价有一定距离，因此必须要有等待时间，甚至有不能成交的风险。

（3）委托的撤销：在委托未成交之前，客户有权变更和撤销委托，证券营业部申报竞价成交以后，买卖即告成立，成交部分不得撤销。

3. 竞价成交。竞价遵循两个优先原则，即"价格优先、时间优先"原则。

竞价会有三种结果：即全部成交、部分成交、不成交。如果是部分成交，其委托指令在有效期内可继续执行，直到有效期结束。目前，上海及深圳的场内委托只在当日有效，如果第二天要继续执行，必须重新办理委托。

交易费用包括以下三种：券商收取的佣金，国家收取的印花税，以及交易所收取的过户费。此三项费用可以发生改变，以最新的规定为准。

4. 证券交易结算及过户。证券交易结算包括清算和交收两个环节。其中，清算是对应收、应付证券及价款的计算，其结果是确定应收、应付数量或金额，并不发生财产的实际转移；交收是根据清算结果办理证券和价款的收付，发生财产的实际转移。因此，清算是交收的基础和保证，交收是清算的后续和完成。

交收完成以后，记名式证券必须办理过户手续，不记名证券不存在过户问题。目前我国采用电脑无纸化交易，过户手续可通过电脑自动完成。

三、证券价格指数

证券市场的平均价格水平通常用证券价格指数来表示。本节主要介绍股票价格指数。

（一）股票价格指数的定义及分类

股票价格指数，也称股价指数，是由证券交易所或金融服务机构编制的表明股票市场行情变动的一种可供参考的数字，它是反映股票总体价格水平的综合指标。

股票指数可以分为三大类：全样本指数与部分样本指数；全市场指数与分类指数；流通股指数与全股本指数。

（二）股票价格指数的编制步骤

股票价格指数的编制有以下几步：①确定样本股：不同的指数，选择样本股的原则是不一样的。②确定基期和计算方法。③计算期平均股价并做必要的修正。④指数化。

（三）世界著名的股票价格指数

1. 道琼斯股价指数。它是国际上历史最悠久、影响最深远、使用最广泛的股票价格指数，被称为反映西方经济的晴雨表。道琼斯指数以 1928 年 10 月 1 日为基期，基期指数为 100 点，它共有五组指数：即工业股票平均数、运输业股价平均数、公用事业股价平均数、道琼斯综合平均数、道琼斯公正市价指数。

2. 标准普尔股价指数。它是由美国最大的证券研究机构标准普尔公司于 1957 年开始编制和发表的，用于反映美国股票市场行情变化的股价指数。1957 年，其样本股票扩大到 500 种。

3. 纳斯达克股价指数。它是美国全国证券交易商协会于 1968 年创建的自动报价系统的简称，它收集和发布场外交易非上市股票的证券商报价，现已成为全球最大的证券交易市场。纳斯达克的上市公司涵盖所有新技术行业，包括软件和计算机、电信、生物技术、零售和电子商务等。

4. 金融时报指数。它是由伦敦《金融时报》编制的，英国最权威、最著名的股价指数。包括金融时报工业普通股票价格指数、金融时报 100 种股票交易指数、金融时报股票价格综合指数。

5. 日经股价指数。它是由日本经济新闻社编制并公布的反映日本股票市场价格变化的股价指数。日经股价指数包括日经 225 种股价指数和日经 500 种股价指数，其中，前者更经常用到。

6. 香港恒生指数。由香港恒生银行于 1969 年 11 月 24 日编制的，反映香港股票市场行情的股价指数。它挑选了 33 种有代表性的上市股票作为成分股，涵盖了金融业、公用事业、地产业和其他工商业，是衡量香港股市变动趋势的主要指标。

（四）我国的股票价格指数

1. 上证综合指数。该指数是以 1990 年 12 月 19 日为基期，以上市的全部股票为样本，以每只股票的发行数量为权重，按加权平均法计算出来的。随着上市股票种类和数量的增加，从 1992 年 2 月起，上交所分别公布 A 股指数和 B 股指数，从 1993 年 5 月 3 日起，按行业编制和公布工业、商业、地产业、公用事业及综合类五种股价指数。

2. 上证成分股指数。该指数又称上证 180 指数，从在上交所上市的所有股票中，选择 180 只有代表性的股票作为样本计算出来的股价指数。该指数每年调整一次成分股，每次调整比例一般不超过 10% 。

3. 深证综合指数。该指数包括深证综合指数、深证 A 股指数、深证 B 股指数。其中深证 A 股指数以 1991 年 4 月 3 日为基期，以在深交所上市的全部 A 股为样本；B 股指数以 1992 年 2 月 28 日为基期，以在深交所上市的全部 B 股为样本；这三个指数的基期指数都是 100 点。

4. 深证成分指数。该指数依据一定的标准，选择 40 家在深交所上市的股票作为样本，以 1994 年 7 月 20 日为基期，基期指数为 1000 点。

5. 沪深 300 指数。该指数是沪深交易所第一次联合发布的反映 A 股市场整体走势的指数。它涵盖了沪深市场六成左右的市值，有良好的代表性。该指数以 2004 年 12 月 31 日为基期，基期指数为 1000 点，自 2005 年 4 月 8 日起正式发布。

第三节　证券市场监管

一、证券市场监管的意义和原则

（一）证券市场监管的意义

1. 保障广大投资者权益。广大中小投资者普通资金较少，信息不充分，缺乏专业知识，在资金、信息、专业水平方面处于劣势，承受的风险较大。为了保护投资者利益，必须坚持公开、公平、公正的原则，加强对证券市场的监管。

2. 维护市场良好秩序。在现有的经济基础和条件下，市场存在着蓄意欺诈、垄断行市、操纵市场和哄抬股价等多种弊端，为此，必须对证券市场活动进行监督检查，对非法经营活动进行严厉查处，以保护正当交易，维护正常的交易秩序。

3. 发展和完善证券市场体系。完善的市场体系能促进证券市场的融资和投资功能的发挥，有利于稳定证券市场，增强社会投资信心，促进资本合理流动，从而推动实体经济的顺利发展。

4. 提高证券市场效率。一个发达、高效的证券市场必定也是一个信息灵敏的市场，它既要有现代化的信息通信系统，还要有组织严密、科学的信息网络架构；既要有收集、分析、预测和交换信息的制度与技术，还要有高质量的信息管理人才，这些都只有通过统一的组织管理才能实现。

（二）证券市场监管的原则

1. 依法监管原则。这是证券市场监管的首要原则，其基本含义就是：有法可依、有法必依、执法必严、违法必究。从目前情况看，我国的证券法律法规正逐步健全，但还需要制定实施细则；另外，要根据不断出现的新情况、新问题，适时地修改法律法规。

2. 保护投资者利益原则。投资者保护不仅关系到资本市场的规范和发展，更关系到整个经济的稳定增长。我国的中小投资者数量众多，但由于信息不对称、持股比例低，相比于大股东及机构投资者，中小投资者长期处于劣势地位，他们的利益尤其需要重点保护。

3. "三公"原则。证券市场监管的根本任务就是维护良好的市场秩序，规范各种投资融资主体按照市场经济原则办事。三公原则具体指公开、公平、公正原则。其中，公开原则要求市场有充分的透明度，实现市场信息的公开化；公平原则要求各参与主体具有完全平等的权利；公正原则要求监管部门对一切被监管对象给予公正待遇。三公原则，在实践中还有很多不尽如人意的地方，需要长期的努力。

4. 监管与自律相结合的原则。指在加强政府、证券主管机构对证券市场监管的同时，也要加强从业者的自我约束、自我教育和自我管理。这也是世界各国的通行做法，只有外因与内因共同作用，才能达到良好的效果。

二、证券市场监管框架

（一）证券市场监管主体

1. 中国证券监督管理委员会。中国证券监督管理委员会（以下简称中国证监会）成立于1992年10月，是国务院直属正部级事业单位，按照国务院授权履行行政管理职能，依照相关法律法规对全国证券、期货市场实行统一集中监管，维护证券市场秩序，保障其合法运行。

2. 中国证监会派出机构。中国证监会在上海、深圳等地设立9个稽查局，在各省、自治区、直辖市、计划单列市共设立36个证监局。

3. 自律性管理机构。自律性管理机构，包括证券交易所和证券业协会，它们按照各自的职能定位，对会员、上市公司进行管理，为会员提供服务，维护会员的合法权益等。

（二）证券市场监管内容

1. 对证券发行及上市的监管。世界各国对证券发行审核的方式有两种：核准制和注册制。我国当前采用核准制，并实行证券发行与上市的信息公开制度和上市保荐制度。

2. 对证券交易市场的监管。我国实行信息公开制度，组织公平的集中交易，公布即时行情，制作并发布证券市场行情表。对内幕交易、操纵市场、欺诈客户等行为进行监管。

3. 对上市公司的监管。包括信息披露、公司治理和并购重组的监管。

4. 对证券经营机构的监管。包括证券经营机构的准入、证券公司的业务及日常活动的监管。

5. 证券投资者保护金制度。此制度是证券投资者保护体系的重要组成部分，是建立证券公司风险处置长效机制的重要措施。

（三）证券市场监管手段

1. 行政手段：指通过制定计划、政策等对证券市场进行行政性干预。行政手段比较直接，效果比较及时，但运用不当或违背市场规律时，则无法发挥作用甚至遭到惩罚。行政手段一般多用在证券市场发展初期，法制尚不健全，市场机制尚未理顺或遭遇突发事件时使用。由于多种原因，我国证券市场监管更偏向于运用行政手段。

2. 经济手段：指通过利率政策、公开市场业务、信贷政策、税收政策等经济手段，对证券市场进行干预。此手段比较灵活，但调节过程可能较慢，存在时滞。由于各种复杂原因，我国证券市场监管运用经济手段（民事赔偿）的力度严重偏弱，造成证券违规经济成本过低，各种违法犯罪现象屡禁不止。

3. 法律手段：指通过建立完善的证券法律、法规体系和严格执法来实现监管目的，这是监管部门的主要手段，具有较强的威慑力和约束力。

三、上市公司信息披露监管

（一）信息披露制度的重要意义

信息披露制度是指为保障投资者利益和接受社会公众的监督，上市公司依照有关法律的规定，将自身的财务信息和经营信息等有可能影响股票价格波动的信息向证券监管部门和证券交易所报告，并向社会公开的制度。它既包括发行前的信息披露，也包括上市后的持续信息公开。

信息披露制度的重要意义体现在四个方面：帮助投资者作出投资判断；约束上市公司的内部行为；规范机构投资者的行为；有助于加强证券监管部门对证券市场各参与者的监督管理。

（二）信息披露制度的基本要求

根据我国相关法律法规的规定，信息披露的基本要求是真实、准确、完整、及时。真实指信息披露义务人所披露的信息必须是可靠的、不能有虚假记载；准确指信息披露义务人所披露的信息必须忠于事实，不能有误导性陈述；完整指信息披露义务人所披露的信息必须是所有会影响投资者判断的信息，不能有重大遗漏；及时指信息披露义务人必须按照法定时限公开信息，不得拖延。

其中，年度报告应当在每个会计年度结束之日起 4 个月之内编制完成并披露；中期报告应当在每个会计年度的上半年结束之日起 2 个月之内编制完成并披露；季度报告应当在每个会计年度第 3 个月、第 9 个月结束后的 1 个月之内编制完成并披露。

（三）信息披露的主要内容

1. 招股说明书、募集说明书及上市公告书。发行人编制招股说明书应当符合中国证监会的相关规定，凡是对投资者做出投资决策有重大影响的信息，均应在招股说明书中披露。发行人的董事、监事、高级管理人员，应当对招股说明书签署书面确认意见，保证所披露的信息是真实、准确、完整的。

申请证券上市交易，应当按照证券交易所的规定编制上市公告书，并经证券交易所审核同意后公告。上市公告书也必须有发行人的董事、监事、高级管理人员的书面签名，以保证所披露的信息是真实、准确、完整的。

2. 定期报告。上市公司应当披露的定期报告包括：年度报告、中期报告及季度报告。凡是对投资者做出投资决策有重大影响的信息，均应当披露。

董事、监事、高级管理人员对定期报告的真实性、准确性、完整性无法保证或者存在异议的，应当陈述理由和发表意见，并予以披露。

3. 临时报告。发生可能对上市公司证券及其衍生品种交易价格有较大影响的重大事件，投资者尚未得知时，上市公司应当立即披露，说明事件的起因、目前的状态和可能产生的影响。

上市公司还应对重大事件的进展情况进行披露，如果证券或者衍生品种被中国证监会认定为异常交易的，上市公司应及时了解造成异常的影响因素，并及时披露。

 **本章小结**

本章第一节对证券市场进行概述，介绍了关于证券市场的一般性基础知识，包括其定义、基本功能、主要分类、主要的参与者及其作用；第二节对发行市场和交易市场的运行机制分别进行介绍，关于发行市场，简介了发行方式、发行制度、承销制度、当前的核准制及 IPO 的审核流程；关于交易市场，简介了交易所交易的原则和规则，以及国际、国内的著名价格指数；第三节对证券市场监管的主要内容进行了说明，包括监管原则、监管机构、监管内容以及监管手段等。最后，对上市公司的强制性信息披露进行了专门介绍。

参考文献

1. 中国证券业协会编：《金融市场基础知识》，中国财政经济出版社 2018 年版。

2. 中国证券业协会编：《证券市场基本法律法规》，中国财政经济出版社 2018 年版。

3. 叶育甫主编：《证券投资学》，中国人民大学出版社 2015 年版。

4. 吴可编著：《证券投资理论与市场操作》，清华大学出版社 2012 年版。

5. 李英主编：《证券投资学》，中国人民大学出版社 2016 年版。

6. 祁敬宇主编：《金融监管学》，西安交通大学出版社 2010 年版。

7. 中国证券业协会编：《证券发行与承销》，中国财政经济出版社 2012 年版。

8. 中国证券业协会编：《证券交易》，中国金融出版社 2012 年版。

9. 吴晓求等：《中国资本市场：2011－2020——关于未来 10 年发展战略的研究》，中国金融出版社 2012 年版。

10. 吴晓求等：《中国资本市场研究报告（2013）中国资本市场：制度变革与政策调整》，北京大学出版社 2013 年版。

思考题

1. 简述证券市场的功能。我国证券市场的功能定位存在哪些偏差？

2. 机构投资者有哪些优势和特点?

3. 我国 IPO 制度存在哪些缺陷? 应该如何改革?

4. 简述信用交易的两种基本形式。

5. 我国证券监管存在的主要问题是什么? 应该如何解决?

第
三
章
资产定价理论及其发展

🔾**教学目标**

通过本章的教学，要求学生了解资产定价理论及其发展过程，掌握不同发展时期典型的资产定价理论和模型。

🔾**重点和难点**

本章教学的重点包括：资产定价理论及其发展过程，投资组合理论、资本资产定价模型、多因素资产定价理论、期权定价理论、随机贴现因子定价模型、DSSW 模型、BAPM 模型、BSV 模型、DHS 模型、HS 模型和 BHS 模型。难点主要包括：对投资组合理论、资本资产定价模型、多因素资产定价理论、期权定价理论、随机贴现因子定价模型、DSSW 模型、BAPM 模型、BSV 模型、DHS 模型、HS 模型和 BHS 模型的理解和运用。

第一节　20 世纪 50 年代以前的资产定价理论

在现代经济中，人们在从事金融资产交易时，需要确定金融资产的合理价格，以便能够做出理性的买卖决策。研究这一问题的理论即为资产定价理论，它是专门研究如何对资产（特别是金融资产）进行估价的理论，更具体地说，它是研究具有不确定未来收益的索偿权的价值的一种金融理论。资产定价理论在现代金融学理论体系中占有十分重要的地位，是现代金融理论的核心之一。如果缺乏对资产定价理论的理解，则很难对公司财务、投资学等金融研究领域中的具体问题有比较清晰的认识，在实践中也很难做出正确的金融决策。

资产定价理论（asset pricing theory）是金融经济学最重要的主题之一，它试图解释不确定条件下未来支付的资产价格或者价值，这里资产通常是指金融工具或某种证券，而价格是其市场均衡时的价格，即由市场需求与供给决定的价格。人们发现，低的资产价格蕴含着高的收益率，因此，人们考虑用理论解释为什么某些资产的支付比其他资产平均收益要高。

在确定性的市场里，资产定价问题很简单，通俗地讲，用无风险的收益率或回报率去折现资产的未来收益可以直接得出此种资产的现时价格。但是，实际上金融市场中充满相当多的不确定性，从而形成了风险性，所谓风险是指资产价格的未来变动趋势与人们预期的差异。在不确定性条件下，资产定价必须考虑到投资者对风险的态度，还要考虑投资者在收益与风险之间的权衡，或者为了补偿投资者承受的风险而对其给予额外的报酬，这正是风险溢价问题。

为了对资产估值，必须说明资产支付的延迟和风险。然而，时间对资产定价的影响是不能不加以考虑的。另外，在确定资产价值中对风险的修正是极为重要的。例如，在最近 50 年里，美国股票获得了大约平均 9% 的真实收益，其中仅有大约 1% 的收益归功于利率，而剩余的 8% 是持有风险所获得的溢价。不确定性，或者风险修正促使资产定价成为吸引人的、富于挑战性的领域。

由于资产定价理论的重要性，长期以来一直成为金融学术界关注的焦点，并与公司财务、金融市场与机构一道构成了现代金融学的三大核心研究领域，也是研究成果最为系统、最为丰富的领域之一。从发展历史来看，18 世纪上半叶就有学者开始了资产定价问题的相关研究。在长期的研究中，学者们取得了大量的研究成果，使资产定价理论得到了相当的发展。但由于资产定价问题的复杂性，原有理论成果还未达到完美解释现实世界的境界，因此资产定价理论还需要得到进一步的发展。

关于资产定价理论的起源已经难以考证，目前具有代表性的说法包括 1738 年丹尼尔·伯努利（Daniel Bernoulli）在圣彼得堡科学院发表的拉丁语论文《关于风险衡量的新理论》和 1900 年法国数学博士路易丝·巴彻利尔（Louis Bache-lier）完成的博士论文。其中，丹尼尔·伯努利在圣彼得堡科学院发表的《关于风险衡量的新理论》，距今已有近 300 年历史，而对资产定价问题的描述性研究则发生得更早，但具体时间无从考证。伯努利在其论文中首次提出了期望效用和风险衡量的思路和方法，文中阐述的中心思想是，确定资产的价值不是基于其价格，而是要根据其提供的效用的大小来确定。文中还提出了边际效用递减概念，这为后来经济学家发展风险决策理论提供了一定的帮助。

另一位在早期研究中作出重要贡献的是法国数学博士路易丝·巴彻利尔，他在 1900 年完成的博士论文《投机理论》中，以全新的数学方法对法国股票市场进行了研究，为现代资产定价理论奠定了数理方面的基础。《投机理论》的创新之处在于作者将股票价格变化视为随机过程，并且提出了价格变化服从鞅过程[1]。他试图运用这些全新的理论和方法来研究股票价格变化的规律性，因此巴彻利尔的理论不仅在数学界产生了很大的影响，而且对后来的 B – S 期权定价公式有直接的影响。

在巴彻利尔之后，20 世纪 30 年代，经济学家威廉姆斯（John Burr Williams）证明了股票价格是由其真实价值即未来股利决定的，并提出了重要的股利折现模型。威廉姆斯于 1938 年出版了《投资价值理论》，详细介绍了股利折现模型，该书对投资学和金融学的发展起了重要的作用。他认为普遍流行的根据每股收益进行估值的方法根本不可能是准确的，因为盈利非常容易波动、非常容易操纵，相比而言股利非常稳定，因此应该根据股利贴现模型进行估值。约翰·布尔·威廉姆斯提出了价值计算的数学公式，这里将其精练为：今天任何股票、债券或公司的价值，取决于在资产的整个剩余使用寿命期间预期能够产生的、以适当的利率贴现的现金流入和流出。请注意：这个公式对股票和债券来说完全相同。尽管如此，两者之间有一个非常重要的，也是很难对付的差别：债券有一个息票（coupon）和到期日，从而可以确定未来现金流。而对于股票投资，投资分析师则必须自己估计未来的"息票"。另外管理人员的能力和水平对于债券息票的影响甚少，主要是在管理人员如此无能或不诚实以至于暂停支付债券利息的时候才有影响。与债券相反，股份公司管理人员的能力对股权的"息票"有巨大的影响。威廉姆斯可以说是股利贴现模型的鼻祖，而正是在股利贴现模型的基础上发展出来现在通用的贴现现金流量估值模型。因此，股利折现模型或现金流贴现模型成为最经典的资产定价理论之一。

直到 20 世纪 50 年代之前，资产定价理论研究在总体上是零星的、不成系统的。虽然除上述几位有较大贡献的学者之外，还有一些很有分量的早期经济学家也对股票、风险甚至期货等资产定价研究领域中的有关概念有过关注，不过他们大都对金融市场的深入研究缺乏兴趣。这与当时的证券市场发展状况有一定的关系。20 世纪 50 年代之前，西方国家的证券市场还不够成熟规范，投机气氛浓厚，很多经济学家们不认为这是正规的市场，因此资产定价问题对他们没有产生强烈的吸引力。这种状况的存在决定了早期的资产定价研究尚处于理论

---

[1]　鞅过程指的是根据所得的信息对未来某个资产价格的最好预期就是资产的当前价格。在新的概率分布条件下，所有资产价格经过无风险利率贴现之后，为一个鞅过程。

发展的萌芽阶段，未能形成较为完整的理论体系。

第二节　20世纪50年代至80年代的资产定价理论

一、马科维茨投资组合理论

20世纪50年代以前，现金流的确定是资产定价的核心，然而这种定价方式无法解决风险度量和风险溢价问题。后来的学者则从这个角度进行不断的研究，1952年马科维茨（Markowitz）发表的《投资组合选择》（Portfolio Selection）取得了突破性的进展，标志着标准金融学的诞生，这也是标准金融资产定价理论形成的开端，也为资产定价理论的发展奠定了坚实的基础。标准金融学即现代金融学，也称为主流金融学、经典金融学。此后，标准金融学取得了迅速的发展，到20世纪70年代形成了完整的理论体系，其中资产定价理论是其核心内容。

20世纪20年代至40年代，资本市场分析由资本分析派和技术分析派为主。到了20世纪50年代以后，数量分析开始出现并逐渐占据主导地位。1952年，马科维茨在其《投资组合选择》一文中提出了均值—方差投资组合理论，在研究方法上创立了衡量效用与风险程度的指标，确定了资产组合的基本原则。他认为，在一系列合理的假设条件下，收益率的标准差是对资产组合风险的有意义的衡量。他推导出了计算资产组合标准差的公式，该公式表明了使投资分散化以减少资产组合总风险的重要性，还表明了如何有效地分散风险。

马科维茨关于投资者行为的一些重要假设如下：①投资者认为，每一项可供选择的投资在一定持有期内都存在着预期收益率的分布。②投资者的目的是使其预期效用最大化，而且他们的效用曲线表明财富的边际效用呈递减趋势。③投资者根据预期收益率的波动性估计投资组合的风险。④投资者完全根据预期收益率和风险做出决策，这样他们的效用曲线只是预期收益率和预期收益率的方差的函数。⑤投资者是理性的，即在任一给定的风险程度下，投资者愿意选择预期收益高的有价证券，或者选择预期收益一定、风险程度较低的有价证券。

根据这些假设，如果没有其他资产或组合在相同（或较低）的风险水平上提供更高的收益率，或者在更低的风险水平上提供相同（或更高）的预期收益率，那么这项资产或资产组合就被认为是有效的。

　　马科维茨的投资组合理论不但为分散投资提供了理论依据，也为如何进行有效的分散投资提供了分析框架，作为现代投资理论的基石，在实际投资应用中起着重要的作用。马科维茨的资产组合理论否定了古典定价理论中关于投资者的单一预期假设，即期望收益最大化假设，因为该假设要求投资者只投资所有证券中期望收益最大的证券或者证券组合，而与现实中投资者的分散化投资组合相违背。资产组合理论在现实的基础上，提出了组合均值—方差理论。用证券组合的均值代表期望收益，用方差代表组合的风险，投资者理性的投资方式是实现预期收益最大化（风险不变）或者风险最小化（预期收益不变）的资产组合方式。不同的市场组合代表着不同的均值—方差，投资者可以根据自己的风险偏好选择适合自己的投资组合。因此，该理论不仅解决了现实中投资者分散化投资的现实，而且还告诉投资者如何有效地形成分散化的投资组合。马科维茨对证券组合理论的主要贡献是，他正确地区分了单个证券的收益变动对整个证券组合收益的影响。他认为，要使组合的风险变小，不能仅靠分散投资，而且要避免组合内不同证券之间的高度相关性。马科维茨进一步证明了，如果投资者的效用函数只有收益和风险两个变量，那么投资者最有效的做法就是在效率边界上进行组合选择。由于马科维茨对现代资产组合理论的开拓性工作，他获得了 1990 年的诺贝尔经济学奖。

　　不过，该模型也存在一定的局限性。首先，该模型在一定的假设条件下才可以成立，而现实远未达到假设条件的理想状态。如实际存在的市场并非像模型假设一样完全有效。而且该理论所表现的最优组合只是一种暂时的静态均衡组合，而实际上投资的风险收益和投资行为都是不断变化的。其次，该模型需要大量的基本数据，基本数据估计值的增大使该模型的运用受到很大限制，另外由于一系列估计值的存在，使用该模型求出的解也存在一定的不可靠性和不稳定性。

　　后人针对马科维茨的投资组合理论也进行了一系列的改进：为解决均值—方差模型应用于大规模市场所面临的计算量庞大的缺点，1963 年，马科维茨的学生威廉·夏普（William Sharpe）在《A Simplified Model for Portfolio Analysis》一文中，提出了简化的计算方法，即单因子模型（市场模型）。多目标投资组合模型的出现，改变了马科维茨的标准均值—方差模型只有方差最小这一个目标，多目标模型改进了目标函数，力求使投资者的各种目标同时得到满足。

　　标准金融学以投资者完全理性和有效市场假说（EMH）这两大假设作为其理论基础，在均衡的框架内探讨资产价格的决定问题。其中的投资者完全理性假设包含三个命题：期望效用准则、贝叶斯推断和风险厌恶。期望效用准则指面对不确定情况的行为人，对不同方案的选择会按照期望效用值的大小进行；贝叶斯推断指随着新信息的不断到达，行为主体能够按照贝叶斯法则及时更新信念；风险厌恶则意味着效用函数是一个凹函数。完全理性假设使得标准金融学能够按照效用价值理论的分析范式来研究资产的定价问题。另一个理论基础有效市场假说的基本内容是：市场价格包含了所有的公开信息，它是资产真实价值的最优估计。如果有效市场假说不成立，那么资产的均衡价格会偏离其真实价值，建立在投资者完全理性基础上的资产定价理论将无法成立。在投资者完全理性和有效市场假说两大假设前提下，标准金融学发展出了一系列精美的定价模型，包括资本资产定价模型（CAPM）及其各种拓展形式、多因素模型、期权定价理论以及随机贴现因子定价模型等。

二、资本资产定价模型（CAPM）

（一）CAPM 简介

CAPM 的提出源自马科维茨的证券组合理论。马科维茨于 1952 年提出的均值—方差证券组合理论对在充分竞争的、有效的证券市场中理性投资者的资产选择行为进行了分析，为证券资产定价理论奠定了投资者的决策基础。而 Tobin（1958）将货币因素引入马科维茨的理论中，得到了著名的两基金分离定理，将证券组合理论向前推进了一大步，使定价理论的诞生成为可能。马科维茨的证券组合理论虽然指出了资产的价格并非由其总风险决定，但并未阐明究竟哪一部分风险与资产定价相关，在这一问题上，马科维茨的学生威廉·夏普进行了研究并取得了重大突破。他于 1964 年发表的论文《资本资产价格：一个风险条件下的市场均衡理论》以及随后 Lintner（1965）和莫辛（Mossin, 1966）独立完成但得出相同结论的相关论文，共同提出了 CAPM 这一当今金融学术界和业界人士耳熟能详的资产定价模型。CAPM 的核心观点是在一定的假设条件下，单个资产或证券组合的预期收益只与其总风险中的系统性风险有关。该系统性风险记作"β"，它与单个资产或证券组合的收益与市场组合收益之间的协方差密切相关。CAPM 推导出了证券的期望收益率与它的 β 系数之间线性正相关的关系式。这一关系式有效地反映了在资本市场达到均衡时的资产收益决定机制，解释了为什么不同的证券会有不同的回报率。

CAPM 的重要意义在于它在风险和收益之间架起了一座桥梁，不仅揭示了资产收益决定问题，还解决了证券资产的间接定价问题。更重要的是，CAPM 开创了以风险和收益间均衡模型为范式的资产定价方法，使得标准金融学第一次有了简单的、可供检验的资产定价模型，开启了现代资产定价研究的先河。

（二）CAPM 的拓展

CAPM 的提出在金融学术界掀起了资产定价理论研究的热潮。由于 CAPM 建立在严格的假设条件基础上，这些假设条件与现实中的实际情况不太相符，不便于进行经验验证，不能很好地解释实际的资产价格的决定，因此在 CAPM 的后续研究中，一些学者相继对 CAPM 的假设条件加以修改，建立了放松 CAPM 假设条件下的资产定价模型，以使其更加符合现实，从而使 CAPM 得到了拓展。这些拓展模型中比较著名的有零 β 模型、跨期资本资产定价模型（ICAPM）和基于消费的资产定价模型（CCAPM）。

1. 零 β 模型。零 β 模型由 Black（1972）提出。CAPM 的一个假设条件是资本市场中所有的投资者都能够以固定的无风险利率无限制地借入或贷出无风险资产，但是在现实的资本市场中，这种情况是不存在的，投资者在以无风险利率借贷时往往受到很多限制。因此，根据 CAPM 的假设条件推导出的证券预期收益率与其 β 系数的关系实际上并不能反映实际的市场均衡关系。考虑到这一点，Black 放弃了投资者可以按照无风险利率借贷的假设，研究当无风险借贷不可行时 CAPM 需要如何调整。他的研究中指出，对于 CAPM 中的风险资产有效组合边界上的任意一个资产组合，在坐标图中双曲线的下半枝（无效组合边界部分），都存在着另一个与之相对应的资产组合，称为该有效资产组合的零 β 组合。在引入零 β 组合的基础上，他推导出了资产预期收益率与其 β 系数之间的一个均衡关系式，该关系式与 CAPM 的区别是用零 β 组合的收益率代替了无风险利率，他的这一模型即为零 β 模型。

2. 跨期资本资产定价模型（ICAPM）。跨期资本资产定价模型是 CAPM 在多期动态环境下的一个拓展。CAPM 假定投资者只生存一个时期或面临的投资机会集是不变的，此时投资者的效用最大化等价于期末财富最大化。但现实中的实际情况与此不同，投资者往往进行的是跨期投资，面对的投资机会集是变化的，投资者总是不断调整自身持有的资产组合以适应不断变化的经济条件。这种跨期的投资行为是 CAPM 模型所不能模拟描述的。对此，Merton（1973）指出，跨期投资者不仅要规避当期的风险，还会对因投资机会变化所带来的风险进行套期保值。因此，在多期动态经济中，投资者的投资目标不再是期末财富最大，而是最大化终生消费效用和遗产的效用。从这一点出发，Merton 提出了跨期资本资产定价模型（ICAPM），把静态的 CAPM 推广到了动态的环境中。从形式上来说，ICAPM 是一种多 β 系数的资本资产定价模型，除了 CAPM 给出的那

个 β 系数外，对应于每个影响投资机会集的状态变量都会存在一个 β 系数。ICAPM 表明在均衡时，投资者除了承担市场风险外，还要承担投资机会集受到意外冲击的风险，两种风险的溢价都必须体现在资产的收益率中，才能使投资者愿意承担这样的风险。

（3）基于消费的资产定价模型（CCAPM）

基于消费的资产定价模型（CCAPM）是在 ICAPM 的基础上发展出来的另一种模型，它是对 ICAPM 的进一步完善。根据 ICAPM，当投资者财富较小，因此边际效用较高时，那些收益更多的股票的定价反而会更低，这与 CAPM 的结论是完全相反的，也与人们的基本经济常识不相符合。针对 ICAPM 的这一问题，Breeden（1979）认为，投资者所关心的是其消费，而不是总财富，因此他用投资者的消费取代了 Merton（1973）中投资者的财富，推导出了基于消费的资产定价模型（CCAPM）。

在 CCAPM 中，直接用消费数量来定义效用函数，认为理性消费者的效用大小由消费量决定。消费者持有资产时减少了当期的消费，会降低其效用水平；但持有资产带来的收益又会增加未来的消费，提高其效用水平。如何实现消费者现在和未来总的效用最大化，或者说整个生命期的消费效用最大化，是一个跨期选择的最优化问题，其最优解中既包含消费者均衡时的边际替代率，也隐含着资产的均衡价格。消费者均衡与资产定价实际上是同一个问题的两个方面，资产定价问题的求解可以通过消费者均衡的求解实现。按照这一思路，CCAPM 推导出资产是根据它对未来消费而不是财富的边际贡献定价的，从而化解了 ICAPM 存在的上述问题。在形式上 CCAPM 比 ICAPM 更为完美，它与 CAPM 类似，只用一个 β 系数衡量风险。CCAPM 在理论上的重要意义在于它同时考虑了消费和投资的决策，这就把产品市场、要素市场和金融市场上的各种变量通过消费和投资的关系联系在一起，由此实现了将资产定价的研究建立在一般均衡分析的基础之上，因而 CCAPM 的提出具有巨大的理论价值，在现代资产定价理论中产生了巨大的影响，是资产定价理论的一次重大飞跃。

三、多因素资产定价模型

在 20 世纪 70 年代中期以后的有关研究中发现，股票的 β 系数值与其平均收益的变化没有显著的关系，而传统资产定价理论之外的其他一些因素，如公司规模、市盈率、财务杠杆、净值市价比等，对股票平均收益的变动却有着较强的解释能力。由于传统模型无法解释这种现象，因此就有一些学者开始了多因素资产定价模型的研究。

1. 套利定价理论（APT）。多因素资产定价模型是指由影响证券价格的多个重要的基础因素构成的估价模型。在多因素资产定价模型中，著名的有 Ross（1976）提出的套利定价理论（APT）。APT 认为，对某项资产的收益率，市场上会存在若干个对其具有显著影响的风险因子，其影响方式是线性的，因此，在 APT 中将资产收益率表示成了一个以多因子作解释变量的线性关系式，投资者根据这一关系式既能知道风险来自何处，又能知道各个风险因素对资产收益率的影响程度有多大。

与 CAPM 的均衡定价法不同，APT 是建立在无套利均衡分析基础上的，它不需要市场组合的存在，不需要 CAPM 那么苛刻的假设条件，它的基本假设只有两个：一是投资者都是理性的，二是市场上不存在无风险套利机会。由于假设条件的放松，APT 比 CAPM 更加贴近实际，所得出的预期收益率数据的适用性也比 CAPM 大大增强了。不足之处是 APT 并没有指出影响资产收益率的具体风险因素是哪些，有关风险因素的种类、数量及其含义问题在该模型提出后一直存在争议。

2. 三因素模型。同属于多因素模型系列，Fama 和 French（1993）在他们的《股票和债券收益的共同风险因素》一文中提出了著名的三因素模型。在三因素模型中，决定股票横截面收益变化的具体因素有三个：整体市场因素、公司规模因素和价值因素。其中的整体市场因素表示为市场组合的月收益率与无风险收益率之差，公司规模因素表示为小规模公司收益与大公司收益之差，价值因素表示为高净值市价比公司股票收益与低净值市价比公司股票收益之差。他们的研究表明，上述三个因素对美国股市中的股票收益的变化有显著的解释能力，并且，针对其他发达国家和新兴市场国家（包括中国在内）的股票市场所作的实证研究也表明三因素模型具有较强的解释力。

由于有实证研究结果的支持，三因素模型逐渐取代了传统的单因素模型，为金融理论界和实业界所广泛接受。但是，三因素模型也非完美。模型中的风险因素尤其是公司规模和净值市价比因素，是在历史研究文献和大量数据检测的实证结果基础上总结得出的，这些因素缺乏坚实的经济理论支撑。究竟如何从理论上解释公司规模和净值市价比因素，在金融理论界存在很大分歧。例如，行为金融学派就认为这些因素并非代表风险，而代表的是投资者的行为偏差。而且，进一步的研究发现，三因素模型对收益动能缺乏解释能力。因此三因素模型有待进一步发展。于是，针对三因素模型难以解释收益动能的缺陷，Mark

Carhart（1997）提出了四因素模型。四因素模型在三因素模型的基础上加入了收益动能因素，从而使模型具备了解释收益变动的能力。

四、期权定价模型

20 世纪 70 年代，在 APT 之外，资产定价理论的一个重要发展是期权定价模型的提出。Black 和 Scholes（1973）发表了题为《期权和公司债务定价》的论文，首次给出了具有解析解的欧式股票期权定价公式，这就是著名的 Black-Scholes 期权定价公式。同年，Merton 发表了《理性期权定价理论》，提出了与 Black-Scholes 类似的期权定价模型，并做出了一些重要的扩展。由于 Merton 对期权定价理论所作出的贡献，Black-Scholes 期权定价公式又称 Black-Scholes-Merton 期权定价模型。Black-Scholes-Merton 期权定价模型的基本原理是无套利原则，核心思路是投资者总是可以构造一个标的股票和无风险债券的适当组合，使得这个组合的收益与期权在到期日的收益完全相同。这一组合也称合成期权或人造期权。既然合成期权的收益与原期权的收益相同，那么根据无套利定价原则，两者的价格就必须相同，因此，只需对此合成期权进行定价，就可得到对原期权的定价。

紧随着 Black-Scholes-Merton 模型，期权定价的研究得到了延伸和发展。其中，有重要影响的是 Cox，Ross 和 Robinstein（1979）提出的二项式定价理论。二项式定价理论的原理与 Black-Scholes-Merton 期权定价模型的原理一样，在考虑很短的时间段时，两者会得出一致的期权价格，但相比较而言，二项式定价理论可以用于更广泛的衍生工具的定价。

五、随机贴现因子定价模型（随机贴现模型）

随机贴现模型是在新古典主义的一般均衡分析框架下，运用效用理论和消费者选择理论推导出的一个资产定价模型，其思想渊源可以追溯到资产定价问题的早期研究阶段。在资产定价的早期研究中，Bernoulli（1738）曾指出，在面对具有风险或不确定性的物品时，经济人的选择不是基于该物品的期望数量和价格做出的，而是根据该物品所能带来的效用和边际效用做出的。在此条件下，风险与收益的权衡就转化为存在风险或不确定性条件下的效用最大化选择行为。Arrow（1951、1964）沿着这一思路，通过具体分析不确定条件下的消费者选择行为与市场实现一般均衡的过程以及证券在其中的作用，开创性地提出了资产定价的随机贴现思想，其后在 Ingerson（1987）、Hansen 和 Riehard（1987）的研究中，随机贴现模型得以明确化。Hansen 和 Jagannathan（1991、1997）进一步讨论了随机贴现因子的一般特征，Ferson（1995），Campbell, Lo 和 Mackinlay（1997）以及 Cochrane（1999）对随机贴现因子方法的分析框架进行了深入探讨，使随机贴现模型的分析进一步系统化。

在随机贴现模型中，将资产价格表示为资产未来收益与其随机贴现因子（stochastic discount factor，SDF）乘积的条件期望值，即 P = E（MX），其中 P 是资产当前价格，X 是该资产未来某时刻的随机收益，M 为随机贴现因子，E 是当前可获信息条件下的期望算子，进而在 P≠0 时，两边除以 P，可以得到模型的另一种形式：1 = E（MR），其中 R = X /P，是资产在未来时刻的收益率。模型中最关键的变量是随机贴现因子 M，它被称为定价核心。随机贴现模型研究的重点内容就是探讨不同假设下随机贴现因子的存在性以及随机贴现因子的特征。随机贴现模型的理论意义在于它从市场一般均衡的条件出发，在金融资产的未来支付与现价之间建立了一般性联系，提供了资产定价理论的一般逻辑和基本分析框架，把 CAPM 和 APT 等其他定价模型都纳入到一个分析框架中。

第三节　20 世纪 80 年代以后兴起的行为
金融资产定价理论

一、行为金融学的产生背景及其理论基础

资产组合理论、资本资产定价模型和有效市场假说互为引证，体系完备，共同构造了现代金融学大厦，并且在 20 世纪 60 年代、70 年代得到了实证检验的支撑，取得了辉煌的成就。标准金融资产定价理论在 20 世纪 80 年代之前处于迅速发展的黄金时期，并得到了当时实证研究的支持，但是随着大型金融数据库的建立和计算技术的发展，从 20 世纪 80 年代初期开始，有关学者通过大样本的实证研究，发现了很多系统性地偏离传统 CAPM 的现象，包括规模效应、股息率效应、市盈率效应、净值市价比或其倒数市净率现象、股权溢价之谜、收益季节性、长期收益回归、中期收益动能等，这些现象统称为金融市场异象。这些异象的发现使得标准金融资产定价理论受到了严峻的挑战，学者们开始对标准金融学在资产价格决定上的解释力产生怀疑，并转到其他领域寻求合理的解释。正如物理学中相对论对经典物理学理论的突破一样，传统理论不能解释的"市场异象"往往是新理论产生的背景和突破口。自 20 世纪 80 年代以来，与现代金融

理论相矛盾的实证研究或"市场异象"的不断涌现，为行为金融的兴起种下了火种。随着心理学家 Kahneman 和 Tversky（1979）的前景理论的出现，以及心理学和社会学相关研究成果在投资者行为研究中的应用，行为金融学应运而生。

行为金融学着眼于实际问题的分析，针对标准金融学中投资者完全理性与有效市场的假设前提，提出了与之不同的观点作为理论分析的基础。一是引入了投资者非完全理性的假设，认为市场中的参与者不是完全理性的，他们只是准理性人或者有限理性人。他们在进行风险决策时并不依照贝叶斯规则，而是采用简单而有效的直观推断法。二是提出了有限套利的观点，认为市场由于非理性交易者的存在，会导致不当定价，因而会存在套利机会，但由于套利行为存在风险且成本高昂，这些套利机会不具有吸引力，这会导致套利活动的缺乏，从而错误定价并不一定能够很快得到纠正，因此有效市场假说可能是不成立的。投资者非完全理性与存在套利限制的观点共同构成了行为金融学的理论基石。由于这两个基石更符合现实世界的实际情况，因而行为金融学对金融市场异象能够给出较为合理的解释，从而使自身获得了持续发展的生命力，成为近些年来金融研究的热点领域之一。

总之，行为金融学在最近几十年得到了迅速的发展，众多经济学家投入到这一领域的研究之中，使研究成果日新月异。2002 年，行为经济学奠基人之一丹尼尔·卡尼曼（Daniel Kahneman）获得了诺贝尔经济学奖，将行为金融学推向了新的发展阶段。相对于传统金融理论，行为金融学能够有效地解释许多传统金融理论难以解释的市场异象，与人类真实的投资行为更加接近。但是，迄今为止，行为金融学还没有建立起获得普遍接受的统一理论框架和研究范式，很多理论模型都只是从一个角度研究投资者的心理因素对资产价格的影响，因而，行为金融学的完善与发展还有很长的路要走，它的发展程度还不足以取代传统金融理论。从目前的发展状况来看，行为金融学有希望成为现代金融学突破的方向。

二、噪声交易者模型（DSSW）

在行为金融学的研究中，资产定价是最活跃的研究领域之一。行为金融学以心理学的研究为基础，从微观个体的行为以及产生这种行为的深层次的心理及社会动因来解释、研究和预测资本市场的价格行为，试图从投资者的真实决策行为出发重新审视资产价格的决定问题，对资产价格的决定问题提出了独到的解释，提出了相应的定价模型。根据对非理性的假设，行为金融学的资产定价模型可以分为两类：一类是基于非理性预期的定价模型，包括 DSSW 模型、BAPM 模型、BSV 模型、DHS 模型和 HS 模型等，另一类是基于非标准偏好的定价模型，代表性的是 BHS 模型。

DSSW 模型由 De Long，Shleifer，Summers 和 Waldmann（1990）提出，也称为噪声交易者模型。在该模型的分析中，投资者分为两类：一类为理性交易者，另一类为噪声交易者。噪声交易者为非理性的交易者，他们错误地认为自己拥有风险资产未来价格方面的特殊信息，并以此作为投资决策的依据。模型揭示了噪声交易者对风险资产的价格产生的影响。噪声交易者由于掌握的信息存在质量问题，他们对风险资产的基本面存在一定程度的认识偏差，从而与理性交易者相比对风险资产会产生过度或者不足的需求量，进而导致风险资产的价格偏离其基本价值。这种影响结果一方面为理性交易者从事套利活动提供了机会，但另一方面又使理性交易者在从事套利活动时会面临噪声交易者风险，即由于噪声交易者对风险资产需求的影响，风险资产的价格在理性交易者必须清算之前可能变得更加恶化，从而使其本应盈利的套利机会变成亏损的结局。噪声交易者风险的存在构成了对理性交易者的套利限制。有了这种套利限制，噪声交易者就能够在市场中长期生存，进而对市场的均衡价格产生影响。在 DSSW 模型的分析中，市场均衡时的风险资产的价格就是由风险资产的基本价值和噪声交易者的错误估价共同决定的。DSSW 模型对金融市场的一些异常现象给出了自己的解释，如资产价格的波动性和均值回归现象、封闭基金折价之谜、股权溢价之谜等，使其在行为金融学定价理论中具有重要的地位。

三、行为资产定价模型（BAPM）

Shefrin 和 Statman（1994）在 SP/A 理论（Lopes，1987）和前景理论（Kahneman and Tversky，1979）的基础上针对 CAPM 提出了 BAPM 模型，即行为资产定价模型。在 BAPM 中，投资者也被分为两类，一类是理性的信息交易者，另一类是非理性的噪声交易者。信息交易者即 CAPM 中的投资者，他们严格按照标准 CAPM 行事，不会受认知偏差的影响，且具有相同的风险偏好，他们通过套利能够使资产价格趋于理性价值；噪声交易者则是那些处于 CAPM 框架之外的投资者，他们不按 CAPM 行事，时常犯认知偏差错误且具有不同的风险偏好。两类投资者在市场上相互影响，共同决定资产价格。当信息交易者起主导作用时，市场是有效的；当噪声交易者起主导作用时，市场是无效的。噪声交易者的存在导致噪声估计的发生并形成噪声交易者风险，理性的信息交易者无法量化这一新的风险因素，只能在真实风险之上再加上额外的风险，它用行为 β 系数来表示。该 β 系数的值为均值—方差有效组合的切线斜率。这样，在 BAPM 中，证券的预期收益就决定于行为 β 系数。与 DSSW 模型类似，BAPM 典型地体现了行为金融学的基本理念，即非理性交易者长期性、实质性的存在，它所描述的同样是理性交易者和非理性交易者互动情况下的资产定价方式。

四、BSV 模型

该模型由 Barberis，Shleifer 和 Vishny（1998）提出。BSV 模型假设投资者在决策时存在两种行为偏差：一是代表性偏差或称相似性偏差，即投资者基于近期数据与某种模式（例如股价上升或下降通道）的相似性来预测未来，往往过分注重近期数据，受小样本特征的影响，他们会认为近期收益的变化反映未来收益的变化趋势，导致他们对新信息的反应过度；二是保守性偏差，即投资者不能根据已经变化了的情况及时修正自己的预测，当收益变化时，他们会认为这种变化只是一种暂时现象，因而在投资行为上不作调整，导致他们对新信息的反应不足。通过对投资者反应不足和反应过度的分析，BSV 模型可以用来解释证券价格的中期动量效应和长期反转效应。

五、DHS 模型

这是由 Daniel，Hirshleifer 和 Sub-rahmanyam（1998，2001）提出的模型。该模型假定市场中存在两类投资者：知情交易者和非知情交易者。其中，知情交易者拥有私人信息且对私人信息的精确度往往过分自信；而非知情交易者则不拥有私人信息，不会存在过度自信偏差。由于知情交易者过度自信，他们会对私人信息过度反应而对公共信息反应不足，从而使股票收益表现出中期惯性；随着公共信息的不断增加，知情交易者的过度自信得到纠正，这便会出现股票收益的长期反转现象。DHS 模型和 BSV 模型虽然建立在不同的行为前提基础上，但二者的结论是相似的。

六、HS 模型

这一模型由 Hong 和 Stein（1999）提出，又称统一理论模型（unified theory model）。该模型假定市场由两类有限理性的投资者组成：一类是信息观望者，他们通过私人观测到的有关股票未来价值的信息作出预测，但是他们不能根据当前和过去价格的信息进行预测；另一类是动量交易者，他们通过过去的价格来预测未来的价格。HS 模型通过分析不同投资者的作用机制，可以对股市的反应不足和过度反应作出解释。两类投资者在市场上的作用机制是：信息观望者首先接收到一个信息，由于其有限理性而对信息不能做出充分反应，导致短期内股票价格变化的惯性。而当把动量交易者引入后，动量交易者将根据过去的价格变化决定交易数量指令，他们会利用信息观望者的反应不足进行套利，从而会加速价格对信息的反应速度，但由于他们仅根据近期的价格进行交易，而不能直接了解信息，因此他们的交易将引起更大的价格变化，同时推动更多的交易者交易，股票价格也将超出最初的信息所能引起的应有的价格变化部分，但最终股票价格将表现为理性的价格，即出现反转现象。

七、BHS 模型

该模型是基于前景理论的资产定价模型，由 Barberis，Huang 和 Santos（2001）提出。前景理论揭示了行为人在不确定情况下的决策往往会偏离期望效用准则，在证券市场上表现为投资者的"损失厌恶""私房钱效应""处置效应"等。在 BHS 模型中，经济人的效用不仅取决于其消费，而且取决于其金融资产价格的波动。进一步来说，投资者事前投资的业绩将影响其当前投资时的风险偏好，即如果事前业绩较好，他将更加偏好风险，因为事前的业绩为其激进投资可能带来的损失提供了缓冲；而如果事前业绩较差，该经济人将十分厌恶风险，因此他将改变投资策略，将更多的财富投资于低风险的债券。这样的基于偏好（即损失规避）的决策机制产生了一种类似乘数效应的作用：当股利增加时，证券价格增长，此时，经济人由于投资收益的增长其风险厌恶系数下降，从而使证券价格得以进一步提高，而股利减少时的情形则与此完全相反。BHS 模型的优点在于通过引入事前投资收益对投资者风险偏好的影响，推导出时变的风险厌恶系数，且这一风险偏好的变化并非如 Campbell 和 Cochrane（1999）所认为的那样是由当前消费对消费惯性值的偏离推动，而是由投资者的上一期金融投资收益所推动，因此，BHS 模型在解释股权溢价的同时维持了实际经济中可观察到的消费波动与投资收益波动的低相关性。

本章小结

资产定价理论是金融学研究的重要领域之一，也是金融学研究中最系统、成果最丰富的领域之一。本章将资产定价理论分为三个阶段进行分析，并对每个阶段典型的资产定价理论进行了阐述。其中，20世纪50年代以前的资产定价理论包括：丹尼尔·伯努利发表的论文《关于风险衡量的新理论》、路易丝·巴彻利尔的博士论文《投机理论》和威廉姆斯提出的股利折现模型；20世纪50年代至80年代是标准金融资产定价理论发展的黄金阶段，主要包括：马科维茨投资组合理论、资本资产定价模型（CAPM）、多因素资产定价模型、期权定价模型和随机贴现因子定价模型；20世纪80年代以后行为金融资产定价理论不断兴起，行为金融学的资产定价模型可以分为两类：一类是基于非理性预期的定价模型，包括DSSW模型、BAPM模型、BSV模型、DHS模型和HS模型等，另一类是基于非标准偏好的定价模型，最具代表性的是BHS模型。

20世纪50年代之前，资产定价理论研究在总体上是零星的、不成系统的。虽然除上述几位有较大贡献的学者之外，还有一些很有分量的早期经济学家也对股票、风险甚至期货等资产定价研究领域中的有关概念有过关注，不过他们大都对金融市场的深入研究缺乏兴趣。这与当时的证券市场发展状况有一定的关系。20世纪50年代之前西方国家的证券市场还不够成熟规范，投机气氛浓厚，很多经济学家们不认为这是正规的市场，因此资产定价问题对他们没有产生强烈的吸引力。这种状况的存在决定了早期的资产定价研究尚处于理论发展的萌芽阶段，未能形成较为完整的理论体系。

在行为金融学的研究中，资产定价是最活跃的研究领域之一。行为金融学以心理学的研究为基础，从微观个体的行为以及产生这种行为的深层次的心理及社会动因来解释、研究和预测资本市场的价格行为，试图从投资者的真实决策行为出发重新审视资产价格的决定问题，对资产价格的决定问题提出了独到的解释，提出了相应的定价模型。

参考文献

1. John Burr Williams, *The Theory of Investment Value*, 1997 reprint, Fraser Publishing, c1938, Cambridge：Harvard University Press.

2. W. Sharpe, *Investments*, *Englewood Cliffs*, *NJ*：*Prentice- Hall*, 1978.

3. D. Duffie, *Dynamic Asset Pricing Theory*, Princeton：Princeton University Press, 1992.

4. L. Bachelier, "Theory of Speculation in The Random Character of Stock Market Prices", in P. H. Cootner ed., Cambridge：M. I. TPress, 1964.

5. Kenneth Arrow, Gerard Debreu, "Existence of an Equilibrium for a Competitive Economy", *Econometrica*, 22 (1954).

6. H. M. Markowitz, "Portfolio Selection", *Journal of Finance*, 1952: 7 (1).

7. B. Jaganmatham, T. Ma, "Risk Reduction in Large Portfolios: A Role for Portfolio Weight Constraints", *Working Paper*, Northwestern University, 2002.

8. W. F. Sharpe, "Capital Asset Prices: A Theory of Capital Market Equilibrium under Conditions of Risk", *Journal of Finance*, 19 (1964).

9. J. Lintner, "The Valuation of Risk Assets and the Selection of Risky Investments in Stock Portfolios and Capital Budgets", *Review of economics and Statistics*, 47 (1965).

10. J. Mossin, "Equilibrium in a Capital Asset Market", *Econometrica*, 35 (1966).

11. E. Fama, K. French, "The Capital Asset Pricing Model: Theory and Evidence", *Working Paper*, 2004.

12. F. Black, M. Scholes, "The Pricing of Options and Corporate Liabilities", *Journal of Political Economy*, 81 (3).

13. R. C. Merton, "Theory of Rational Option Pricing", *Bell Journal of Economics and Management Science*, 1973: 4 (1).

14. C. Smith, "Option Pricing: A Review", *Journal of Financial Economics*, 3 (1976).

15. J. M. Harrison, D. M. Kreps, "Martingales and Arbitrage in Multi-period Securities Markets", *Journal of Economic Theory*, 20 (1979).

16. H. Geman, N. EI Karoui, J. Rochet, "Changes of Numeraire, Changes of Probability Measures and Pricing of Options", *Journal of Applied Probability*, 32 (1995).

17. R. Novy-Marx, "An Equilibrium Model of Investment under Uncertainty", *Working Paper*, University of California, Berkeley, 2003.

18. J. A. Scheinkman, W. Xiong, "Overconfidence and Speculative Bubbles", *Journal of Political Economy*, 111 (2003).

19. P. A. Samuelson, "Lifetime Portfolio Selection by Dynamic Stochastic Programming", *Review of Economics and Statistics*, 51 (1969).

20. R. C. Merton, "Lifetime Portfolio Selection under Uncertainty: the Continuous-

Time Case", *Review of Economics and Statistics*, 51（1969）.

21. S. A. Ross, "Arbitrage Theory of Capital Asset Pricing", *Journal of Economic Theory*, 13（1976）.

22. M. Rubinstein, "The Valuation of Uncertain Incomes Streams and the Pricing of Options", *Bell Journal of Economics and Management Science*, 7（1976）.

23. D. T. Breeden, R. H. Litzenberger, "Prices of State-contingent Claims Implicit in Option Prices", *Journal of Business*, 51（1978）.

 思考题

1. 请举例说明资产定价理论中模型的应用有哪些?
2. 马科维茨投资组合理论的假设前提和局限性有哪些?
3. 资本资产定价模型（CAPM）的核心观点是什么?
4. 三因素模型中是指哪三个因素?
5. 行为金融学的资产定价模型主要分为几类? 分别是?

第四章　证券投资的宏观经济分析

○**教学目标**

通过本章的教学，要求学生掌握宏观经济因素分析的基本意义；掌握宏观经济对证券市场的影响机制；掌握各种宏观政策对证券市场的影响机制。

○**重点和难点**

本章教学的重点包括：宏观经济因素分析的基本意义、方法和基本变量；GDP、通货膨胀、经济周期、利率、汇率、国际经济形势等对证券市场的影响机制；宏观财政政策、货币政策、收入政策、产业政策、汇率政策对证券市场的影响机制。难点包括：正确理解各种指标的含义；正确理解各种政策的传导机制，面对真实的宏观数据和不断出台的各种政策，综合分析难度大大增加，尤其是预估其方向、方式及影响力度。

第一节　宏观经济分析概述

一、宏观经济分析的意义

宏观经济分析，也称大势分析，主要目的是为证券投资者提供方向性的依据，是投资者必须面对的第一次也是最重要的投资决策。

宏观经济分析的意义有以下三个：

第一，把握证券市场总体变动趋势。证券市场是一国经济的晴雨表，只有把握宏观经济发展的大方向，才能把握证券市场的总体趋势，做出正确的投资决策。特别是在中国，做空机制尚未完全建立，绝大多数投资者只能做多，通过低买高卖才能赚钱，因此判断与把握总体趋势尤为重要。当总体趋势上涨时，应择机入场进行投资，反之则要尽快离场，落袋为安。

第二，判断整个证券市场的投资价值。整个证券市场的投资价值实际上是国民经济增长质量与速度的反映，因为宏观经济是个体经济的总和，企业的投资价值必然在宏观经济的总体中反映出来。如果判断整个证券市场有投资价值时，应果断入场；反之则要抛售证券，尽快离场。

第三，掌握宏观经济政策对证券市场的影响方向和力度。国家通过财政政策、货币政策等调控经济，这些政策将会影响到企业经济效益，并进一步对证券市场产生影响。因此，投资者必须认真分析宏观经济政策，掌握其对证券市场的影响方向和力度。如果判断是较大力度的利多政策，应采取跟随战略进行投资；反之则要果断离场。

二、宏观经济分析的主要方法

1. 总量分析法。总量分析法是对影响宏观经济运行的总量指标及其因素的分析，进而说明整个经济状态及全貌。它主要属于动态分析，也包括静态分析。

2. 结构分析法。结构分析法是对国民经济系统中各组成部分及其对比关系的变动规律的分析，如产业结构、地区结构、投资机构、消费机构等，进而说明构成国民经济总量的结构比例。结构分析法主要属于静态分析。

3. 经济指标分析。经济指标是反映经济活动结果的一系列数据和比例关系。经济指标有三类：一是先行指标，它可以对将来经济状况提供预示性信息，它预测的高峰及低谷一般比实际时间提前半年左右，先行性指标主要有货币供应量、股价指数等；二是同步指标，它反映的转折点大致与经济活动同时发生，同步指标主要有失业率、国民生产总值等；三是滞后指标，它反映的转折点一般比实体经济晚半年左右，滞后性指标主要有银行短期商业贷款利率、工商业未还贷款等。

三、宏观经济分析的基本指标

1. 国民经济的总体指标，包括以下几类：①GDP、GNP；②工业总产值、工业增加值；③失业率；④通货膨胀；⑤国际收支。

如果一个国家的 GDP、GNP、工业总产值、工业增加值比往年增加更多，国际收支规模也越来越大，失业率比往年有所降低，通货膨胀保持在降低且可控范围，则说明这个国家宏观经济在走向复苏，正是进入证券市场的良机；反之则说明宏观经济走向衰退或低迷，投资者应尽快撤离证券市场。

2. 投资指标。按投资的主体不同，投资可以分为四类：①政府投资；②企业投资；③外商投资；④个人投资。

如果通过分析，判断一个国家的投资总额在逐年增加，特别是企业投资、外商投资和个人投资的总额大幅度增加，则说明宏观经济形势将好转，投资者应择机入市；反之则说明宏观经济形势将走向衰退或低迷，投资者应尽快撤离证券市场。

3. 消费指标，主要包括：①社会消费品零售总额；②城乡居民储蓄存款余额。

如果通过分析，判断一个国家的社会消费品零售总额和城乡居民储蓄存款余额比往年大幅度增加，则说明宏观经济已步入复苏或者走向繁荣，这是投资者入市的良机；反之则说明宏观经济形势将走向衰退或低迷，投资者应尽快撤离证券市场。

4. 金融指标，主要包括：①货币供应量；②金融机构各项存款余额；③利率；④汇率；⑤外汇储备。

如果通过分析，判断一个国家的货币供应量、金融机构各项存款余额和外汇储备比往年有较大幅度增加，利率有所降低，则说明这个国家宏观经济即将复苏或者已经步入繁荣阶段，投资者应择机入市；反之则说明宏观经济形势将走向衰退或低迷，投资者应尽快撤离证券市场。

5. 财政指标，包括：①财政收入；②财政支出；③赤字或结余。

利用财政指标分析预测宏观经济走势比较复杂。一般来说，如果国家实行扩张性的财政政策，财政赤字规模比往年大幅度增加，则表明国家在采取刺激国民经济发展的政策，短期内宏观经济将好转或步入复苏，投资者可以择机入市；反之则表明国家在力图控制经济过热或者尽力实现国民经济软着陆，证券市场将走向衰退，投资者应尽快撤离为好。

第二节　宏观经济运行对证券市场的影响

一、宏观经济运行对证券市场的影响

（一）性质

宏观经济运行对证券市场有根本性影响，是决定证券市场长期走势的唯一因素。

影响证券市场走势的因素非常复杂，既有国内因素又有国外因素，既有市

场因素也有非市场因素，既有经济因素也有非经济因素，既有客观因素也有主观因素，另外还有偶然因素。从短期来看，虽然机构庄家的操纵或者偶然因素可能使证券市场大幅波动，但这种情况不可能长期持续，它改变不了证券市场的发展趋势。从长期来看，证券市场的发展趋势主要还是由该国的宏观经济运行情况决定的，换言之，一个国家的宏观经济运行情况对该国的证券市场发展趋势具有根本性、决定性影响，是决定该国证券市场长期发展趋势的唯一因素。

（二）影响途径

1. 企业经济效益。如果宏观经济发展情况良好，企业的外部环境就得以改善，企业经济效益就逐步提高，投资者对证券市场的信心就会增强，继续持有或者追加买入证券，证券的价格就会不断上涨，证券市场就会出现复苏或者持续繁荣的景象。反之，则证券价格下跌，证券市场就会陷入低迷或者下跌的通道。

2. 居民收入水平。如果宏观经济发展情况良好，随着企业经济效益的提高，职工的工资福利水平也提高，居民消费信心和购买力必然增强，对企业产品的需求量也会增加，因此出现的购销两旺会提高上市公司的经济效益，从而推动其证券价格呈现上涨趋势。反之，则会出现证券价格下跌，证券市场陷入低迷或者下跌景象。

3. 投资者的心理预期。如果宏观经济情况发展良好，投资者对未来国民经济发展的信心会增强，乐观的预期反过来增强了未来的消费信心和投资信心，从而促使证券市场步入复苏或者繁荣发展的轨道。反之，投资者信心缺失或者对证券市场悲观失望的预期会进一步推动证券市场陷入下跌或者低迷的通道。

二、主要宏观经济因素对证券市场的影响

（一）GDP 变动对证券市场的影响

1. 持续、稳定、高速的 GDP 增长。在这种情况下，社会总需求与总供给协调增长，经济结构逐步合理，趋于平衡，经济增长来源于需求刺激和资源的充分利用，从而表明经济发展势头良好，证券市场基于以下三个原因而呈现上升走势：

（1）伴随总体经济增长，上市公司利润持续上升，股息和红利不断增长，企业经营环境不断改善，产销两旺，投资风险也越来越小，公司的股票和债券从而得到全面升值，促使证券市场价格上涨。

（2）人们对经济形势形成了良好的预期，投资积极性得以提高，从而增加了对证券的需求，促使证券价格上涨。

（3）随着 GDP 的持续增长，国民收入和个人收入都不断得到提高，收入增加也将增加对证券投资的需求，从而促使证券价格上涨。

2. 高通胀下的 GDP 增长。由于通货膨胀率居高不下，企业投资的名义利润剧增，居民的工资也大幅度增加，这反过来刺激了社会投资和社会消费，从而导致一国经济增长速度高出社会可提供的资源，经济结构和各方面的比例必然出现严重失衡，市场利率必然大幅度提高。作为证券市场对此的反应，大量的资金就会从证券市场特别是股票市场撤出，证券市场价格水平就会出现大幅度的下降。

3. 宏观调控下的 GDP 减速增长。当 GDP 呈现失衡的高速增长时，政府可能采取宏观调控措施以维持经济的稳定增长，这样必然会减缓 GDP 的增长速度。如果调控目标得以顺利实现，GDP 仍以适当的速度增长，并未导致 GDP 负增长或者低增长，说明宏观调控措施十分有效，经济矛盾逐步得以缓解，为进一步增长创造了有利条件，这时证券市场将反映这种好的形势而呈平稳渐升的态势。

4. 转折性的 GDP 变动。当一国的 GDP 由减速增长、低速增长转向高速增长时，表明在此过程中，经济的失衡情况得到调整，经济发展的"瓶颈"制约得到了改善，新一轮的经济高速增长即将来临，这时证券市场价格也将随之上升。反之，当一国的 GDP 由高速增长转向低速增长时，表明经济已经进入衰退或者即将进入恶化状态，这时证券市场价格也将随之下跌。

（二）通货膨胀对证券市场的影响

通货膨胀对证券市场特别是对个股的影响，没有永恒的定势，它完全可能同时产生相反的影响，对这些影响要具体分析，必须从该时期通胀的原因、通胀的程度，再配合当时的经济结构和形势、政府可能采取的干预措施等入手，进行综合的分析和判断。

1. 温和的通货膨胀对证券市场的影响。温和的通货膨胀指年通货膨胀率在10% 以下的通货膨胀。如果通货膨胀在一定的容忍限度内，比如年通胀率在 5%以下，而经济处于景气（扩张）阶段，就业和产量都持续增长，那么股价也将持续上升。一般来说，在 3%～5% 之间的年通胀率是经济发展的润滑剂，对经济发展和证券市场在短期是有好处的。

2. 严重的通货膨胀对证券市场的影响。一般来讲，严重的通货膨胀对经济和证券市场都是很危险的，此时经济将被严重扭曲，人们会一窝蜂地囤积商品，购买房屋等以期对资金保值。这将从两个方面影响股价：其一，资金流出金融市场，引起股价下跌；其二，经济扭曲，失去效率，企业一方面筹集不到必需的生产资金，另一方面，原材料及劳务成本飞涨，企业经营严重受挫，甚至倒闭。同时，严重的通货膨胀使得企业的未来经营具有更大的不确定性，进而影响到对股息的预期，从而导致股价下跌。另外，严重的通胀不仅产生经济影响，还会带来社会影响，影响公众的心理和预期，从而引起股价下跌。

但通货膨胀对不同行业和企业的影响是不一样的。在通货膨胀时期并不是所有价格和工资都按同一比例变动，而是按相对价格发生变化，这种变化引发财富和收入的再分配，导致产量和就业的扭曲。一般来讲，企业销售价格上涨幅度高于成本上涨幅度且销售量不受影响的公司，其证券价格将上涨，反之则下跌。

3. 恶性通货膨胀对证券市场的影响。恶性通货膨胀将导致证券市场大跌，甚至崩溃。正因为如此，各国中央政府都把控制通货膨胀、保持物价稳定摆在宏观经济调控的首要位置。

4. 通货紧缩对证券市场的影响。通货紧缩将损害消费者和投资者的积极性，造成经济衰退和经济萧条，与通货膨胀一样不利于币值稳定和经济增长，它甚至被认为是导致经济衰退的"杀手"。主要体现在：消费者对物价的预期下降，从而推迟购买；投资者变得更加谨慎，推迟原有投资计划；利率下调的预期，将导致有效需求和投资支出进一步减少。因此，通货紧缩带来的经济负增长，使得股票、债券及房地产等资产价格大幅下降，银行资产严重恶化，而经济危机与金融萧条的出现反过来又大大影响了投资者对证券市场走势的信心，最后导致证券市场下跌。

（三）经济周期对证券市场的影响

1. 证券市场与经济周期变动的关系。证券市场与经济周期为同方向变动，但证券市场变动一般要领先于经济周期，即证券市场将提前反映国民经济走势，也就是通常所说的"晴雨表"。如果证券市场上涨，则可以断定国民经济情况较好或者转好；反之可以断定国民经济出现下跌或者进入衰退、低迷期。

2. 经济周期对各行业的影响不一样。一般来讲，商品价格需求弹性大的行业受经济周期的影响较大，如高档奢侈品和耐用消费品，其证券特别是股票的价格波动幅度大；而需求弹性小的行业受其影响则较小，如公用事业和日用生活消费品，其股票价格波动幅度较小。

投资者在利用经济周期进行证券投资决策时，一定要对经济周期做前瞻性预测，准确把握经济周期的转折点，尤其是以下两点：

（1）在经济周期的各个阶段，经济仍呈波浪式发展。即在繁荣阶段的某一时期，经济也会暂时出现下降情况；或在衰退阶段的某一时期也有暂时上升可能。因此证券投资者应选择一定的参照物，审时度势地做出投资决策。

（2）不同成熟程度的证券市场，股市与经济周期的相关性存在明显差异。一般地，证券市场越成熟，则股市与经济周期的相关性就越强；反之则越弱。由于各种历史原因，我国的证券市场还不能有效地反映国民经济的周期，换句话说，我国目前的证券市场还远不是国民经济的"晴雨表"，对于这点投资者要格外注意，不能生搬硬套国外的理论。

（四）利率对证券市场的影响

在宏观经济变量中，利率对证券市场的作用最为直接，影响也最大。一般来说，利率水平下降时，股票和债券的价格会上升；利率水平上升时，股票和债券的价格会下降。其原因在于以下三点：

1. 利率水平的高低将影响证券市场的资金存量。利率下降，将诱导银行市场的资金大量流出并部分进入证券市场，从而推高证券价格；反之，利率升高，将吸引部分证券市场资金流出并转化为无风险的银行存款，从而减少证券市场资金，使资金供不应求或者证券供过于求，迫使证券价格下跌。

2. 利率水平的高低将影响公司的经营业绩。利率降低，在其他条件不变的情况下，上市公司的借款成本将降低，从而提高公司业绩，推动证券价格上涨；反之，将使公司的借款成本及财务费用提高，降低公司利润，迫使证券价格下跌。

3. 人们对证券市场未来利率变动的预期。如果投资者预期利率下跌并在未来一段时间呈继续下跌趋势，则会固化其预期，同时也增强了投资者的消费信心，就会推动证券市场上涨。反之，则推动证券市场下跌。

（五）汇率对证券市场的影响

汇率是一国货币与其他国家货币交换的比率。随着世界经济一体化趋势的逐步增强，资本流动日趋国际化。

当一国的货币贬值，外汇汇率上升，人们通常会将本币兑换为外币，从而导致证券市场资金减少，价格下跌；与此同时，外国投资者在股利收入不变的条件下，可兑换的外币数量将减少，他就会抛售股票，将资金转移到他国去投资，从而也导致股票价格下跌；但是本币贬值，本国产品在国际市场上竞争力将增强，出口型企业将因此而受益，这类股票价格将上涨。相反地，进口型企业将因成本的增加而受损，这类股票价格将下跌。当然，汇率变动对证券市的影响还取决于一国资本的开放程度。

（六）国际经济形势对证券市场的影响

在全球经济一体化的背景下，各国经济形势相互影响，所以，国际经济形势的变化也会影响到国内的证券市场。在我国经济日益融入国际金融体系的今天，国际证券市场、特别是发达的欧美证券市场，对我国证券市场的影响最大，投资者一定要多加关注。

第三节　宏观经济政策与证券市场

一、财政政策对证券市场的影响

（一）财政政策的含义及主要手段

财政政策是政府依据客观经济规律制定的指导财政工作和处理财政关系的一系列方针、准则和措施的总称，它可以分为长期、中期、短期三种。

财政政策手段主要包括国家预算、税收、国债、财政补贴、财政管理体制、转移支付等，这些手段可以单独使用，也可以配合协调使用。

（二）财政政策的运作对证券市场的影响

一般来说，扩张性财政政策将刺激经济发展，证券市场将走强；紧缩性财政政策将使过热的经济受到控制，证券市场将走弱；中性财政政策对证券市场基本没有影响。

1. 扩张性财政政策对证券市场的影响，主要指减少税收、降低税率、扩大免税范围以及扩大财政支出、增加政府购买等。

（1）减少税收、降低税率、扩大免税范围的经济效应是：增加微观经济主体的可支配收入，刺激企业的投资需求和居民的消费需求，在促进经济增长的同时，促进证券市场复苏或者增长。

（2）扩大财政支出，加大财政赤字的经济效应是：扩大社会总需求，从而刺激投资，扩大就业。政府提供购买和公共支出增加了对商品和劳务的需求，企业利润增加，经营风险降低，将推动股票价格和债券价格上升。特别是与政府购买和支出相关的企业，将最先、最直接从财政政策中获益，其股票和债券价格将率先上涨。

（3）减少国债发行，导致更多的资金转向股票，推动证券市场上扬。

（4）增加财政补贴，其政策效应是扩大社会总需求和刺激供给增加，从而使整个证券市场的总体水平趋于上涨。

2. 紧缩性财政政策对证券市场的影响，主要指增加税收、提高税率、减小免税范围以及减少财政支出、减少政府购买等。

紧缩性财政政策经济效应及对证券市场的影响与上述情况恰好相反。

二、货币政策对证券市场的影响

（一）货币政策的含义

所谓货币政策是指政府为实现一定的宏观经济目标所制定的关于货币供应、货币流通、组织管理的基本方针和基本准则。

货币政策是政府调控宏观经济的重要手段，特别是在那些市场化程度较高的国家，货币政策对经济的调控作用比财政政策更为明显。

（二）货币政策工具及其对证券市场的影响

1. 法定存款准备金率及其对证券市场的影响。法定存款准备金率是指商业银行吸收的存款，必须按法定比率将其中一部分存入中央银行。当中央银行提高法定存款准备金率时，商业银行可运用的资金就会减少，贷款能力就会下降，货币乘数就会变小，商业银行信用货币的再创造能力削弱，市场上货币的供给量就会减少，经济减速或者降温，证券市场也随之下跌。如果中央银行实施降准政策，其效应则恰好相反。

2. 再贴现政策及其对证券市场的影响。所谓的再贴现是指商业银行用持有的未到期的票据向中央银行融资的行为。中央银行根据市场资金供求状况调整再贴现率，以影响商业银行借入资金成本，进而调整货币供给量。

在传导机制上，若提高再贴现率时，商业银行需要以较高的代价才能获得中央银行的贷款，它便会提高对客户的贴现率或提高放款利率，其结果导致信用量收缩，市场货币供应量减少，证券市场将随之下跌。如果降低再贴现率时，其效应则恰好相反。

3. 公开市场业务对证券市场的影响。所谓的公开市场业务，指中央银行以一个经济主体的身份，在货币市场和资本市场上买卖国债。当中央银行买入巨额国债时，就意味着它在市场中大量增加货币供给量，社会经济发展加快，证券市场也随之上涨；反之，当中央银行卖出巨额国债时，则意味着在大量回笼市场的货币，减少货币的供给量，经济发展将随之减速或者降温，证券市场也将随之下跌或者步入低迷状态。

（三）货币政策的运作及其对证券市场的影响

1. 紧缩性货币政策对证券市场的影响。如果市场物价上涨，需求过热，经济过度繁荣，秩序混乱，这种情况被认为是社会总需求大于总供给，经济处于过热状态，这时中央银行就要采取紧缩性货币政策以减少需求。

紧缩性货币政策是指减少货币供应量，提高利率，加强信贷控制。它包括提高法定存款准备金率、提高再贴现率和在公开市场上出售巨额国债以回笼货币等方法。这三种方法既可单独使用，也可综合使用，其目的都是减少社会总需求，使经济降温。紧缩性货币政策在给国民经济降温的同时，将迫使证券市场下跌。

2. 扩张性货币政策对证券市场的影响。如果市场产品销售不畅，经济运行困难，资金短缺，设备闲置，这种情况被认为是社会总需求小于总供给，经济处于衰退状态，中央银行则会采取扩张性货币政策来增加总供给，刺激经济复苏或者增长。

扩张性货币政策是指增加货币供应量，降低利率，放松信贷控制。它包括降低法定存款准备金率，降低再贴现率和在公开市场上购回巨额国债，从而向社会流通领域投放巨额资金等方式来增加货币供给量，同时降低利率，促使国民经济复苏或者更快发展。扩张性货币政策在促使国民经济复苏或者发展的同时，将会推动证券市场的上涨。

三、收入政策对证券市场的影响

收入政策是国家为实现宏观经济调控总目标、任务，对居民收入高低、差距大小所制定的制度、原则和方针的总称。收入政策在国民经济中的地位高于货币政策和财政政策，并制约着货币政策和财政政策，但又必须通过后两者来实现其目标。

收入政策及基本内容有两个：

第一，收入总量目标。收入总量目标侧重于近期的宏观经济总量平衡，根据供求不平衡的两种情况分别选择分配政策和超分配政策，收入总量目标侧重处理积累与消费、失业与通货膨胀的关系。

第二，收入结构目标。收入结构目标着眼于中长期产业结构优化与社会协调发展，侧重处理各种收入比例，解决公共消费与私人消费、收入差距等问题。

我国个人收入分配政策实行以按劳分配为主、多种分配方式相结合的政策。但是，由于多种原因特别是资源占有不均、机会不公和行政保护等，我国目前收入分配存在行业差距、部门差距、高管与职工收入差距过大的问题并且日益突出，并在一定程度上制约了经济和证券市场的发展，而且还影响到社会稳定。

四、产业政策对证券市场的影响

（一）产业政策的含义

产业政策是政府为了促进国民经济稳定协调发展，对一国产业结构、产业组织结构进行某种形式干预的经济政策。其主要包括：有关产业的一般基础设施政策、有关产业之间的资源分配政策、有关产业的组织政策等。

（二）产业政策的分类及对证券市场的影响

产业政策概括起来可以分为鼓励类、限制类和禁止类。不同类型的产业将会因为是否获得国家财政、金融等支持而表现出不同的利润水平和发展趋势。产业政策主要通过财政政策和货币政策的传导来实现其对证券市场的影响。

属于鼓励类特别是优先发展的产业将得到一系列政策优惠和扶持。以我国为例，属于国家大力鼓励发展的低碳经济、绿色经济和循环经济的高技术生物、新能源、进口替代医药、环保治理、航天航空等产业，将获得较高的利润且具有良好的发展前景，势必受到投资者的普遍青睐，其证券价格自然会上扬；反之，属于限制类的产业，如我国目前的"三高一低"的钢铁、冶金、水泥、造纸、玻璃、化工产业等，将难以获得国家财政金融等支持而无太大的发展前景，这类产业的公司证券业也不具有长期投资价值。

五、汇率政策对证券市场的影响

汇率是国际贸易中最重要的调节杠杆。汇率是一国货币兑换另一国货币的比率，是以一种货币表示另一种货币的价格。

汇率变化对证券市场的影响是多方面的。一般来讲，一国的经济越开放，证券市场的国际化程度越高，证券市场受汇率的影响越大。一般而言，以外币为基准，汇率上升，本币贬值，则本国产品竞争力增强，出口型企业将增加收益，因此其股票和债券价格将上涨；与此相反，依赖于进口的企业成本将增加，利润受损，其股票和债券价格将下跌。同时，由于汇率上升，本币贬值，将导致资本流出本国，资本的流失将使得本国证券市场需求减少，从而导致市场价格下跌。

另外，汇率上升时，以本币表示的进口商品价格提高，进而带动国内物价水平上涨，引起通货膨胀。通货膨胀对证券市场的影响需要根据当时的经济形势和具体企业以及政策行为进行分析。为维持汇率稳定，政府可能调用外汇储备，抛售外汇，从而减少本币的供应量，使得证券市场价格下跌，直到汇率回落，恢复均衡，反面效应可能使证券价格回升。如果政府利用债市与汇市联动操作，达到既控制汇率升势又不减少货币供应量，即抛售外汇的同时又回购国债，则会使国债市场价格上扬。

本章小结

　　本章比较系统地介绍了宏观经济因素对证券市场的影响。第一节简单介绍了宏观因素分析的意义、方法及基本变量；第二节介绍了 GDP、通货膨胀、经济周期、利率、汇率和国际经济形势等宏观经济因素对证券市场的影响；第三节介绍了宏观财政政策、货币政策、收入政策、产业政策和汇率政策对证券市场的影响方向、方式。

参考文献

　　1. 中国证券业协会编：《证券投资分析》，中国金融出版社 2012 年版。

　　2. 吴晓求主编：《证券投资学》，中国人民大学出版社 2014 年版。

　　3. 杨德勇、葛红玲主编：《证券投资学》，中国金融出版社 2016 年版。

　　4. 邢天才主编：《证券投资理论与实务》，中国人民大学出版社 2014 年版。

　　5. 杨丽萍主编：《证券投资学》，中国金融出版社 2012 年版。

　　6. 吴晓求、王广谦主编：《金融理论与政策》，中国人民大学出版社 2013年版。

　　7. 王玉霞编著：《证券投资学》，东北财经大学出版社 2011 年版。

　　8. ［美］弗雷德里克·S. 米什金：《货币金融学》，郑艳文、荆国勇译，中国人民大学出版社 2011 年版。

　　9. 李德荃、王荣、姜月胜编著：《证券投资理论与实务》，对外经济贸易大学出版社 2011 年版。

　　10. 吴晓求："实体经济与资产价格变动的相关性分析"，载《中国社会科学》2006 年第 6 期。

思考题

　　1. 宏观经济因素分析的基本变量包括哪些？

2. 经济周期是如何影响证券市场的？
3. 通货膨胀是如何影响证券市场的？
4. 财政政策是如何影响证券市场的？
5. 货币政策是如何影响证券市场的？

第
五
章

证券投资的行业分析

教学目标

通过本章的教学，要求学生熟悉行业基本特征分析的主要内容；理解行业兴衰的主要标志和影响因素；掌握行业生命周期各阶段的特征；掌握行业市场结构的特征；理解行业投资的基本原则。

重点和难点

本章的重点包括：行业的概念、分类及行业分析的意义；行业基本特征分析的主要内容；行业兴衰的主要标志和影响行业兴衰的因素；行业生命周期各阶段的特征、现实类比行业及投资建议；行业投资的基本原则；行业市场结构的特征、现实类比行业及投资建议。难点包括：对于国家产业政策的理解，对于生命周期各阶段的现实类比行业、对于市场结构的现实类比行业不太容易定位。

第一节　行业的基本特征分析

从证券投资分析的角度看，宏观经济分析是为了掌握证券投资的宏观环境，把握证券市场的总体趋势。行业分析是为了确定每个行业的与众不同之处，投资者通过对行业进行对比分析，将能搞清楚其各自的风险与收益关系。在此基础上，投资者可以根据这些因素来预测该行业的发展趋势。

一、行业的含义及行业分析的意义

（一）行业的含义

行业也称产业，是指生产或者提供相同或者类似产品或服务的企业群体。行业是由一群企业构成的，它们生产或者提供相同或类似的产品或服务，其产品或服务具有高度替代性，并且由于产品替代性的差异而与其他企业群体相区别。在本书中，行业与产业具有同一含义，不做区分。

（二）行业分析的意义

行业分析的意义主要体现在以下三个方面：

（1）行业分析旨在界定行业本身所处的发展阶段及其在国民经济中的地位，同时对不同的行业进行横向比较，为最终确定投资对象提供准确的行业背景。

（2）行业特征是直接决定公司投资价值的重要因素之一，行业分析是上市公司分析的前提，是连接宏观经济分析和上市公司分析的桥梁。因此，行业分析也被称为中观分析。

（3）行业分析的目的是挖掘最有投资潜力的行业，进而选出最有投资价值的上市公司。

二、行业的主要分类

1. 根据行业的发展与国民经济周期性变化的关系，行业可以分为三类：

（1）成长性行业。成长性行业与经济周期的关系不密切，这些行业收入增长率不会随着经济周期的变动而出现同步变动。它主要依靠技术进步、新产品的推出、更优质的服务，从而经常呈现增长形态。在经济高涨时其发展速度高于平均水平，而在经济衰退时却很少受到影响，仍能保持一定的增长。例如，过去的 20 年内，信息产业和生物制药等行业就是典型的成长性行业。

（2）周期性行业。周期性行业的运动状态直接与经济周期紧密相关，比如消费品业、耐用品制造业等收入弹性较高的行业。当经济处于上升时期，这些行业会紧随其扩张；当经济衰退时，这些行业也相应跌落，且该类行业收益的变化幅度往往会在一定程度上夸大经济周期。

（3）防御性行业。防御性行业的经营状况在经济周期的上升和下降阶段都很稳定，并不受经济周期的影响。例如食品业、公用事业等行业，其原因在于，其产品的需求相对稳定，需求弹性小，所以这些公司的收入相对稳定。

2. 根据行业未来发展前景，行业可以分为两类：

（1）朝阳行业。朝阳行业指未来发展前景乐观的行业，如目前的电子商务、互联网行业。尽管朝阳行业发展前景一片光明，但其于创立之初常常十分弱小，因此，又被称为幼稚产业。

（2）夕阳行业。夕阳行业指未来发展前景不乐观的行业，如目前的钢铁业、纺织业等。

朝阳行业与夕阳行业的划分具有一定的相对性，一个国家或地区的夕阳行业在另一个国家或地区可能就是朝阳行业，如化工行业在发达国家已是夕阳行业，但在我国则被认为是朝阳行业；朝阳行业与夕阳行业之间也可相互转化，如我国的纺织业，曾经是工业革命的急先锋，如今已经风光不再。

3. 按照行业的要素密集度，行业可以分为资本密集型行业、技术密集型行业、劳动密集型行业三类。资本密集型行业指需要大量资本投入的行业；技术密集型行业的技术含量较高；劳动密集型行业主要依赖于劳动力。它们之间并没有严格的界限，有些行业同时是资本密集型行业和技术密集型行业，比如汽车业。一般来说，由于通常情况下资本是不可替代的稀缺资源，因而资本密集型行业容易产生垄断；技术密集型行业由于技术的不断更新，容易导致残酷的竞争；劳动密集型行业，由于劳动力的可替代性较强，根据"机器排挤工人"的经济发展规律，它特别容易受到技术革新的冲击。

4. 根据证监会的行业分类方法，我国上市公司共分为 19 大类：即农、林、牧、渔业；采矿业；制造业；电力、热力、燃气及水的生产和供应业；建筑业；批发和零售业；交通运输、仓储和邮政业；住宿和餐饮业；信息传输、软件和信息技术服务业；金融业；房地产业；租赁和商务服务业；科学研究和技术服务业；水利、环境和公共设施管理业；居民服务、修理和其他服务业；教育；卫生和社会工作；文化、体育和娱乐业；综合。

5. 根据上证指数、深证指数行业分类法，行业可以分为：

（1）上海证券交易所为编制上市股票的分类指数，将全部上市公司分为工业类、商业类、地产业类、公用事业类和综合类共 5 类，分别计算和公布分类股价指数。

（2）深圳证券交易所也将在深交所上市的全部公司分为工业类、商业类、金融业类、地产业类、公用事业类和综合类共 6 类，分别计算和公布分类股价指数。

三、行业兴衰的标志和主要影响因素

（一）行业兴衰的主要标志

衡量行业兴衰的主要标志有 6 个：即行业规模、利润水平、技术进步及成熟度、开工率、从业人员工资福利待遇、资本的进退。

如果行业规模越来越大，利润水平逐渐提高，行业技术进步较快或者逐渐成熟，开工率比较高或者逐步提高，从业人员工资福利待遇逐步提高，国内外

资本大举进入该行业，则说明该行业处于兴旺繁荣期；与之相反，则说明该行业进入衰退期。

（二）影响行业兴衰的主要因素

1. 技术进步。追求技术进步是时代的要求，技术进步对行业的影响是巨大的。新技术在不断地推出新行业的同时，也在不断淘汰旧行业。新兴行业能够很快超过并替代旧行业，或者严重威胁原有行业的生存，如信息传播的数字化所带来的革命性变化就是一个证明。

2. 产业政策。产业政策是国家干预或参与经济的一种形式，通过产业政策来实现对行业的管理与调控。其具体内容包括：产业结构政策、产业组织政策、产业技术政策、产业布局政策。其中，产业结构政策和产业组织政策是核心。

一个国家的中央政府一般都会定期或者不定期地颁布产业政策，地方政府一般以中央政府的产业政策为指导，根据地方实际情况制定适合本地方的产业政策。

但无论是中央政府还是地方政府的产业政策，概括起来都分为三类：即鼓励类、限制类、禁止类。一般来讲，鼓励类产业政策会加快产业发展，限制类产业政策会阻碍产业发展甚至导致产业逐步衰亡，禁止类产业政策会窒息产业的发展。

3. 社会习惯的改变。社会观念、社会习惯、社会发展趋势的变化对企业经营活动、生产成本和利润收益等方面都会产生一定的影响。特别是随着人们生活水平和受教育程度的不断提高，消费心理、消费习惯、文明程度和社会责任感的逐渐改变，从而引起对商品的需求变化并进一步影响行业的兴衰。

4. 产业组织创新。推动产业形成和产业升级的主要力量是产业组织创新，产业组织创新包括持续的技术创新和服务创新。它实际上是对影响产业组织绩效的要素进行整合优化的过程，是使产业组织重新获得竞争优势的过程。

其直接效应包括实现规模经济、专业化分工与协作、提高产业集中度、促进技术进步和有效竞争等多项功能；间接影响包括创造产业的增长机会、促进产业增长实现、构筑产业赶超效益等。

5. 经济全球化。经济全球化的主要表现有：生产活动的全球化、贸易活动的全球化、各国金融的日益融合、投资活动的全球化、跨国公司的作用进一步加强等。

经济全球化对各国产业发展具有重大影响。首先，它会导致产业的全球性转移，发达国家将低端技术或者自然资源消耗大、环境污染大且经济效益差的重化工产业逐渐转移到发展中国家；其次，对我国产业的影响是多方面的。长期来看，加入 WTO 对我国产业升级和经济发展是有利的；但短期而言，我国部分效率低下、管理混乱、缺乏国际竞争力的行业会受到较大冲击，例如石油化工、钢材、汽车等行业。

四、行业的基本特征分析

行业的基本特征分析一般包括行业的总体特征、发展规模及利润水平等方面内容。

1. 行业的总体特征，可以通过回答以下问题来把握：

（1）本行业在工业生产总过程中处于什么位置？行业范围包括哪些？

（2）本行业的资本需求如何？企业所需的资源是资本密集型、技术密集型还是劳动密集型的？

（3）本行业与经济周期的关系？是成长性行业？周期性行业还是防御性行业？

（4）本行业的市场结构是什么？是完全竞争型、垄断竞争型、寡头垄断型还是完全垄断型？

（5）本行业的主要厂商有哪些？主导产品有哪些？

（6）本行业所需的主要原材料是什么？主要供应商有哪些？

（7）本行业的技术总体水平如何？行业的主要技术特点是什么？

（8）本行业的技术将朝什么方向发展？

2. 对行业发展规模的分析，可以重点围绕以下问题来展开：

（1）社会对行业的产品或服务的需求总量是多少？需求的趋势如何？影响需求的主要因素有哪些？

（2）行业的资源（包括自然资源、资本资源和人力资源）供应状况如何？

（3）行业目前的总生产能力，包括设计能力、实际能力有多大？现有生产能力是过剩还是不足？

3. 对行业利润水平的分析，可以通过回答以下问题来实现：

（1）行业的毛利率、净资产收益率现状如何？未来发展趋势如何？

（2）行业的历史经营业绩如何？变动的主要原因是什么？

（3）本行业的财务指标，如毛利率、资本收益率、每股平均收益、流动比率、速动比率、存货周转率等，其平均水平如何？

（4）本行业的长期利润前景如何？行业利润率的预期变动趋势？

第二节　行业生命周期分析

与任何其他事物一样，每个行业都要经历一个从成长到衰退的过程，这个过程便称为行业的生命周期。一般来说，行业的生命周期分为四个阶段：即幼稚期、成长期、成熟期、衰退期。

是什么原因导致行业有生命周期呢？又是什么原因使国民经济具有周期性呢？概括起来，产品的生命周期决定企业的生命周期，企业生命周期的总和构成行业生命周期，行业生命周期的总和构成国民经济周期。当企业只生产或者提供一种产品（服务）的时候，企业生命周期与其产品生命周期相同。

一、行业生命周期及其阶段特征

（一）幼稚期

1. 含义：幼稚期指行业初创时期或者起步时期。这一时期的市场增长率较高，需求增长较快，技术变动较大，行业中的企业主要致力于开辟新用户、占领市场，但此时技术上有很大的不确定性，在产品、市场、服务等策略上有很大的余地，对行业特点、行业竞争状况、用户特点等方面的信息掌握不多，企业进入壁垒较低。

2. 特征：①创业公司不多，技术不成熟，产品单一、质量较低或不稳定；②销售市场尚未有效建立，创业公司财务上大多亏损；③投资风险大。

3. 现实类比行业：我国的生物工程、太阳能、电子商务、海洋工程、遗传工程、物联网、新能源汽车、航天等行业处于幼稚期。

（二）成长期

1. 含义：成长期指行业处于快速发展时期。这一时期的市场增长率很高，需求高速增长，技术渐趋稳定，行业特点、行业竞争状况及用户特点已比较明朗，企业进入壁垒很高，产品品种及竞争者数量增多。

2. 特征：①拥有一定营销和财务能力的企业开始主导市场，这些企业往往比较大，其资本结构比较稳定；②新行业的产品经过广泛宣传和消费者试用，逐渐以自身的特点赢得了市场，市场需求开始上升，新行业也随之繁荣；③随着市场对新行业的产品逐渐接受，企业市场扩大，利润上升，从而吸引了更多的资本进入该行业，市场竞争开始加强；④利润增长很快，竞争风险比较大，破产率和公司合并率也比较高。

3. 现实类比行业：我国的生物制药、物流、重型机械行业处于行业成长初期；银行、保险、证券、旅游、通信、医疗服务行业处于行业成长中期；计算机、餐饮、贸易、家用电器等行业处于行业成长晚期。

（三）成熟期

1. 含义：成熟期指行业处于稳定发展期，这一时期的市场增长率不高，需求增长率不高，技术上已经成熟，行业特点、行业竞争状况及用户特点非常清楚和稳定，买方市场形成，行业盈利能力下降，新产品和产品的新用途开发更为困难，行业进入壁垒很高。

2. 特征：①在竞争中生存下来的少数大企业垄断市场，每个企业均有一个相对稳定的市场份额；②行业利润由于一定程度的垄断达到比较高的水平，新企业很难进入成熟期的市场，市场风险比较小；③在成熟市场上，竞争开始从价格竞争向包括口碑、售后服务、品质、品牌等非价格竞争转换。

3. 现实类比行业：我国的石油冶炼、超级市场、电力、电网、地质勘探、公路、桥梁、采掘业等行业已进入成熟期。处于成熟期的行业将会继续增长，但增长速度将趋缓，利润较高但已经不是暴利。

（四）衰退期

1. 含义：衰退期指行业处于市场需求下降、增长率下降、产品品种和竞争者数量减少的情况。具体而言，衰退的原因大概有四种：资源型衰退，即由于生产所依赖的资源枯竭所导致的衰退；效率型衰退，即由于效率低下的比较劣势而引起的衰退；收入低弹性衰退，即需求收入弹性较低而引起的衰退；聚集过度型衰退，即因经济过度聚集的弊端导致的衰退。

2. 特征：①市场需求开始减弱，产品销售开始下降；②利润下降，资本撤退，企业数量减少。

3. 现实类比行业：我国的纺织、自行车、钟表、黑白电视机、普通无线收音机等已经进入行业衰退期。

值得说明的是，与人的生命不同，步入暮年的行业不一定面临死亡。从历史上看，真正被完全淘汰的行业很少，多数情况是行业自此进入一个发展停滞、随波逐流的状态。另外，衰退期行业的上市公司股票价格一定会先于其利润下降而下降，企业也不会随着行业的退出而消失，而是通过转入其他行业以求生存，其股票也不会立即被摘牌退市，除非该上市公司连续三年亏损。

表5-1为行业生命周期分析一览表，它有助于判断行业处于生命周期的哪个阶段。

表 5 - 1　行业生命周期分析一览表

阶段	幼稚期	成长期	成熟期	衰退期
厂商数量	少	增加	下降，趋于稳定	减少
市场规模	小	增加	稳定	减少
市场增长率	较高	很高	不高，趋于稳定	降低，负值
利润	较低，甚至为负	增加	最高	减少或亏损
竞争程度	不激烈	开始激烈	最激烈	激烈程度降低
企业规模	较小	扩大	最大	降低
产品品种	单一	增加品种	较多	减少
技术	不稳定	趋于稳定	稳定	落后
风险	较高	较高	减少	增大
代表行业	太阳能 基因工程	电子信息 生物制药	石油冶炼 超级市场	纺织、自行车 钟表、收音机

二、产业投资的原则

根据以上所述，对产业投资的选择应遵循以下原则：

第一，顺应产业结构演进的趋势，选择有潜力的产业进行投资。

目前，世界产业结构总的演进方向是产业结构的高度化。它包括三个方面的内容：一是在整个产业结构中，由第一产业占优势比重向第二产业、第三产业占优势比重演进；二是产业结构中由劳动密集型产业占优势比重逐渐向资本密集型产业、技术密集型产业占优势比重演进；三是产业结构中由制造初级产品的产业占优势比重逐渐向制造中间产品、最终产品的产业占优势比重演进。

产业结构的演进所引起的产业升级是极为难得的投资机会。如同工业革命一样，信息革命也必将导致国家和个体财富结构的改变，产业结构演进的趋势也会在证券市场中反映出来。

第二，对处在生命周期各阶段的产业，不同的投资者、不同性质的资金应有不同的处理。

处于幼稚期的产业，由于其风险大、收益小，介入厂商一般只有几家，可选择投资的余地非常狭小，因此对于一般投资者来说，不是合适的可投资产业，它只适合投机者或风险投资公司。

处于成长期的产业，一方面是高速成长，另一方面是竞争激烈，破产倒闭的概率大，因而适合趋势型投资者，但不适合价值型投资者。但是如果上市公司数量较多，需要精心研究，谨慎选择投资对象。

处于成熟期的产业，其风险较小，收益较大，但其成长性已较成长期大大降低，比较适合收益型投资者或价值型投资者，但不一定适合趋势投资者。从中外证券市场历史来看，处于成熟期的蓝筹股历来受到工薪阶层和长线投资机构的青睐。

处于衰退期的产业，不仅当前收益低，而且发展空间已无，所以，一般投资者应敬而远之，它是一些特殊机构的特殊需要，或者为了坐庄获利，或者为了调控指数。

第三，正确理解国家的产业政策，把握投资机会。

国家对某一产业的扶持或限制，常常意味着这一产业有更多的发展机会，或者是被封杀了发展的空间；而且国家的产业政策，往往是在对产业结构发展的方向和各产业发展规律深刻认识的基础上作出并实施的，因而具有显著的导向作用。在把握产业结构演进趋势的基础上，如能正确理解国家的产业政策，则能更好地提高投资效益。

第三节　行业市场结构分析

市场结构是指反映竞争程度不同的市场状态。通常根据市场上交易者的数量、产品差异程度、行业的进入限制、价格决策形式和市场信息通畅程度等，行业的市场结构基本上可以分为完全竞争、不完全竞争、寡头垄断和完全垄断四种形态。

一、完全竞争

1. 含义：完全竞争是指竞争不受任何阻碍和干扰的市场结构。
2. 特征：①生产者众多，各种生产要素可以自由流动；②产品不论是有形的还是无形的，都是同质的、无差别的；③没有一个企业能影响产品的市场价格；④企业永远是价格的接受者而不是价格的制定者；⑤企业盈利基本由市场对产品的需求决定；⑥生产者和消费者对市场情况非常了解，并可自由进入或退出市场。

3. 现实类比行业：在现实经济中，完全竞争是四种市场形态中最少见的，初级农产品市场比较接近于完全竞争市场。

4. 投资建议：完全竞争市场的投资风险大，比较适合投机，不适合中长期投资者投资。

二、不完全竞争（也称垄断竞争）

1. 含义：不完全竞争是指既有竞争又存在部分垄断的市场结构。

2. 特征：①生产者众多，各种生产要素可以流动。②产品同种但不同质，存在差别。产品的差异性是指各种产品之间存在着实际的或者想象上的差异，这是垄断竞争与完全竞争的最主要区别。③各生产者在各自产品市场上有一定影响力，面对产品的价格有一定的控制能力。

3. 现实类比行业：我国的钢铁、汽车、银行、保险、证券、航空等行业接近或类似于不完全竞争市场。

4. 投资建议：不完全竞争市场具有一定的投资价值，但当行业公司数量比较多的时候，应选择品牌好、市场占有率高、发展潜力大的公司证券进行投资。

三、寡头垄断

1. 含义：寡头垄断指少数几个大型企业垄断该行业的市场结构。

2. 特征：①行业中企业不多，少则几个，多则十多个；②由于大企业的产量非常大，因此它们对市场价格和交易有一定的垄断能力；③存在一个起主导作用的企业，其他企业随着该企业的定价及经营方式的变化而相应地进行调整；④行业市场准入门槛高。政策、资本与技术的限制，将国内外绝大部分企业挡在行业门槛外。

3. 现实类比行业：我国的部分资本密集型、技术密集型行业，如石油石化、电信、电力、电网等行业属于该类别。

4. 投资建议：寡头垄断市场具有相当高的投资价值，可选择性地投资于该类行业中发展潜力大、效益好、市场占有率高的公司证券。

四、完全垄断

1. 含义：完全垄断指独家企业集团生产某种产品，整个行业的市场完全由一家企业集团控制的市场结构。完全垄断又分为政府完全垄断和私人完全垄断两种类型。其中政府可完全垄断国营的铁路、邮电等部门，私人完全垄断是根据政府授予的特许专营或者专利生产的独家经营，以及由于资本雄厚、技术先进而建立的私人垄断经营，如美国的微软公司。

2. 特征：①独家企业集团生产某种产品，其他企业不可以进入或者不能进入该行业；②产品没有或者缺少相应的替代品，产品价格的制定存在着原材料的垄断低价和产品销售的垄断高价，可以获取最大的利润；③价格制定虽然相比一般企业具有相当大的自由度，但仍受到政府反垄断法的制约，不能随心所欲。

3. 现实类比行业：现实中完全垄断的行业是不存在的，但我国的水、电、气、铁路、邮政、航天、军工等行业比较接近此类别。

4. 投资建议：完全垄断市场具有相当高的投资价值，可大胆投资，稳获长期投资收益。

本章小结

本章主要介绍行业投资分析。第一节主要介绍了行业的定义、分类、行业投资分析的意义、行业兴衰的主要标志及影响因素，以及行业基本特征分析的主要内容。第二节主要介绍了行业生命周期各阶段的定义、特征、现实类比行业、投资建议，最后提出了行业投资应该遵循的基本原则。第三节主要介绍了行业的市场结构的定义、特征、现实类比行业、投资建议。

参考文献

1. 孙静、李玉曼、李宏伟编著：《证券投资学》，经济科学出版社 2012 年版。

2. 杨大楷主编：《证券投资学》，上海财经大学出版社 2011 年版。

3. 中国证券业协会编：《中国证券市场发展前沿问题研究（2009）》，中国财政经济出版社 2010 年版。

4. 杨立功主编：《证券投资理论与实务》，中国人民大学出版社 2010 年版。

5. 张启富、谢贯忠主编：《证券投资实训》，经济科学出版社 2011 年版。

6. 李国平：《行为金融学》，北京大学出版社 2006 年版。

7. ［美］滋维·博迪、亚历克斯·凯恩、艾伦·J. 马库斯：《投资学》，机械工业出版社 2014 年版。

8. ［美］坎宁安：《向格雷厄姆学思考向巴菲特学投资》，闾佳、侯君译，机械工业出版社 2011 年版。

9. ［美］迈克尔·波特：《竞争战略》，郭武军、刘亮译，华夏出版社 2012 年版。

10. ［美］戈登·J. 亚历山大、威廉·F. 夏普、杰弗里·V. 贝利：《投资学基础》，中国人民大学出版社 2012 年版。

思考题

1. 行业投资分析的意义是什么？
2. 行业兴衰的标志和影响行业兴衰的因素各是什么？
3. 不同行业在生命周期的各阶段，在证券市场上的表现如何？
4. 行业投资应该遵循哪些原则？
5. 理论联系实际，简述我国目前哪些行业比较具有中长期投资价值？

第
六
章

公司财务分析

🔵 教学目标

通过本章的教学，学生应该了解关于公司财务分析的几个重要方面，掌握三类重要的公司财务报表：资产负债表、利润表（损益表）以及现金流量表，清楚三类报表所包含的内容、作用以及三类报表之间的关系。

🔵 重点和难点

本章教学的重点包括：掌握三类重要的公司财务报表（资产负债表、利润表或损益表以及现金流量表），清楚三类财务报表所包含的内容、作用。难点主要包括：在清楚资产负债表、利润表（损益表）以及现金流量表内容的基础上，分析三类财务报表的关系，掌握分别基于三类财务报表的公司资产管理分析、经营效益分析和现金流分析。

第一节 概述：如何阅读上市公司的财务报表

到底应该如何阅读企业的财务报表；应该从哪几个方面来着手，才不至于将重要的财务信息遗漏掉。关于此类问题，首先要明确，报表是为了了解企业而服务的，要看懂一个企业的财务报表，就必须要搞清楚至少应该有哪几张报表。

一、公司财务报表构成

财务报表是一个完整的报告体系，综合反映了公司的财务状况、经营成果和现金流量。所以，公司的财务分析应该至少从三个方面进行，一是企业财务状况，即要搞清楚公司目前有多少钱和欠多少钱；二是企业的经营成果，即要搞清楚公司这一段时间是赚了还是赔了，如果是赚了，赚多少；如果是赔了，赔多少；三是企业的现金流量，即要搞清楚这一段时间公司经手了多少实实在在的票子，收了多少钱，支出了多少钱。为了搞清楚这三个方面的问题，企业准备了三张报表，一张是资产负债表，这是为了搞清楚第一个问题；第二张是利润表（或称损益表），这是为了搞清楚第二个问题；第三张是现金流量表，这是为了搞清楚第三个问题。因此，公司财务分析中最常见的就是这三张报表：资产负债表、损益表、现金流量表以及相关附注（详见图 6 - 1）。

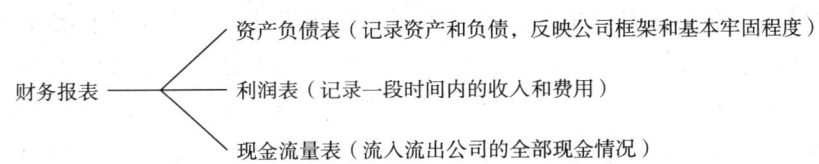

图 6 - 1　公司财务分析中主要财务报表的构成

资产负债表是显示公司财务状况的会计报表，为股东和监管当局编制，显示公司在某一时点持有什么资产以及这些资产的融资方式。其中应当重点关注的项目包括：货币资金（表明公司拥有的现金流，关系到企业的生存）、预收账款（未来公司能够变现的实际利润）、应收账款和存货等项目。还应该关注根据该报表计算出来的流动比率、速动比率等反映短期偿债能力的指标，以及负债比率等反映长期偿债能力的指标。

利润表提供关于公司的收入、支出、利润和损失等信息。可以用来分析公司过去的经营状况和判断未来应当如何经营。运用这张表上的财务数据计算出表现公司营运能力的财务比率是至关重要的环节，其中，盈利能力比率、营业利润率、毛利率和净资产收益率是比较值得关注的指标。

现金流量表是指一家公司在特定时间内的现金收支状况，它是评估公司偿债能力和经营发展的基础。其中应重点关注企业的融资结构、企业自有资金的比例和经营性现金流等。

财务报表附注及相关附表包括公司的性质、编制财务报表的会计政策和方法等信息，以及可能影响公司未来财务状况和业绩的有关信息。

二、公司各财务报表之间的关系

基本明白企业准备了哪几张报表之后，接下来就需要分析这三张财务报表之间的关系。为什么要明白这个问题呢？打个比较简单的比方，假如你想让一个人告诉你一些事情，你首先要搞明白，他是不是对你撒谎。如何搞明白呢？

首先，你要看他说的话，是不是前后矛盾，能不能自圆其说，这主要从形式上来考查；其次，你得对他说的话进行深入分析，了解具体事实，再去问一问其他人对这个事情的看法，然后和他说的话作一个对比，看看有什么问题，等等，即要从内容上来考查。也就是说，从形式上和内容上进行考查，才能对这件事情有真正的了解。而在公司财务分析中，首先要搞清楚，这几张报表之间有什么关系，这些关系是不是正确地反映在这些财务报表上了。当然一般情况下，企业放到人们面前的财务报表，这些关系都是正确的，那是企业在私下里核对了很多次才拿出来的，所以一般没有什么问题。这些关系在会计学上叫"勾稽关系"，公司财务报表的"勾稽关系"主要有两种：一种是表内的"勾稽关系"，另一种是表间"勾稽关系"。表内的"勾稽关系"就是表内各项目之间的加加减减，主要核对各项目的加减是否正确，汇总是否有误等；表间"勾稽关系"较复杂一点，就是一张报表的某一项或几项与另一张报表的某一项或几项有一个确定的关系，可以通过一定的公式来验证。

第一，了解各财务报表表内的"勾稽关系"。关于公司的资产负债表主要告诉我们，在出报表的那一时刻，某个公司资产负债情况如何，是穷还是富，穷的话，穷到什么地步；富的话，富到什么地步。所以，阅读报表的关键一点是其作出的时点，时点对一张报表的影响很大：昨天穷，不一定今天就穷；今天富，不一定明天一定也会富。在这张报表中，最重要的一个"勾稽关系"就是资产等于负债加上权益，也就是说，公司现在拥有的一切，不外乎来源于两个方面：一个是自己原有的，另一个就是借来的。在会计上，目前公司所拥有的一切，叫做资产；而公司所借来的钱，就是负债；公司中属于自己的，就叫权益。这就是资产负债表最重要的内部"勾稽关系"。关于公司的利润表主要告诉我们，在一段时间里，公司损益情况如何，即公司在一段时间里，是赚了还是赔了，如果是赚了，赚多少；如果是赔了，赔多少。所以，阅读这张报表的关键一点，就是看这段时间有多长，一般是一个月、一个季度或一年的时间。在这张表里，最重要的一个"勾稽关系"就是收入减去成本费用等于利润。关于公司的现金流量表主要告诉我们，在一段时间里，公司收进了多少现金，支出了多少现金，还余下多少现金在银行里。阅读这张表的关键也是要看这段时间有多长，这一点同阅读利润表一样。在这张表里，最重要的一个"勾稽关系"就是流入的现金减去流出的现金，等于余下的现金。

第二，在了解了公司各财务报表表内关系之后，接下来需重点了解这些表的表间"勾稽关系"。关于公司资产负债表和利润表（或损益表）之间的

"勾稽关系"；资产负债表和利润表的表间关系主要是资产负债表中未分配利润的期末数减去期初数，应该等于利润表的未分配利润项。因为，资产负债表是一个时点报表，而利润表是一个时期报表，两个不同时点之间就是一段时期，这两个时点上未分配利润的差额，应该等于这段时期内未分配利润的增量。为什么只拿未分配利润来比较，不拿其他的来比较呢？因为未分配利润就是企业支付成本费用后取得收入，然后扣除税金和利息，再将余下的利润分给股东之后，最后剩余的钱。通过企业未分配利润定义可以看出，企业的所有生产经营活动所产生的经济效果，都要体现在企业的未分配利润中，而其他的项目之间的关系，主要表现在表内的关系上，而不是通过表间关系体现。

关于资产负债表和现金流量表之间的"勾稽关系"：资产负债表和现金流量表之间的关系，主要是资产负债表的现金、银行存款及其他货币资金等项目的期末数减去期初数，应该等于现金流量表最后的现金及现金等价物的净流量。资产负债表是一个时点报表，现金流量表是一个时期报表，表间关系的原理同资产负债表和利润表之间的关系一致。什么叫现金及现金等价物，这个概念对于现金流量表来说，是非常重要的。现金就是公司实实在在的钱和放在银行里的银行存款，是广义上的现金。而现金等价物是个什么呢？顾名思义，就是可以把这些东西当成现金来看待的，例如：在公司中，主要包括短期投资，以及可以马上变现的长期投资等。为什么这些东西可以当做现金来看呢？主要是因为它们可以随时变成现金，可以马上在交易市场上卖出，换回现金，所以它们同现金没有太大的差异，除了可以从交易市场上换回现金外，还可以直接作为支付手段，支付给客户。因此，在现实运作中，可以将这些东西当做现金，在会计上，就叫现金等价物。

关于利润表与现金流量表之间的关系，要注意的是，这两张报表的相同之处和不同之处。所谓相同之处就是，它们都是时期报表，反映一段时期内的一些活动情况，利润表反映一段时期内的利润情况，现金流量表反映一段时期内的现金流量情况；所谓不同之处就是编制的基础不同，在会计上，对经济活动，有两种不同的处理方法，一种叫收付实现制，就是真正收到钱，才叫收入，在会计上才确定收入；真正支付时，才叫支出，在会计上才确定为成本费用，而无论这笔钱是不是应该由收付的当时期间负担。另一种处理方法，叫权责发生制，与收付实现制正好相反，就是在会计上确定收入和成本费用时，不是看是不是真正收到或支出钱，而是看这些收入和支出是不是"应该"由当期负担，不由当期负担的，就不确定，而是等到应该负担的期间再确定。

第二节　基于资产负债表的资产管理分析

一、资产负债表的构成及作用

（一）资产负债表的构成

资产负债表是反映公司某一特定日期（月末、年末）全部资产、负债和所有者权益情况的会计报表。它的基本结构是：

资产 = 负债 + 所有者权益（asset = liability + stockholders' equity）

不论公司处于怎样的状态，这个会计平衡式永远是恒等的。左边反映的是公司所拥有的资源；右边反映的是公司的不同权利人对这些资源的要求。债权人可以对公司的全部资源有要求权，公司以全部资产对不同债权人承担偿付责任，偿付完全部的负债之后，余下的才是所有者权益，即公司的资产净额。

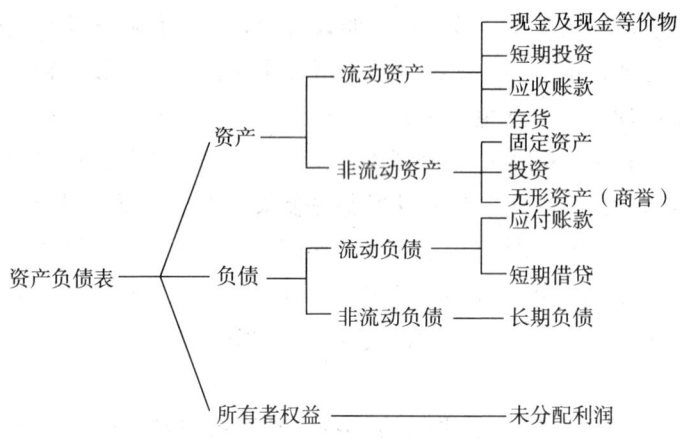

图 6 - 2　资产负债表内容结构图

正如上一节所讲，资产负债表是一张时点报表，也就是说，在某一个时点上，企业的资产负债状况如何。过了这个时点，企业的资产负债情况就会不一样了，所以，拿到这张表的第一反应，就是要看一看是什么时点的报表，这一点很重要。

从资产负债表的表结构来看，国外的表结构一般是上下结构，也就是将资产负债表分成上下两部分，将资产放在表的上半部分，下半部分依次是负债和权益；而我国的表结构一般是左右结构的，就是将表分成左右两个部分，将资产放在表的左边部分，右边的上半部分放负债，下半部分是权益。但无论是上下结构，还是左右结构，只要是资产负债表，都依据"资产等于负债加权益"这个公式进行编制。同时，在资产负债表里，资产和负债各自的明细项目，都是按资产或负债的流动性顺序来排列的，即流动性强的放在前面，流动性弱的放在后面。所谓流动性，就是资产可以"兑现"或者将要"兑现"的时间长短。如果一项资产，马上就可以"兑现"，比如短期投资，这项资产就是流动资产。就流动性来说，短期投资的流动性当然不及银行存款等货币资金，因为银行存款本来就属于现金范畴，即兑现时间为零。兑现时间越短，流动性就越强，反之亦然。同理，如果一项负债，被要求兑现的时间越短，流动性就越强。流动性是资产负债表中各明细项目放置位置的一个主要依据。

（二）资产负债表的作用

1. 资产负债表向人们揭示了企业拥有或控制的能用货币表现的经济资源，即资产的总规模及具体的分布形态。由于不同形态的资产对企业的经营活动有不同的影响，因而对企业资产结构的分析可以对企业的资产质量作出一定的判断。

2. 把流动资产（一年内可以或准备转化为现金的资产）、速动资产（流动资产中变现能力较强的货币资金、债权、短期投资等）与流动负债（一年内应清偿的债务责任）联系起来分析，可以评价企业的短期偿债能力。这种能力对企业的短期债权人尤为重要。

3. 通过对企业债务规模、债务结构及与所有者权益的对比，可以对企业的长期偿债能力及举债能力（潜力）作出评价。一般而言，企业的所有者权益占负债与所有者权益的比重越大，企业清偿长期债务的能力越强，企业进一步举借债务的潜力也就越大。

4. 通过对企业不同时点资产负债表的比较，可以对企业财务状况的发展趋势作出判断。可以肯定地说，企业某一特定日期（时点）的资产负债表对信息使用者的作用极其有限。只有把不同时点的资产负债表结合起来分析，才能把握企业财务状况的发展趋势。同样，将不同企业同一时点的资产负债表进行对比，还可对不同企业的相对财务状况做出评价。

5. 通过对资产负债表与利润表有关项目的比较，可以对企业各种资源的利用情况作出评价。如可以考察资产利润率、运用资本报酬率、存货周转率、债权周转率等。

通过对资产负债表的了解，利用资产负债表的资料，可以看出公司资产的分布状态、负债和所有者权益的构成情况，据以评价公司资金营运、财务结构是否正常、合理；分析公司的流动性或变现能力，以及长、短期债务数量及偿债能力，评价公司承担风险的能力；利用该表提供的资料还有助于计算公司的获利能力，评价公司的经营绩效。

二、资产负债表构成——资产

资产负债表按流动性顺序排列资产。另外可根据流动性，将资产分为流动性资产（current asset），或非流动性资产（non-current asset）。在分析资产负债表要素时我们应首先注意到资产要素分析，具体资产要素如表 6-1 所示。

表 6-1　资产负债表中资产项目的构成及说明

项目	具体说明
流动资产	指可以在一年或者超过一年的一个营业周期内变现或者耗用的资产
	包括现金及各种存款、短期投资、应收及预付款、存货等
	在资产负债表上按其变现能力排列顺序一般为：货币资金、短期投资、应收票据、应收账款、存货等
长期投资	指企业以获取投资收益和收入为目的，向那些并非直接为本企业使用的项目投入资产的行为
	资产负债表上，应将长期债权投资和长期股权投资分别列示。长期投资中，将于一年内到期的部分在流动资产类单独列示
固定资产	指使用期限较长（一般超过一年）、单位价值较高，并在使用过程中保持原有实物形态的资产
	在资产负债表上固定资产有关各项目应分别列示
其他长期资产	指除流动资产、长期资产、固定资产和长期待摊费用以外的各项资产，如无形资产和其他资产
	无形资产是指能被企业在经营中长期使用，但不具有实物形态的资产。一般包括专利权、版权、商标等，其他资产包括临时设施，特准储备物资等
	对于其他资产企业不能全部计入当年损益，应当在以后年度内分别摊销各项费用，包括开办费、租入固定资产改良及大修理支出等
	在资产负债表上一般分别列示无形资产和其他资产的摊余价值

一般资产负债表分为左右两栏，其中左边的部分为资产类项目，资产类项目又被分为了流动资产、固定资产、中长期投资及无形资产等小类别，并分别有小计。这些反映了一个公司的资产分布形态，即公司的资产是以什么形态存

在的，是以流动资产形式存在，还是以固定资产或无形资产形式存在。

　　资产以什么形式存在是很重要的，因其反映了资金的运用方向。例如，在流动资产中，这些流动资产分别是以什么形式存在的，是将钱全部放在银行里，还是有多少以存货的形式放在仓库里，有多少以应收账款的形式存在而还没有收回。将各类流动资产从总体到明细层层分解来看，确定这些资产的存在形式，同时可以将几年的同类资产的金额进行比较，看看有什么变化或趋势，结合企业的行业特点、产品特点和企业规模等进行分析，从中可以得到想要的信息。在这里需要重点强调的是，在流动资产中有几个项目受到的关注比较多，其一是应收账款项目，其二是存货项目，其三是待摊费用项目。

　　第一，应收账款项目。所谓应收账款，是指公司还没收到的，但如果不出意外不久会收到的现金。对这个项目的关注主要是出于现金流入风险的考虑，因此，对这个项目的关注，一是从金额的大小来看，金额越大，风险越大——当然，这要与销售收入相比较才可以说明问题，绝对数大不可真正说明问题，应收账款比销售收入增长快，是容易出问题的信号，因为借出去的现金谁也不能保证全部收回。把应收账款增长率和销售收入增长率比较，是判断公司回收应收账款能力的好办法。另外，应收账款金额的大小，同企业的性质也有关系，批发企业一般是以赊销的方式进行销售的，而零售企业主要是以现金收款方式进行销售的，因此，批发企业应收账款项目金额可能比零售企业的要大。二是看应收账款的时间长短，也就是该款项已经有多长时间没有收回了，拖的时间越长，客户不还的可能性就越大。三是关注是谁欠的钱，了解欠钱的公司还钱能力有多强，分析一下这个公司的销售能力、产品盈利能力及现金流量等。

　　第二，存货项目。所谓存货，就是放在仓库里的、用做生产的原材料、半成品或产成品，这个项目的多少，反映资金有多少被压在仓库中。我们常说的"减少资金的占用，加速资金的周转"，主要就是要减少这个项目的金额。存货项目金额越少，说明企业在这个环节积压的资金就越少，资金周转就可能越快。但这个金额的大小，也要看是什么样的企业，企业的生产方式或需求应对方式不一样，这个项目可能会体现不同的特点，比如按库存生产的企业，存货就可能比按订单生产的企业要多。

　　第三，待摊费用项目。所谓待摊费用，简而言之就是前期支付的本应该由以后好几期负担的钱。比如，今年1月就将今年12个月的房租钱全部交了，但1月不应该负担全年的房租费用，这个道理非常简单。实际支付了多少钱，不一定就确认为支付当期的费用，应该将它分摊到以后几期去，这个概念显然属于前文所述的权益发生制的概念范畴。关注待摊费用项目，主要是因为这个项目严重影响当期的利润，是产生利润额与现金净流量差异的主要原因。与待摊费用相似的还有几个项目，一是折旧，二是长期待摊费用，还有就是一些资产的减值准备，这些都是影响利润，但不产生现金流量的项目。折旧和待摊费用（包括长期和短期待摊费用），都是前期大量现金流出后，对本期及后期的影响，而一些资产的减值准备，比如长期投资减值准备，则是反映这些资产在市场上的价值变化，减值准备越大，说明这些资产在市场上贬值的可能性越大。

三、资产负债表构成——负债

公司的债务包括租金、利息、付给员工的薪水等。负债也可分为流动负债（current liability）和长期负债（long-term liability）。要对负债要素进行分析，就需要考虑资产负债表中负债部分的各个项目（如表6-2所示）。

表6-2　资产负债表中负债项目的构成及说明

项目	具体说明
流动负债	指企业在一年或一年以上的一个营业周期内偿还的债务，包括短期借款、应付账款、预收账款、应交税金、应付利润和一年内到期的长期借款等
长期负债	指偿还期在一年以上的各种债务
长期负债	在资产负债表上排列顺序是长期借款、应付债券、长期应付款、其他长期负债
长期负债	其中一年内到期的长期负债应在流动负债中单独列示
企业所得税	指对中华人民共和国境内的一切企业（不包括外商投资企业和外国企业），就其来源于中国境内外的生产经营所得和其他所得而征收的一种税
企业所得税	企业所得税的征税对象是所得额，征税以量能负担为原则，实行按年计征、分期预缴的征税办法

上一小节重点对资产中的流动资产的一些项目进行了简单的说明，在本节中，有几个负债项目需要引起关注，一是应付账款，二是长期借款，三是未付税金。应付账款是公司借贷来并在一年内要偿付的资金，反映其应该付而还没有付给供应商的款项金额。分析时需要从三个方面进行：一是应付账款的金额大小，二是欠款的对象，三是公司持有应付账款的时间长短。应付账款反映的是本企业运用其他企业资金的多少，它意味着持有现金更长时间，对改善公司现金流有好处。

对于长期借款项目，分析时需要从这几个方面进行：一是长期借款金额的大小，二是借款期间的长短，三是向谁借的款，四是借款的利息是多少，这些在报表及报表附注里都会有说明。由于长期负债的形态不同，因此应注意分析、了解公司债权人的情况。另外，还需要关注的是未付税金，这个是反映企业一共还有多少应该交纳而还没有交的税金，包括全部的税金，如所得税、营业税等。

四、资产负债表构成——所有者权益

所有者权益指企业投资人对企业净资产的所有权，在资产负债表上一般按照实收资本（或股本）、资本公积、盈余公积、未分配利润项目分别列示，并同时注明企业的注册资本。分析所有者权益，主要是了解股东权益中投入资本的不同形态及股权结构，了解股东权益中各要素的优先清偿顺序等。分析资产负债表时，要与利润表结合起来，主要涉及资本金利润和存货周转率，前者是反映盈利能力的指标，后者是反映营运能力的指标。

在所有者权益方面，需要对以下几个项目进行重点关注：一是实收资本或实收股本，这个项目反映的是公司所有者（投资人或股东）在公司才开业的时候，投到公司的资金。关注这个项目的目的，是要清楚主要的投资人或股东成员，他们分别投入的资金额度，及其占总投资额的比例。之所以要关注这几个方面，主要是为了明白公司的主要决策权属于谁，一般投入到该公司的资金越多的股东，在股东会上的决策权就会越大。二是资本公积项目。所谓资本公积，简单地说，就是一些确定属于股东或投资人，但没有明确说明具体哪个股东或投资人应该分多少，可以看成是还没有最后分配到股东或投资人自己账户上的公共的钱。资本公积的一个重要来源是股票或资本溢价，简而言之，就是在公司成立后，后加入的股东或投资人，应该要比公司成立时的股东或投资人支付更多的钱，才可以得到与在公司成立时的股东或投资人一样的持股比例，因为公司成立时的股东或投资人先投入，比后加入的股东或投资人多承担了资金的风险，后加入的股东或投资人的资金没有承担这些风险，如果要得到与以前股东或投资人相同的持股比例，当然要多付出一些钱。后加入的股东或投资人多付的那部分钱，就是股票或资本溢价。资本公积的另外一个重要来源是公司以外的人捐赠给公司的东西。因为对方捐赠的对象是公司，而不是某一个股东或投资人，因此这些东西是全部股东或投资人公共的，于是作为资本公积。三是未分配利润，未分配利润是公司一定的资本数量存续一段时间发生的利润减去分红和股票回购后的基本记录。未分配利润是公司长期盈利情况的记录，就是公司从开业到出资产负债表这个时刻，公司一共有多少利润或亏损；关于未分配利润项目是如何来的，则需要利润表进行说明。

五、基于资产负债表的资产管理分析

通过对资产负债表的构成、作用以及分别对其构成部分中的资产、负债和所有者权益进行分析，我们对资产负债表有了初步的认识，除此之外，在分析资产负债表时还应该注意以下几点：

第一，浏览资产负债表主要内容。由此，我们就会对企业的资产、负债及股东权益的总额及其内部各项目的构成和增减变化有一个初步的认识。由于企业总资产在一定程度上反映了企业的经营规模，而它的增减变化与企业负债和股东权益的变化有极大的关系，当企业股东权益的增长幅度高于资产总额的增长时，说明企业的资金实力有了相对的提高；反之则说明企业规模扩大的主要原因是来自于负债的大规模上升，进而说明企业的资金实力在相对降低，偿还债务的安全性亦在下降。

第二，对资产负债表的一些重要项目，尤其是期初与期末数据变化很大或出现大额红字的项目进行进一步分析，如流动资产、流动负债、固定资产、有代价或有息的负债（如短期银行借款、长期银行借款、应付票据等）、应收账款、货币资金以及股东权益中的具体项目等。例如，企业应收账款过多，占总资产的比重过高，说明该企业资金被占用的情况较为严重，而其增长速度过快，说明该企业可能因产品的市场竞争能力较弱或受经济环境的影响，企业结算工作的质量有所降低。此外，还应对报表附注说明中的应收账款的账龄进行分析，应收账款的账龄越长，其收回的可能性就越小。又如，企业年初及年末的负债较多，说明企业每股的利息负担较重，但如果企业在这种情况下仍然有较好的盈利水平，说明企业产品的获利能力较佳、经营能力较强，管理者的经营风险意识较强、魄力较大。再如，在企业股东权益中，法定的资本公积金大大超过企业的股本总额，这预示着企业将有良好的股利分配政策。但与此同时，如果企业没有充足的货币资金做保证，预计该企业将会选择送配股增资的分配方案而非采用发放现金股利的分配方案。另外，在对一些项目进行分析评价时，还要结合行业的特点。就房地产企业而言，如该企业拥有较多的存货，意味着企业有可能存在着较多的、正在开发的商品房基地和项目，一旦这些项目完工，将会给企业带来很高的经济效益。

第三，对一些基本财务指标进行计算。计算财务指标的数据来源主要有以下几个方面：直接从资产负债表中取得，如净资产比率；直接从利润及利润分配表中取得，如销售利润率；同时来源于资产负债表和利润及利润分配表，如应收账款周转率；部分来源于企业的账簿记录，如利息支付能力。在此主要介绍第一种情况中几项主要财务指标的计算及其意义。

1. 反映企业财务结构是否合理的指标有：

（1）净资产比率＝股东权益总额/总资产。该指标主要用来反映企业的资金实力和偿债安全性，它的倒数即为负债比率。净资产比率的高低与企业资金实力成正比，但该比率过高，则说明企业财务结构不尽合理。该指标一般应在50%左右，但对于一些特大型企业而言，该指标的参照标准应有所降低。

（2）固定资产净值率＝固定资产净值/固定资产原值。该指标反映的是企业固定资产的新旧程度和生产能力，一般该指标以超过75%为好。该指标对于工业企业生产能力的评价有着重要的意义。

（3）资本化比率＝长期负债/（长期负债＋股东股益）。该指标主要用来反映企业需要偿还的、有息的长期负债占整个长期营运资金的比重，因而该指标不宜过高，一般应在20%以下。

2. 反映企业偿还债务安全性及偿债能力的指标有：

（1）流动比率＝流动资产/流动负债。该指标主要用来反映企业偿还债务的能力。一般而言，该指标应保持在2∶1的水平。过高的流动比率是反映企业财务结构不尽合理的一种信息，它有可能是：企业某些环节的管理较为薄弱，从而导致企业在应收账款或存货等方面有较高的水平；企业可能因经营意识较为保守而不愿扩大负债经营的规模；股份制企业在以发行股票、增资配股或举借长期借款、债券等方式筹得资金后尚未充分投入营运；等等。但就总体而言，过高的流动比率主要反映了企业的资金没有得到充分利用，而该比率过低，则说明企业偿债的安全性较弱。

（2）速动比率＝（流动资产－存货－预付费用－待摊费用）/流动负债。由于在企业流动资产中包含了一部分变现能力（流动性）很弱的存货及待摊或预付费用，为了进一步反映企业偿还短期债务的能力，通常人们都用这个比率来予以测试，因此该比率又称为"酸性试验"。在通常情况下，该比率应以1∶1为好，但在实际工作中，该比率（包括流动比率）的评价标准还须根据行业特点来判定，不能一概而论。

3. 反映股东对企业净资产所拥有的权益的指标主要有：每股净资产＝股东

权益总额/（股本总额×股票面额）。该指标说明股东所持的每一份股票在企业中所具有的价值，即所代表的净资产价值。该指标可以用来判断股票市价的合理与否。一般来说，该指标越高，每一股股票所代表的价值就越高；但是这应该与企业的经营业绩相区分，因为每股净资产比重较高可能是由于企业在股票发行时取得较高的溢价所致。

第四，在以上这些工作的基础上，对企业的财务结构、偿债能力等方面进行综合评价。

值得注意的是，由于上述这些指标是单一的、片面的，因此，就需要我们能够以综合、联系的眼光进行分析和评价，因为反映企业财务结构的指标的高低往往与企业的偿债能力相矛盾。如企业净资产比率很高，说明其偿还债务的安全性较好，但同时就反映出其财务结构不尽合理。我们的目的不同，对这些信息的评价亦会有所不同，如作为一个长期投资者，关心的就是企业的财力结构是否健全合理；相反，如以债权人的身份出现，就会非常关心该企业的债务偿还能力。最后还须说明的是，由于资产负债表仅仅反映的是企业某一方面的财务信息，因此我们要对企业有一个全面的认识，还必须结合财务报告中的其他内容进行分析，以得出正确的结论。

第三节　基于利润表的经营效益分析

一、利润表的构成

利润表（或者称损益表）是反映企业在一定会计期间的经营成果的会计报表。通过利润表可以了解企业实现的收入、发生的费用以及利得和损失等金额及其结构情况。公司财务报表中的利润表的主要项目详见图6－3。

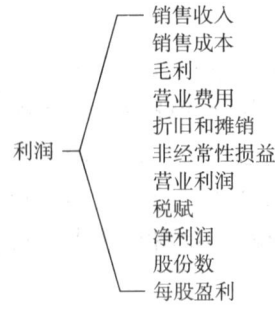

利润 ── 销售收入
　　　　销售成本
　　　　毛利
　　　　营业费用
　　　　折旧和摊销
　　　　非经常性损益
　　　　营业利润
　　　　税赋
　　　　净利润
　　　　股份数
　　　　每股盈利

图6－3　利润表的主要构成项目

下面对企业利润表中的每个项目进行简要的解释：

1. 销售收入是企业通过产品销售或提供劳务所获得的货币收入，以及形成的应收销货款。销售收入也称作营业收入，营业收入按比重和业务的主次及经常性情况，一般可分为主营业务收入和其他业务收入。销售收入 = 产品销售数量 × 产品单价。按销售的类型，销售收入包括产品销售收入和其他销售收入两部分，其中产品销售收入是主要组成部分。

2. 销售成本是指已销售产品的生产成本或已提供劳务的劳务成本以及其他销售的业务成本。销售成本 = 工厂成本 + 销售费用。销售成本包括主营业务成本和其他业务成本两部分，其中，主营业务成本是企业销售商品产品、半成品以及提供工业性劳务等业务所形成的成本；其他业务成本是企业销售材料、出租包装物、出租固定资产等业务所形成的成本。对于主营业务成本，应以产品的销售数量或提供的劳务数量和产品的单位生产成本或单位劳务成本为基础进行确认，其计算公式为：主营业务成本 = 产品销售数量或提供劳务数量 × 产品单位生产成本或单位劳务成本。

3. 毛利是指商业企业的商品销售收入（售价）减去商品原进价后的余额。毛利是净利的对称，又称商品进销差价，因其尚未减去商品流通费和税金，还不是净利，故称毛利。毛利 = 不含税售价 − 不含税成本。

4. 营业费用是指企业在销售商品的过程中发生的费用，包括运输费、装卸费、包装费、保险费、展览费和广告费，以及为销售本企业商品而专设的销售机构的职工工资及福利费、类似工资性质的费用、业务费等经营费用。营业费用包括：运输费、装卸费、包装费、保险费、广告费、展览费、租赁费（不包括融资租赁费），以及为销售本公司商品而专设销售机构的职工工资、福利费、办公费、差旅费、折旧费、修理费、物料消耗、低值易耗品的摊销等。旧会计准则下叫营业费用，新的会计准则下叫销售费用，即在新会计准则下销售费用 = 营业费用。营业费用反映经营管理是否节约，较低则意味着企业较严格地节省了成本。巴菲特认为营业费用比上毛利润小于30%为非常优秀。

5. 固定资产折旧，是指固定资产在使用过程中逐渐损耗而转移到商品或费用中去的那部分价值，也是企业在生产经营过程中由于使用固定资产而在其使用年限内分摊的固定资产耗费。确定固定资产的折旧范围是计提折旧的前提。摊销（amortization）指对除固定资产之外，其他可以长期使用的经营性资产按照其使用年限每年分摊购置成本的会计处理办法，与固定资产折旧类似。摊销费用计入管理费用中减少当期利润，但对经营性现金流没有影响。常见的摊销资产如大型软件、土地使用权等无形资产和开办费，它们可以在较长时间内为公司业务和收入作出贡献，所以其购置成本也要分摊到各年才合理。

折旧和摊销的区别是：①折旧的是资产，摊销的是费用。折旧一般指固定资产的折旧；摊销一般有低值易耗品的摊销、无形资产的摊销、待摊费用的摊销、长期待摊费用的摊销。②折旧和摊销都是逐步计入成本费用的，但是计入的期限长短不同。折旧至少两年；而摊销除了长期待摊费用以外，都是一年内摊销完毕。③固定资产的折旧是指固定资产在使用过程中，逐渐损耗而消失的那部分价值。固定资产损耗的这部分价值，应当在固定资产的有效使用年限内进行分摊，形成折旧费用，计入各期成本。摊销就是本月发生，应由本月和以后各月产品成本共同负担的费用。摊销费用的摊销期限最长为一年；如果超过一年，应作为长期待摊的费用核算。④折旧和摊销的计算方法不一样。折旧的计算方法有：平均年限法（又称直线法）、工作量法、双倍余额递减法、年数总和法；而摊销的计算方法有：一次摊销法、分期摊销法、五五摊销法等。

6. 非经常性损益是指公司发生的与经营业务无直接关系，以及虽与经营业务相关，但由于其性质、金额或发生频率，影响了真实、公允地反映公司正常盈利能力的各项收入、支出。证监会在《公开发行证券的公司信息披露规范问答第1号——非经常性损益》中特别指出，注册会计师应单独对非经常性损益项目予以充分关注，对公司在财务报告附注中所披露的非经常性损益的真实性、准确性与完整性进行核实。公司习惯于把真实营业活动中的费用加到非经常性损益项目，必须在注释中找到相关缘由。连续的非经营性费用是管理层不自信的表现。

7. 营业利润是指企业从事生产经营活动中取得的利润，是企业利润的主要来源。营业利润等于主营业务利润加上其他业务利润，再减去营业费用、管理费用和财务费用后的金额。营业利润是企业最基本经营活动的成果，也是企业一定时期获得利润中最主要、最稳定的来源。2006 年财政部颁布的《企业会计准则第 30 号——财务报表列报》中已对营业利润进行了调整，将投资收益调入营业利润，同时取消了主营业务利润和其他业务利润的提法，补贴收入被并入营业外收入，营业利润减营业外收支调整即得到利润总额，即：

营业利润＝营业收入－营业成本－营业税金及附加－销售费用－管理费用－财务费用－资产减值损失＋公允价值变动收益（－公允价值变动损失）＋投资收益（－投资损失）＋资产处置收益（－资产处置损失）＋其他收益

营业利润率＝（营业利润/营业收入）×100%，营业利润率表明企业通过生产经营获得利润的能力，该比率越高表明企业的盈利能力越强。

　　其中，营业收入＝主营业务收入＋其他业务收入；营业成本＝主营业务成本＋其他业务成本。

　　8. 利息收益/费用是指公司为它已经发行的债券和持有债券所支付或收到的利息。

　　9. 税赋，是由于某种行为或者事项符合了国家相关税法对于应纳税的规定而使行为人（包括组织与个人）产生了应就此行为或者事项面向国家缴纳相关税款的义务，负有纳税义务的人为纳税义务人，简称纳税人。税通常是列在净利润之前的费用。要弄清楚现行费率是永久的还是暂时的。税率如果一年又一年反复摆动，意味着通过逃税产生的收益可能比销售货物或服务更多。

　　10. 净利润是指企业当期利润总额减去所得税后的金额，即企业的税后利润。所得税是指企业将实现的利润总额按照所得税法规定的标准向国家计算缴纳的税金，是企业利润总额的扣减项目。净利润的多寡取决于两个因素，其一是利润总额，其二是所得税费用。净利润必须结合现金流量表查看，因为它很容易被一次性费用或一次性投资收益扭曲。

　　净利润的计算公式为：净利润＝利润总额－所得税费用。净利润是一个企业经营的最终成果，净利润多，企业的经营效益就好；净利润少，企业的经营效益就差，它是衡量一个企业经营效益的主要指标。

　　11. 股份数指的是报告期发行在外的股份数，包括基准股数和稀释的股份数。稀释股份数包括潜在的可转化为股票的有价证券，如股票期权、可转换债券等，在这种股票上投资意味着潜在的缩水。

　　12. 每股收益即每股盈利（EPS），又称每股税后利润、每股盈余，指税后利润与股本总数的比率，是普通股股东每持有一股所能享有的企业净利润或需承担的企业净亏损。每股收益通常被用来反映企业的经营成果，衡量普通股的获利水平及投资风险，是投资者等信息使用者据以评价企业盈利能力、预测企业成长潜力、进而做出相关经济决策的重要的财务指标之一。在股票投资基本分析的诸多工具中，与市盈率、市净率、现金流量折现等指标一样，EPS 也是最常见的参考指标之一。如果不看现金流量表并综合其他很多因素，单看这个数字是没有意义的。

　　基本每股收益的计算公式如下：

$$基本每股收益＝归属于普通股股东的当期净利润÷$$
$$当期发行在外普通股的加权平均数$$

　　传统的每股收益指标计算公式为：

每股收益 = （本期毛利润 – 优先股股利）/期末总股本

【实例】基本每股收益的计算，按照归属于普通股股东的当期净利润除以当期实际发行在外普通股的加权平均数。以某公司 2018 年度的基本每股收益计算为例：

该公司 2017 年度归属于普通股股东的净利润为 25 000 万元。2016 年年末的股本为 8000 万股，2017 年 2 月 8 日，以截至 2016 年的总股本为基础，向全体股东每 10 送 10 股，总股本变为 16 000 万股。2017 年 11 月 29 日再发行新股 6000 万股。

按照新会计准则计算该公司 2017 年度基本每股收益：

基本每股收益 $=25000 \div (8000 + 8000 \times 1 + 6000 \times 1/12) = 1.52$ 元/股

上述案例如果按照旧会计准则的全面摊薄法计算，则其每股收益为 $25000 \div (8000 + 8000 + 6000) = 1.14$ 元/股

从以上数据来看，在净利润指标没有发生变化的情况下，通过新会计准则计算的基本每股收益较旧会计准则计算的每股收益高出 33%。

另外，在分析利润表时，主要需要搞清楚几个重要的利润之间的关系，比如营业利润、利润总额和净利润是三个不同的概念，其计算方法也存在差异。利润总额受非经常性业务的影响；营业利润是企业经常性、反复性经营行为形成的利润，也是企业利润的最重要组成部分。在营业利润的基础上加上营业外收入，减去营业外支出，就可以得到企业的利润总额。"营业外收入"是指企业发生的与经营业务无直接关系的各项收入，比如接受捐赠、政府补助、变卖废弃固定资产的净收益等。营业外收入通常不具有可预见性和持续性。"营业外支出"是指企业发生的与经营业务无直接关系的各项支出，包括企业的对外捐赠、罚款支出（如税款滞纳金）及出售固定资产的净损失等。

二、利润表的作用

上一节对利润表的主要构成部分进行了阐述和分析，本节对利润表的作用进行归纳总结：

1. 利润表可以提供一定期间企业的利润构成，表明企业从经营活动和非经营活动分别取得了多少利润，从而帮助企业判断盈利能力的持续性。

2. 利润表可以提供一定期间收入与成本的信息，通过将收入与成本相配比，可以计算企业的毛利率，帮助企业判断利润空间。

3. 利润表可以提供反映企业管理水平的信息。从管理费用、财务费用和销售费用三项期间费用的趋势变化和比例可以判断企业的管理水平，从而促进企业提高管理效率。

4. 利润表可以提供企业对社会贡献的信息。从所得税费用可以分析企业对社会的贡献。

5. 利润表可以提供反映企业的总体盈利水平的信息。净利润可以反映企业生产经营活动的成果，每股收益是股东获得股利的基础，据以判断资本保值、增值等情况，对企业盈利能力来进行综合判断。

三、基于利润表的经营效益分析

本节将对利润表的相关内容进行分析，同时，还将涉及利润分配表。利润分配表是利润表的一个附表，辅助说明在利润表里的最后一项，即税后净利润是如何在企业所有者之间进行分配的，未分配利润是如何得出来的。利润表主要说明税后利润产生的过程，而利润分配表主要说明税后利润的分配过程及未分配利润的计算过程。

与资产负债表是个时点报表相对应，利润表是一个时期报表，也就是说，利润表反映了在多长一个时期之内，企业产生了多少的利润或亏损。时期长短不一样，利润或亏损（即损益）是不一样的，所以，拿到这张表的第一反应，就是应该关注这张表显示的是哪段时期的利润。

从利润表的结构来看，表的项目分为几个层次，以上于利润表的构成中已经详细介绍，本节不再赘述。在分析利润表时可以从两个方向来看，一是从上向下看，通过计算主营业务收入到得出净利润这个过程，可以看出净利润产生的过程；二是从下向上看，即先看净利润，后看主营业务收入，可以得出净利润产生的原因。

除了股份数和每股收益以外，利润表的最后一项就是净利润。这里需要强调的是净利润而非未分配利润，未分配利润是利润分配表的最后一项，是利润分配表要说明的问题，而利润表只是说明净利润是如何来的。至于净利润如何通过分配过程，最后如何变成未分配利润，是利润分配表的功能。

在知道了净利润额度之后，我们需要知道利润是如何来的，净利润是什么。简而言之，净利润就是交了所得税之后，企业最后得到的钱，因此，我们可以向利润表的前面项目看，即可得知利润总额是多少。在得到利润总额后，分为两个部分，一部分是以所得税的形式交给国家，余下的部分就留给了企业，这就是净利润。

接着我们需要注意利润总额是如何来的。上文已经提到，利润总额就是企业经过一段时间后，总共得到的收入。需要注意的是，利润总额只是经过一段时间得到的收入，而不是经过一段时间的经营而得到的收入，这有什么区别呢？企业在一段时间内得到的钱，除了通过经营得到的利润，即营业利润以外，还有营业外利润，如果一个企业主要是靠营业外收入赚钱，那就很有问题了，所以，在分析上市公司的报表时，不要只看最后公司赚了多少钱，更要注意这些收入是不是通过自己的主营业务赚来的，目前有很多上市公司都是通过调节利润表的营业外收入，来修饰报表的净利润，假装自己赚到了钱。

进一步分析营业利润是如何来的：一个企业的业务可能有很多，一般会有两类，一类是主营业务，另一类是非主营业务即其他业务。通过主营业务赚到的钱，我们叫做主营业务利润，而通过其他业务赚到的钱，我们叫做其他业务利润，因此，这两类业务的利润相加之后，减去这个期间为这两类业务而耗费的一些公共支出，即我们常说的期间费用，如财务费用、销售费用等，最后可以得到营业利润。主营业务利润是如何得到的，就是主营业务收入减去主营业务成本，再减去应该由主营业务负担的税金，就可以得到主营业务利润。

以上是从下向上分析利润表的过程，通过这个过程，可以更好地理解净利润产生的原因。当然，也可以从上向下看利润表，去关注净利润产生和计算的过程。

除了利润表的内容外，利润表还有一个附表，就是利润分配表，这张表主要关注的是净利润在企业所有者之间如何分配，以及未分配利润是如何计算的。

在看利润分配表时，需要关注的是利润分配两个方面的问题，一个是方向问题，另一个是顺序问题。从总体上来说，利润分配的方向大致有两个：一个是留在企业里作为企业发展基金，另一个是分配给股东；从利润分配的顺序来看，是先留一部分资金在企业，然后再将余下的分配给股东。利润在分配给股东时，顺序是先分给优先股股东，再分给普通股股东。但需要清楚的问题是，先留多少利润在企业中。关于这个问题，在公司法中有统一的规定，可以按净利润的一定比率，提出一部分作为企业发展基金，就是通常所说的公积金和公益金。其实所谓公积金或公益金，同前面讲的资本公积性质相同，都是归全部股东所有，而不明确具体哪个股东占多少份额，只是种类不同而已。提出一部分公积金或公益金的目的是为企业后期和长期发展做准备。通过这些分配之后，余下的部分，就是未分配利润，这部分利润可以留待以后年度汇同以后年度赚的钱，继续参与分配。

第四节 基于现金流量表的现金流分析

一、现金流量表及其构成

阅读现金流量表，首先应了解现金的概念。现金流量表中的现金是指库存现金、可以随时用于支付的存款和现金等价物。库存现金和可以随时用于支付的存款，一般就是资产负债表上"货币资金"项目的内容。准确地说，则还应剔除那些不能随时动用的存款，如保证金专项存款等。现金等价物是指在资产负债表上"短期投资"项目中符合以下条件的投资：①持有的期限短；②流动性强；③易于转换为已知金额的现金；④价值变动风险很小。

在我国，现金等价物通常是指从购入日至到期日，在 3 个月或 3 个月以内能转换为已知现金金额的债券投资。例如，公司在编制 1998 年中期现金流量表时，对于 1998 年 6 月 1 日购入 1995 年 8 月 1 日发行的期限为 3 年的国债，因购买时还有两个月到期，故该项短期投资可视为现金等价物。总之，这里的现金概念，就是有立即支付能力的资产。现金流量表里的数字，就是反映这些有立即支付能力的资产的流动及结余情况。

现金流量表是反映一定时期内（如月度、季度或年度）企业经营活动、投资活动和筹资活动对其现金及现金等价物所产生影响的财务报表。现金流量表是原先财务状况变动表或者资金流动状况表的替代物。它详细描述了由公司的经营、投资与筹资活动所产生的现金流。对于公司而言，现金流量表主要可以分为三个方面：来自经营活动的现金流量、来自投资活动的现金流量和来自筹资活动的现金流量（详见图 6 – 4）。

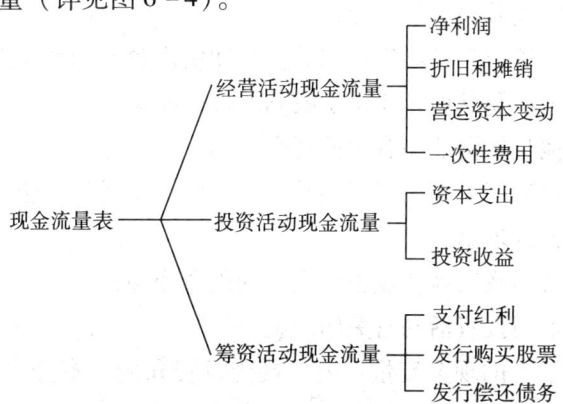

图 6 – 4 现金流量表的构成部分

1. 来自经营活动的现金流量：反映公司为开展正常业务而引起的现金流入、流出量和净流量，如商品销售收入、接受劳务等增加现金流入量，购买原材料、支付税款和人员工资增加现金流出量等。企业应当采用直接法列示经营活动产生的现金流量。经营活动，是指企业投资活动和筹资活动以外的所有交易和事项。直接法，是指通过现金收入和现金支出的主要类别列示经营活动的现金流量。

经营活动产生的现金流量至少应当单独列示反映下列信息的项目：

（1）销售商品、提供劳务收到的现金；

（2）收到的税费返还；

（3）收到其他与经营活动有关的现金；

（4）购买商品、接受劳务支付的现金；

（5）支付给职工以及为职工支付的现金；

（6）支付的各项税费；

（7）支付其他与经营活动有关的现金。

另外，金融企业可以根据行业特点和现金流量实际情况，合理确定经营活动现金流量项目的类别。

2. 来自投资活动的现金流量：反映公司长期资产的购建和对外投资活动的现金流入和流出量，如变卖厂房取得现金收入，购入股票和债券等对外投资引起现金流出等。投资活动，是指企业长期资产的购建和不包括在现金等价物范围内的投资及其处置活动。投资活动产生的现金流量至少应当单独列示反映下列信息的项目：

（1）收回投资收到的现金；

（2）取得投资收益收到的现金；

（3）处置固定资产、无形资产和其他长期资产收回的现金净额；

（4）处置子公司及其他营业单位收到的现金净额；

（5）收到其他与投资活动有关的现金；

（6）购建固定资产、无形资产和其他长期资产支付的现金；

（7）投资支付的现金；

（8）取得子公司及其他营业单位支付的现金净额；

（9）支付其他与投资活动有关的现金。

3. 来自筹资活动的现金流量：公司接受投资和借入资金导致的现金流入和流出量，在筹集资金过程中所引起的现金收支活动及结果，如吸收股本、分配股利、发行债券、取得借款和归还借款等。筹资活动，是指导致企业资本及债务规模和构成发生变化的活动。筹资活动产生的现金流量至少应当单独列示反映下列信息的项目：

（1）吸收投资收到的现金；

（2）取得借款收到的现金；

（3）收到其他与筹资活动有关的现金；

（4）偿还债务支付的现金；

（5）分配股利、利润或偿付利息支付的现金；

（6）支付其他与筹资活动有关的现金。

二、现金流量表的作用

现金流量表可以告诉我们公司经营、投资和筹资所产生的现金收支活动，以及现金流量净增加额，从而有助于我们分析公司的变现能力和支付能力，进而把握公司的生存能力、发展能力和适应市场变化的能力。一个正常经营的企业，在创造利润的同时，还应创造现金收益，通过对现金流入来源进行分析，就可以对创造现金能力做出评价，并可对企业未来获取现金的能力做出预测。现金流量表所揭示的现金流量信息可以从现金角度对企业偿债能力和支付能力做出更可靠、更稳健的评价。企业的净利润是以权责发生制为基础计算出来的，而现金流量表中的现金流量是以收付实现制为基础计算的。通过对现金流量和净利润的比较分析，可以对收益的质量做出评价。投资活动是企业将一部分财力投入某一对象，以谋取更多收益的一种行为；筹资活动是企业根据财力的需求，进行直接或间接融资的一种行为。企业的投资和筹资活动和企业的经营活动密切相关，因此，对现金流量中所揭示的投资活动和筹资活动所产生的现金流入和现金流出信息，可以结合经营活动所产生的现金流量信息和企业净收益进行具体分析，从而对企业的投资活动和筹资活动做出评价。现金流量表的主要作用具体包括以下几个方面：

1. 现金流量表弥补了资产负债信息量的不足。资产负债表是利用资产、负债、所有者权益三个会计要素的期末余额编制的；利润表是利用收入、费用、利润三个会计要素的本期累计发生额编制的（收入、费用无期末余额，利润结转下期）。唯独资产、负债、所有者权益三个会计要素的发生额原先没有得到充分的利用，没有填入会计报表。会计资料一般是发生额与本期净增加额（期末、期初余额之差或期内发生额之差）说明变动的原因，期末余额说明变动的结果。

本期的发生额与本期净增加额得不到合理的运用，不能不说是一个缺憾。

资产负债表的平衡公式可写成：现金 = 负债 + 所有者权益 − 非现金资产。这个公式表明，现金的增减变动，受公式右边因素的影响，负债、所有者权益的增加（减少）导致现金的增加（减少），非现金资产的减少（增加）导致现金的增加（减少）。现金流量表中的内容，尤其是采用间接法时，即利用资产、负债、所有者权益的增减发生额或本期净增加额填报，因此账簿的资料得到充分的利用，现金变动原因的信息得到充分的揭示。

2. 现金流量表便于从现金流量的角度对企业进行考核。对一个经营者来说，企业没有现金、缺乏购买与支付能力是致命的。企业的经营者由于管理的要求亟需了解现金流量信息。另外在当前商业信誉存有诸多问题的情况下，与企业有密切关系的部门与个人投资者、银行、财税、工商等不仅需要了解企业的资产、负债、所有者权益的结构情况与经营结果，更需要了解企业的偿还支付能力，了解企业现金流入、流出及净流量信息。

利润表的利润是根据权责发生制原则核算出来的，权责发生制贯彻递延、应计、摊销和分配原则，核算的利润与现金流量是不同步的。利润表上有利润、银行户上却没有钱的现象经常发生。近几年来，随着大家对现金流量的重视，深深感到权责发生制编制的利润表不能反映现金流量是个很大的缺陷。但是企业也不能因此废权责发生制而改为收付实现制。因为收付实现制也有很多不合理的地方，历史证明企业不能采用。在这种情况下，坚持权责发生制原则进行核算的同时，编制收付实现制的现金流量表，不失为"熊掌"与"鱼"兼得、两全其美的方法。现金流量表划分经营活动、投资活动、筹资活动，按类说明企业一个时期流入多少现金、流出多少现金及现金流量净额，从而可以了解现金从哪里来、到哪里去了，利润表上的利润为什么没有变动，从现金流量的角度对企业做出更加全面合理的评价。

3. 现金流量表了解企业筹措现金、生成现金的能力。如果把现金比作企业的血液，企业想取得新鲜血液的办法有以下两种：

（1）为企业输血，即通过筹资活动吸收投资者投资或借入现金。吸收投资者投资，企业的受托责任增加；借入现金，企业的负债增加，今后要还本付息。在市场经济的条件下，没有"免费使用"的现金，企业获得输血后要付出一定的代价。

（2）企业自己生成血液，即经营过程中取得利润。企业要想生存发展，就必须获利，利润是企业现金来源的主要渠道。通过现金流量表可以了解经过一段时间的经营，企业内外筹措了多少现金、自己生成了多少现金，筹措的现金是否按计划用到企业扩大生产规模、购置固定资产、补充流动资金上，还是被经营方侵蚀掉了。企业筹措现金、生产现金的能力，是企业加强经营管理，合理使用、调度资金的重要信息，是其他两张报表所不能提供的。

三、基于现金流量表的现金流分析

现金流量表是以收付实现制为编制基础，反映企业在一定时期内现金收入和现金支出情况的报表。对现金流量表的分析，既要掌握该表的结构及特点，分析其内部构成，又要结合利润表和资产负债表进行综合分析，以求全面、客观地评价企业的财务状况和经营业绩。企业的现金流量由经营活动产生的现金流量、投资活动产生的现金流量和筹资活动产生的现金流量三部分构成。分析现金流量及其结构，可以了解企业现金的来龙去脉和现金收支构成，评价企业经营状况、创现能力、筹资能力和资金实力。因此，现金流量表的分析可从以下几方面着手：

1. 经营活动产生的现金流量分析。

（1）将销售商品、提供劳务收到的现金与购进商品、接受劳务付出的现金进行比较。在企业经营正常、购销平衡的情况下，比较二者是有意义的：比率大，说明企业的销售利润大，销售回款良好，创现能力强。

（2）将销售商品、提供劳务收到的现金与经营活动流入的现金总额比较，可大致说明企业产品销售现款占经营活动流入的现金的比重有多大。比重大，说明企业主营业务突出，营销状况良好。

（3）将本期经营活动现金净流量与上期比较，增长率越高，说明企业成长性越强。

2. 投资活动产生的现金流量分析。当企业扩大规模或开发新的利润增长点时，需要大量的现金投入，投资活动产生的现金流入量补偿不了流出量，投资活动现金净流量为负数；但如果企业投资有效，将会在未来产生现金净流入用于偿还债务、创造收益，企业不会有偿债困难。因此，分析投资活动现金流量，应结合企业的投资项目进行，不能简单地以现金净流入还是净流出来论优劣。

3. 筹资活动产生的现金流量分析。一般来说，筹资活动产生的现金净流量越大，企业面临的偿债压力也越大，但如果现金净流入量主要来自于企业吸收的权益性资本，则不仅不会面临偿债压力，反而增强资金实力。因此，在分析时，可将吸收权益性资本收到的现金与筹资活动现金总流入比较，所占比重大，说明企业资金实力增强，财务风险降低。

4. 现金流量构成分析。首先，分别计算经营活动现金流入、投资活动现金流入和筹资活动现金流入占现金总流入的比重，了解现金的主要来源。一般来说，经营活动现金流入占现金总流入比重大的企业，经营状况较好，财务风险较低，现金流入结构较为合理。其次，分别计算经营活动现金支出、投资活动现金支出和筹资活动现金支出占现金总流出的比重，它能具体反映企业的现金用于哪些方面。一般来说，经营活动现金支出比重大的企业，其生产经营状况正常，现金支出结构较为合理。

5. 现金流量表与利润表比较分析。利润表是反映企业一定期间经营成果的重要报表，它揭示了企业利润的计算过程和利润的形成过程。利润被看成是评价企业经营业绩及盈利能力的重要指标，但却存在一定的缺陷。众所周知，利润是收入减去费用的差额，而收入费用的确认与计量是以权责发生制为基础，广泛地运用收入实现原则、费用配比原则、划分资本性支出和收益性支出原则等来进行的，其中包括了太多的会计估计。尽管会计人员在进行估计时要遵循会计准则，并有一定的客观依据，但不可避免地要运用主观判断。而且，由于收入与费用是按其归属来确认的，而不管是否实际收到或付出了现金，以此计算的利润常常使一个企业的盈利水平与其真实的财务状况不符。有的企业账面利润很大，看似业绩可观，而现金却入不敷出，举步艰难；而有的企业虽然巨额亏损，却现金充足，周转自如。所以，仅以利润来评价企业的经营业绩和获利能力有失偏颇。如能结合现金流量表所提供的现金流量信息，特别是经营活动现金净流量的信息进行分析，则较为客观全面。其实，利润和现金净流量是两个从不同角度反映企业业绩的指标，前者可称为应计制利润，后者可称为现金制利润。

（1）经营活动现金净流量与净利润相比较，能在一定程度上反映企业利润的质量。也就是说，企业每实现 1 元的账面利润中，实际有多少现金支撑，比率越高，利润质量越高。但这一指标，只有在企业经营正常，既能创造利润又能盈得现金净流量时才可比，此时分析这一比率也才有意义。为了与经营活动现金净流量计算口径一致，净利润指标应剔除投资收益和筹资费用。

（2）销售商品、提供劳务收到的现金与主营业务收入相比较，可以大致说明企业销售回收现金的情况及企业销售的质量。收现数所占比重大，说明销售收入实现后所增加的资产转换现金速度快、质量高。

（3）分得股利或利润及取得债券利息收入所得到的现金与投资收益相比较，

可大致反映企业账面投资收益的质量。

6. 现金流量表与资产负债表比较分析。资产负债表是反映企业期末资产和负债状况的报表，运用现金流量表的有关指标与资产负债表有关指标进行比较，可以更为客观地评价企业的偿债能力、盈利能力及支付能力。

（1）偿债能力分析。流动比率是流动资产与流动负债之比，而流动资产体现的是能在一年内或一个营业周期内变现的资产，包括了许多流动性不强的项目，如呆滞的存货、有可能收不回的应收账款，以及本质上属于费用的待摊费用、待处理流动资产损失和预付账款等。它们虽然具有资产的性质，但事实上却不能再转变为现金，不再具有偿付债务的能力。而且，不同企业的流动资产结构差异较大，资产质量各不相同，因此仅用流动比率等指标来分析企业的偿债能力往往有失偏颇。此时，可运用经营活动现金净流量与资产负债表相关指标进行对比分析，作为流动比率等指标的补充。具体内容为：

第一，经营活动现金净流量与流动负债之比。该指标可以反映企业经营活动获得现金偿还短期债务的能力，比率越大，说明偿债能力越强。

第二，经营活动现金净流量与全部债务之比。该比率可以反映企业用经营活动中所获现金偿还全部债务的能力，比率越大，说明企业承担债务的能力越强。

第三，现金（含现金等价物）期末余额与流动负债之比。这一比率反映企业直接偿付债务的能力，比率越高，说明企业偿债能力越大。但由于现金收益性差，这一比率也并非越大越好。

（2）盈利能力及支付能力分析。由于利润指标存在缺陷，因此可运用现金净流量与资产负债表相关指标进行对比分析，作为每股收益、净资产收益率等盈利指标的补充。

第一，经营活动现金净流量与总股本之比。这一比率反映每股资本获取现金净流量的能力，比率越高，说明企业支付股利的能力越强。

第二，经营活动现金净流量与净资产之比。这一比率反映投资者投入资本、创造现金的能力，比率越高，创现能力越强。

本章小结

财务报表是一个完整的报告体系，综合反映了公司的财务状况、经营成果和现金流量。为了搞清楚这三个方面的问题，企业准备了三张报表，第一张是资产负债表，这是为了搞清楚企业财务状况；第二张是利润表，这是为了搞清楚企业的经营成果；第三张是现金流量表，这是为了搞清楚企业的现金流量。因此，公司财务分析中最常见的就是这三张报表：资产负债表、利润表、现金流量表以及相关附注。

资产负债表是显示公司财务状况的会计报表，为股东和监管当局编制，显示公司在某一时点持有什么资产以及这些资产的融资方式。利润表提供关于公司的收入、支出、利润和损失等信息，可以用来分析公司过去的经营状况和判断未来应当如何经营。现金流量表反映公司在特定时间内的现金收支状况，它是评估公司偿债能力和经营发展能力的基础。

资产负债表是反映公司某一特定日期（月末、年末）全部资产、负债和所有者权益情况的会计报表。它的基本结构是：资产＝负债＋所有者权益。

利润表（或者称损益表）是反映企业在一定会计期间的经营成果的会计报表。通过利润表可以了解企业实现的收入、发生的费用以及利得和损失等金额及其结构情况。

现金流量表是反应一定时期内（如月度、季度或年度）企业经营活动、投资活动和筹资活动对其现金及现金等价物所产生影响的财务报表。现金流量表是原先财务状况变动表或者资金流动状况表的替代物。它详细描述了由公司的经营、投资与筹资活动所产生的现金流。对于公司而言，现金流量表主要可以分为三个方面：来自经营活动的现金流量、来自投资活动的现金流量和来自筹资活动的现金流量。

参考文献

1. 李端生：《基础会计学》，中国财政经济出版社 2012 年版。

2. 王富炜、马建梅、李红勋主编：《资产评估与管理》，中国林业出版社 2000 年版。

3. ［美］弗兰克·N. 马吉尔主编，迪莫斯·瓦迪亚巴西斯主编顾问：《经济学百科全书》，吴易风主译，中国人民大学出版社 2009 年版。

4. 巫绪芬、禹俊德、曹中红等："财务视角下的企业经济运行状况分析"，载《经济问题》2018 年第 6 期。

5. 周嘉南、贾巧玉："我国会计准则与国际财务报告准则之比较研究——基于利润表差异的实证检验"，载《管理评论》2018 年第 2 期。

6. 唐清泉、曾诗韵、蔡贵龙等："审计师提供并购尽职调查会影响财务报表的审计质量吗？"，载《审计研究》2018年第1期。

7. 王虹："基于'圈层分类'的政府综合财务报告框架与报表合并路径研究"，载《四川大学学报（哲学社会科学版）》2018年第1期。

8. 张然、汪荣飞："投资者如何利用财务报表盈余信息：现状、问题与启示"，载《会计研究》2017年第8期。

9. 杨有红："综合收益相关理论问题研究"，载《会计研究》2017年第5期。

10. 于永生："商业银行会计制度对资本监管影响"，载《财经论丛》2017第5期。

11. 周华、戴德明、刘俊海等："国际会计准则的困境与财务报表的改进——马克思虚拟资本理论的视角"，载《中国社会科学》2017年第3期。

12. 林钢、张卓然："'投资收益'项目在利润表中列报的探讨"，载《财务与会计》2016年第20期。

13. 蔡玉兰、钱崇秀、董雪杰："财务报表信息对企业财务困境的预测能力"，载《预测》2016年第5期。

14. 王河流："从会计信息勾稽关系论我国财务报表列报改革——基于IASB/FASB财务报表列报变革的视角"，载《福建论坛（人文社会科学版）》2016年第9期。

15. 李梓、杨有红："基于其他综合收益信息披露的财务报表逻辑关系重构"，载《北京工商大学学报（社会科学版）》2016年第3期。

16. 杨勇："现金流量表项目分析计算方法——以销售商品、提供劳务收到的现金为例"，载《财务与会计》2016年第9期。

17. 谢德仁、张梅："论商业银行现金流量表的重构——兼析我国商业银行可持续分红能力"，载《会计研究》2016年第3期。

18. 黄华梅："商业银行现金流量表的改进及分析"，载《财务与会计》2016年第3期。

19. "财务报表分析的新视角"，载《财务与会计》2015年第21期。

20. 徐峥："现金流量表附表编制应注意的问题"，载《财务与会计》2015年第20期。

21. 邢恩泉、韦甲星、郑靖："互联网金融对商业银行传统业务的影响及启示——基于财务报表的视角"，载《财务与会计》2015年第4期。

22. 周桦、陈旭毅："新会计准则、会计错配与利润波动——基于寿险公司资产、负债计量方式影响利润波动的分析",载《金融研究》2014年第12期。

23. 陈传兴、徐颖:"跨国并购企业财务风险及其应对策略",载《国际经济合作》2014年第11期。

24. 周萍:"财务报表列报准则新变化解析",载《财务与会计》2014年第7期。

25. 沈荣勤:"中美商业银行财务报表比较及其对国内商业银行转型的启示",载《金融论坛》2013年第10期。

26. 申牡丹:"现金流量表的发展及其作用",载《山西财经大学学报》2013年第S2期。

27. 徐为山:"商业银行利润中心建设:以金融市场部为例",载《上海金融》2012年第9期。

28. 吴晓丹:"浅析如何运用企业现金流量表分析企业财务状",载《山西财经大学学报》2011年第S3期。

29. 谢世飞:"三大报表、剩余收益模型与公司价值评估",载《山西财经大学学报》2011年第S1期。

30. 刘圻:"利益相关者视角下的企业财务报表内涵拓展",载《中南财经政法大学学报》2009年第4期。

31. 王跃堂、赵娜、魏晓雁:"美国财务业绩报告模式及其借鉴",载《会计研究》2006年第5期。

32. 肖星、陈晓:"财务报表结构与利润操纵的特征和识别",载《审计研究》2003年第4期。

33. 谢德仁:"财务报表的逻辑:瓦解与重构",载《会计研究》2001年第10期。

思考题

1. 如何阅读上市公司的财务报表?
2. 上市公司的几个重要的财务报表包括哪些?
3. 资产负债表的构成及作用是什么?
4. 利润表的构成及作用是什么?
5. 现金流量表的构成及作用是什么?

<table>
<tr><td>第
七
章</td></tr>
</table>

证券投资技术分析概述

◉教学目标

本章主要介绍证券投资分析的理念和策略，主要的分析流派和方法。要求学生基本了解证券分析的基本假设和趋势的概念、分类，把握证券价格波动的影响因素和特征。

◉重点和难点

本章重点是：有价证券分析的假设前提，价格波动中量价变动的逻辑关系。本章的难点是：市场行为四大要素之间的联动效应分析。

第一节　证券投资技术分析的理念与策略

证券是指各类记载并代表一定权利的法律凭证。它用以证明持有人有权依其所持凭证记载的内容而取得应有的权益。从一般意义上来说，证券是指用以证明或设定权利所做成的书面凭证，它表明证券持有人或第三者有权取得该证券代表的特定权益，或证明其曾经发生过的行为。证券可以采取纸面形式或证券监管机构规定的其他形式。证券投资指的是投资者购买股票、债券、基金等有价证券以及这些有价证券的衍生品，以获取红利、利息及资本利得的投资行为和投资过程，是直接投资的重要形式。证券投资分析是指通过各种专业分析，对影响证券价值或价格的各种信息进行综合分析，以判断证券价值或价格及其变动的行为，是证券投资过程中不可或缺的一个重要环节。

一、证券投资技术分析理念

在我国的证券市场中，坐庄式的价值挖掘型投资理念、价值发现型投资理念、价值培养型投资理念三者并存，后两者将成为市场的主流。

1. 价值发现型投资理念。它是一种风险相对分散的证券市场投资理念，前提是证券的价值是潜在的、客观的。该理念所依赖的工具不是大量的市场资金，而是市场分析和证券基本面的研究，其投资理念所确立的主要成本是研究费用。

2. 价值培养型投资理念。它是一种投资风险共担型的投资理念，其投资方式有两种：一种是投资者作为战略投资者，通过对证券母体注入战略投资的方式，培养证券的内在价值和市场价值；另一种是众多投资者参加证券母体的融资，培养证券的内在价值和市场价值。当前在我国，前者如各类产业集团的投资行为，后者如投资者参与上市公司的增发、配股及可转债融资等。

二、证券投资技术策略

根据投资者对风险收益的不同偏好，投资者的投资策略大致可以分为以下三类：

第一，保守稳健型。这类投资者风险承受能力最低，安全性是其最主要的考虑重点。这类投资者一般投资于无风险、低收益或低风险、低收益的证券。

第二，稳健成长型。这类投资者希望透过投资的机会来获利，并确保足够长的投资期间。

第三，积极成长型。这类投资者可以承受投资价格的短期波动，愿意承担为了获得高报酬而随之而来的高风险。

三、证券投资分析的主要流派

证券投资分析这一职业起源于英美等金融发达国家。目前，从国际上来看，证券分析师在提高市场的公平性与公正性、引导市场理性投资、维护证券市场的稳定性等方面发挥着重要的作用。证券投资分析具有界线分明的四个基本流派，即基本分析流派、技术分析流派、心理分析流派和学术分析流派。其中，基本分析流派和技术分析流派是完全体系化的分析流派，另外两个流派目前还不能据以形成完整的投资决策。但是心理分析流派在市场重大转折点的心理把握上，往往有其独到之处；而学术分析流派在投资理论方法的研究、大型投资组合的组建与管理以及风险评估与控制等方面，具有不可取代的地位。

表7-1 各投资分析流派对证券价格波动原因的解释

分析流派	对证券价格波动原因的解释
基本分析流派	对价格与价值间偏离的调整
技术分析流派	对市场供求均衡状态偏离的调整
心理分析流派	对市场心理平衡状态偏离的调整
学术分析流派	对价格与所反映信息内容偏离的调整

（一）基本分析流派

1. 分析基础：基本分析流派是指以宏观经济形势、行业特征及上市公司的基本财务数据作为投资分析对象与投资决策基础的投资分析流派。

2. 地位：基本分析流派是目前西方投资界的主流派别。

3. 理论基础：基本分析流派的分析方法体系体现了以价值分析—理论为基础。

4. 基本特征：基本分析流派以统计方法和现值计算方法为主要分析手段的基本特征。

5. 理论假设：基本分析流派的两个假设为"股票的价值决定其价格""股票的价格围绕价值波动"，因此价值成为测量价格合理与否的尺度。

（二）技术分析流派

1. 概念：技术分析流派是指以证券的市场价格、成交量、价和量的变化以及完成这些变化所经历的时间等市场行为作为投资分析对象与投资决策基础的投资分析流派。

2. 基本特征：该流派以价格判断为基础，以正确的投资时机抉择为依据。

（三）心理分析流派

心理分析可分为两个方向：个体心理分析和群体心理分析。

1. 个体心理分析：基于"人的生存欲望""人的权力欲望"和"人的存在价值欲望"三大心理分析理论进行分析，旨在解决投资者在投资决策过程中产生的心理障碍问题。

2. 群体心理分析：基于群体心理理论与逆向思维理论，旨在解决投资者如何在研究投资市场过程中保证正确的观察视角问题。

（四）学术分析流派

1. 分析方法的重点：选择价值被低估的股票并长期持有，即在长期内不断吸纳、持有所选定的上市公司股票。代表人物：本杰明·格雷厄姆和沃仑·巴菲特。

2. 投资目标的原则：获取平均的长期收益率，这是与其他流派最重要的区别之一，其他流派大多都以"战胜市场"为投资目标。

四、证券投资分析的主要方法

证券分析有三个基本要素：信息、步骤和方法。而证券分析的三类分析方法又可分为：基本分析法、技术分析法、证券组合分析法。

（一）基本分析法

基本分析又称基本面分析，是指证券分析师根据经济学、金融学、财务管理学及投资学等基本原理，对决定证券价值及价格的基本要素，如宏观经济指标、经济政策走势、行业发展状况等进行分析，评估证券的投资价值，判断证券的合理价位，提出相应的投资建议的一种分析方法。

基本分析的理论基础在于：①任何一种投资对象都有一种可以被称为"内在价值"的固定基准，且这种内在价值可以通过对该种投资对象的现状和未来前景的分析而获得。②市场价格的内在价值之间的差距最终会被市场所纠正，因此市场价格低于（或高于）内在价值之日，便是买（卖）机会到来之时。

基本分析的内容主要包括宏观经济分析、行业分析和区域分析、公司分析三大内容。

1. 宏观经济分析。宏观经济分析主要探讨各经济指标和经济政策对证券价格的影响。经济指标分为三类：①先行性指标。②同步性指标。③滞后性指标。

2. 行业分析和区域分析。板块效应：天津滨海、成渝、东北。

3. 公司分析。公司分析是基本分析的重点，无论什么样的分析报告，最终都要落实在某家公司证券价格的走势上。

（二）技术分析法

技术分析法是仅从证券的市场行为来分析证券价格未来变化趋势的方法，有多种表现形式，其中最基本的表现形式是市场价格、成交量、价和量的变化以及完成这些变化所经历的时间。

技术分析法有三个重要假设：①市场行为包括一切信息；②价格沿趋势移动；③历史会重复。

可以将技术分析理论分为以下几类：K线理论、切线理论、形态理论、技术指标理论、波浪理论和循环周期理论。

（三）证券组合分析法

证券组合分析法是根据投资者对收益率和风险的共同偏好以及投资者的个人偏好来确定最优的投资组合，并进行组合管理的方法。

证券组合分析的理论基础主要是：证券或证券组合的收益由它的期望收益率表示，风险则由其期望收益率的方差来衡量；证券收益率服从正态分布；理性投资者具有在期望收益率既定的条件下选择风险最小的证券和在风险既定的条件下选择期望收益率最高的证券这两个共同特征。

证券分析师进行证券投资分析时，应当注意每种方法的适用范围及各种方法的结合使用。

基本分析法的优点主要是能够比较全面地把握证券价格的基本走势，应用起来也相对简单；缺点主要是对短线投资者的指导作用比较弱，预测的精确度相对较低。因此，基本分析法主要适用于周期相对比较长的证券价格预测以及相对成熟的证券市场和预测精确度要求不高的领域。

与基本分析相比，技术分析对市场的反映比较直观，分析的结论时效性较强。因此，就我国现实市场条件来说，技术分析更适用于短期的行情预测。

当然，为使分析结论更具可靠性，应根据两种方法所得出的结论做出综合的判断。

第二节　技术分析的理论基础

一、技术分析的基本假设与要素

技术分析是对证券市场的市场行为所作的分析。其特点是通过对市场过去和现在的行为，应用数学和逻辑上的方法，归纳总结出典型的行为，从而预测证券市场的未来的变化趋势。市场行为包括价格的高低、价格的变化、发生这些变化所伴随的成交量，以及完成这些变化所经过的时间。作为一门经验之学的技术分析是建立在合理的假设之上的。技术分析的基本假设：①市场行为涵盖一切信息。②证券价格沿趋势移动。③历史会重演。

假设①是进行技术分析的基础。其主要思想是认为影响证券价格的所有因素——包括内在的和外在的都反映在市场行为中，不必对影响价格的因素具体内容做过多的关心。

这个假设有一定的合理性。任何一个因素对市场的影响最终都体现在价格的变动上。如果某一消息公布后，价格同以前一样而没有大的变动，这就说明这个消息不是影响市场的因素，尽管投资者可能都认为对市场有一定的影响力。作为技术分析人员，应只关心这些因素对市场行为的影响效果，而不关心具体导致这些变化的东西究竟是什么。

假设②是进行技术分析最根本、最核心的因素。这个假设认为价格的变动是按一定规律进行的，价格有保持原来方向的惯性。正是由于此，技术分析者们才花费大力气寻找价格变动的规律。

如果价格一直持续上涨（下跌），那么，今后如果不出意外，价格也会按这一方向继续上涨（下跌），没有理由改变既定的运动方向。当价格的变动遵循一定规律，就能运用技术分析工具找到这些规律，对今后的投资活动进行有效的指导。

假设③是从统计和人的心理因素方面考虑的。投资者在某一场合得到某种结果，那么，下一次碰到相同或相似的场合，投资者会认为按同一方法进行操作，就会得到相同的结果；如果前一次失败了，后面这一次就不会按前一次的方法操作。

过去的结果是已知的，这个已知的结果应该是用现在对未来做预测时的参考。对重复出现的某些现象的结果进行统计，得到成功和失败的概率，对具体的投资行为也是有好处的。

二、市场行为的四个要素：价、量、时、空

第一，价格和成交量是市场行为最基本的表现。市场行为最基本的表现就是成交价和成交量。过去和现在的成交价和成交量涵盖了过去和现在的市场行为。在某一时点上的价和量反映的是买卖双方在这一时点上共同的市场行为，是双方的暂时均衡点，随着时间的变化，均衡会发生变化，这就是价量关系的变化。一般说来，买卖双方对价格的认同程度通过成交量的大小得到确认：认同程度大，成交量大；认同程度小，成交量小。

第二，时间和空间体现趋势的深度和广度。时间在进行行情判断时有着很重要的作用，是针对价格波动的时间跨度进行研究的理论。一方面，一个已经形成的趋势在短时间内不会发生根本改变；另一方面，一个形成了的趋势又不可能永远不变，经过了一定时间又会有新的趋势出现。空间在某种意义上讲，可以认为是价格的一方面。它指的是价格波动能够达到的从空间上考虑的限度。

三、技术分析的局限性

技术分析是我们买卖股票的一个重要依据，这个意义上讲技术分析是有用的。同时，技术分析的失误往往又是我们买卖股票失败的重要因素，这个时候技术分析表现出无用性。

探讨技术分析的局限性问题，对利用技术分析买卖股票具有重要意义。

第一，要明白技术分析是利用历史数据对后市的一种分析方法，具有一定的假想性和推论性，而市场的走势又具有当下性，是受许多的因素综合影响下的走势表现，因此技术分析肯定具有一定的片面性和时效性。那么，技术分析就存在失误的可能，也就是说分析的结果和实际走势并不一定会一致。

第二，图表都是主力资金的引导下走出来的图形表现，图表背后操作资金意图和心理是不能用图表表现出来的形态，不是简单用技术分析就能揣摩出来的。

第三，当我们用图表进行技术分析时，主力资金同样也会利用图表进行心理预期的干涉。

因此，技术分析具有有用性和无用性的双重性。如何利用好有用性，排除无用性的干扰是技术分析中一个值得探讨的问题。应用技术分析研判走势应该注意规避技术分析的盲区与误区。所谓技术分析盲区，就是指技术指标无法预测或者预测失灵的区域，比如 KDJ 指标预测上升段和下跌段比较准确，但是出现高位钝化和低位钝化就是 KDJ 指标进入了技术分析盲区。又比如乖离率、布林线等技术指标做超跌反弹比较有效，但是，牛市末期反转的第一波下跌行情往往是惯性下跌行情，很多技术指标出现超跌反弹信号，结果都是失灵的，这也是技术分析盲区。所谓技术分析误区，就是指技术指标预测结果有时准确有时不准确的区域，比如说很多著名分析师和炒股高手总结捕捉黑马的技术指标和标准，在熊市末期和牛市初期是安全可靠的，如果你在熊市初期和平衡市按图索骥就是技术分析误区。还有多数技术指标存在的滞后现象，也是技术分析的盲区与误区，投资者应该注意。在强的明确趋势下技术分析可靠性较高，这是多方面综合力量的表现，出现欺骗的概率较低。在盘整阶段技术分析的可靠性低，这个阶段往往会出现各种欺骗的可能。技术分析方法是市场经验的科学总结，经过现代市场几代人的研究、创新和发展，技术分析方法体系愈加成熟和完善。然而，技术分析方法也有其局限性，例如，一种技术分析方法不是万能的，它可能只适合于某一市场环境，而对于另一种市场环境无能为力，甚至会导致错误。因此，正确认识和深入理解技术分析方法的特点，掌握每一种技术分析方法所适用的市场环境，是有效应用技术分析方法的关键。

本章小结

　　本章主要介绍了证券技术分析的基本类型和局限，对主要的技术投资方法进行了评析，重点在量、价、时、空四大要素之间的互动效应，分析表明技术分析也存在一定的适应性和局限性。

参考文献

　　1. ［美］滋维·博迪、亚历克斯·凯恩、艾伦·J. 马库斯：《投资学》，汪昌云、张永冀编译，机械工业出版社 2015 年版。

　　2. 中国证券业协会：《证券市场基础知识》，中国财政经济出版社 2017 年版。

　　3. 中国证券业协会：《证券投资基金》，中国财政经济出版社 2017 年版。

　　4. 中国证券业协会：《证券交易》，中国财政经济出版社 2017 年版。

　　5. 霍文文编著：《证券投资学》，高等教育出版社 2017 年版。

　　6. 黄贞贞、臧真博主编：《证券投资学》，重庆大学出版社 2017 年版。

　　7. 张亦春、郑振龙、林海主编：《金融市场学》，高等教育出版社 2017 年版。

　　8. ［美］埃德温·J. 埃尔顿等：《现代投资组合理论与投资分析（原书第 9 版）》，机械工业出版社 2017 年版。

　　9. 岑仲迪、顾锋娟编著：《证券投资学》，清华大学出版社 2011 年版。

思考题

　　1. 证券投资技术分析的假设前提是什么？

　　2. 技术分析的流派有哪些？

　　3. 技术分析的主要方法有哪些？

　　4. 如何理解市场行为的四个要素？

　　5. 技术分析有哪些局限性？

第八章

技术分析的主要理论和方法

⊙**教学目标**

本章主要介绍证券投资技术分析的理念和实际操作要领。要求学生基本了解证券分析的 K 线技术、形态技术以及技术指标的计算，预测证券价格波动未来方向。

⊙**重点和难点**

本章重点是：证券技术分析的应用范围和盲区，尤其是 K 线经典理论的适用条件。本章的难点是与市场实际相结合的分析，因为市场行为具有很大的随机性。

第一节　道氏理论

一、道氏理论的形成过程

道氏理论是技术分析的鼻祖，是最古老最闻名的技术分析理论，由查尔斯·亨利·道（Charles H. Dow）于 19 世纪末创立。1882 年道氏与爱德华·琼斯合伙成立道·琼斯公司，并于 1897 年 1 月创立了道·琼斯工业指数和运输业指数。道氏在其任《华尔街日报》总编的 13 年间，发表了大量的有关经济与金融市场方面的评论文章。在他逝世一年后（1903 年），S. A. 纳尔逊将这些文章收编在《股市投机常识》一书中，该书首次使用了"道氏理论"的提法。后来，威廉·彼得·汉密尔顿对道氏理论进行了归纳整理，于 1922 年汇集成书《股市晴雨表》。1932 年，罗伯特·雷亚又将道氏理论进一步加以提炼，编著了《道氏理论》一书。现在所称的"道氏理论"，是查尔斯·亨利·道、威廉·彼得·汉密尔顿、罗伯特·雷亚三人共同的研究成果。

道氏理论在 20 世纪 30 年代达到巅峰。那时,《华尔街日报》以道氏理论为依据每日撰写股市评论。1929 年 10 月 23 日《华尔街日报》刊登"浪潮转向"一文,正确地指出"多头市场"时代已经结束,"空头市场"的时代来临。这篇文章是以道氏理论为基础提出的预测。紧接这一预测之后,果然发生了可怕的股市崩盘(crash),于是道氏理论名噪一时。道氏理论最早用于股票市场,以此判断股市的升跌,看经济的兴衰,其后他的继承人威廉·彼得·汉密尔顿再将著名的道氏理论发扬光大,作为推测投资市场走势的一种工具。

道氏提出一个目前成为现代金融理论之公理的命题,即:任一个别股票所伴随的总风险包括系统性与非系统性风险。其中,系统性风险是指那些会影响全部股票的一般性经济因素,而非系统性风险是指可能只会影响某一公司而对于其他公司毫无影响或几乎没有影响的因素。由于道氏理论反映了投资市场受益与风险的一般客观规律,近年越来越多的人将该理论用于投资市场上,在成熟的金融市场上验证的结果已经表明,道氏理论对于价格走势的预测是有效的。

二、道氏理论的基本定理

道氏的理论基础有极其重要的三个假设,与人们平常所看到的技术分析理论的三大假设有相似的地方,不过道氏理论更侧重于其对市场涵义的理解。

假设 1:人为操作(manipulation)——指数或证券每天、每星期的波动可能受到人为操作,次级折返走势(secondary reactions)也可能受到这方面有限的影响,比如常见的调整走势;但主要趋势(primary trend)不会受到人为的操作。

有人也许会说,庄家能操作证券的主要趋势。就短期而言,庄家如果不操作,这种适合操作的证券的内质也会受到他人的操作;就长期而言,公司基本面的变化不断创造出适合操作证券的条件。总的来说,公司的主要趋势仍是无法人为操作,只是证券换了不同的机构投资者和不同的操作条件而已。

假设 2:市场指数会反映每一条信息——每一位对于金融事务有所了解的市场人士,他所有的希望、失望与知识,都会反映在"上证指数"与"深证指数"或其他指数每天的收盘价波动中;因此,市场指数永远会适当地预期未来事件的影响。如果发生火灾、地震、战争等灾难,市场指数也会迅速地加以评估。

在市场中,人们每天对于诸如财经政策、扩容、领导人讲话、机构违规、创业板等层出不穷的题材不断加以评估和判断,并不断将自己的心理因素反映到市场的决策中。因此,对大多数人来说市场总是看起来难以把握和理解的。

假设 3：道氏理论是客观化的分析理论——成功利用它协助投机或投资行为，需要深入研究，并客观判断。当主观使用它时，就会不断犯错，不断亏损。我可以再告诉大家一个秘密：市场中 95% 的投资者运用的是主观化操作，这 95% 的投资者绝大多数属于"七赔二平一赚"中的那"七赔"人士。而我，幸运地成为了一个客观化的交易师和投资者。

道氏理论由五个"定理"组成：

定理 1：股票指数与任何市场都有三种趋势：短期趋势，持续数天至数个星期；中期趋势，持续数个星期至数个月；长期趋势，持续数个月至数年。任何市场中，这三种趋势必然同时存在，彼此的方向可能相同，也可能相反。

长期趋势最为重要，也最容易被辨认、归类与了解。它是投资者主要的考量，对于投机者较为次要。中期与短期趋势都附属于长期趋势之中，唯有明白他们在长期趋势中的位置，才可以充分了解他们，并从中获利。

中期趋势对于投资者较为次要，但却是投机者的主要考虑因素。它与长期趋势的方向可能相同，也可能相反。如果中期趋势严重背离长期趋势，则被视为是次级的折返走势或修正（correction）。次级折返走势必须谨慎评估，不可将其误认为是长期趋势的改变。

短期趋势最难预测，唯有交易者才会随时考虑它。投机者与投资者仅有在少数情况下，才会关心短期趋势：他们在短期趋势中寻找适当的买进或卖出时机，以追求最大的获利，或尽可能减少损失。

将价格走势归类为三种趋势，并不是一种学术上的游戏。因为投资者如果了解这三种趋势而专注于长期趋势，也可以运用逆向的中期与短期趋势提升获利。运用的方式有许多种。其一，如果长期趋势是向上，他可在次级的折返走势中卖空股票，并在修正走势的转折点附近，以空头头寸的获利追加多头头寸的规模。其二，上述操作中，他也可以购买卖权选择权（puts）或锁售买权选择权（calls）。其三，由于他知道这只是次级的折返走势，而不是长期趋势的改变，所以他可以在有信心的情况下，度过这段修正走势。其四，他也可以利用短期趋势决定买、卖的价位，提高投资的获利能力。上述策略也适用于投机者，但他不会在次级的折返走势中持有反向头寸；他的操作目标是顺着中期趋势的方向建立头寸。投机者可以利用短期趋势的发展，观察中期趋势的变化征兆。他的心态虽然不同于投资者，但辨识趋势变化的基本原则相当类似。

自 20 世纪 80 年代初期以来，受信息科技的进步以及电脑程式交易的影响，市场中期趋势的波动程度已经明显加大。1987 年以来，一天内发生 50 点左右的波动已经是寻常可见的行情。基于这个缘故，维克多·斯波朗迪（《专业投机原理》的作者）认为长期投资的"买进—持有"策略可能有必要调整。斯波朗迪还认为，在修正走势中持有多头头寸，并看着多年来的利润逐渐消失，似乎是一种无谓的浪费与折磨。当然，大多数的情况下，经过数个月或数年以后，这些获利还是会再度出现。然而，如果投资者专注于中期趋势，这些损失大体都是可以避免的。因此斯波朗迪认为，对于金融市场的参与者而言，以中期趋势作为准则应该是较明智的选择。然而，如果希望精确掌握中期趋势，投资者必须了解它与长期（主要）趋势之间的关系。

定理2：主要走势（primary movements）：主要走势代表整体的基本趋势，通常称为多头或空头市场，持续时间可能在一年以内至数年之久。正确判断主要走势的方向，是投机行为成功与否的最重要因素。没有任何已知的方法可以预测主要走势的持续期限。

了解长期趋势（主要趋势）是成功投机或投资的最起码条件。一位投机者如果对长期趋势有信心，只要在进场时机上有适当的判断，便可以赚取相当不错的获利。有关主要趋势的幅度大小与期限长度，虽然没有明确的预测方法，但可以利用历史上的价格走势资料，以统计方法归纳主要趋势与次级的折返走势。

雷亚将道·琼斯指数历史上的所有价格走势，根据类型、幅度大小与期间长短分别归类，他当时仅有30年的资料可供运用。非常令人惊讶地，他当时归类的结果与目前90多年的资料相比，两者之间几乎没有什么差异。例如，次级折返走势的幅度与期间，不论就多头与空头市场的资料分别或综合归类，目前正态分布的情况几乎与雷亚当时的资料完全相同；唯一的差别就在于资料的多寡。

这个现象确实值得注意，因为它告诉我们，虽然近半个世纪以来的科技与知识有了突破性的发展，但驱动市场价格走势的心理性因素基本上仍相同。这对专业投机者具有重大的意义：目前面临的价格走势，幅度与期间都非常可能落在历史对应资料平均数（medians）的有限范围内。如果某个价格走势超出对应的平均数水准，介入该走势的统计风险便与日俱增。若经过适当地权衡与应用，这项评估风险的知识，可以显著提高未来价格预测在统计上的精确性。

定理3：主要的空头市场（primary bear markets）：主要的空头市场是长期向下的走势，其间夹杂着重要的反弹。它来自于各种不利的经济因素，唯有股票价格充分反映可能出现的最糟情况后，这种走势才会结束。空头市场会历经三个主要的阶段：第一阶段，市场参与者不再期待股票可以维持过度膨胀的价格；第二阶段的卖压是反映经济状况与企业盈余的衰退；第三阶段是来自于健全股票的失望性卖压，不论价值如何，许多人急于求现至少一部分的股票。这项定义有几个层面需要理清："重要的反弹"（次级的修正走势）是空头市场的特色，但不论是"工业指数"或"运输指数"，都绝对不会穿越多头市场的顶部，两项指数也不会同时穿越前一个中期走势的高点。"不利的经济因素"是指（几乎毫无例外）政府行为的结果：干预性的立法，非常严肃的税务与贸易政策，不负责任的货币或（与）财政政策以及重要战争。

定理4：主要的多头市场（primary bull markets）：主要的多头市场是一种整体性的上涨走势，其中夹杂次级的折返走势，平均的持续期间长于两年。在此期间，由于经济情况好转与投机活动转盛，所以投资性与投机性的需求增加，并因此推高股票价格。多头市场有三个阶段：第一阶段，人们对于未来的景气恢复信心；第二阶段，股票对于已知的公司盈余改善产生反应；第三阶段，投机热潮转炽而股价明显膨胀——这阶段的股价上涨是基于人们的期待与希望。

这项定义也需要理清。多头市场的特色是所有主要指数都持续联袂走高，拉回走势不会跌破前一个次级折返走势的低点，然后再继续上涨而创新高价。在次级的折返走势中，指数不会同时跌破先前的重要低点。

定理5：次级折返走势（second reactions）：就此处的讨论来说，次级折返走势是多头市场中重要的下跌走势，或空头市场中重要的上涨走势，持续的时间通常在三周至数个月；此期间内折返的幅度为前一次级折返走势结束之后主要走势幅度的33%至66%。次级折返走势经常被误以为是主要走势的改变，因为多头市场的初期走势，显然可能仅是空头市场的次级折返走势，相反的情况则会发生在多头市场出现顶部后。

次级折返走势，又称修正走势（correction），是一种重要的中期走势，它是逆于主要趋势的重大折返走势。判断何者是逆于主要趋势的"重要"中期走势，这是"道氏理论"中最微秒与困难的一环；对于信用高度扩张的投机者来说，任何的误判都可能造成严重的财务后果。

道氏理论认为，判断中期趋势是否为修正走势时，需要观察其与成交量的关系、修正走势之历史或然率的统计资料、市场参与者的普遍态度、各个企业的财务状况和整体状况、"联邦准备理事会"的政策以及其他许多因素。走势在归类上确实有些主观成分，但判断的精确性却关系重大。一个走势究竟属于次级折返走势，还是主要趋势的结束，我们经常很难判断，甚至无法判断。

本书与雷亚的看法相当一致，大多数次级修正走势的折返幅度，约为前一个主要走势波段（primary swing，介于两个次级折返走势之间的主要走势）的1/3至2/3之间，持续的时间则在三周至三个月之间。对于历史上所有的修正走势来说，其中61%的折返幅度约为前一个主要走势波段的30%至70%之间，其中65%的折返期间介于三周至三个月之间，而其中98%介于两周至八个月之间。价格的变动速度是另一项明显的特色，相对于主要趋势而言，次级折返走势有暴涨暴跌的倾向。

次级折返走势不可与小型（minor）折返走势相互混淆，后者经常出现在主要与次要的走势中。小型折返走势是逆于中期趋势的走势，98.7%的情况下，持续的期间不超过两周（包括周末在内）。它们对于中期与长期趋势几乎完全没有影响。"工业指数"与"运输指数"在历史上共有694个中期趋势（包括上涨与下跌），其中仅有9个次级修正走势的期间短于两周。

在雷亚对于次级折返走势的定义中，有一项关键的形容词："重要"。一般来说，如果任何价格走势起因于经济基本面的变化，而不是技术面的调整，而且其价格变化幅度超过前一个主要走势波段的1/3，则称得上是"重要"。例如，如果联储将股票市场融资自备款的比率由50%调高为70%，这会造成市场上相当大的卖压，但这与经济基本面或企业经营状况并无明显的关系。这种价格走势属于小型（不重要的）走势。相对的，如果发生严重的地震而使一半的加利福尼亚州沉入太平洋，股市在三天之内暴跌600点，这是属于重要的走势，因为许多公司的盈余将受到影响。然而，小型折返走势与次级修正走势之间的差异未必非常明显，这也是"道氏理论"中的主观成分之一。

三、道氏理论的简单评价

作为一种系统的市场价格分析理论，道氏理论曾被人们广泛应用于股市长期趋势的预测，并取得过理想的效果，其后的许多分析方法都或多或少地借鉴了它的思想。因此人们常常把道氏理论称为技术分析的"鼻祖"。但是市场的发展是很迅速的，价格变动的规律也更加难以把握，道氏理论毕竟过于古老，目前已没有人直接使用它来分析当前的市场趋势了。

（一）成功预测实例

1. 1929年，工业指数在10月22日发出信号，一个持续6年之久的前所未有的多头市场将转变为空头市场。10月23日，铁路指数验证了这个信号。五天后，即10月28日，美国股市果然出现暴跌（史称"黑色星期一"），并引发了全球股市和经济的崩溃。

2. 1933 年，工业指数在 4 月 10 日、铁路指数在 4 月 24 日预示长期的空头市场将结束。后来，事实证明这一次的预测也是准确的。

（二）对道氏理论的批评

人们对道氏理论的批评主要有下几点：

1. 信号迟滞——这是道氏理论明显的不足。道氏理论对主要趋势会给出一个预测，但在一轮新的主要趋势的初期这种预测未必是清楚和正确的。有时，一个优秀的道氏分析家也会说："主要趋势仍然看涨，但已处于危险阶段，所以我也不知道是否建议你现在买进。现在也许太迟了。"有人这样评论道氏理论："道氏理论是一个极为可靠的系统，因为它在每一个主要趋势中使交易者错过前三分之一阶段和后三分之一阶段，有的时候也没有任何中间的三分之一阶段。"或者就干脆给出一个实例：1942 年，一轮主要牛市以工业指数 92.92 点（1942 年 4 月 28 日）开始，而以 212.50 点（1946 年 5 月 29 日）结束，一共涨了 119.58 点。如果严格遵守道氏理论，那么将在 125.88 点（1943 年 2 月 1 日）买入，在 191.04 点（1946 年 8 月 27 日）卖出，总共盈利不过 65.16 点。道氏理论的支持者可能会反驳说：市场上众多的投资者当中，又有几人能够做到在 92.92 点（或者距这一水平 5 个点内）首次买进，然后在整轮牛市中一直数年持有 100% 的多头头寸，最终在 212.50 点（或距这一水平 5 个点内）卖出呢？查理·道尔顿曾详细研究了道氏理论在 1897 年~1956 年之间这 60 年的交易记录。从理论上讲，一笔仅 100 美元的投资于 1897 年 7 月 12 日投入道·琼斯工业指数的股票中，完全根据道氏理论发出的信号进行买卖，到 1956 年 10 月 1 日就变成了 11236.65 美元（不考虑佣金和税金，也不考虑股息和红利）。这期间，一共做了 11 次买入和 11 次卖出。有的人信奉"只需买入好股票，然后睡大觉"的原则。那么，对照上述记录，在这 60 年中，假定他在工业指数的最低点 27.10 点（1897 年 7 月 12 日）买入 100 美元股票，之后在工业指数的最高点 521.05 点（1956 年 4 月 6 日）卖出，收益有多少呢？仅有 1922.69 美元。这与遵循道氏理论操作所得结果 11236.65 美元相去甚远。

2. 信号失误——道氏理论并非不出错。道氏理论的支持者可能会反驳说：这是理所当然的，道氏理论的可靠程度取决于人们对其的理解和解释。但不管怎样，道氏理论从不企图抢在趋势前头，而是力求及时揭示大牛市或大熊市的降临。有资料表明，从 1920 年到 1975 年，道氏理论成功的预测了道·琼斯工业指数和运输业指数所有大幅动作中的 68%、标准普尔指数所有大幅动作中的 67%。

3. 短期无效——对短期交易帮助甚少。道氏理论对于中短期趋势的转变几乎不会给出任何信号。道氏理论的支持者可能会反驳说：如果主要趋势预测准确，那么交易者就可轻松获利了。

4. 个体无效——不能指示应买什么股。道氏理论的支持者可能会反驳说：道氏理论只是指示主要趋势的走向，它不会、也不能告诉你该买进何种股票。

5. 指数失真——过于依赖道琼斯指数。道琼斯指数的计算方法为简单算术平均法（后为修正除数算术平均法），没有进行加权，比较粗略。铁路运输在经济中的地位已不再如以往那样重要，用铁路（运输业）指数来分析当前股市已显得不太合适。

第二节　K 线 理 论

一、K 线图的绘制

K 线图又称蜡烛图、阴阳图，它源于日本，被当时日本米市的商人用来记录米市的行情波动，后因其独到的绘制方法而被引入股票与期货市场，并在各金融市场得到广泛应用。K 线分析是技术分析中最主要的内容。

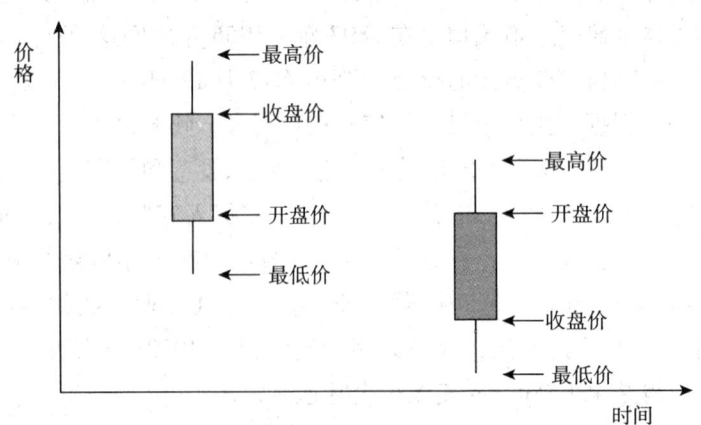

图 8-1　K 线画法

（一）K 线的构成

1. 实体。在开盘价与收盘价之间绘制直立的长方形，称为实体。如果收盘价高于开盘价，实体用红色（或空心）表示，这种 K 线称为阳线或红线；如果收盘价低于开盘价，实体用绿色（或蓝色）表示，这种 K 线称为阴线或绿线；如果收盘价等于开盘价，实体则为一短横线，称为平盘线。

2. K 线的构成：影线。最高价高于实体的高价时，将最高价点与实体上端的中间点连成一条垂线，称之为上影线；最低价低于实体的低价时，将最低价点与实体下端的中间点连成一条垂线，称之为下影线。

（二）K 线的形状变化

1. 实体的变化：

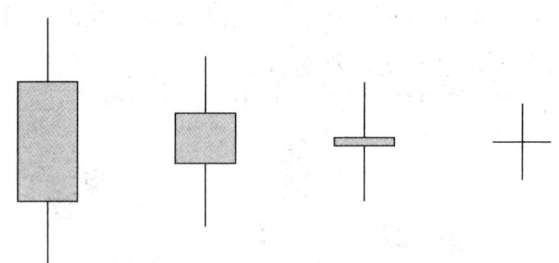

图 8 - 2　K 线实体的变化

2. 影线的变化：

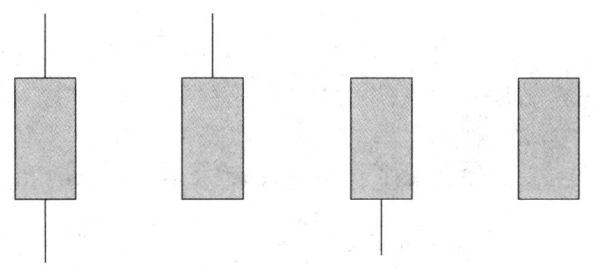

图 8 - 3　K 线影线的变化

3. 实体和影线同时变化：

图 8 - 4　K 线实体与影线的同时变化

二、K 线的种类

按照投资者的类型不同,可将 K 线分为分钟 K 线、日 K 线、周 K 线、月 K 线、年 K 线等。

此外,还有一些特殊 K 线:①压缩 K 线:根据成交量的大小来画 K 线的宽度。成交量越大,K 线越宽,成交量越小,K 线越窄。由于图表中横坐标预设了每根 K 线的宽度,因此压缩 K 线会出现相互重叠的现象。②当量 K 线:也是依成交量的大小来决定 K 线的宽度,但它不预设 K 线的宽度,可根据成交量的大小自由调整,因而 K 线之间不会出现重叠。

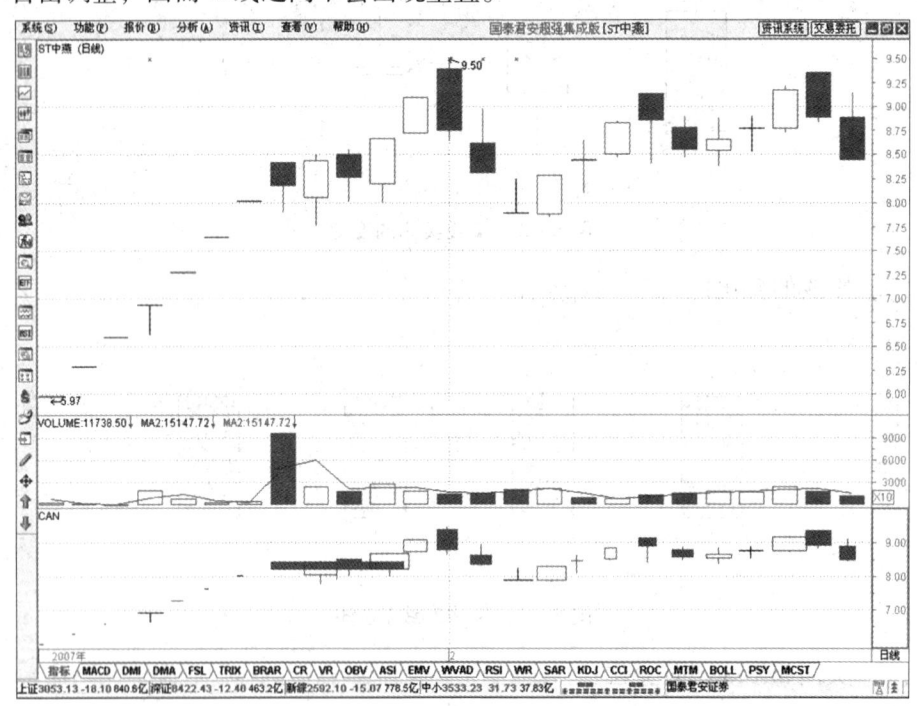

图 8-5 当量 K 线

三、K 线分析

K 线分析的本质,就是分析市场中多空双方力量的对比,按照惯性原理从原来的趋势推断其未来的市场走势,从而决定买与卖。K 线分析的对象是 K 线实体的长短、影线的长短、K 线组合中的阴线阳线数量。

（一）单一 K 线

1. 对单根 K 线的分析，主要是看其实体和影线的长短，还应该结合该 K 线所处的位置：

（1）阳线实体越长，越有利于价格上涨；

（2）阴线实体越长，越有利于价格下跌；

（3）上影线通常代表卖方压力，越长则压力越大，越不利于价格上涨；

（4）下影线通常代表买方支撑，越长则支撑越大，越不利于价格下跌；

（5）上、下影线长短的对比：上影线长于下影线，有利于空方；下影线长于上影线，有利于多方。

对上下影线的判断，一定要结合分时走势、当时的股价所处的相对位置和成交量。在股价低位区域，出现长下影线，表明低位买盘踊跃，这个时候应该密切关注成交量的变化。如果成交量持续放大，股价会继续上扬。成交量萎缩，股价会调整并考验该下影线的低点的支撑作用；出现长上影线，往往是机构"试盘"的表现；在股价高位区域，出现长上、下影线，往往是机构出货的表现，以离场为主。

2. 长阳（阴）线：

（1）长阳线。如果在经过一个大幅度连续下跌以后，出现低开高走或者平开高走并且伴随着成交量放大的长阳线，意味着市场或者股价到达底部。如果随后指数或者股价不跌破长阳线实体的 1/2 位置，就是介入的时机。介入以后应该以长阳线的开盘价作为止损位。

（2）长阴线。如果在经过一个大幅度连续上涨以后，出现长阴线，意味着市场或者股价到达顶部，应该立即出局。

3. 平盘线（十字星）：

（1）当价格在波段的高点附近出现十字星，通常暗示涨势结束；

（2）当价格在波段的低点附近出现十字星，通常暗示跌势结束；

（3）在技术压力位或支撑位出现十字星，通常只会造成价格的暂时回档或反弹，不应将其视为波段的结束。更多的时候，我们把十字星放在周 K 线、月 K 线中进行分析。

4. 平盘线（十字星）的变体：

（1）"―"形：开盘就一直涨停或者跌停的 K 线。

（2）T 字形：对该 K 线的判断，类似十字星。

（3）倒 T 字形（墓碑线）：在上升趋势中，在波段的高点附近出现该 K 线，代表"停止"的意思。在底部区域，一般不会出现这个 K 线。

（4）流星线：出现流星的地方，通常都是价格短期或中期的高点。

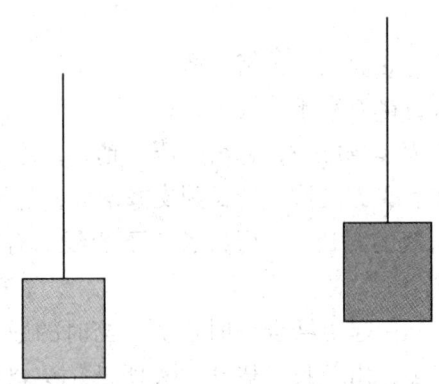

图 8 - 6　流星 K 线

（5）锤头线：又称"吊线、小雨伞"，其形态特征是：实体部分很小，下影线很长，上影线没有或极短。①当吊线出现在波段的高点附近时，意味着行情在一二天之内可能向下反转；②当吊线出现在波段的低点附近时，如果后市成交量有效放大，意味着价格在此形成底部的机会较大，否则只是一种反弹信号，因此观察成交量是非常重要的。

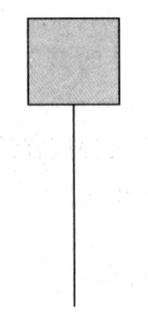

图 8 - 7　锤头 K 线

（二）对两根 K 线的分析

1. 总则。对两根及两根以上 K 线的分析，总体上来说：首先，看每一根 K 线的实体和影线；其次，分析两根 K 线的相对位置。

从区域 1 到区域 5（从上到下）：多方力量逐渐减弱，空方力量逐渐增强。最后一根 K 线所处的区域位置越高，越有利于上涨；越低，越有利于下跌。

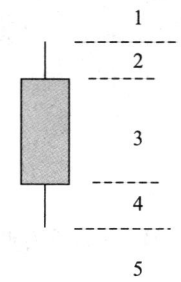

图 8 – 8　K 线相对位置

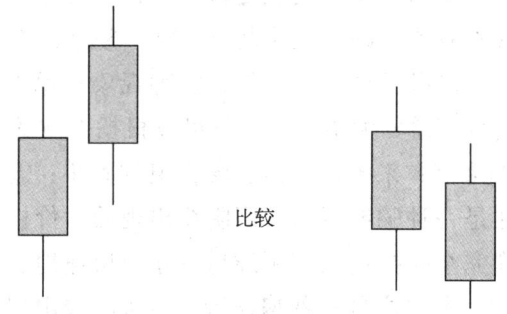

比较

图 8 – 9　K 线相对位置比较

2. "穿头破脚":

（1）形态特征：①有一个明显的上升或者下跌趋势；②前后两根 K 线的性质相反；③后一根 K 线将前一根 K 线的实体完全包含。

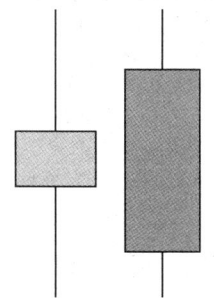

图 8 – 10　穿头破脚 K 线

（2）分析：①实体的吞并，与影线无关；②两根 K 线之间的实体比例越悬殊，则后市的转向力度越强；③后一根 K 线吞并前面的 K 线数量越多，则后市的转向力度越强；④底部的穿头破脚中，后一根 K 线必须要有成交量的配合。

3. 由 "穿头破脚" 到 "包线"：

（1）形态特征：右方的 K 线包覆了左方的一根或数根 K 线。

图 8-11   K 线含包形态

（2）分析：①包线发生在波段高点或低点附近时发出强烈的反转信号；②价格经过一段时期的下跌，突然间成交量大增，并且以一根大阳线，包覆了左方 K 线，这种现象被视为下跌波段结束的信号；③价格经过一段时期的上升，突然间以一根大阴线，包覆了左方的 K 线，这种现象被视为上升波段结束的信号。注意，此时成交量不需要大幅增加；④可以根据右方的大阳（阴）线的长短及吃掉左方 K 线的多寡，来衡量价格反转力道的大小；⑤在上升趋势中途出现阴包线形态，往往是一种骗线行为。假阴线出现后，价格会短暂地下跌，之后缓慢地上升，直到完全吃掉这根大阴线后，才会快速地上涨；⑥在下跌趋势中途出现阳包线形态，也往往是一种骗线行为。假阳线出现后，价格会短暂地上升，之后缓慢地下跌，直到完全吃掉这根大阳线后，才会快速地下跌。

4. 穿头破脚的演变："乌云盖顶"和"曙光出现"。二者均有一个明显的上升或者下跌趋势；前后两根 K 线的性质相反；次日股价跳空高开或者低开，但收盘价位于前一 K 线实体的 1/2 以下或者以上。

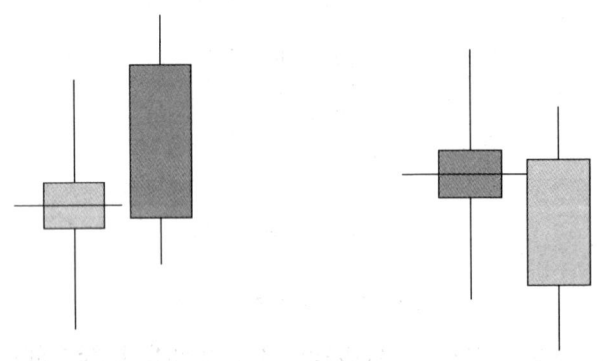

图 8-12   乌云盖顶和曙光出现

5. 穿头破脚的演变："覆盖线"：①有一个明显的上升或者下跌趋势；②前后两根 K 线的性质相反；③次日股价跳空高开或者低开，但收盘价位于前一 K 线实体的 1/2 不到。

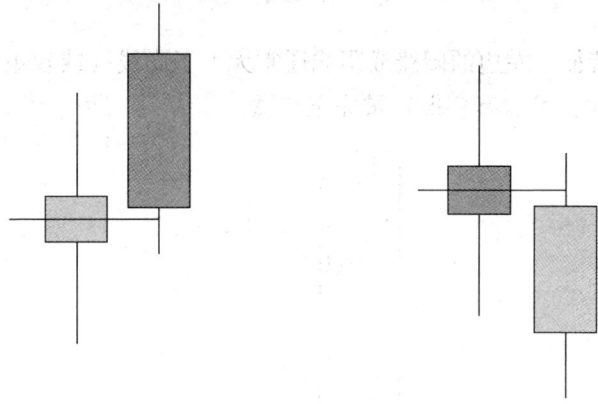

图 8 – 13　覆盖线

6. "分手线"与"约会线"。

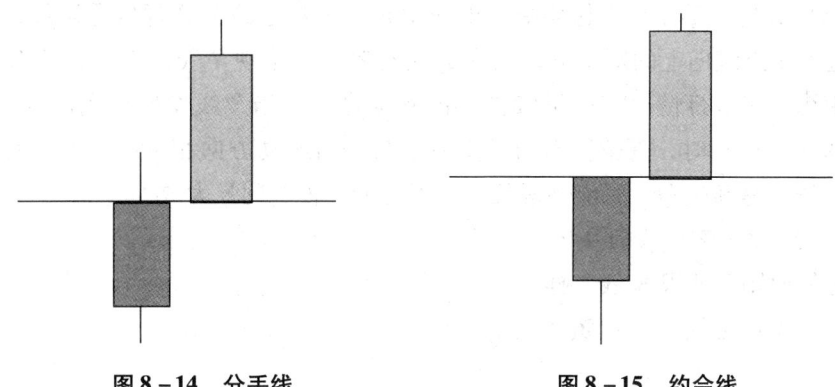

图 8 – 14　分手线　　　　　　图 8 – 15　约会线

7. "旭日东升"和"大雨倾盆"。

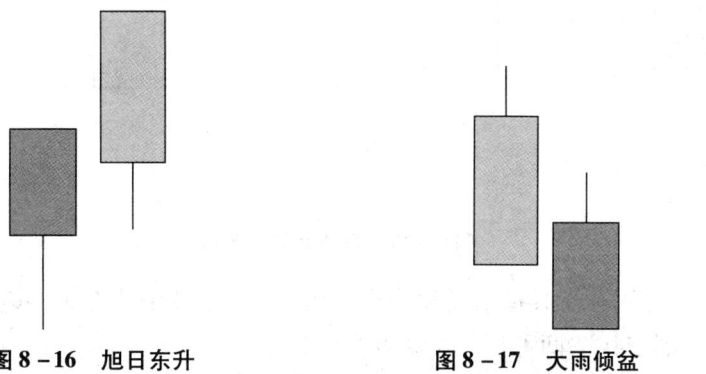

图 8 – 16　旭日东升　　　　　　图 8 – 17　大雨倾盆

8. "孕线"：

（1）形态特征：左边的阳线或阴线通常无上下影线（或较短）；右边的十字星（或是小 K 线，可以有多根）被完全包覆。

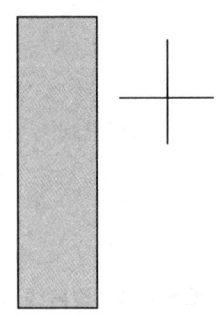

图 8 – 18　孕线

（2）分析：①在上升趋势中途出现孕线，其左边的 K 线通常是阳线，表示行情会产生继续向上的新生命；②在下跌趋势中途出现孕线，其左边的 K 线通常是阴线，表示行情会产生继续向下的新生命；③当孕线发生在底部（常见）或头部（少见）时，其孕育出的新生命是与先前波动方向相反的，但通常变化缓慢（毕竟是新生命，只能慢慢长大，不可能一夜之间长大成人）。

（三）对三根 K 线的分析

分析原则和两根 K 线一样。

1. "早晨之星"与"黄昏之星"。

图 8 – 19　早晨之星与黄昏之星

2. "三兵"：三兵指三根 K 线排列在一起，象放哨的卫兵，具体分为"红三兵"和"黑三兵"两种。

（1）红三兵：三根小阳线，递升排列。

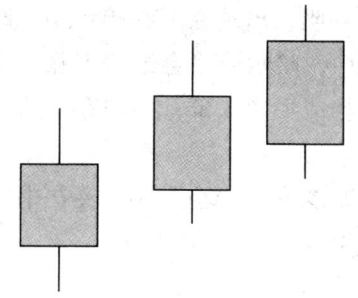

图 8 - 20　红三兵

（2）分析：①出现"红三兵"的行情一般是看涨的；②在波段的高点附近，可能出现"红三兵受阻"的现象，暗示买方力道已经用尽，价格即将反转下跌。

（3）黑三兵：分"下黑三兵"和"上黑三兵"两种。

图 8 - 21　黑三兵

（4）分析：①下黑三兵：3 根小阴线，一底比一底低。一般暗示价格将持续下跌。若价格已经持续下跌（特别是急跌）了一段时间，出现下黑三兵通常暗示卖方力量衰竭，价格随即止跌的机会大增；②上黑三兵：3 根小阴线，其高点一个比一个高。

上黑三兵倘若出现在波段高点附近，被喻为"三只乌鸦"，意味着价格将见顶回落。

3."三川"：因三根 K 线的排列模样酷似"川"字而得名，具体又分为两种：

（1）两包型：中间那一根 K 线，被左方及右方的 K 线完全包覆。

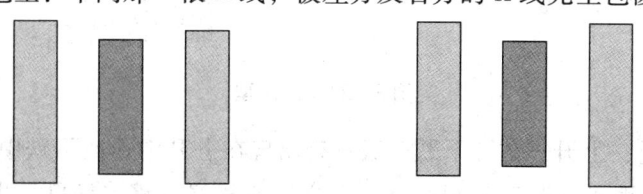

图 8 - 22　两包型

（2）分析：①两阳夹一阴，出现在下跌趋势中，暗示价格会暂时止跌或形成底部；出现在上升趋势中，暗示价格会继续上涨。②两阴夹一阳，出现在上升趋势中，暗示价格会回档或形成头部；出现在下跌趋势中，暗示价格会继续下跌。

（3）小川型：形态外观像一个"小"字，夹在中间的那根 K 线，把左右两根 K 线完全包覆起来。

图 8 – 23　小川型

（4）分析：①在波段底部出现的小川型，其中间的 K 线大多为阳线，可视为价格向上的信号。②在波段头部出现的小川型，其中间的 K 线大多为阴线，可视为价格向下的信号。

4. "三法"。

（1）形态特征：①左方的阳线或阴线，完全（或基本）包覆右方的 3 根小 K 线。②右方的小 K 线其阴阳没有特别限制，其数量至少要有 3 根，4 根、5 根也很常见。③所有的 K 线都可以带上下影线。

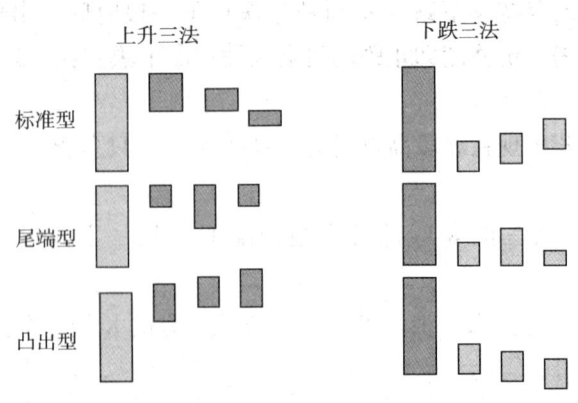

图 8 – 24　三法型

（2）分析：上升三法和下跌三法只有出现在上升中途或下跌中途才有作用，它代表价格急涨或急跌后的短暂休息，之后价格将续涨或续跌。出现三法后的涨跌幅，大约与其前一段的涨跌幅相当。一般以"标准三法"所引发的涨跌幅较大。

第三节　形态理论

一、形态概述

形态理论是技术分析的重要组成部分，它通过对市场横向运动时形成的各种价格形态进行分析，并且配合成交量的变化，推断出市场现存的趋势将会延续还是反转。价格形态可分为反转形态和持续形态，反转形态表示市场经过一段时期的酝酿后，决定改变原有趋势，而采取相反的发展方向，持续形态则表示市场将顺着原有趋势的方向发展。形态理论是通过研究股价所走过的轨迹，分析和挖掘出曲线的一些多空双方力量的对比结果，再进行行动。股价的移动是由多空双方力量大小决定的。股价移动的规律是完全按照多空双方力量对比大小和所占优势的大小而行动的。

股价的移动应该遵循这样的规律：首先，股价应在多空双方取得均衡的位置上下来回波动。其次，原有的平衡被打破后，股价将寻找新的平衡位置。即持续保持平衡→打破平衡→新的平衡→再打破平衡→再寻找新的平衡……

反转形态是指股票价格改变原有的运行趋势所形成的运动轨迹。反转形态存在的前提是市场原先确有趋势出现，而经过横向运动后改变了原有的方向。反转形态的规模，包括空间和时间跨度，决定了随之而来的市场动作的规模，也就是说，形态的规模越大，新趋势的市场动作也越大。在底部区域，市场形成反转形态需要较长的时间，而在顶部区域，则经历的时间较短，但其波动性远大于底部形态。交易量是确认反转形态的重要指标，而在向上突破时，交易量更具参考价值。

所谓持续形态是指股票价格维持原有的运动轨迹。市场事先确有趋势存在，是持续形态成立的前提。市场经过一段趋势运动后，积累了大量的获利筹码，随着获利盘纷纷套现，价格出现回落，但同时对后市继续看好的交易者大量入场，对市场价格构成支撑，因而价格在高价区小幅震荡，市场采用横向运动的方式消化获利筹码，重新积聚了能量，然后又恢复原先的趋势。持续形态即为市场的横向运动，它是市场原有趋势的暂时休止。

与反转形态相比，持续形态形成的时间较短，这可能是市场惯性的作用，保持原有趋势比扭转趋势更容易。持续形态形成的过程中，价格震荡幅度应当逐步收敛，同时成交量也应逐步萎缩。最后在价格顺着原趋势方向突破时，应当伴随大的成交量。

价格移动过程中在某个价格区域停留了一段时间（短暂平衡状态）后，价格曲线在图表中会呈现出一定的图案或花样，我们把这些图案或花样称为价格的形态。

根据平衡状态被打破之后价格的移动方向不同，将形态分为两种基本类型（这两种形态的划分是相对的、有范围的，在实践中常常不易区分）。

反转突破形态：价格打破平衡之后的移动方向与原来方向相反。

持续整理形态：价格打破平衡之后的移动方向与原来方向相同。

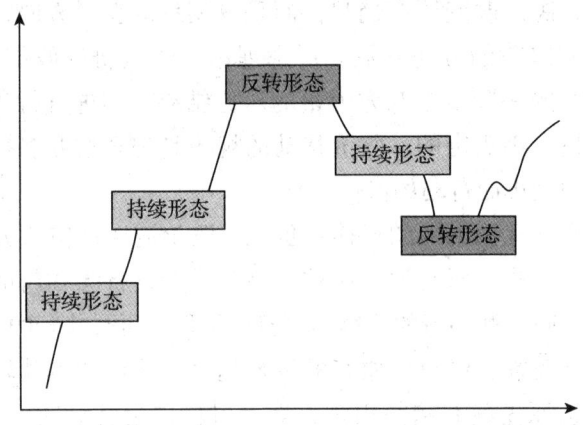

图 8-25　形态转化概况图

二、常见的反转形态

（一）反转形态的基本特征

常见的反转形态有：头肩（顶和底）形态、双（三）重顶与底、圆弧顶与底、V形、岛形、喇叭形、菱形等。这些反转形态均具有以下特征：①事先确实存在明确的上涨或下跌趋势。②重要的趋势线被有效突破是形态突破的依据。③形态形成的时间越长、规模越大，则反转后带来的市场波动也就越大。④顶部形态比底部形态形成的时间更短。

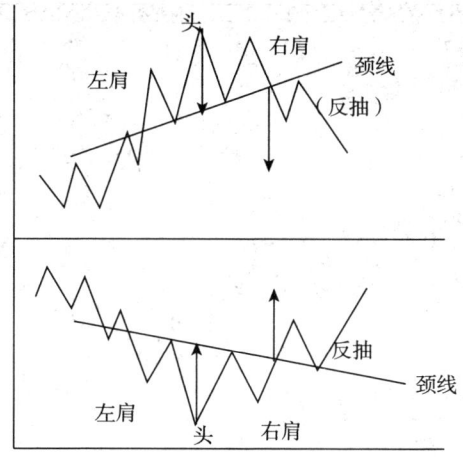

图 8 – 26　头肩形

（二）头肩顶与头肩底

1. 标准图例：

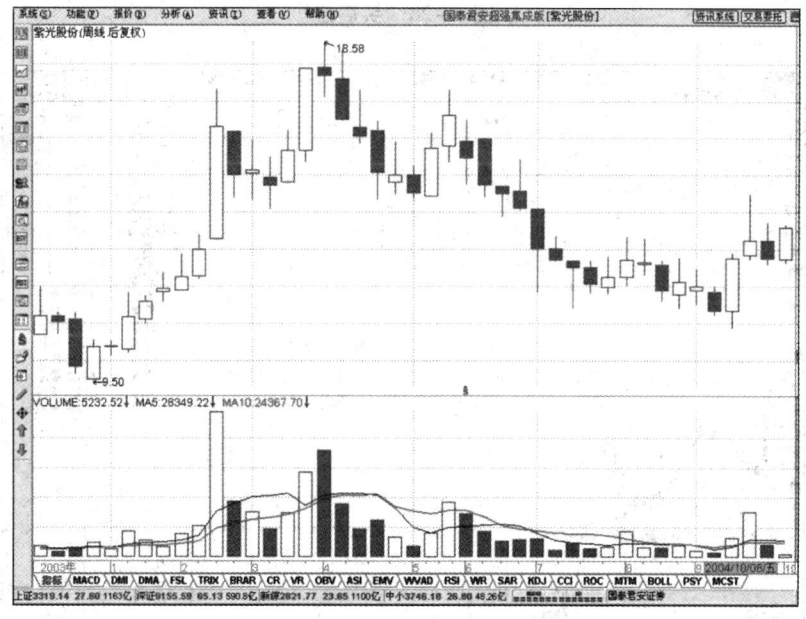

图 8 – 27　头肩顶

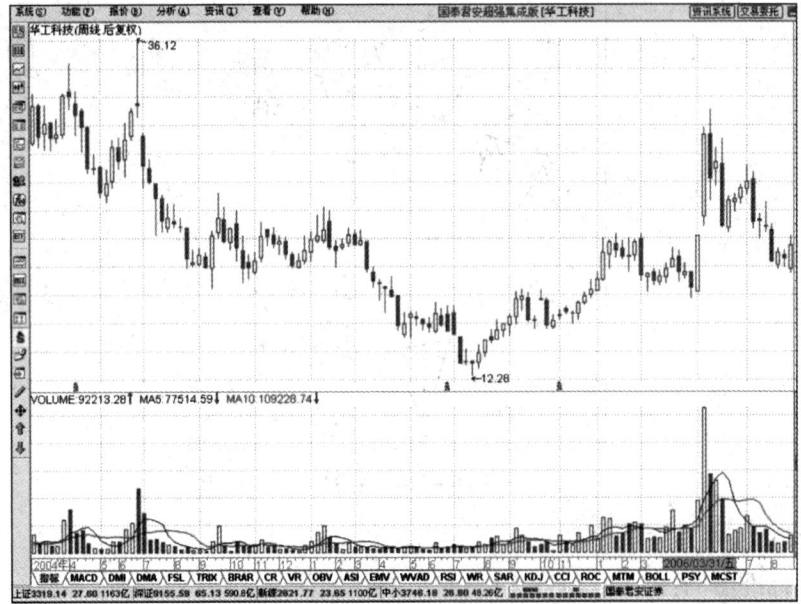

图 8－28　头肩底

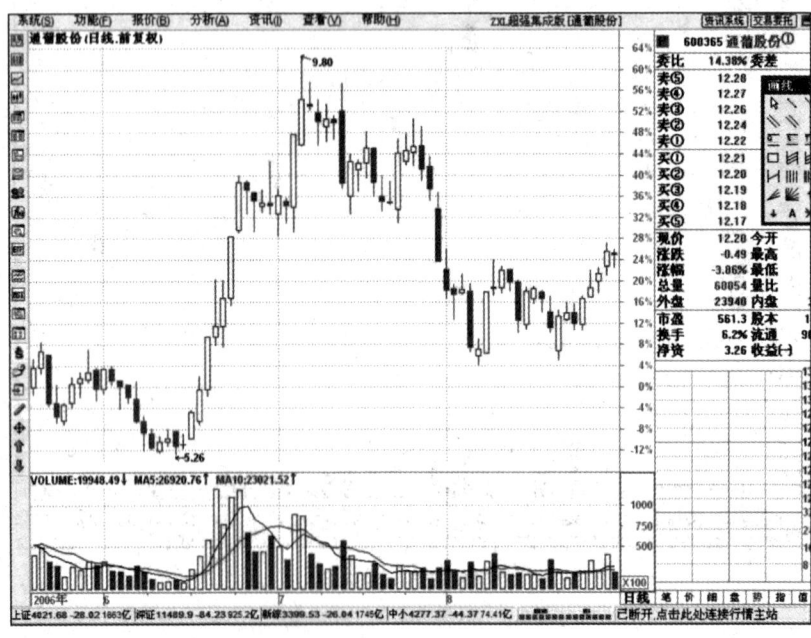

图 8－29　头肩顶形成过程

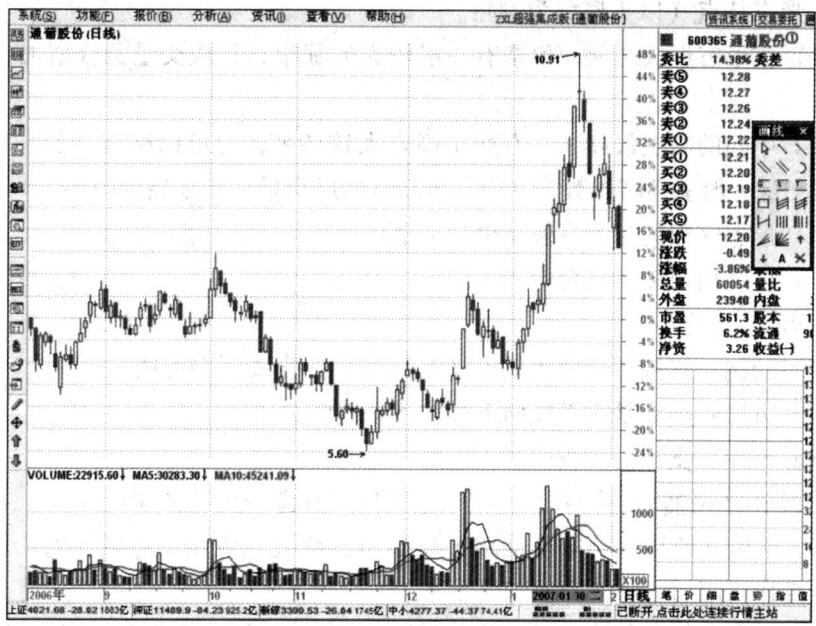

图 8 – 30 头肩底形成过程

图 8 – 31 头肩底演变

2. 形态特点（以头肩顶为例）：

（1）在形态形成之前，价格有一段较大的涨幅，且成交量配合增加（即价涨量增）。

（2）中间的高点最高，左右两个高点大致持平，也可以略有高低。从左到右，成交量一般呈递减趋势，其中右边高点的成交量一定是最少的。

（3）形态完成的时间一般至少为 1 个月。

（4）可能出现多种复合形态。

3. 颈线：

（1）绘制：连接头部两边低点（或高点）的直线（趋势线）。

（2）方向：可能是水平或向上、向下倾斜的。

（3）作用：支撑压力线。

4. 反扑（回抽）：价格向上突破或向下跌破趋势线（如颈线）后，在大幅度上涨或下跌之前往往会重新回跌或反弹至颈线处以测试支撑或压力，这种行为称为反扑或回抽。

反扑通常发生在突破（或跌破）颈线的 2～5 天内。反扑的力度通常可根据突破（或跌破）颈线时的成交量来估计，一般不会超过颈线。

5. 预测价值：突破后，价格逆转原来的趋势，并至少要运动到与形态高度相等的距离。

6. 入市时机：有效突破（或跌破）颈线时为最佳的买卖时机。

7. 注意事项：如果形成时间较短、量价配合不好或者向上突破没有放量配合，头肩底很可能演变成持续形态。

8. 由头肩形态演变而来的三重顶与三重底形态：

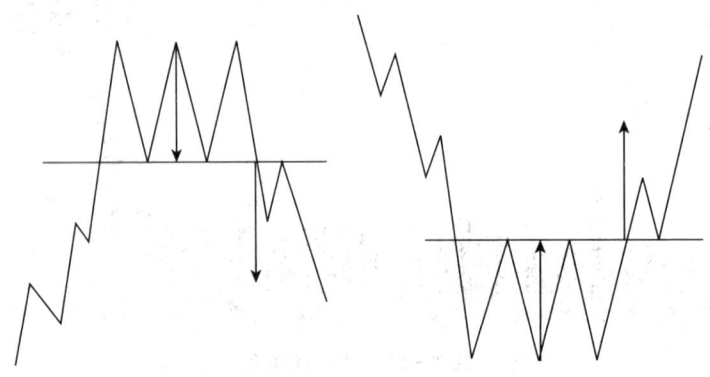

图 8－32　三重顶底示意图

图 8 - 33 三重顶

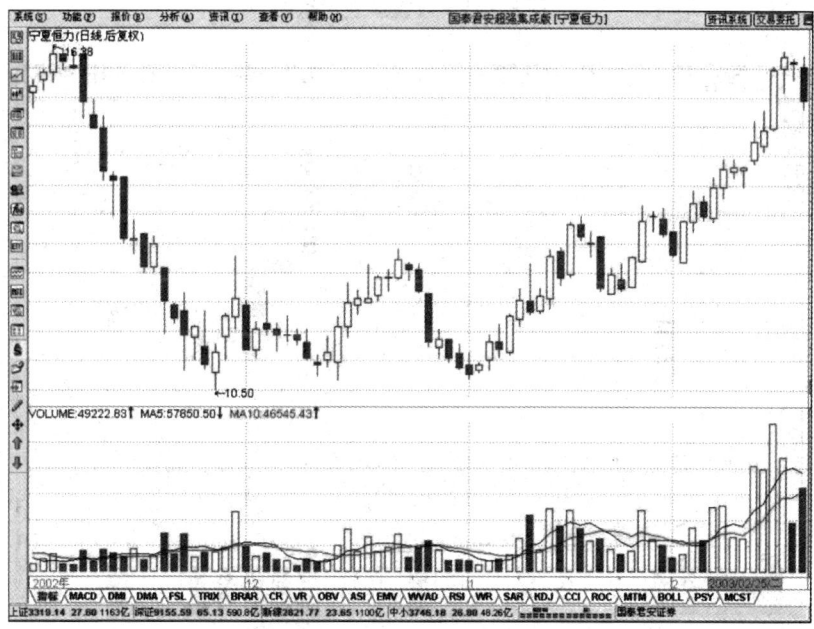

图 8 - 34 三重底

（三）双重顶与双重底

1. 标准图例：

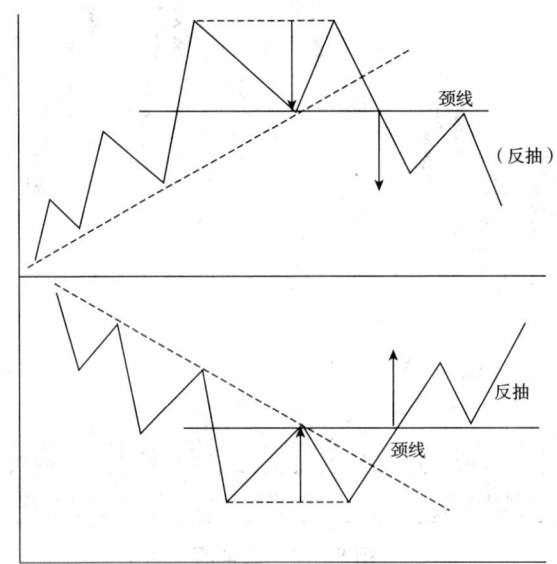

图 8-35　双重顶底示意图

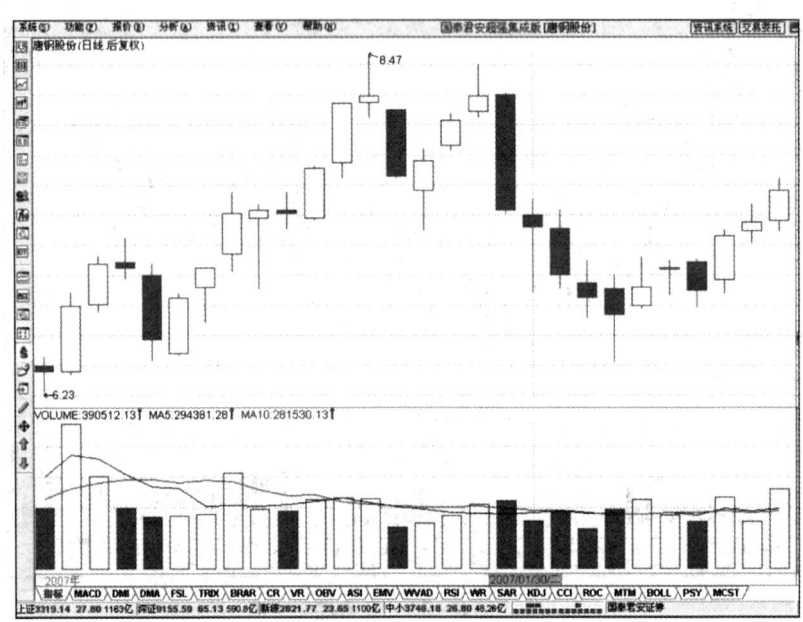

图 8-36　双重顶

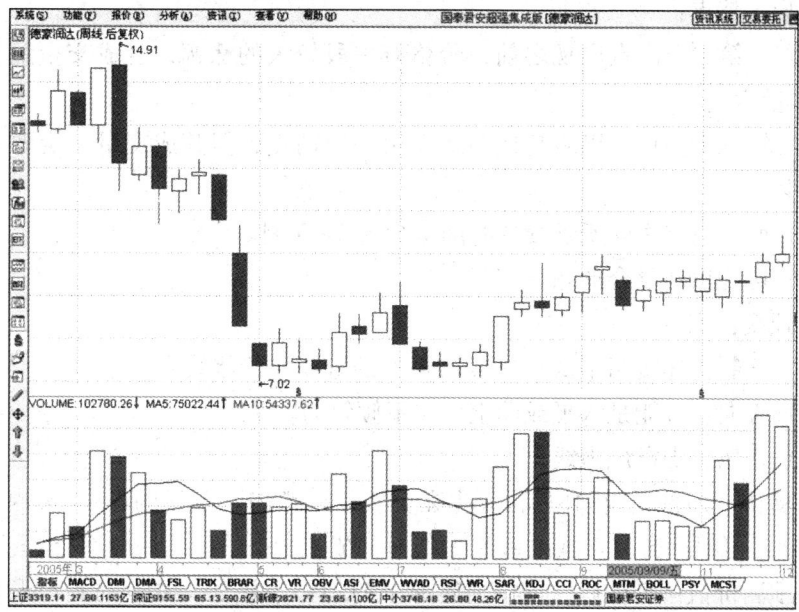

图 8 − 37　双重底

图 8 − 38　双重顶变化

2. 形态特点：

（1）在第二个高点出现之前，价格有一段较大的涨幅，且成交量配合增加（即价涨量增）。

（2）第二个高点可以略高或略低于第一个高点，但其成交量一定要比第一个高点少。

（3）两个高点之间所延续的时间至少为 2 ~ 3 周。

（4）可能出现复合形态。

3. 颈线：

（1）绘制：连接两个低点（或高点）的直线（趋势线）。

（2）方向：可能是水平或向上、向下倾斜的。

（3）作用：支撑压力线。

4. 反扑（回抽）：反扑通常发生在突破（或跌破）颈线的 2 ~ 5 天内。反扑的力度通常可根据突破（或跌破）颈线时的成交量来估计，一般不会超过颈线。

5. 预测价值：突破后，价格逆转原来的趋势，并至少要运动到与形态高度相等的距离。

6. 入市时机：有效突破（或跌破）颈线时为最佳的买卖时机。

（四）圆弧顶与圆弧底

1. 标准图例：

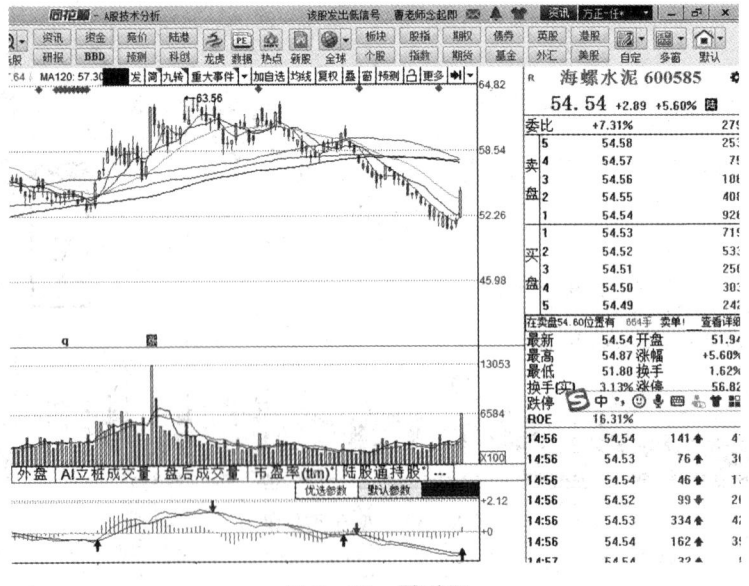

图 8 - 39　圆弧顶

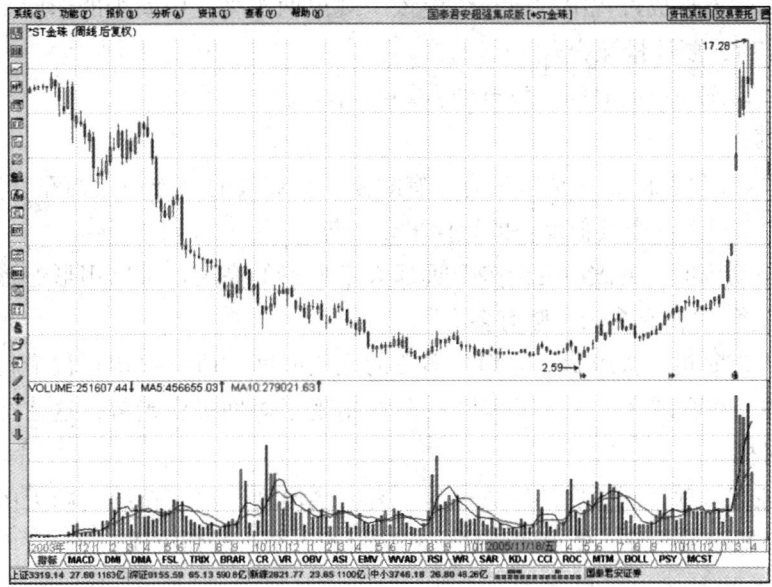

图 8 - 40　圆弧底

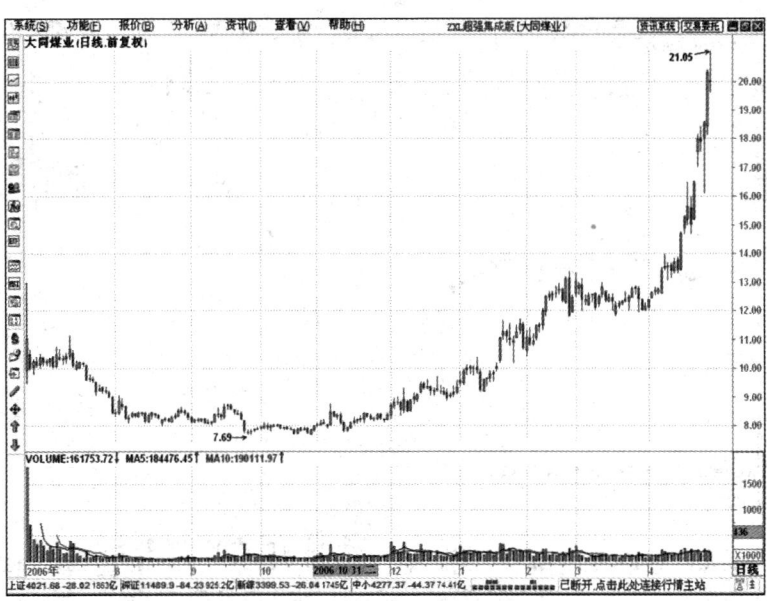

图 8 - 41　圆弧底时间跨度

2. 形态特点：

（1）形态形成过程中价格的波动幅度较小。

（2）形态形成过程中的成交量应该呈现出两头多、中间少的形状。在价格向上突破后，要放量配合。

（3）形态完成的时间一般至少为 2~4 个月。

3. 颈线：一般没有。

4. 反扑（回抽）：一般也没有。有时候，在突破的（或说大幅涨跌）前夕，价格往往会出现一个类似反扑的短期平台走势。

5. 预测价值：突破后的走势要远远大于形态的高度。可以用形态形成期的长短来估算："横有多长，竖有多高"。

6. 入市时机：很难确切地判断形态的完成时间，所以很难把握最佳的买卖时机。如果在突破（或说大幅涨跌）前夕出现了短期平台走势，这往往是最佳的买卖时机。

7. 注意事项：圆弧底的形成过程中有时会出现几次仅持续一两天的放量上涨，但随即归于平静，使得圆弧底看起来由若干个小圆弧组成。

（五）V 形顶与 V 形底

1. 标准图例：

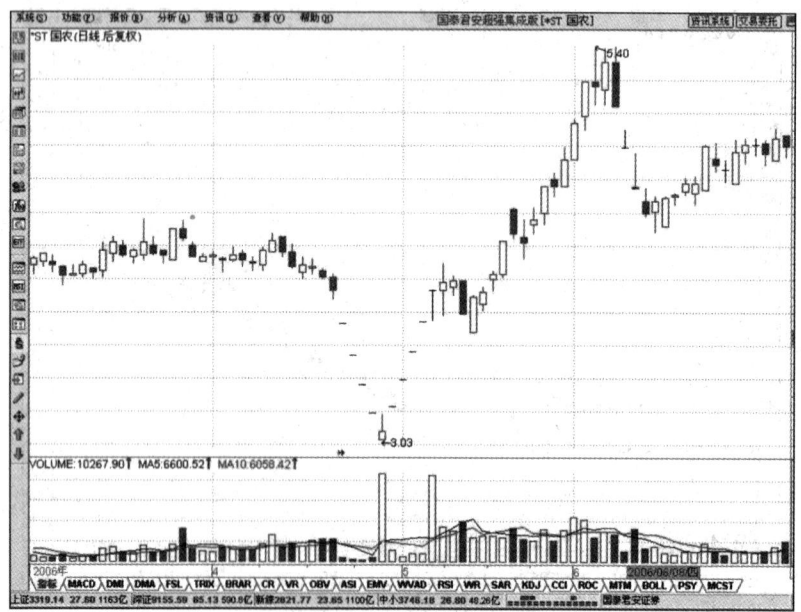

图 8-42　V 形顶与 V 形底

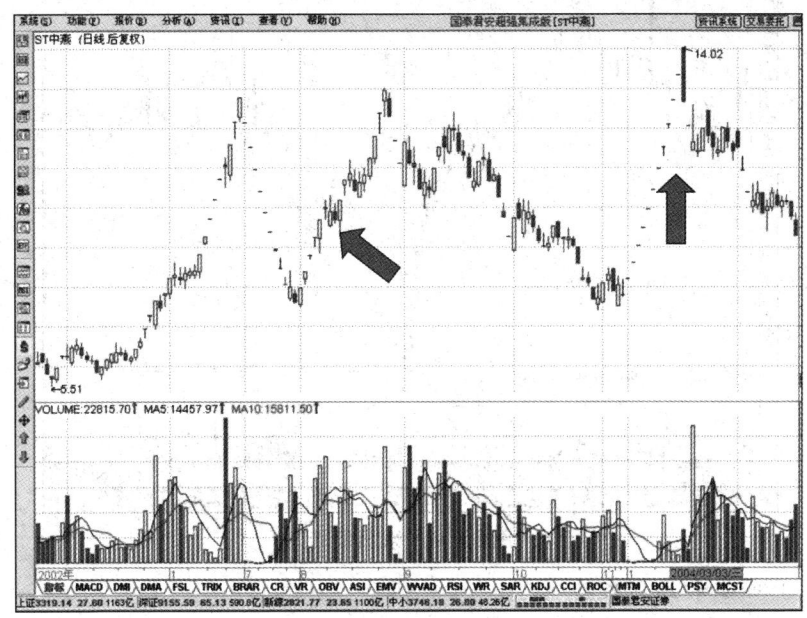

图 8－43 V 形底扩展

2. 形态特点：价格迅速地到顶或底部，又快速地反转。

3. 颈线：一般没有。

4. 反扑（回抽）：一般也没有。有时候，在突破（或说大幅涨跌）之后，价格往往会出现一个类似反扑的短期平台走势（这种形态有人称之为扩展 V 形）。

5. 预测价值：V 形反转基本上是由某些消息引起的，很难预测。

6. 入市时机：很难把握最佳的买卖时机。如果在突破（或说大幅涨跌）前夕出现了短期平台走势，这往往是最佳的买卖时机。

7. 注意事项：V 形反转往往是一天完成的，这称为"单日反转"。有时候也会出现"双日反转"。

图 8 – 44　双日反转

（六）缺口和岛形反转

1. 缺口：

（1）缺口的概念：指相邻两个交易日的价格缺少连贯性，其中有一段价位没有交易记录，在图形上出现一个空白区域，称为缺口，也称跳空。在 K 线图中，狭义的缺口表现为相邻两根 K 线的上下影线之间不重合；而广义的缺口表现为相邻两根 K 线的实体之间不重合。

缺口往往是在外界突发因素刺激下，由于多空双方的冲动情绪造成的，是一种强烈的价格变动的信号：向上跳空，表示强烈的上涨趋势；向下跳空，表示强烈的下降趋势。

事后经过市场对刺激因素的逐步消化，以及买卖双方理智的逐渐恢复，理论上缺口都会出现封闭（回补）的现象。

2. 缺口的种类及其分析：缺口一般分为五种类型，即普通缺口；除权缺口；突破缺口；持续缺口；衰竭缺口。

（1）普通缺口：一般出现在波动范围不大的整理形态区域中，也称区域缺口。出现普通缺口后，未导致价格突破形态而上升或下降，仍是盘局走势，短期（几天）内这个缺口将很快被封闭。

（2）除权缺口：这是因上市公司分红派息而除权除息造成的价格缺口。这类缺口一般分析意义不大，而且会扭曲价格走势，在技术分析中往往要将其复原（称为复权或还权）。

（3）突破缺口：突破盘局出现的缺口，使价格脱离了横盘整理区或成交密集区，在短期内不会被封闭，标志着一轮较大行情的开始。向上突破后要求其成交量必须有效放大，向下突破则不一定。缺口越大，价格波动的力道越强。

（4）持续缺口：它为中途跳空缺口，出现在行情急速运动的中途，一般在较长时期内不会被回补。持续缺口有助涨助跌的作用，特殊的时候会产生2~3个。此前往往会出现"突破缺口"。持续缺口标志着趋势加速和接近行情的中点，即未来升跌幅度很可能是该缺口与突破缺口之间的距离，所以又称度量缺口。

（5）衰竭缺口：出现在一个趋势的末端，是行情尾声和终点的标志，也称竭尽缺口。与持续缺口最大的区别是衰竭缺口发生当天或隔天成交量放出剧烈的天量，随后不能再维持和扩大。衰竭缺口一般很快被回补（有时在衰竭缺口价位附近对应出现一个相反方向的突破缺口，这也可视为对该衰竭缺口的回补）。从突破缺口到衰竭缺口实际上反映的是市场多空力量的变化，由产生到强盛再到消亡（此消彼长），因此它们是按次序出现的。

对于个股而言，热门股的缺口分析比较准确，但在冷门股或高度控盘的庄股中，缺口分析的效果较差些。

3. 岛形反转：

（1）标准图例：

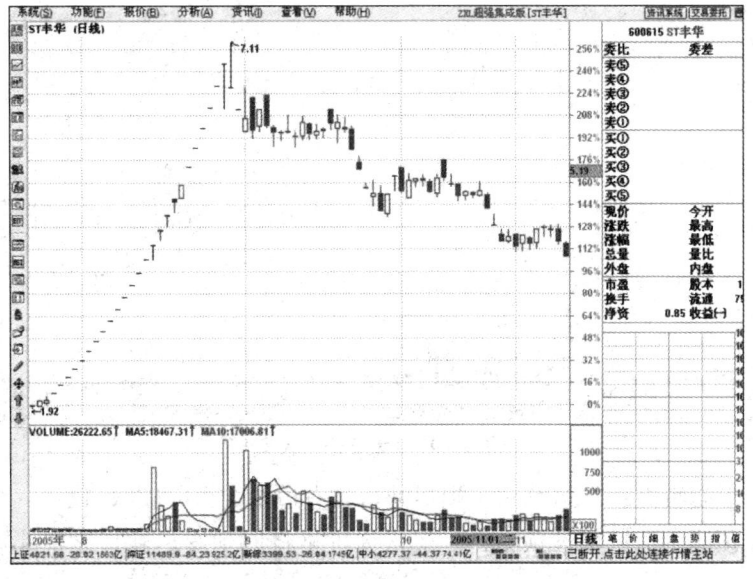

图 8－45　岛形顶反转

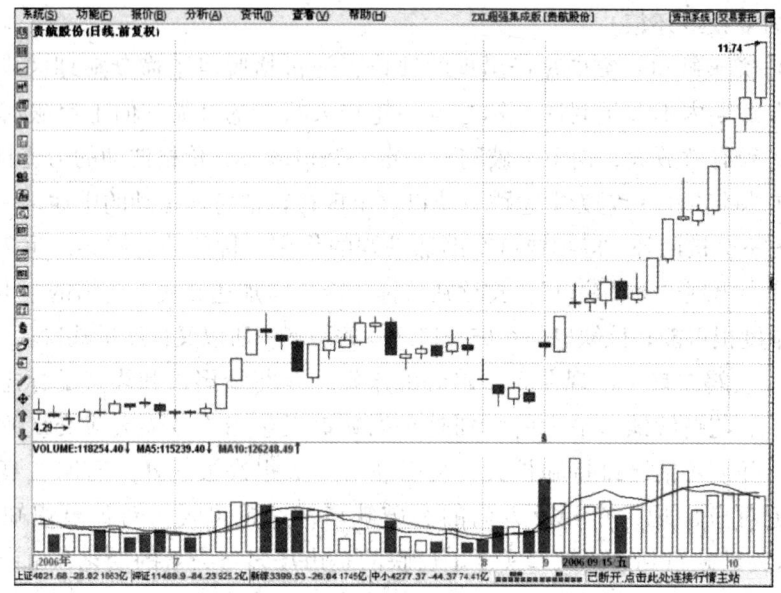

图 8 – 46　岛形底反转

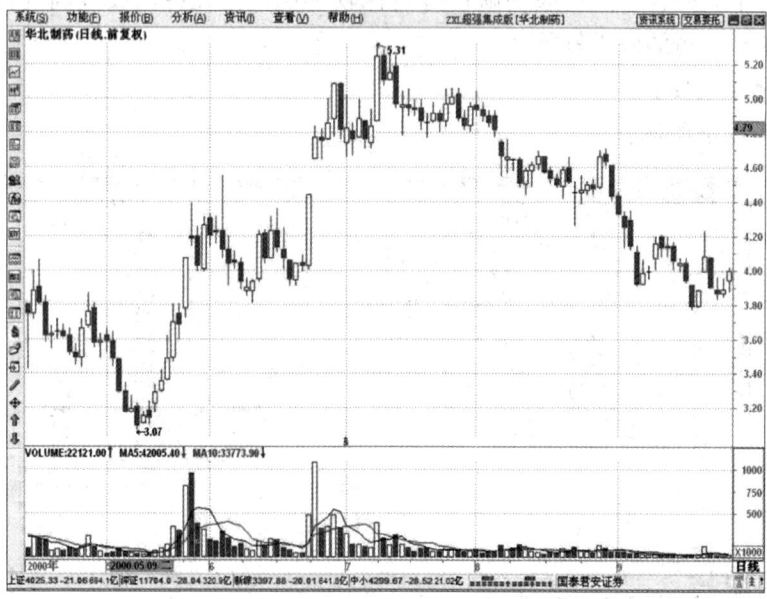

图 8 – 47　大岛形顶反转

（2）形态特点：左边是一个竭尽缺口，右边是一个突破缺口。

（3）预测价值：很难预测，一般认为价格将回到竭尽缺口之前小幅运动的出发点。

（4）注意事项：有的岛形比较小，与 V 形反转类似；有的岛形比较大，其中可能包含着其它反转形态，如头肩形等。

4．菱形：

（1）标准图例：

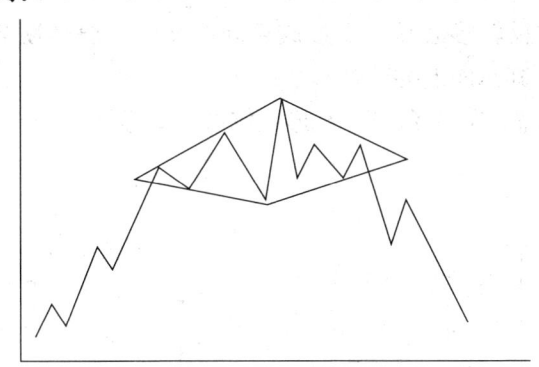

图 8 – 48　菱形示意图

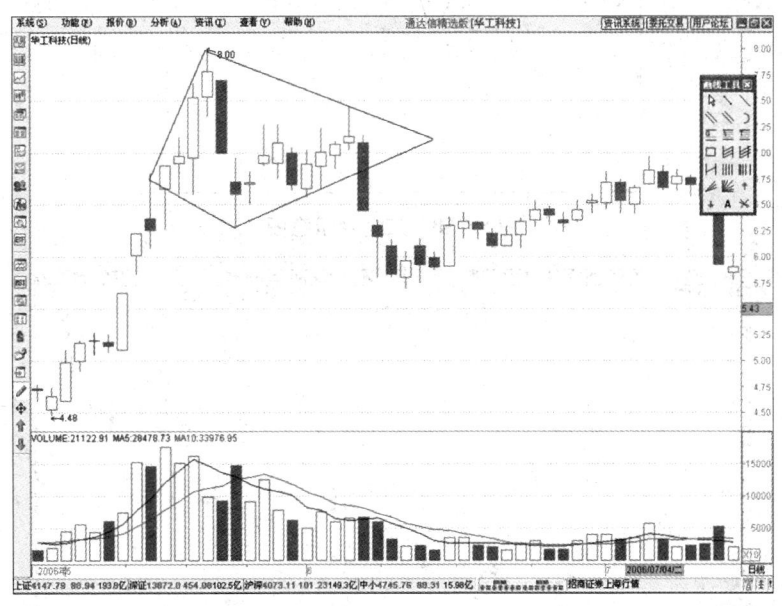

图 8 – 49　菱形

（2）形态特点：前半部分类似于喇叭形，后半部分类似于对称三角形。成交量日益放大。

（3）预测价值：菱形大都出现在顶部，形态完成后几乎总是下跌的。

（4）注意事项：菱形也称钻石形，出现的概率低，但准确度高。

三、常见的持续形态

（一）持续形态的基本特征

①持续形态仅仅是当前趋势的休整，形态突破之后会延续当前的趋势方向。②形成时间一般比反转形态短。③形成期间成交量一般是逐渐缩减的，形态突破后有所增加（尤其是向上突破时）。

常见的持续形态有：三角形、矩形、旗形、楔形等。

（二）三角形

1. 标准图例：

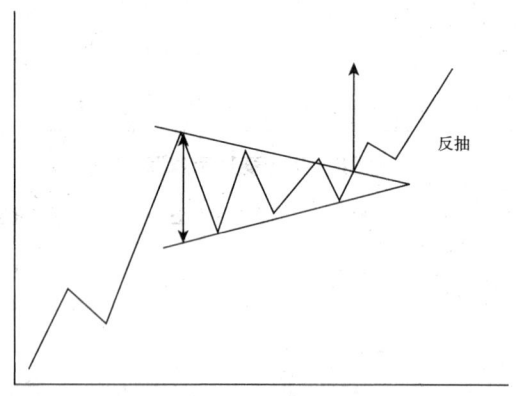

图 8 - 50　三角形示意图

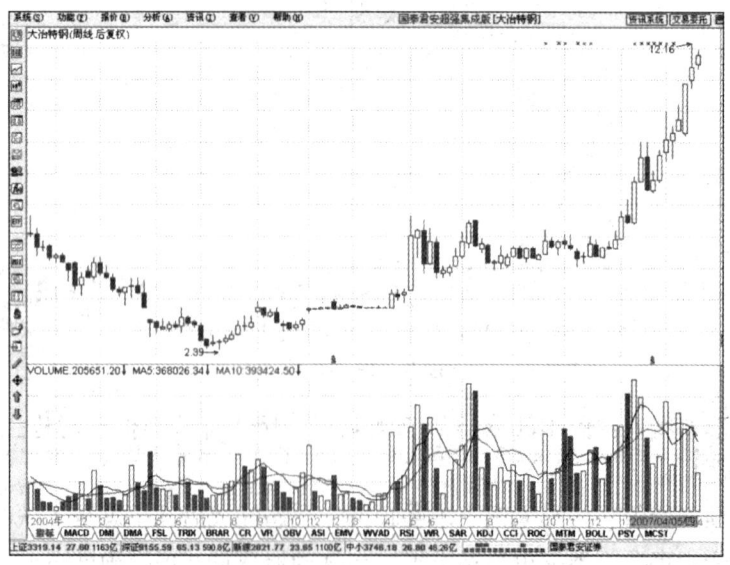

图 8 - 51　三角形

2. 形态特点："六点二线"。

（1）对称三角形：上（下）边趋势线向下（上）倾斜。

（2）上升三角形：上边的趋势线是水平的。

（3）下降三角形：下边的趋势线是水平的。

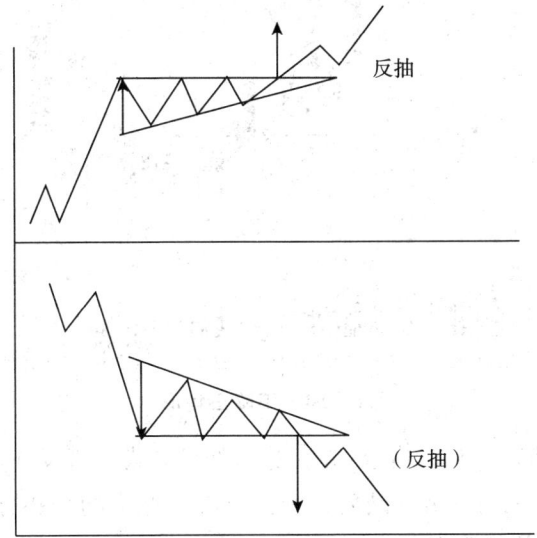

图 8 -52 上升和下降三角形示意图

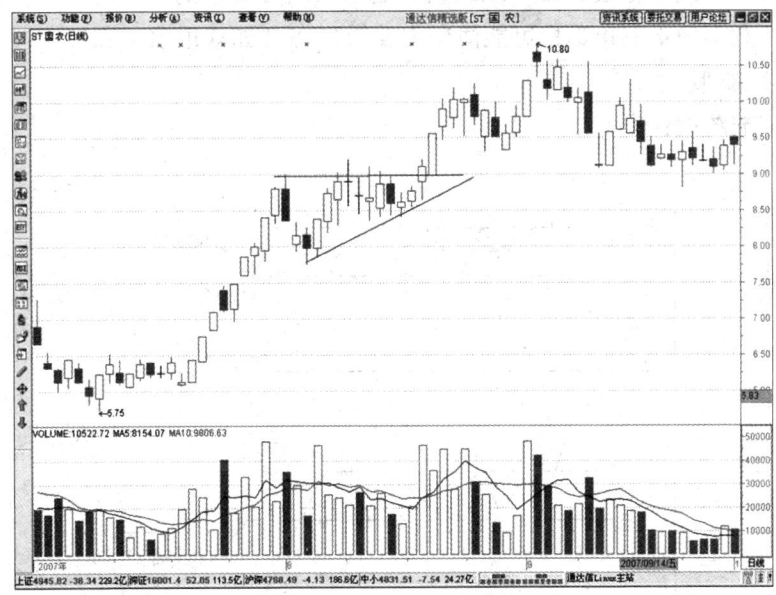

图 8 -53 上升三角形

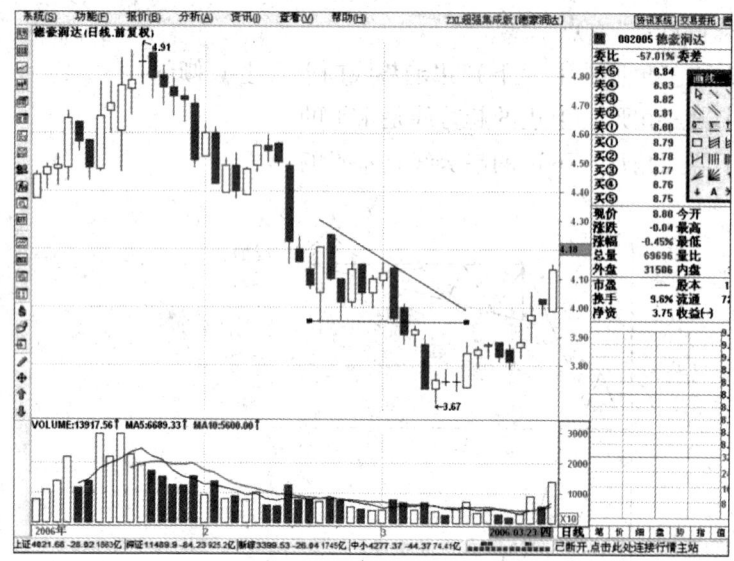

图 8-54　下降三角形

3. 反扑（回抽）：突破（或跌破）趋势线后常常出现反扑。

4. 预测价值：三角形被突破后，价格将继续原来的趋势方向，并至少要运动到与形态高度相等的距离。

5. 入市时机：有效突破（或跌破）趋势线时是最佳的买卖时机。

6. 注意事项：三角形也可能演变为反转形态（如双重顶、底）。

（三）矩形

1. 标准图例：

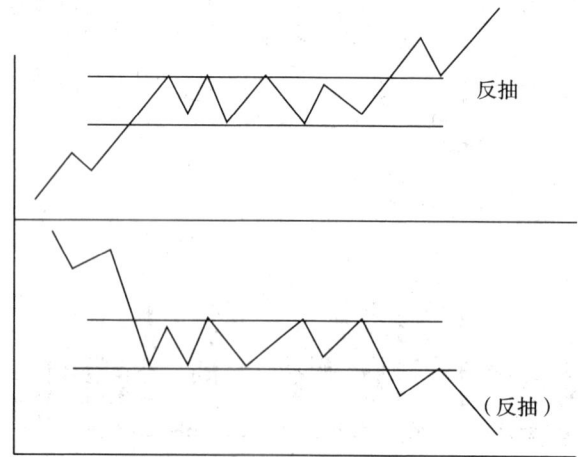

图 8-55　矩形示意图

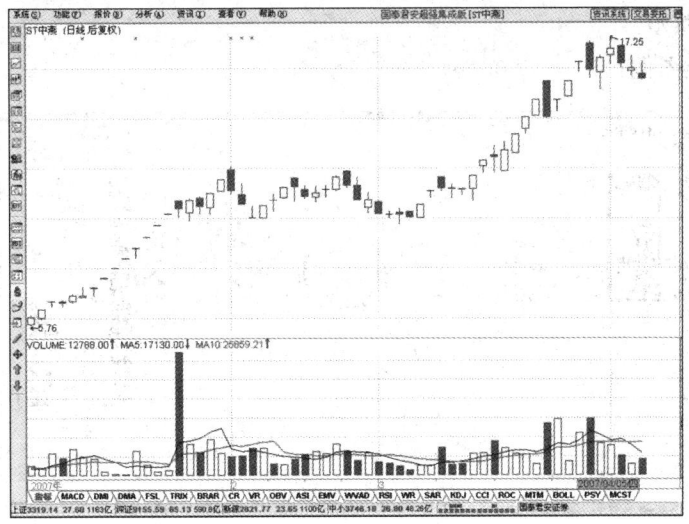

图 8-56 上升矩形

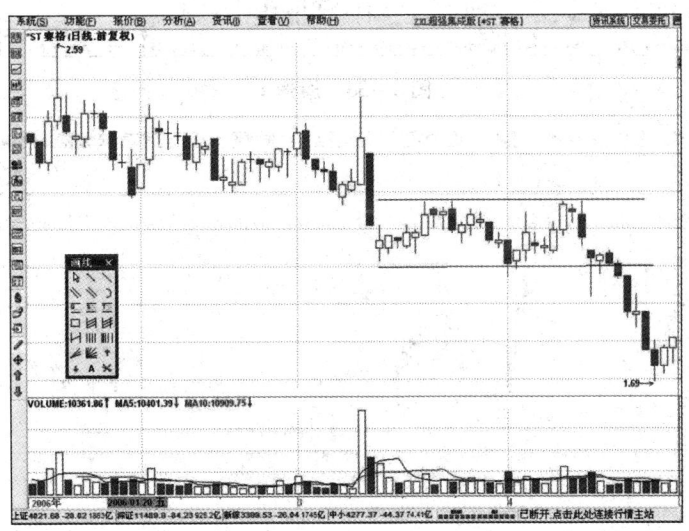

图 8-57 下降矩形

2. 形态特点：价格在上下两条水平直线（趋势线）之间波动。

3. 反扑（回抽）：突破（或跌破）趋势线后常常出现反扑。

4. 预测价值：矩形被突破后，价格将继续原来的趋势方向，并至少要运动到与形态高度相等的距离。

5. 入市时机：有效突破（或跌破）趋势线时是最佳的买卖时机。

6. 注意事项：矩形在形成过程中可能演变成三重顶或底的反转形态。

（四）旗形

1. 标准图例：

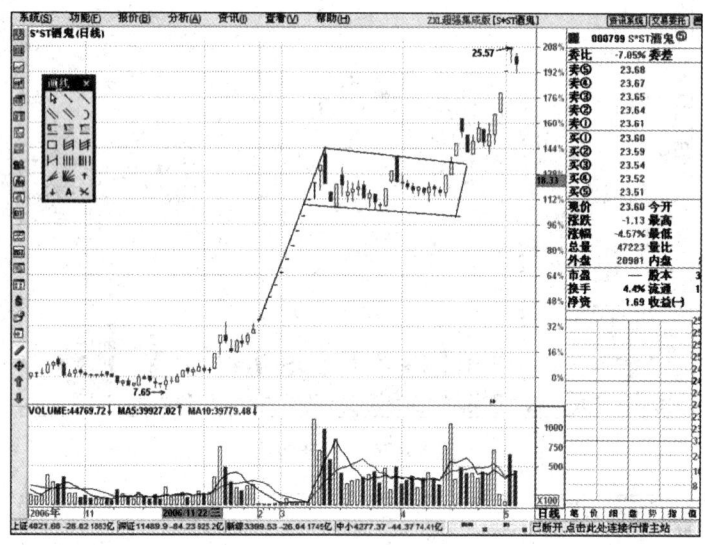

图 8-58　旗形 1

图 8-59　旗形 2

2. 形态特点：价格急速的上升或下降之后，进行平行四边形（有时为三角形）的反向短期整理。

3. 反扑（回抽）：突破（或跌破）趋势线后常常出现反扑。

4. 预测价值：旗形被突破后，价格将继续原来的趋势方向，并至少要运动到与形态高度或旗杆高度相等的距离。

5. 入市时机：有效突破（或跌破）趋势线时是最佳的买卖时机。

（五）楔形

1. 标准图例：

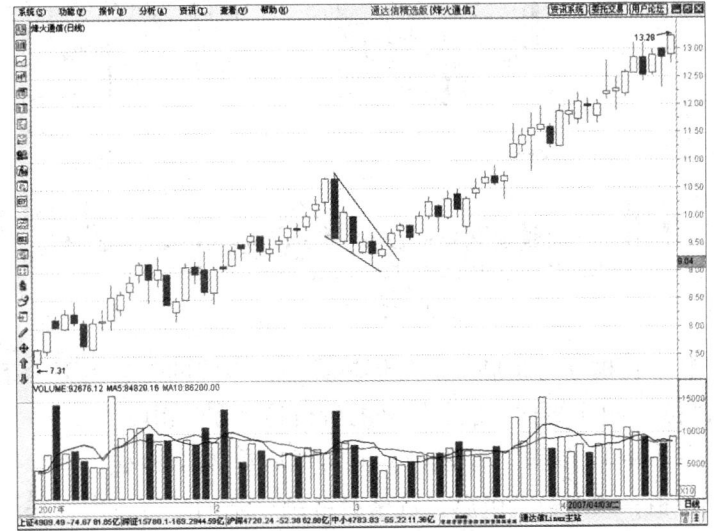

图 8-60　楔形 1

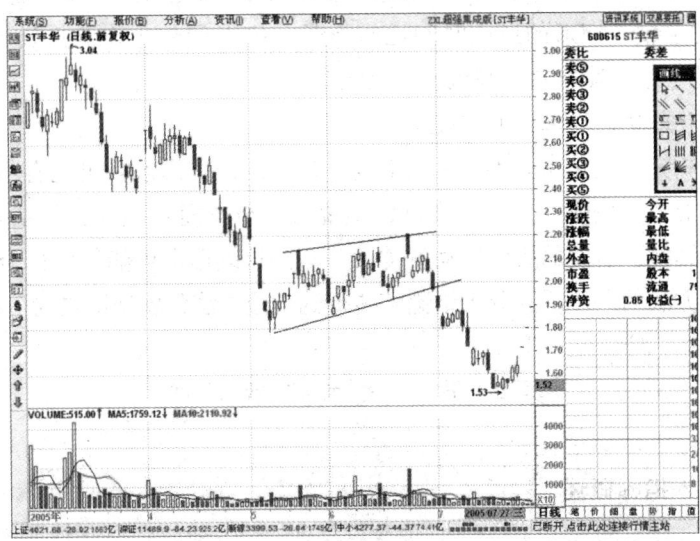

图 8-61　楔形 2

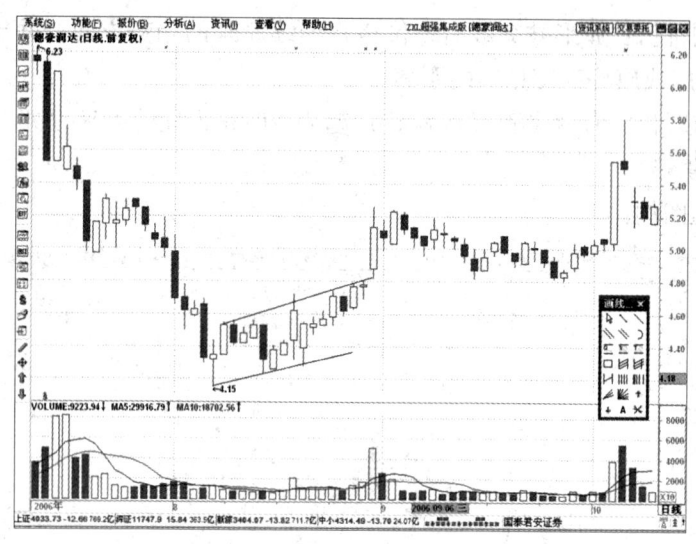

图 8 – 62　楔形变化

2. 形态特点：楔形与旗形、三角形较类似，不同的是它上下两条趋势线朝相同的方向倾斜，这个方向一般与原来的价格趋势方向相反。

3. 反扑（回抽）：突破（或跌破）趋势线后常常出现反扑。

4. 预测价值：楔形被突破后，价格将继续原来的趋势方向，并至少要运动到与形态高度相等的距离。

5. 入市时机：有效突破（或跌破）趋势线时是最佳的买卖时机。

6. 注意事项：楔形的形成时间比旗形长；楔形偶尔也作为反转形态出现在顶部或底部（注意其与斜三峰或斜三谷的区别）。

（六）形态分析应注意的问题

图表分析是一门艺术。不同的人对同一位置的同一形态都可能有不同的解释。一般而言，形态的规模（宽度与高度，或说时间与空间）越大，其结果就越具有稳定性和持续性，引发的后续运动就越大（有的持续形态可能例外）。形态分析只是技术分析方法的一种，其分析结论若能得到其他方法的验证则更为可靠。

第四节　技术指标分析

一、技术指标概述

通过一定的数学、统计或其他方法对金融市场的原始数据进行处理，得到的具体数值，将这些数值制成图表，就是技术指标。根据技术指标对当前市场的行情进行判断并进而预测未来价格趋势的方法就是技术指标分析。证券市场的原始数据主要有：开盘价、最高价、最低价、收盘价、成交量、成交金额、成交笔数、涨跌家数等；有的还包括股本结构、财务指标等。对原始数据可以采取多种处理方法，不同的处理方法会产生不同的技术指标，因而技术指标的种类繁多。

一般来说，有两种基本的处理原始数据的方法：

数学模型法和文字叙述法。文字叙述法产生的技术指标较少，且未被广泛承认和应用，本节主要介绍通过数学模型法产生的技术指标。

1. 技术指标的分类：

（1）趋势类指标：如 MA、MACD、SAR。

（2）摆动类指标：如 WR、KDJ、RSI、ROC。

（3）成交量类指标：如 OBV、WVAD、PSY、BRAR。

（4）路径类指标：如 BOLL、MIKE。

（5）大盘类指标：如 ADL、ADR、OBOS。

2. 技术指标的应用：尽管技术指标的种类繁多，但在应用中有许多相通的地方。

（1）指标的取值范围：以百分比取值的指标一般都有一个极限值，如 KDJ、RSI，取值在 0～100 之间。当指标值靠近极限值时，提醒投资者进行反向操作。

其他许多指标虽然没有极限值，但在实际中也往往有一个正常取值范围。这个正常范围因股、因时、因市、因人而异。

（2）指标的中轴：大多数指标都有一个中间值，一般为 0 或 50，以这个中间值为界将市场分为强势和弱势两部分。

（3）价格趋势与指标的背离：技术指标曲线的波动方向与价格曲线的波动方向不一致即称为背离，具体分为两种：①顶背离：价格走势一波高于一波，指标曲线却一波低于一波；②底背离：价格走势一波低于一波，指标曲线却一波高于一波。

（4）指标的交叉：技术指标图形中的两条曲线发生交叉。具体有两种情况：一种是同一指标不同参数的曲线之间的交叉；另一种是指标曲线与固定的水平直线（如中轴线）之间的交叉。

（5）指标的形态分析：分析技术指标曲线在波动过程中产生的各种形态，如头肩形、双（三）重形等。

（6）指标的转折：价格波动于广向正值无限大和微向负值无限小之间。顶底类指标专门用以测量股价是否已超出常态分布范围。超买就是已经超出买方的能力，买进股票的人数超过了一定量数比例。那么，根据反市场投资心理，这时候应该反向卖出股票。超卖则代表卖方卖股票超出了特有区间，卖股票的人数超过一定比例时，反而更应该持有买进股票。

（7）指标的失效：每一种技术指标都是从某个特定的方面对市场进行观察，都有一定的适用条件和范围，不能期待同样的技术指标每天都为我们提供有效的买卖信号。

（8）指标之间的配合：每一种技术指标的特性和构造原理是不一样的，通常我们会选择若干个不同类的指标构成一个技术指标体系，并根据实际效果不断地进行调整。

二、趋势类指标

趋势类指标主要包括：移动平均线 MA；指数平滑移动平均线 EXPMA；乖离率 BIAS；指数平滑异同移动平均线 MACD；三重指数平滑移动平均线 TRIX；止损点转向指标 SAR 等。

（一）移动平均线 MA

1. 概念：逐日计算最近 n 天的收盘价的平均值而连接成的一条线。

2. 原理：消除偶然因素的影响，坚定地追踪价格运动的趋势（注意：移动平均线不能领先于市场，它是滞后于市场变化的）。

3. 计算：

（1）简单移动平均（MA）。简单移动平均（moving average）即算术平均，是最简单也是最常用的一种平均方法。

计算公式是：

$$MA（n）=（C_1 + C_2 + \cdots + C_n）/n$$

（2）加权移动平均（WMA）。加权移动平均（weighted moving average）认为每个价格的作用是不一样的，计算公式中用不同的权重来表示每个价格的作用。

计算公式是：

$$MA（n）= W_1 C_1 + W_2 C_2 + \cdots + W_n C_n$$

（3）指数平滑移动平均（EXPMA）。指数平滑移动平均（exponential moving average）认为当日指数平滑值反映了价格变动的平均趋势，它受当日收盘价和价格过去的变动趋势这两个因素共同影响。

4. 作用和特点：追踪趋势；助涨助跌性（支撑压力性）；对价格具有吸引作用；滞后性。

5. 应用：

（1）单条移动平均线：一般采用葛兰维尔（Gravile）八大法则：四种买入信号；四种卖出信号。

四种买入信号为：①平均线从下降开始走平，且有向上拐头迹象，股价从平均线下方向上穿越平均线时；②股价在平均线之上，且向下跌至平均线而没跌破，又再度上扬时；③平均线处于上升状态，股价急速下跌至平均线下方后又快速回升到平均线之上时；④平均线下降，股价向下大幅下跌，远离平均线时。

四种卖出信号为：①平均线由上升开始走平，股价向下跌破平均线时；②平均线向下，股价在平均线下方向上到达平均线附近，然后向下回落时；③平均线下降，股价向上突破平均线，但不久就掉头向下跌破平均线时；④平均线向上，股价在平均线之上暴涨并远离移动平均线时。

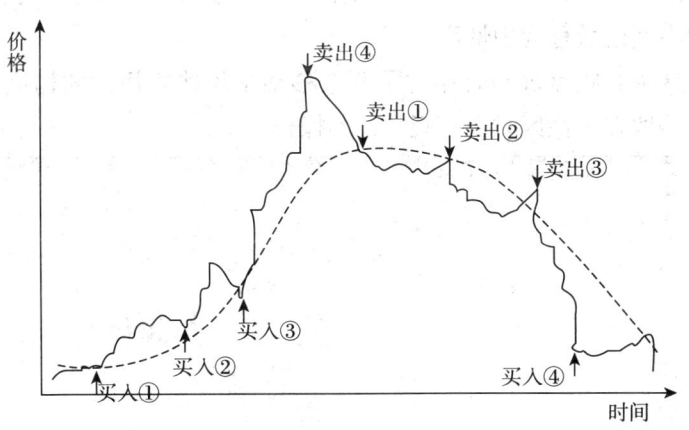

图 8－63　葛兰维尔（Gravile）八大法则图

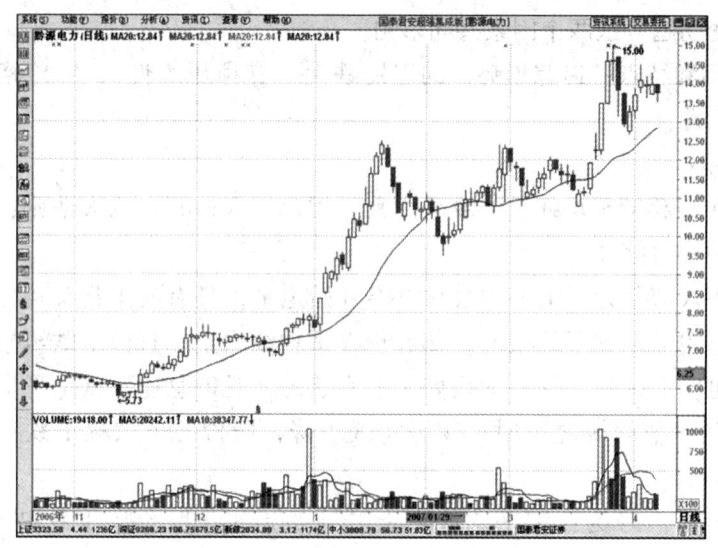

图 8 - 64　平均线（又称均线）变化

（2）两条移动平均线：①两线交叉法。黄金交叉（又称金叉）：短期的 MA 由下往上穿越了较长期的 MA，为买入信号；死亡交叉（又称死叉）：短期的 MA 由上往下穿越了较长期的 MA，为卖出信号。②中性区法：夹在两条移动平均线之间的中间区域称为中性区。

该方法认为：收盘价同时穿越了两条移动平均线之后，才构成买入或卖出信号；价格停留在中性区时保持观望，不操作。

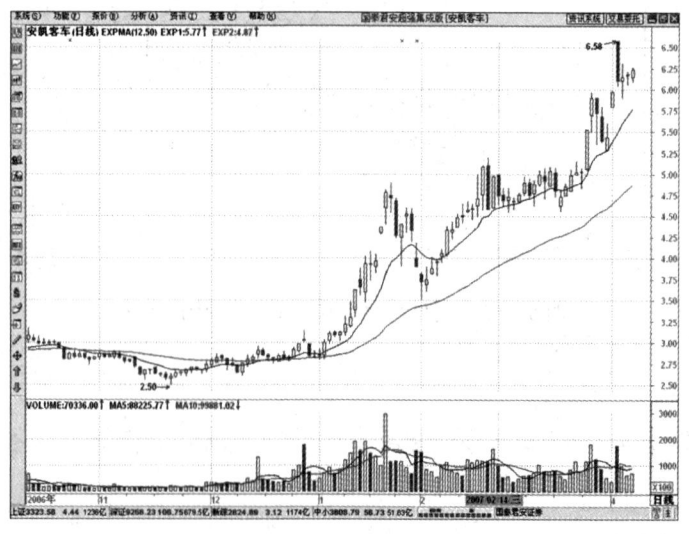

图 8 - 65　均线金死叉

（3）三条及多条移动平均线：①参数选择：三条及多条移动平均线的参数一般是选择短期、中期、长期相搭配。②多头排列：在上升趋势中，多条移动平均线从上到下按照短、中、长期的次序排列。③空头排列：在下降趋势中，多条移动平均线从上到下按照长、中、短期的次序排列。④三重交叉法：连续出现三次金叉或死叉，发出的买卖信号更为可靠。

图 8-66 均线粘合

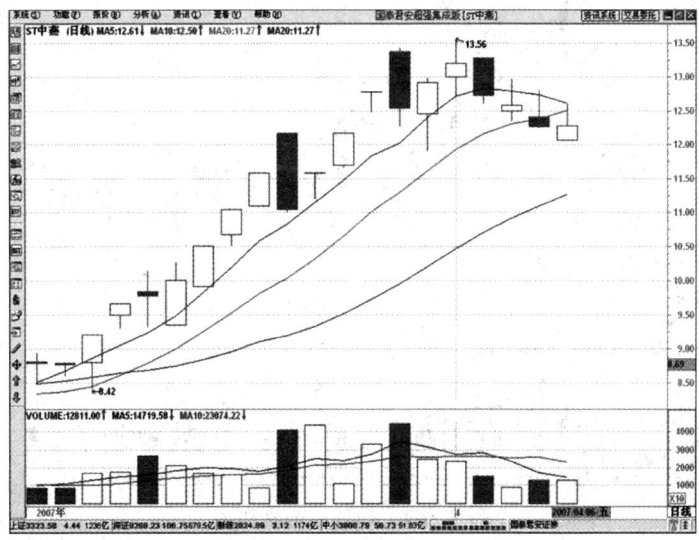

图 8-67 均线多头排列

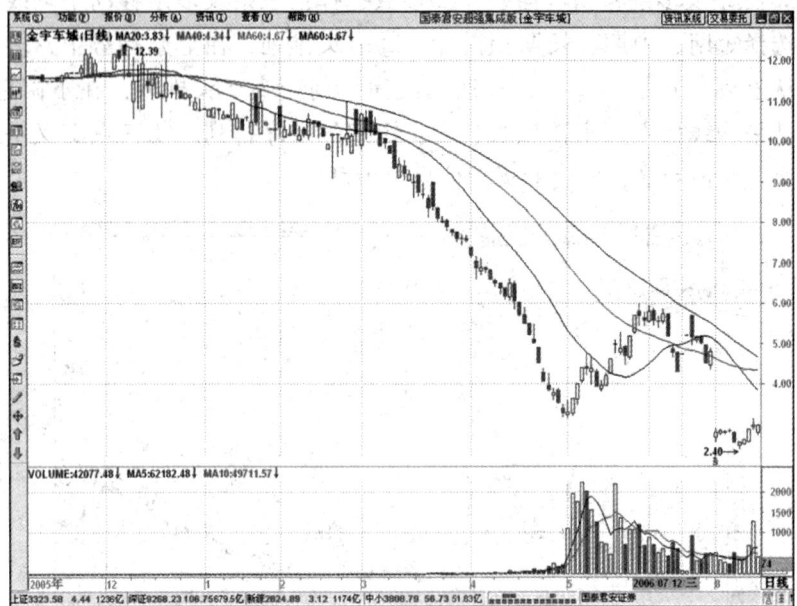

图 8 - 68　均线空头排列

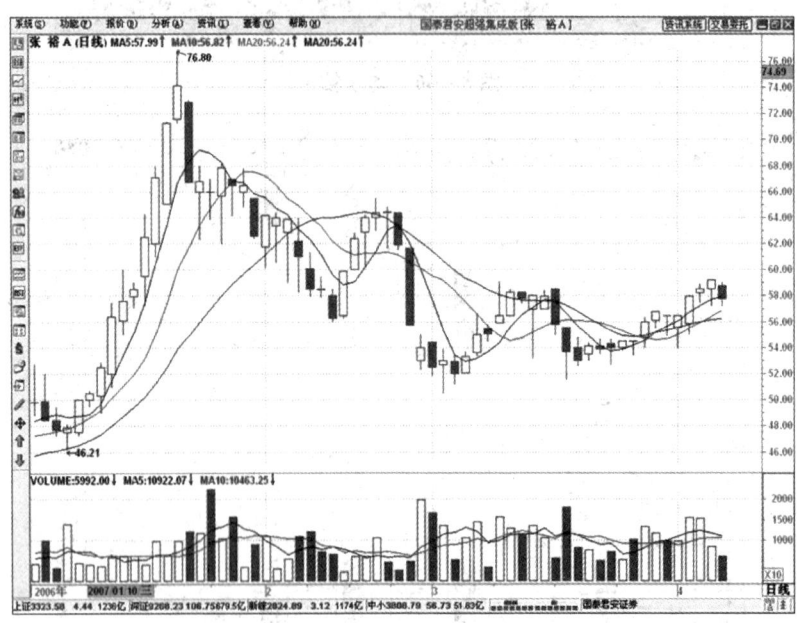

图 8 - 69　均线三金叉买入

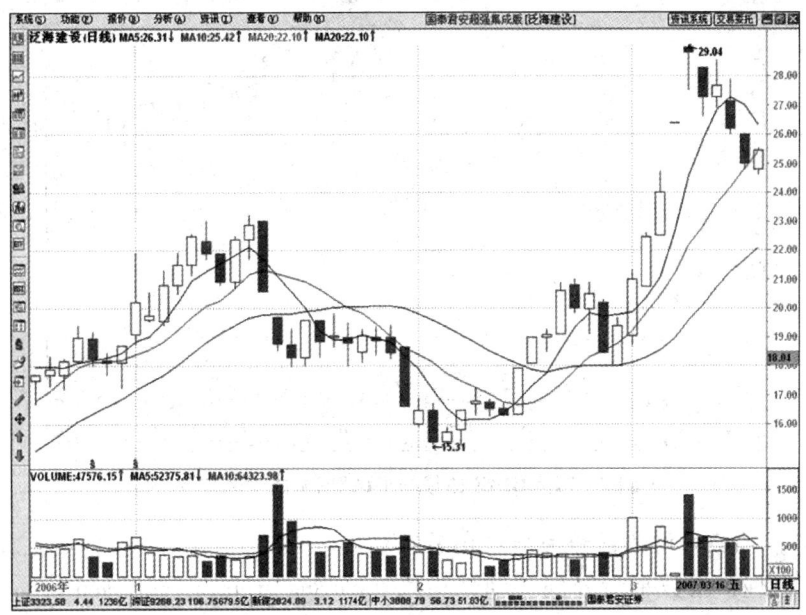

图 8-70　均线三金叉买入后续

6. 移动平均法的补充——乖离率（BIAS）

葛兰维尔（Gravile）八大法则中的第 4 条和第 8 条指出价格远离移动平均线时是买入或卖出时机，但没有说明偏离多远，乖离率指标就是用来描述这种偏离程度的。

（1）计算：

$$BIAS（n）= [C - MA（n）] / MA（n）×100$$

（2）应用：

①取值范围：以 0 为中轴，没有极限值，但有一个正常取值范围（因股、因时、因市、因人而异）。②形态。③背离。④交叉：两条不同参数的 BIAS 曲线交叉；BIAS 曲线与 BIASMA 曲线的交叉。

图 8 – 71　BIAS 曲线与 BIASMA 曲线的交叉

（二）指数平滑异同移动平均线 MACD

1. 原理：指数平滑异同移动平均线（moving average convergence and divergence）由快速移动平均线与慢速移动平均线之间的离差（DIF）、离差的平均值（DEA）和两线的垂直距离（BAR）三部分组成，利用快速线与慢速线之间聚合与分离的征兆，来判断买进与卖出的时机。

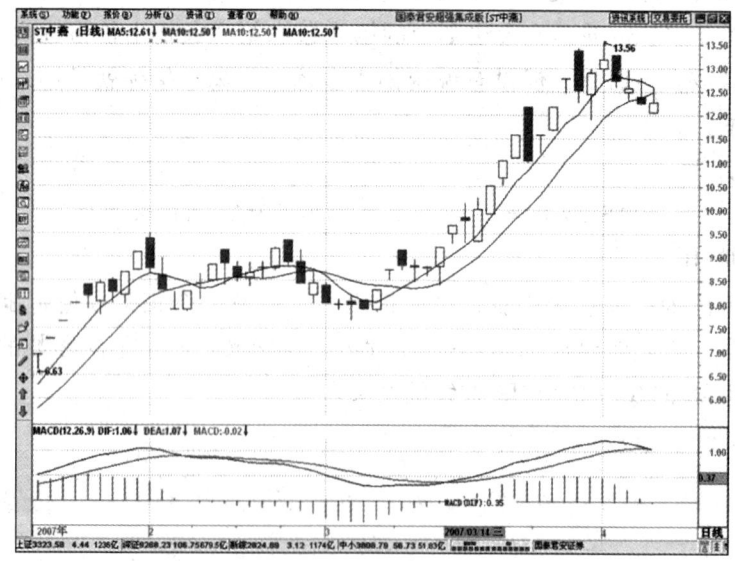

图 8 – 72　MACD 指标

2. 应用：

（1）取值范围：以0为中轴，没有极限值，但有一个正常取值范围。

（2）交叉：①DIF线（或DEA线）与中轴线的交叉；②DIF线与DEA线（又称MACD线）的交叉。

（3）背离。

图 8 – 73　MACD 背离

（三）止损点转向指标 SAR

1. 原理：止损点转向指标（stop and reverse）也称抛物线转向指标，它利用抛物线的方式随时调整止损点位置，并根据行情变化自动给出买卖信号。

2. 应用：价格向下突破 SAR 时卖出；价格向上突破 SAR 时买入。

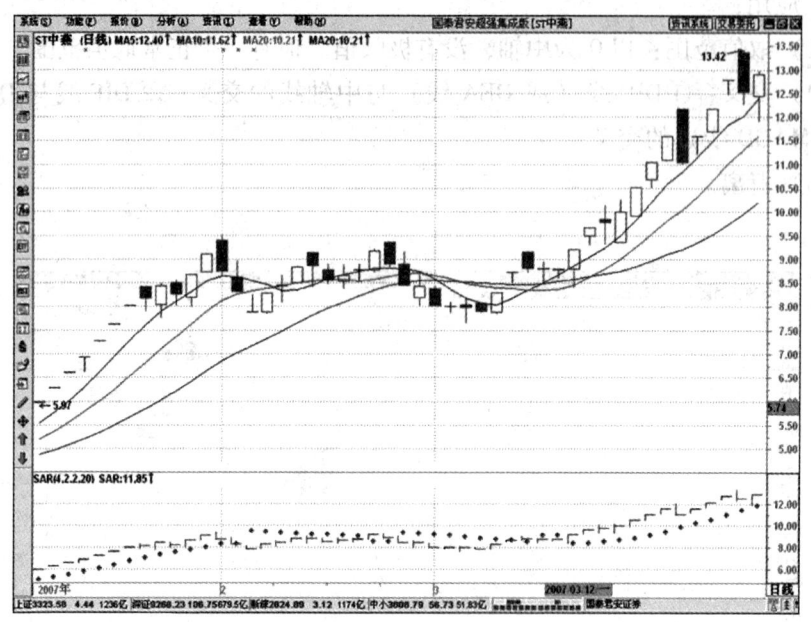

图 8-74 SAR 买入卖出时机图

三、摆动类指标

摆动类指标主要包括：威廉指标 WR；随机指标 KDJ；相对强弱指数 RSI；变动率指标 ROC 等，当市场进入无趋势阶段时，价格通常会在一个横向区间内上下波动，此时绝大多数趋势类指标不能发挥作用，而摆动类指标通过一定的计算方法，将价格波动转换成围绕一个水平轴做上下摆动的运动，然后从极值、背离、交叉等方面进行分析进而提供买卖信号。相反意见理论认为，当绝大多数人看法一致时，他们一般是错误的一方，因而正确的选择就是确定大多数人的行为（通常把咨询机构的观点当作"市场风向标"），然后反其道而行之。

1. 随机指标 KDJ：

（1）原理：一般地，在上升（下降）行情中，每日的收盘价倾向于接近当日价格区间的上端（下端）。

随机指标就是通过研究高低价与收盘价的关系来反映价格走势的强弱和超买超卖现象的指标。

随机指标主要有两条曲线：K 线和 D 线，有的还包括 J 线。

K 值的计算公式是：$(C - L_n) / (H_n - L_n) \times 100$；D 值是 K 值的移动平均

数；J 值等于 3D − 2K 或 3K − 2D。

（2）应用：

第一，极值：K 线和 D 线以 50 为中轴，在 0 ~ 100 之间波动，有超买超卖区。

超买区 ——————————————— 100 上限
强势区 ——————————————— 80 卖出线
弱势区 ——————————————— 50 中轴线
超卖区 ——————————————— 20 买入线
——————————————— 0 下限

图 8 − 75　超买超卖区间示意图

第二，交叉。附加以下三个条件的交叉更为可靠：①在超买超卖区内；②右侧相交原则；③交叉次数越多越好。

第三，背离。

图 8 − 76　KDJ 买入卖出时机图 1

图 8-77　KDJ 买入卖出时机图 2

2. 威廉指标 WR：

（1）原理：利用摆动点（当日收盘价在过去一定时期内的全部价格范围中的相对位置）来衡量市场的超买超卖现象，从而预测价格周期变化的高点与低点，并提供买卖的信号。

计算公式（一般选择循环周期的一半作为参数）：

$$WR = 100 - (C - L_n) / (H_n - L_n) \times 100 = (H_n - C) / (H_n - L_n) \times 100$$

（2）应用：①极值：以 50 为中轴，在 0～100 之间波动，有超买超卖区。②形态：可能发生连续多次撞顶或撞底而形成双重形等形态。

图 8-78　WR 买入卖出时机图

3. 相对强弱指数 RSI：

（1）原理：相对强弱指数（relative strength index）通过比较一段时期内收盘价的涨跌来评估市场买卖双方力量的强弱，从而判断未来市场的走势。

计算公式：

$$RSI（n）=n 日内收盘价上升平均数/（n 日内收盘价上升平均数 + n 日内收盘价下降平均数）×100$$

（2）应用：①极值：以 50 为中轴，在 0 ~ 100 之间波动，有超买超卖区。②背离。③形态。④交叉：不同参数的 RSI 曲线的交叉；RSI 曲线与 50 中轴线的交叉。

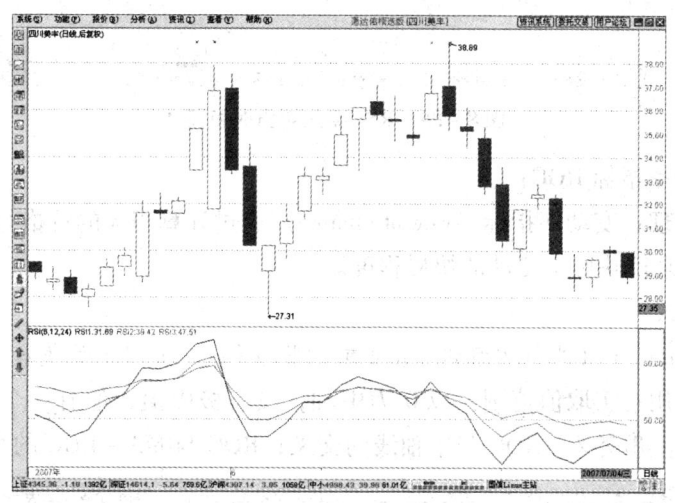

图 8-79　RSI 买入卖出时机图 1

图 8 - 80　RSI 买入卖出时机图 2

4. 变动率指标 ROC：

（1）原理：变动率指标（rate of change）通过计算当天的价格与 n 天前价格的变动速度来反映价格变动的快慢程度。

计算公式：

ROC（n）＝（当日收盘价 - n 日前的收盘价）／ n 日前的收盘价 ×100

（2）应用：①取值范围：以 0 为中轴，没有极限值，但有一个正常取值范围。②背离。③交叉：ROC 与中轴线的交叉；ROC 与 MA - ROC 的交叉。

图 8 - 81　ROC 买入卖出时机图 1

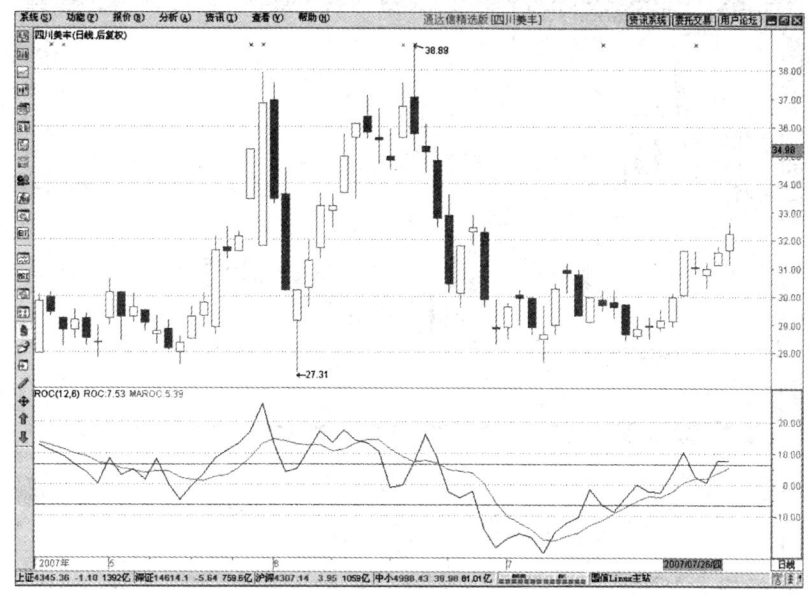

图 8 - 82　ROC 买入卖出时机图 2

四、成交量类指标

成交量类指标主要包括：能量潮 OBV；威廉变异离散量 WVAD；心理线 PSY；情绪指标 BRAR 等。

1. 能量潮 OBV：

（1）原理：能量潮（on balance volume）将成交量值予以数量化（上涨时为正值，下跌时为负值）后制成趋势线，配合价格趋势线来推测市场的走势。

计算公式：

OBV（n）= OBV（n - 1）± n 日的成交量（将当日收盘价和前一日的收盘价进行比较，逐日累计每日的成交量）

（2）应用：①必须与价格曲线结合使用；②背离。

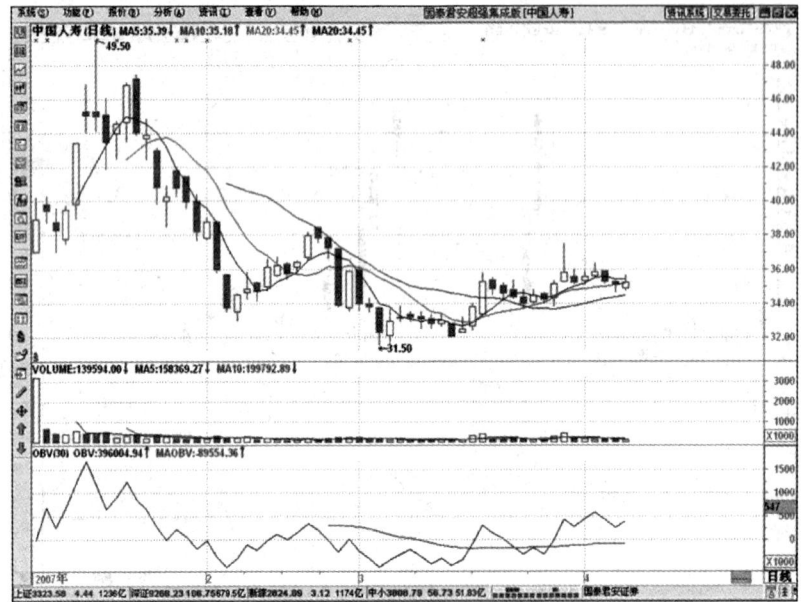

图 8 - 83　OBV 买入卖出时机图 1

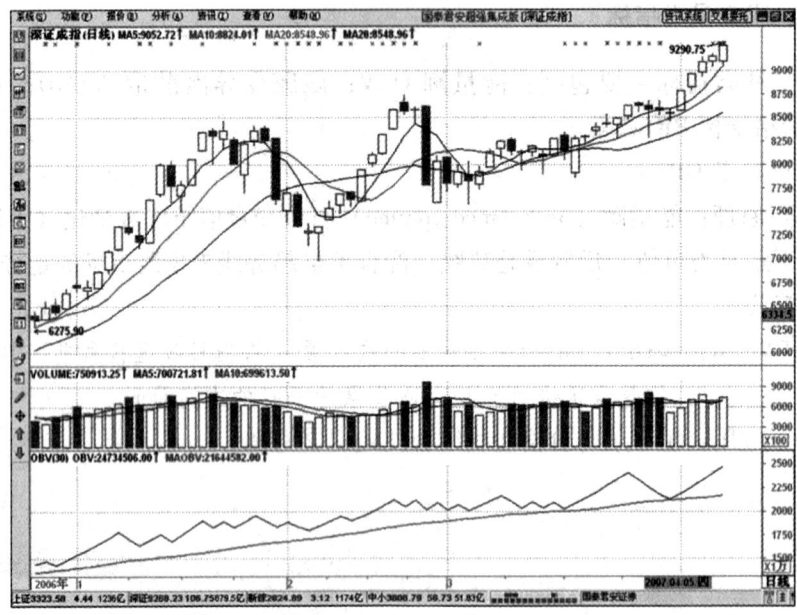

图 8 - 84　OBV 买入卖出时机图 2

2. 威廉变异离散量 WVAD：

（1）原理：威廉变异离散量（William's variable accumulation distribution）又称成交量加权指标，是根据当日 K 线的阴阳和实体的大小来确定将成交量划归多空两方的比例。

计算公式：

VD ＝ ［（C – O）／（H – L）］×当日成交量 WVAD（n）＝∑VD

（2）应用：①正负值：由负值变为正值时，是买入信号；由正值变为负值时，是卖出信号。②更适用于指导建立多头头寸。

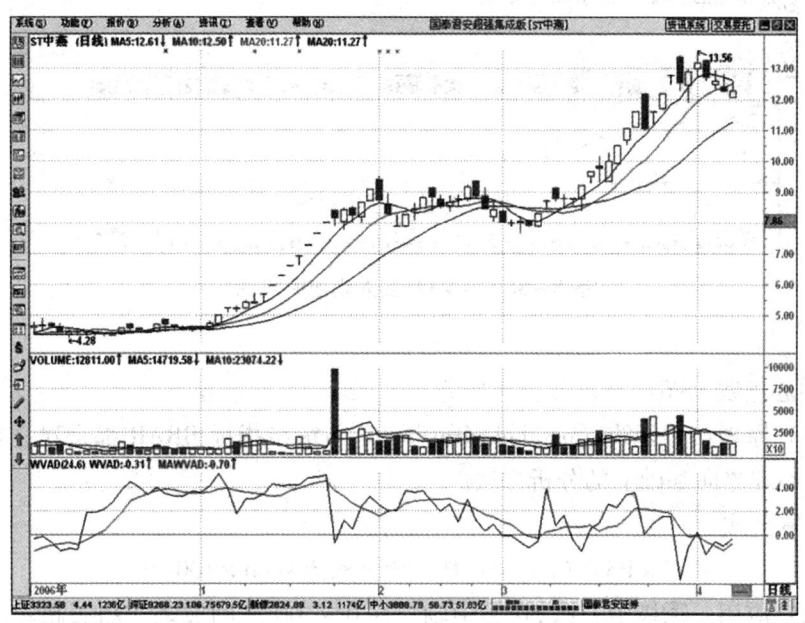

图 8 – 85　WVAD 买入卖出时机图 1

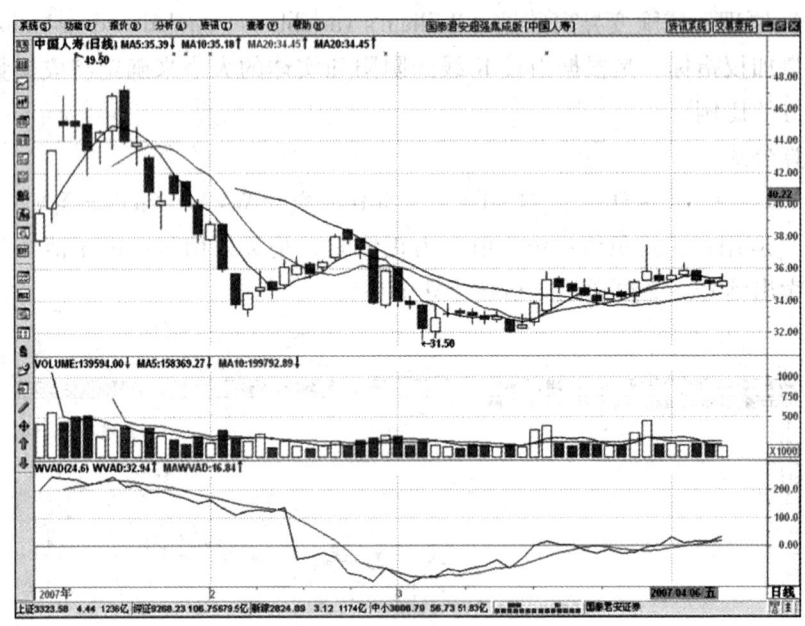

图 8 – 86　WVAD 买入卖出时机图 2

3. 心理线 PSY：

（1）原理：心理线（psychological line）与情绪指标 BRAR 都是建立在研究交易者心理趋向基础上的分析方法。

计算公式：

$$PSY（n）= n 日内的上涨天数/n \times 100$$

（2）应用：①极值：以 50 为中轴，在 0 ~ 100 之间波动。超买超卖的高点或低点要出现两次以上才构成买卖信号。②交叉：PSY 与中轴线的交叉；PSY 与 MA – PSY 的交叉。

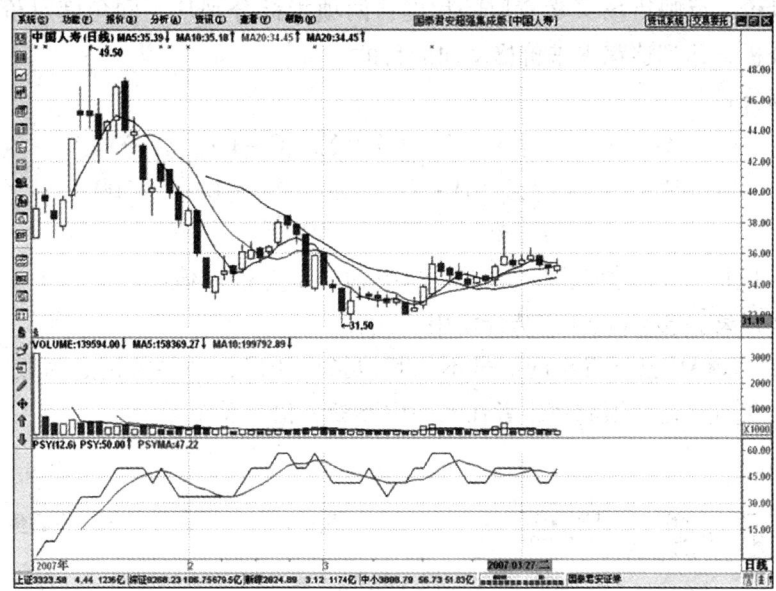

图 8-87　PSY 买入卖出时机图 1

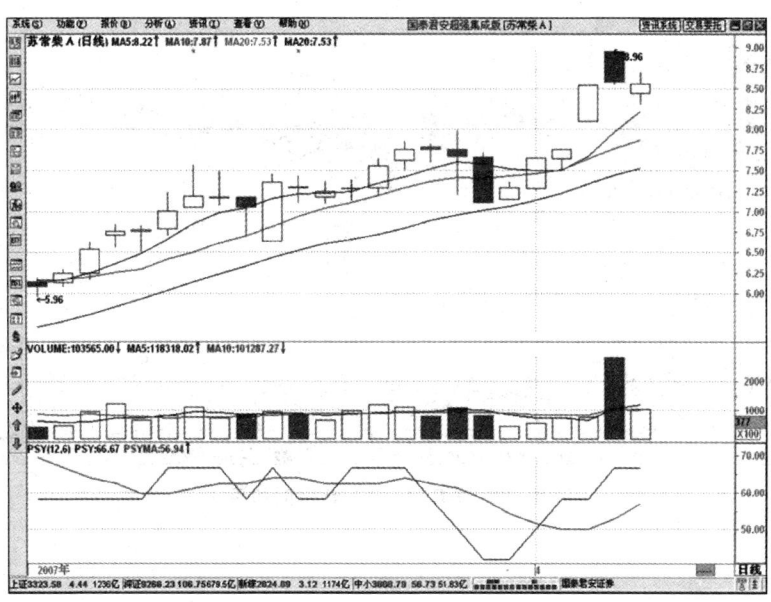

图 8-88　PSY 买入卖出时机图 2

4. 情绪指标 BRAR：

（1）原理：人气指标 AR 重视开盘价，反映市场买卖的人气；意愿指标 BR

重视收盘价，反映市场买卖意愿的程度；两项指标分别从不同角度对价格的波动进行分析，达到追踪未来价格动向的目的。

计算公式：

$$AR（n）=［\sum（H-O）／\sum（O-L）］×100$$

$$BR（n）=［\sum（H-YC）／\sum（YC-L）］×100$$

（YC 为上一交易日的收盘价）

（2）应用：①取值范围：以 100 为中轴，没有极限值，但有一个正常取值范围。②背离。③AR 与 BR 结合使用。

注意：BRAR 指标发出的信号不如其他指标明确，许多关键点因股、因时、因市、因人而异，必须靠使用者在实践中不断领悟和总结。

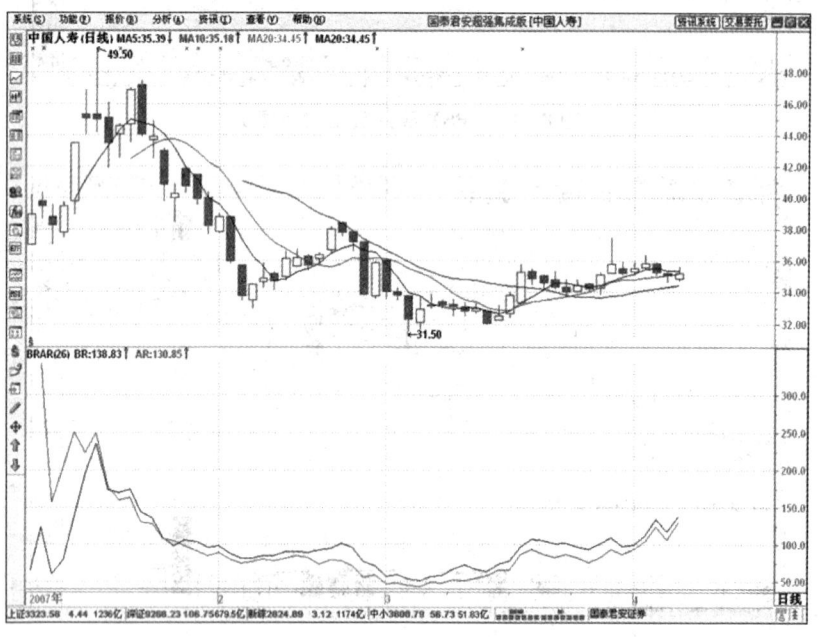

图 8-89　BRAR 买入卖出时机图 1

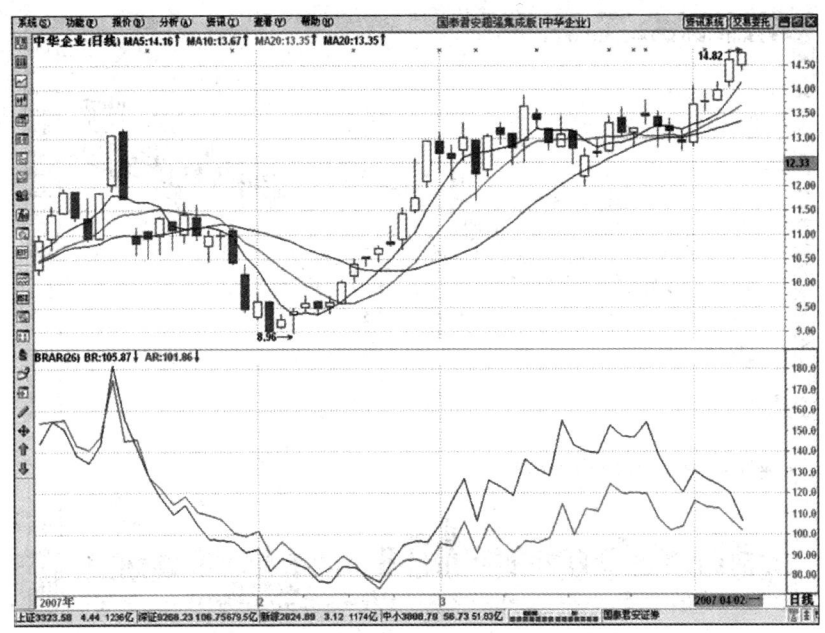

图 8 - 90　BRAR 买入卖出时机图 2

五、路径类指标

路径类指标主要包括：布林线 BOLL、麦克指标 MIKE 等。

1. 布林线 BOLL：

（1）原理：布林线以移动平均线 MA 为中心，计算出上边界线 BU 和下边界线 BD，表示在过去的 n 个交易日内，价格有 95% 的机会在该范围内波动。

（2）应用：①交叉；价格越过上界并回落，短线卖出；价格越过下界并反弹，短线买入。②BOLL 由窄变宽，预示有大行情，此时应反向操作：价格越过上界并涨幅不大时，短线买入；价格越过下界并跌幅不大时，短线卖出。

图 8 – 91 BOLL 买入卖出时机图 1

图 8 – 92 BOLL 买入卖出时机图 2

2. 麦克指标 MIKE：

（1）原理：麦克指标完全抛弃了移动平均线的方法，主要以某段时间的高低价及收盘价计算出强、中、弱三种支撑位和压力位，因而它的上限（压力位）和下限（支撑位）分别有三条曲线，该指标总共有六条曲线。

（2）应用：①当价格脱离盘整上涨时，价格上方的三条"上限"为其压力参考价；②当价格脱离盘整下跌时，价格下方的三条"下限"为其支撑参考价；③价格盘整时，若高于中界线则选择"上限"为参考依据；若低于中界线则选择"下限"为参考依据。

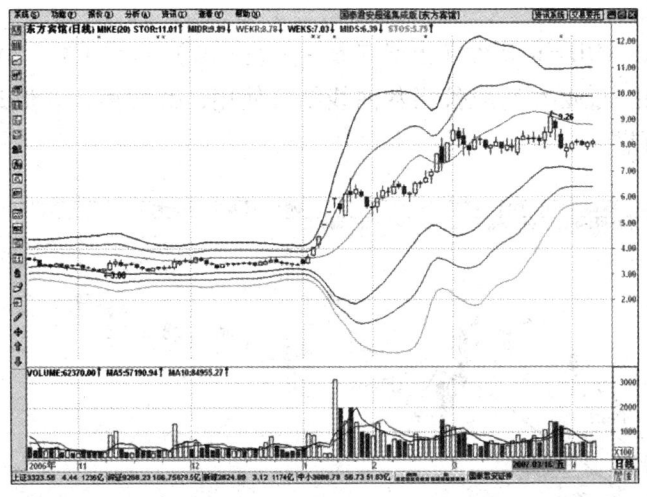

图 8-93　MIKE 买入卖出时机图 1

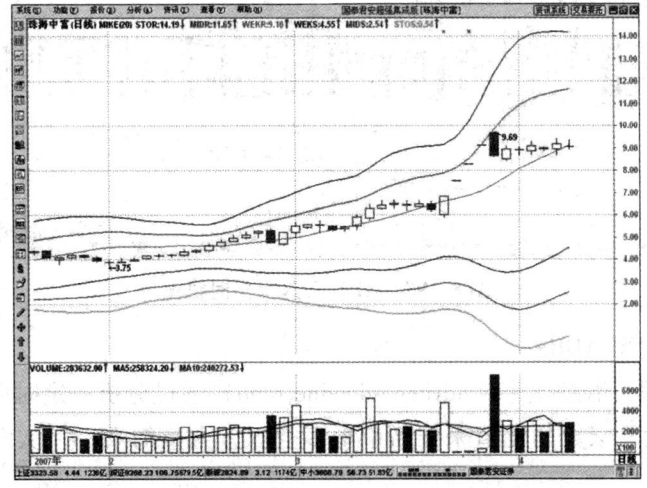

图 8-94　MIKE 买入卖出时机图 2

六、大盘类指标

大盘类指标专门用于分析市场大盘（股价指数）的运行趋势，主要包括：腾落指数 ADL、涨跌比率 ADR、超买超卖指标 OBOS 等。

1. 腾落指数 ADL：

（1）原理：腾落指数（advance-decline line）通过分析每天上涨和下跌的股票家数以了解股票市场人气的盛衰，探测大盘内在的动量，从而判断市场未来的动向。

计算公式：

当日 ADL = n 日内（上涨家数 − 下跌家数）总和 + 昨日 ADL

（2）应用：①必须与股价指数曲线结合使用；②背离；③形态；④发出的买入信号更可靠。

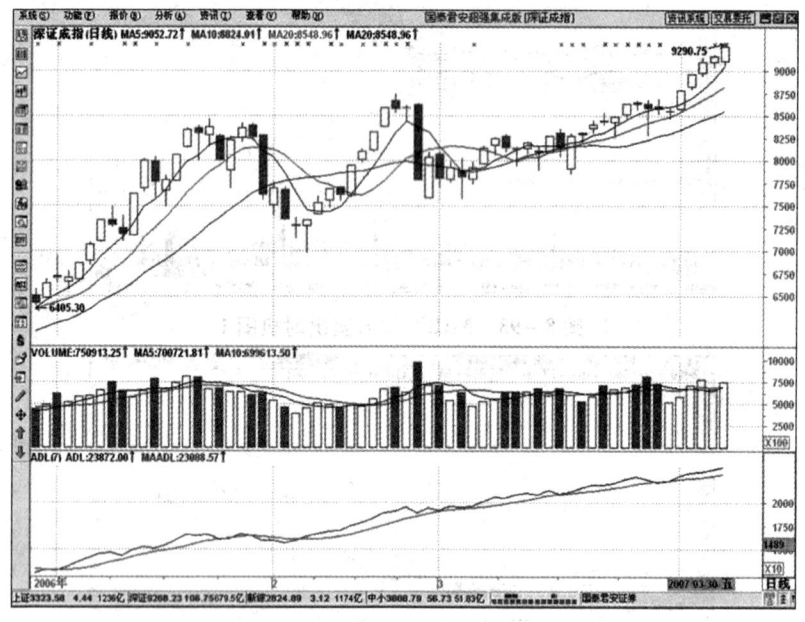

图 8−95　ADL 买入卖出时机图

2. 涨跌比率 ADR：

（1）原理：涨跌比率（advance-decline ratio）通过分析一定时期内上涨股票家数和下跌股票家数的比值来推断市场多空双方力量的大小，从而判断市场未来的动向。

计算公式：

　　ADR（n）＝n 日内上涨股票家数总和/n 日内下跌股票家数总和

（2）应用：①取值范围：以 1 为中轴，没有极限值，一般在 0.5～1.5 之间波动。②背离。③适合于短线操作。

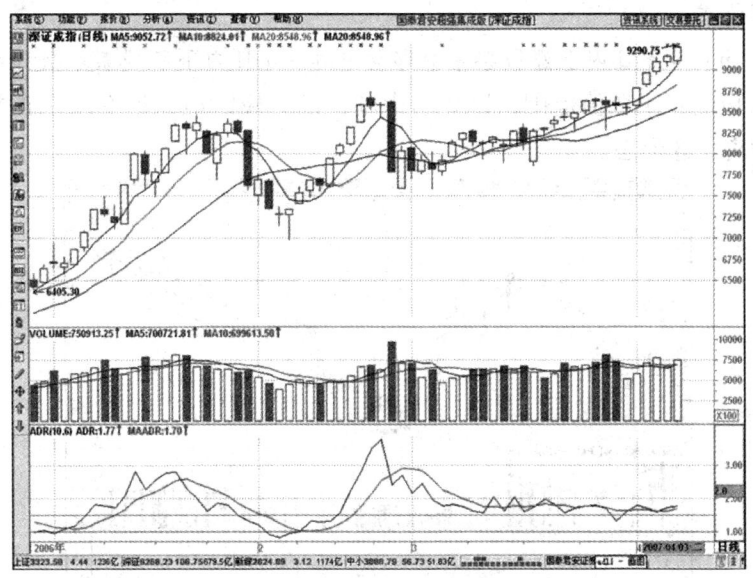

图 8－96　ADR 买入卖出时机图 1

图 8－97　ADR 买入卖出时机图 2

3. 超买超卖指标 OBOS:

(1) 原理:超买超卖指标(over bought over sold)通过计算一定时期内市场涨跌股票家数之间的相关差异性,来了解整个市场买卖气势的强弱以及未来大势的走向。

计算公式:

OBOS (n) =n 日内上涨股票家数移动总和 - n 日内下跌股票家数移动总和

(2) 应用:①取值范围:以 0 为中轴,没有极限值,但有一个正常取值范围。②背离。③形态。

图 8-98　OBOS 买入卖出时机图 1

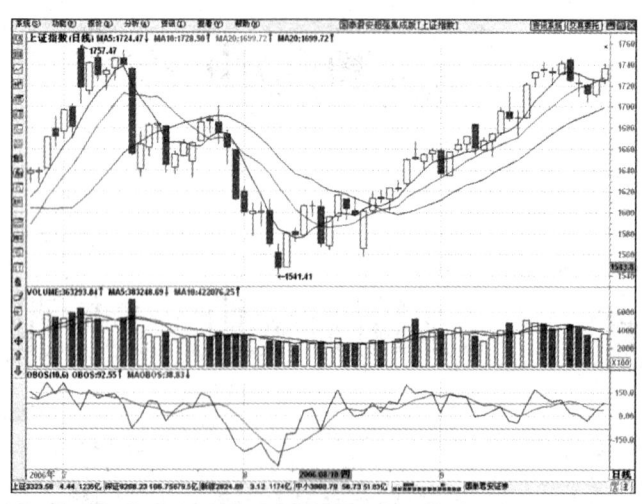

图 8-99　OBOS 买入卖出时机图 2

本章小结

本章主要介绍了证券技术分析的常见指标，从点、线、面三个维度进行了分析，重点在各个技术指标之间的相互印证，分析表明技术分析必须以市场为导向，因为纯粹的技术分析只是一项概率事件。

参考文献

1. 叶育甫主编：《证券投资学》，中国人民大学出版社 2015 年版。

2. 吴可编著：《证券投资理论与市场操作》，清华大学出版社 2012 年版。

3. 李英：《证券投资学》，中国人民大学出版社 2016 年版。

4. 中国证券业协会编：《金融市场基础知识》，西南财经大学出版社 2018 年版。

5. 霍文文编著：《证券投资学》，高等教育出版社 2017 年版。

6. 黄贞贞、臧真博主编：《证券投资学》，重庆大学出版社 2017 年版。

7. 张亦春、郑振龙、林海主编：《金融市场学》，高等教育出版社 2017 年版。

8. ［美］埃德温·J. 埃尔顿等：《现代投资组合理论与投资分析（原书第 9 版）》，机械工业出版社 2017 年版。

9. 岑仲迪、顾锋娟编著：《证券投资学》，清华大学出版社 2011 年版。

思考题

1. 道氏理论的要点是什么？它对技术分析有何贡献？

2. 什么是支撑与阻力？如何判断和分析支撑与阻力？

3. 什么是股价变动的趋势？如何确认趋势线的有效突破？

4. 股票的量价关系有何重要意义？可借助哪些技术指标分析股票的量价关系？

5. MACD 指标的具体含义是什么？如何理解这一指标的背离操作技术？

第九章 证券组合管理

第九章

⊃教学目标

金融市场上的投资决策涉及风险与收益的权衡。投资者的目标是在众多的金融产品中选择适当的资产构建最优的投资组合。在构建组合的过程中，我们需要讨论的是：如何定义组合的收益和风险？通过什么方式可以有效地降低投资组合的风险？投资者选择的投资组合和投资者的风险偏好有何关系？如何通过市场中的资产构建最优投资组合？本章即探讨这一系列问题。通过本章的教学，要求学生掌握投资收益和风险的度量，掌握分散投资如何降低投资组合的风险，了解投资者的风险偏好，了解投资组合有效集和最优投资组合的构建，了解无风险借贷对投资组合有效集的影响，了解投资组合理论的新发展。

⊃重点和难点

本章重点是：系统性风险和非系统性风险的理解，马科维茨投资组合理论如何解释分散化投资，投资组合选择的过程是什么。本章的难点是：马科维茨投资组合理论的应用。

第一节 证券组合管理概述

一、投资收益与风险的衡量

金融市场的风险是指金融变量的各种可能值偏离其期望值的可能性及幅度。金融变量的可能值可能低于也可能高于期望值，因此风险绝不等同于亏损。风险既包含对市场主体不利的一面，也包含有利的一面。换句话说，风险大的金融资产，其最终的实际收益率并不一定比风险小的金融资产低，而往往是风险大收益也大，故有风险与收益相当之说。

　　金融风险有多种分类方法，按其来源可分为流动性风险、信用风险、市场风险和操作风险；按会计标准可分为会计风险和经济风险；按能否分散可分为系统性风险和非系统性风险。其中系统性风险和非系统性风险的含义如下：

　　1. 系统性风险。系统性风险是由那些影响整个金融市场的风险因素所引起的，这些因素包括经济周期、宏观经济政策的变动等。这类风险影响所有金融变量的可能值，无法通过分散投资相互抵消或者削弱，因此又称为不可分散风险。换句话说，即使一个投资者持有一个充分分散的投资组合，也得承受这类风险。

　　2. 非系统性风险。非系统性风险是指与特定的公司或行业相关的风险，它与经济、政治和其他影响所有金融变量的因素无关。例如，一个新的竞争者可能开始生产同类产品，一次技术突破可能使一种现有产品消亡。非系统性风险可以通过分散投资降低；如果分散是充分有效的，这种风险还能被消除，因此，它又称为可分散风险。正由于此，在证券投资的风险中，重要的是不可避免的系统性风险。后面将进一步讨论关于系统性风险和非系统性风险的问题。

二、证券组合与分散风险

　　组合，英文为 portfolio。证券组合通常指个人或机构投资者所拥有的由股票、债券以及衍生金融工具等多种有价证券构成的一个投资集合。"不要把所有的鸡蛋放在一个篮子里。"如果将这句古老的谚语应用于投资决策中，那么就说明不要将所有的钱投资于同一种证券，通过分散投资可以降低投资风险，这是一个非常浅显易懂的道理。那么，应该将"鸡蛋"放在多少个"篮子"里才是最好呢？将"鸡蛋"放在什么样的不同"篮子"里才是最好呢？

　　如前所述，证券组合的风险不仅取决于单个证券的风险和投资比重，还取决于这些证券收益之间的协方差或相关系数，并且协方差或相关系数起着特别重要的作用。因此，投资者建立的证券组合就不是一般的拼凑，而是要通过各证券收益波动的相关系数来分析。当利用长时期的历史资料比较一个充分分散的证券组合和单一股票的收益和风险特征时，就会发现某些奇怪的现象。例如，在 1989 年 1 月至 1993 年 12 月，IBM 股票的月平均收益率为 -0.61%，标准差为 7.65%。而周期标准普尔 500 指数的月平均收益率和标准差分别为 1.2% 和 3.74%。虽然 IBM 收益率的标准差大大高于标准普尔 500 指数的标准差，但是其月平均收益率却低于标准普尔 500 指数的月平均收益率。为什么会出现风险高的股票其收益率反而低的现象呢？

原因在于，每个证券的全部风险并非完全相关，在构成一个证券组合时，单一证券收益率变化的一部分可能被其他证券收益率的反向变化所减弱或者完全抵消。事实上，可以发现证券组合的标准差一般都低于组合中单一证券的标准差，因为各组成证券的总风险已经通过分散化而大量抵消。因此，就没有理由要求预期收益率与总风险相对应；与预期收益率相对应的只能是通过分散投资不能相互抵消的那一部分风险，即系统性风险。

根据证券组合预期收益率和风险的计算公式可知，不管组合中证券的数量数是多少，证券组合的收益率只是单个证券收益率的加权平均数，分散投资不会影响组合的收益率。但是分散投资可以降低收益率的波动，各个证券之间收益率变化的相关关系越弱，分散投资降低风险的效果就越明显。当然，在现实的证券市场上，大多数情况是各个证券收益之间存在一定的正相关关系，相关的程度有高有低。有效证券组合的任务就是找出相关关系较弱的证券组合，以保证在一定的预期收益率水平上尽可能降低风险。

从理论上讲，一个证券组合只要包含了足够多的相关关系弱的证券，就完全有可能消除所有的风险，但是在现实的证券市场上，各证券收益率的正相关程度很高，因为各证券的收益率在一定程度上受相同因素影响（如经济周期、利率的变化等），所以，分散投资可以消除证券组合的非系统性风险，但是并不能消除系统性风险。

瓦格纳和刘（Wagner and Lau）于1971年根据1960年7月标准普尔公司的股票质量评级将200种在纽约证券交易所上市的股票样本分成六组，最高质量等级 A$^+$ 构成第一组，依此类推。从每一组股票中随机抽取 1～20 只股票组成证券组合，计算每一组合从1960年7月至1970年5月这10年中的月平均收益率。为减少对单一样本的依赖，这一工作连续进行10次，然后对10个数值进行平均。表9-1是 A$^+$ 质量等级股票组合的一部分计算结果。

表9-1　随机抽样 A$^+$ 质量股票组合的风险和分散效果（1960年7月至1970年5月）[1]

组合中 股票数量	平均收益率 （%/月）	标准差 （%/月）	与市场相关 系数（R）	与市场的可决 系数（R^2）
1	0.88	7.0	0.54	0.29

〔1〕 W. Wagner, S. Lau, The effect of diversification on risks, *Financial Analyst Journal*, 1971, November-December, 53.

组合中股票数量	平均收益率（%/月）	标准差（%/月）	与市场相关系数（R）	与市场的可决系数（R^2）
2	0.69	5.0	0.63	0.40
3	0.74	4.8	0.75	0.56
4	0.65	4.6	0.79	0.62
5	0.71	4.6	0.79	0.62
10	0.68	4.2	0.85	0.72
15	0.69	4.0	0.88	0.77
20	0.67	3.9	0.89	0.80

表 9 - 1 中的可决系数 R^2 为相关系数的平方，其取值范围从 0 到 1。它用来衡量证券组合的收益率变动（用方差表示）中可归因于市场收益的比例，其余风险为组合的特有风险。因此，一个证券组合的 R^2 越接近 1，这个组合的风险分散就越充分。

从表中的数据可知：

第一，一个证券组合的预期收益率与组合中股票的数量无关，证券组合的风险随着股票数量的增加而减少。当股票组合中的股票逐渐从 1 只扩大到 10 只时，证券组合的风险下降很明显。但是随着组合中股票数量的增加，风险降低的边际效果在迅速减少，特别是当持有的股票超过 10 只时，风险降低的效果变得微乎其微。

第二，平均而言，随机抽取的 20 只股票构成的股票组合的总风险降低到只包含系统性风险的水平，单个证券风险的 40% 被抵消，这部分就是非系统性风险。

第三，一个充分分散的证券组合的收益率的变化与市场收益率的变化密切相关，其波动性或不确定性基本上就是市场总体的不确定性。投资者不论持有多少股票都必须承担这一部分风险。

根据以上分析，证券组合所包含的证券数量与组合的系统性和非系统性风险之间的关系，可用图 9 - 1 表示。

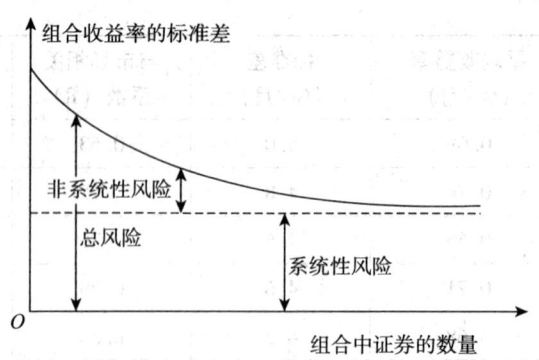

图 9 - 1 组合中证券的数量与组合的系统性和非系统性风险之间的关系

传统证券投资管理的着眼点在于证券个体，是个体管理的简单集合。组合管理以资产组合整体为对象和基础，或以拥有整个资产组合投资者的效用最大化为目标。组合管理的重点是资产之间的相互关系及组合整体的风险收益特征，即风险与收益的权衡。

三、现代投资组合理论

现代投资组合理论研究的是投资者面对多种资产在权衡收益与风险的基础上进行自身效用最大化的方法以及由此对整个资本市场产生的影响。现代投资组合理论因应投资管理的实际需求而发生，随着投资理论的发展而日趋成熟。一般认为，西方投资管理经历了三个发展阶段：一是投机阶段，二是职业化阶段，三是科学化阶段。

第一，投机阶段（1933 年之前）。在投机阶段，投资者并没有成熟的投资理论可循，投资所依赖的是直觉、经验累积和传统的投资理论，例如道氏理论、波浪理论以及其他图表学派的理论等。这些经验性的投资理论既缺乏坚实的理论基础，又缺乏充实的实践验证，不足以对投资管理产生重要的指导意义。

第二，职业化阶段（1933 年 ~ 1952 年）。现代投资组合理论产生于投资管理的职业化阶段，即 20 世纪 50 年代中期。这时经济学家开始进入投资研究领域，并把成熟的微观经济理论（如效用理论）和数理统计知识引入到投资领域，使投资管理向科学化方向迈进。

第三，科学化阶段（1952 年以后）。1952 年，马科维茨在《金融月刊》上发表了《资产选择：投资的有效分散化》一文，他在文中提出采用风险资产的期望收益率和以方差或标准差代表的风险来研究投资人资产的选择和组合问题。

马科维茨虽然在理论上阐明了有效投资组合的构成原则。但在实际运用中，证券组合的选择和确定面临大量繁重和复杂的计算，基于这一情况，学者们一直致力于如何实施马科维茨资产选择原则，在两方面获得了突破性的进展：一是减少投资组合分析所需要的数据投入；二是简化有效边界的计算量。其中的代表性著作，如 1963 年夏普发表的《对于"证券组合"分析的简化模型》一文，提出简化证券组合分析的单指数模型；随后又出现了多因素模型的分析，而 Elton、Gruber 和 Padberg 于 1976 年和 1978 年在单因素模型的基础上提出了确定有效边界的单指数模型简化技术。现代投资组合理论在向实用化发展的同时，理论本身也得到不断的发展和完善。马科维茨的投资组合理论关注的是风险资产投资的研究，但如果引入无风险资产，允许投资者在无风险资产和风险资产之间进行组合投资，那么有效边界的形状将产生怎样的变化？此外，如果投资者的投资行为与该理论一致，当资本市场达到均衡时，资产收益将如何确定，收益的风险测度是什么，以及期望收益与风险之间的函数关系怎样？William Sharpe、John Lintner 和 Jan Moss 从实证经济学的角度出发，研究了这一系列的问题，共同提出了资本资产定价模型；由于资本资产定价模型中的某些假设与现实经济的实际存在很大差距，放松某些假设条件的非标准资本资产定价模型应运而生，如不允许卖空、不存在无风险资产、存在个人所得税、存在非适销资产、非一致预期、存在价格影响者的静态非标准资本资产定价模型。Stephen Rose（1976）提出的套利定价理论，从更一般的角度研究了风险资产的定价问题。

总之，狭义的现代投资组合理论就是指马克维茨的均值—方差理论。广义的现代投资组合理论首先应包括传统投资组合理论和狭义现代投资组合理论的内容；其次包括在马克维茨的组合选择理论基础上发展起来的资本市场理论；再次，现代投资组合理论还应包括自身赖以存在的理论前提，即有效市场理论；最后，现代投资组合理论应包括在对有效市场理论和资本资产定价模型形成挑战和质疑的背景下形成的行为金融理论，投资组合理论的新发展将在本章第 3 节介绍。

第二节　马科维茨选择资产组合的方法

一、马科维茨投资组合理论的理论假设

1952 年，马科维茨在其分析中引入了统计上的均值—方差（E－V，或称标

准差）概念来衡量证券或证券组合的收益和风险，并对投资组合的选择问题进行了研究。1959 年，他出版了同名著作，进一步阐述了投资组合问题。

马科维茨的研究被认为是历史上首次对投资领域中收益和风险运用现代微观经济学和数理统计的规范方法进行的全面研究，是现代投资组合理论的起点。该理论包含如下假设：

（1）投资者全部是风险规避者，即投资者每承担一定的风险，就必然要求与其所承担的风险相应的收益来补偿。如果用纵坐标表示证券或证券组合的预期收益率 ER，横坐标表示证券或证券组合的风险大小（用标准差 σ 衡量），那么该投资者的无差异曲线为向右上方倾斜的二次型曲线。

（2）投资者投资于公开金融市场上的交易资产，投资者对所有资产的持有期相同，该理论实质上是一种静态的投资决策。

（3）假设投资的收益和风险状况可以通过资产收益率的均值方差反映。投资者是理性的，即同一均值水平上方差小的投资优于方差大的投资（风险规避）；同一方差水平上均值大的投资优于均值小的投资（非饱和性，non-satia-tion）。这与风险厌恶投资者的均值—方差准则是一致的。

（4）市场完全信息，所有的市场参与者均能免费获得同样的信息。并且，投资者对市场上各种风险资产的预期收益率和风险大小以及各种资产之间的相关系数都有一致的认识，即齐性预期假设（homogeneous expectation）。

（5）不允许风险资产的卖空交易（在马科维茨最初的研究中，他假定风险资产不允许卖空，后来 Black 引入了卖空假设，见表 9-2）。

（6）不考虑无风险资产（所有资产均为风险资产），投资者不可以按无风险利率进行资金的借贷（后来 Tobin 修正了这一假设，在模型中引入了无风险借贷假设，见表 9-2）。

（7）不考虑税收、交易成本等因素，即市场环境是无摩擦的。

表 9-2　模型假设的比较

假设，模型，假设	允许以无风险利率无限制的借入和借出	不允许以无风险利率进行借贷
允许卖空风险资产	最终模型	Black 模型
不允许卖空风险资产	Tobin 模型	马科维茨的最初模型

二、投资组合选择的过程

根据马科维茨投资组合理论，投资者的投资组合选择被分为了两个主要步骤：第一步是找到包括所有资产的可行集和有效集；第二步是单个投资者根据自身偏好、效用函数和无差异曲线找到最优投资组合。

（一）找到所有资产的可行集和有效集

可行集，又称可行域（feasible region），即可能的所有投资组合的集合。有效集，又称为有效边界或有效前沿（efficient frontier）。对理性投资者而言，对于既定的风险水平，他们会选择更大的预期收益率（非饱和性）；对于既定的收益水平，他们会选择最小的风险水平（风险规避）。因此，能同时满足这两个条件的投资组合的集合才成为有效集，而有效集中的点所代表的投资组合称为有效投资组合（efficient portfolio），如图9-2所示。

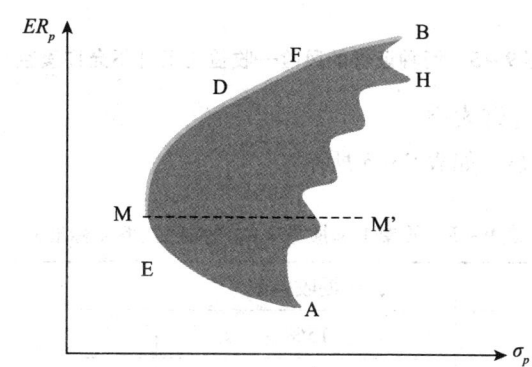

图9-2　可行集与有效集

图9-2中，M点所代表的组合称为最小方差组合，或最小方差点（MVP）；曲线 AB 称为最小方差集；曲线 BM 为有效集。下面分别以两项风险资产和 n 项风险资产的组合为例，来说明如何找到组合的可行集和有效集。

1. 两项风险资产的组合：

第一种情况：不允许卖空。

假设 ER_A、ER_B、ER_P 为资产 A、B 与投资组合的预期收益率，σ_A、σ_B、σ_P 为资产 A、B 及投资组合的标准差，ω_A、ω_B 为按市值计算的风险资产 A、B 在最终投资组合中所占的权重。可得组合的期望和方差如公式9-1和公式9-2所示。

$$ER_P = \omega_A ER_A + \omega_B ER_B \qquad (9-1)$$

$$\sigma_P^2 = \omega_A^2 \sigma_A^2 + \omega_B^2 \sigma_B^2 + 2\omega_A \omega_B \rho \sigma_A \sigma_B \qquad (9-2)$$

进一步，变换两资产在组合中所占的比重，可以模拟出不同系数 ρ 情况下组合的标准差与预期收益率的关系，如图 9-3 所示的图形，即可行集。在此基础上求解在既定预期率收益水平下的最小标准差组合和标准差既定下的最大预期收益率组合，就得到了有效集。

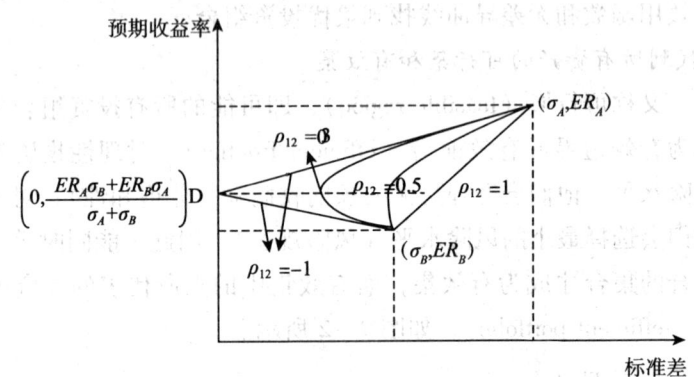

图 9-3 两种证券的风险—收益关系（不允许卖空）

第二种情况：允许卖空。

假设有两只股票，如表 9-3 所示。

表 9-3 股票 1 和股票 2 的预期收益率和标准差

	预期收益率	标准差
股票 1	15%	24%
股票 2	12%	18%

假设股票 1 和 2 相关系数为 0 与 0.5，那么在股票 1 的权重由 100% 逐渐增加到 200% 时，组合的预期收益率与风险值如表 9-4 和图 9-4 所示。

表 9-4 改变权重时组合的预期收益率与风险值

权重 ω_1	100	120	140	160	180	200
权重 ω_2	0	-20	-40	-60	-80	-100
预期回报率	15.0	15.6	16.2	16.8	17.4	18.0
标准差［%］($\rho_{12} = 0.0$)	24.0	29.02	34.36	39.89	45.54	51.26
标准差［%］($\rho_{12} = 0.5$)	24.0	27.18	30.64	34.30	38.10	42.00

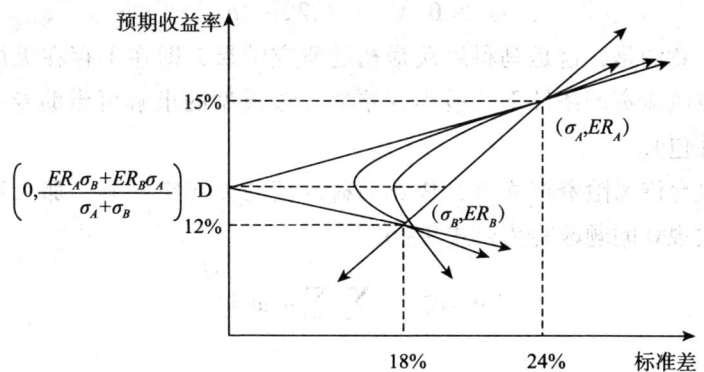

图 9 - 4　两种证券的风险—收益关系（允许卖空）

2. n 项风险资产的组合。将两项风险资产推演到 n 项风险资产的组合情况，可以得到组合的均值和方差分别为公式 9 - 3 和公式 9 - 4。这里先给出公式中的符号含义：

ER_i：第 i 项资产的预期收益率。

δ_i：第 i 项资产的均方差或标准差。

$\delta_{ij}(i \neq j)$：资产 i，j 之间的协方差。

ω_i：第 i 项风险资产在整个投资组合中的权重。

$$ER_P = \sum_{i=1}^{n} \omega_i ER_i \qquad (9-3)$$

$$\delta_P^2 = \sum_{i=1}^{n} \omega_i^2 \delta_i^2 + \sum_{i=1}^{n} \sum_{j=1}^{n} \omega_i \omega_j \delta_{ij}(i \neq j) \qquad (9-4)$$

根据理性行为人的风险规避假设，投资者只需在既定预期收益率约束条件下，使组合方差最小，从而找到最小方差集（minimum-variance set）或称为最小方差前沿（minimum-variance frontier），再根据非饱和性假设找到有效集（这实际上是一个二次规划问题）。如公式 9 - 5 所示：

$$\min \delta_P^2 = \sum_{i=1}^{n} \omega_i^2 \delta_i^2 + \sum_{i=1}^{n} \sum_{\substack{j=1 \\ j \neq i}}^{n} \omega_i \omega_j \delta_{ij} \qquad (9-5)$$

s. t.

$$\sum_{i=1}^{n} \omega_i ER_i = ER_P$$

$$\sum_{i=1}^{n} \omega_i = 1$$

$$\omega_i \geqslant 0, \forall i = 1, 2, \cdots, n$$

值得注意的是，这是马科维茨最初的研究结果，即在不存在无风险借贷且不允许卖空风险资产条件下的最小方差集（该模型的求解可借助专门的计算机程序或软件包）。

若假设允许风险资产卖空，放宽马科维茨的无卖空限制，那么我们可以将前面的二次规划问题改写为公式9-6。

$$\min \delta_P^2 = \sum_{i=1}^{n} \sum_{j=1}^{n} \omega_i \omega_j \delta_{ij} \tag{9-6}$$

s. t.

$$\sum_{i=1}^{n} \omega_i ER_i = ER_P$$

$$\sum_{i=1}^{n} \omega_i = 1$$

（二）最优投资组合的选择

分析了两项风险资产模型和 n 项风险资产模型后，得到了在不存在无风险资产条件下可供投资者选择的有效集（可看作备选方案）。这样在引入投资者风险规避假设后，即可确定某一投资者的最优风险资产组合，该组合必然是有效组合边界 MB 曲线与投资者无差异曲线的切点做代表的投资组合，如 N 点、G 点，如图 9-5 所示（关于最优投资组合选择的数理模型请参阅相关书籍）。

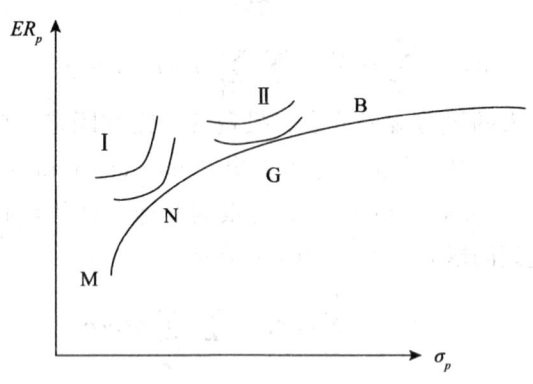

图9-5　最优投资组合

三、理论评价

（一）马科维茨投资组合理论的贡献

马科维茨的投资组合理论建立了一系列的基本概念，运用统计学的均值和方差（标准差）等概念为金融资产的风险与收益分析提供了科学的依据，使得以均值衡量收益、方差（标准差）衡量风险的现代风险分析基本框架在现代金融理论中得到确立。该理论提出的有效投资组合概念和投资组合分析方法大大简化了投资分析的难度。该理论证明了投资者投资于多样化的风险资产就能够降低非系统性风险（如收益和风险的度量部分所述）。因此，我们可以有逻辑地推理出，只要投资组合设计得足够好，那么投资组合不应该含有任何非系统性风险。一个隐含的推论就是市场不对非系统性风险进行风险补偿，而只对系统性风险进行补偿。该理论在金融学理论发展史上是至关重要的，为后续的 CAPM 等理论发展奠定了基础。

（二）投资组合理论的局限性

马科维茨的投资组合理论的理论假设过于严格，与现实相去太远。该理论也没有考虑到西方金融市场实践中现实存在的可以卖空风险资产的情况（在引入风险资产卖空假设后，有效集将会发生轻微的改变）。该理论没有考虑现实中存在的无风险资产情况。在该理论中，我们假定所有证券均是有风险的，而没有考虑无风险资产的情况（在引入无风险借贷假设后，有效集将发生重大改变，托宾完成了拓展工作）。马科维茨的投资组合理论面临的主要问题是，他所提供的方法对普通投资者而言应用难度太大，只有一些大型的机构投资者才能运用，并且该理论在实际运用中还面临计算繁琐等问题（这个问题由夏普发展的单指数模型得以解决，请参阅套利定价理论部分的相关内容）。

四、引入无风险借贷后的理论拓展

（一）无风险资产的特点

无风险资产的主要特点有三点。其一，波动为零，也就是标准差为 0，即 $\delta_{Rf} = 0$；其二，收益率是确定的或者是已知的。其三，与任意风险资产收益率之间的协方差为 0，即 $\delta_{iR_f} = 0$。

（二）无风险资产与风险资产的组合

假定风险资产和无风险资产在投资组合中的比例分别为 ω_r 和 ω_{Rf}，各自的预期收益率分别为 ER_r 和 R_f，标准差分别为 δ_r 和 0，二者的协方差显然为 0，可以得到公式 9-7 和公式 9-8。

$$ER_P = \omega_r ER_r + \omega_{Rf} R_f \qquad (9-7)$$

$$\delta_P = \omega_r \delta_r \qquad (9-8)$$

由此可得到公式 9-9。

$$\omega_r = \frac{\delta_P}{\delta_r}, \omega_{Rf} = 1 - \frac{\delta_P}{\delta_r} \tag{9-9}$$

将公式9-9代入9-7，可得公式9-10。

$$ER_P = R_f + \frac{ER_r - R_f}{\delta_r}\delta_P \tag{9-10}$$

其中，$\frac{ER_r - R_f}{\delta_r}$ 为报酬——风险比例，也就是夏普比率，如图9-6所示。

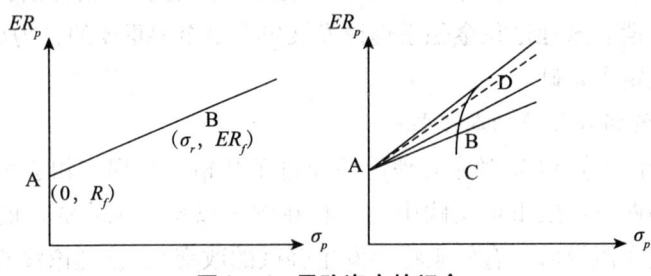

图9-6　风险资产的组合

（三）无风险资产在投资组合选择的影响

在引入无风险资产假设之后，马科维茨有效集就蜕变成为一条射线。该射线经过无风险资产 A 点并且与初始马科维茨有效集相切于一点 T，如图9-7所示。

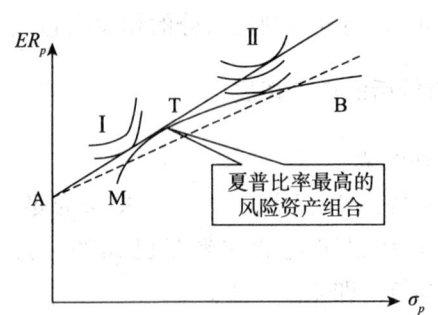

图9-7　无风险资产在投资组合选择的影响

五、投资组合选择实例

下面我们用一个投资者资产在两种风险资产（债券和股票）以及一种无风险资产（短期国债）间的配置实例来对理论进行说明（允许卖空）。债券和股票的期望收益率分别是8%和13%；收益的标准差分别是12%和20%；相关系数为 0.3；无风险利率为 5%；投资者的风险厌恶系数 $A = 4$，效用函数的形式如公式 9 – 11 所示。

$$U = E(r) - \frac{1}{2}A\delta^2 \qquad (9-11)$$

投资者的投资组合选择分为两步：一是找到有效集。由于引入无风险资产后的有效集是无风险资产与切点组合的组合，即夏普比率最高的风险资产组合的组合，也称为最优风险资产组合（optimal risky portfolio）。因此，要完成第一步，首先要找到这一切点组合，然后求解有效集。二是根据投资者的风险厌恶程度和效用函数找到投资者的最优投资组合。

（一）切点组合和有效集的求解

设 ω_D 和 ω_E 分别是债券和股票在风险资产组合中所占的权重，并且有 $\omega_D + \omega_E = 1$，风险资产组合预期收益率标准差和夏普比率分别如公式 9 – 12 和公式 9 – 13 所示。

$$E(R_{\text{Pr}}) = 8\% \times \omega_D + 13\% \times (1 - \omega_D) \qquad (9-12)$$

$$\delta_{\text{Pr}} = \left[(12\%)^2\omega_D^2 + (20\%)^2(1 - \omega_D)^2 + 2(0.3 \times 12\% \times 20\%)\omega_D(1 - \omega_D) \right]^{\frac{1}{2}} \qquad (9-13)$$

由此可得到公式 9 – 14。

$$S_{\text{Pr}} = \frac{8\omega_D + 13 \times (1 - \omega_D) - 5}{\left[144\omega_D^2 + 400(1 - \omega_D)^2 + 144\omega_D(1 - \omega_D) \right]^{\frac{1}{2}}} \qquad (9-14)$$

选择比例 ω_D 使夏普比率最大化。将 S_{Pr} 对 ω_D 求导，并令导数等于 0，得到 $\omega_D^* = 0.4, \omega_E^* = 0.6$。

因此，最优风险资产组合的期望收益和方差分别为：$E(R_{\text{Pr}}^*) = 11\%, \delta_{\text{Pr}}^* = 14.2\%$。有效集为无风险资产和最优风险资产组合的组合，即如公式 9 – 15 所示。

$$E(R_p) = 0.05 + 0.42\delta_P \qquad (9-15)$$

（二）最优投资组合的求解

由于投资者的风险规避系数为 4，因此投资者的效用函数可以表示为公式 9 – 16。

$$U = E(r) - 2\delta^2 \qquad (9-16)$$

假设投资者将全部资产的份额 y 投资于无风险资产，将剩余的部分（1 - y）投资于最优风险资产组合，那么投资者的效用可以表达为公式 9 – 17。

$$U = 5\%y + 11\%(1 - y) - 2 \times 14.2\%^2 \times (1 - y)^2 \qquad (9-17)$$

投资者选择份额 y 最大化上述效用，得到：$y^* = 0.2561$。

<h2 style="text-align:center">第三节　投资组合理论的新发展</h2>

马科维茨投资组合理论诞生之后，围绕该问题的研究不断展开，形成了以下六个方面的发展方向。

一、基于交易费用和流动性的投资组合理论

如果市场是无效的和存在摩擦的，就会导致交易成本的存在，而开放式基金的流动性直接与交易成本相关。关于市场摩擦的投资组合问题，是由 Magil 和 Constantinides 首先提出来的，之后 Davis 和 Norman 对此做了进一步研究。Davis（1990）等人利用随机控制方法分析了在存在市场摩擦的情况下与证券流动性相关的交易成本问题，发现保持在一定风险区间内并且在接近区间的边界时做最小交易是合理的。Shreve，Akian（1995）等人利用粘度理论研究了具有交易成本的多维资产组合问题，并利用有限差分法求解了一个三资产的期终财富最大化问题。但是，Davis，Shreve，Akian 等提出的方法忽略了固定成本所导致的较大交易成本，后来的 Eastham 和 Hastings 使用脉冲控制方法有效地解决了这一问题。Morton 和 Pliska（1995）也研究了固定交易成本下的最优组合管理问题，尽管他们建立的模型中的交易成本不是真实的交易成本，但是他们的方法在解决相应的组合问题时具有一定的指导作用。最近的研究认为证券的流动性是证券价值的决定性因素，相对于流动性证券来说，非流动性证券的定价总是存在一定的折扣。例如 Amihud 和 Mendelson（1991），Kamara（1994）就证实在非流动性的中期债券和流动性的国债间存在超过 35 个基本点的收益差距；Whitelaw（1991）等也证实过类似现象。Brito（1977），Subrahanyam（1979），Amihud 和 Mendelson（1986），Duma 和 Luciano（1991），Boudoukh 和 Whitelaw（1993），Constantinides 和 Mehra（1998）等关于资产组合的流动性作用的研究成果，集中在外生的交易成本和借入或卖出的限定上，而后来 Longstaf（2001）的研究则是集中于交易策略和证券价值内生的非流动性作用上。Longstaf 解决了投资者受限于流动性限制的跨期组合问题。

二、基于风格投资的投资组合理论

风格投资始于 1992 年威廉·夏普的论文《资产配置：风格管理与业绩评价》。风格投资在国外的研究主要集中在以下几方面：

（一）投资风格的分析

目前人们普遍接受的风格分析方法主要有和基于组合的风格分析。前者是由 Sharp 提出基于收益的风格分析，他认为通过比较基金的收益和所选择的风格指数收益之间的关系可以判定基金管理人在过去一段时间的投资风格；后者主要是根据基金实际持有的股票特征来划分基金的投资风格。Kahn（1996）发现对于小样本基金，基于组合分析来预测风险比基于收益的分析方法具有更高的相关性；Kaplan（2003）研究发现对于大盘价值型组合，两种风格分析方法所得结果相似，而对于中小盘和成长型组合，两种分析方法则存在显著差异。

（二）风格投资的表现及形成原因研究

风格投资常常表现出小市值效应（投资小规模公司股票所获得的收益要高于投资大规模公司股票所获得的收益）和 BV/MV（净资产/市值）效应。Banz（1981）最早发现，最小一类公司股票的平均收益率要高出最大一类股票 19.8%；Reinganum（1981）也发现类似现象。对于 BV/MV 效应，Stattman（1980）发现美国公司股票的平均收益与其 BV/MV 呈正相关关系；Fama 和 French（1992）也证明美国市场的 BV/MV 效应明显。对此，有这样几种解释：其一，Fama 和 French（1993，1995），Johnson（1997）等人认为风格投资的超额收益是对风险的补偿，而这些风险被正统的资本资产定价模型所遗漏；其二，Lakonishok，Shleifer 和 Vishny（1994）认为超额收益是由于投资者对某种股票过去表现的过度反应所致；其三，Daniel 和 Titman（1997）认为由于具有某种相同属性的公司分享着某些共同特征，因而有可能同时出现一些经营上的问题而导致上述两种效应。

（三）风格投资的周期性以及风格转换策略研究

从价值型/成长型或大盘股、盘股等角度来看，风格投资在不同时期有着不同表现，存在周期性。弗兰克等（2002）研究表明，美国、日本股票市场中小盘股/大盘股总是间隔表现较差或优良。David，Robert 和 Christopher（1997）通过美国、加拿大等国数据分析发现，价值型/成长型组合的收益率存在较为明显的周期型。由于风格投资具有周期性，因而投资者可以通过风格转换以获取更好收益。Levi 和 Liodakis（1999）通过对英国股市的研究认为，当两种相对风格的收益率差异不显著时，投资者有机会通过风格转换增进组合绩效；另外一些学者如 Kevin Q. Wang（2003），Georgi（2003）等也分别对此现象进行了研究。

（四）风格投资对证券市场的影响研究

Lee 和 Andrei 等（1991）用风格投资的理论解释了为什么在同一证券市场挂牌的基金虽持有完全不同的股票，但却同涨同跌；Froot 等（1999）同样运用风格投资的概念解释了在不同交易所上市的同种股票却有着不同表现的原因；Sorensen 与 Lazzara（1995），Anderrson（1997）及 Fochtman（1995）也先后就某种风格与某种具体影响因素（如宏观经济因素、价格趋势等）之间的关系进行了研究。

三、基于连续时间的长期投资组合理论

长久以来，马科维茨的均值—方差理论在指导人们短期投资中占有重要地位。但事实上，长期投资和短期投资的最优资产组合不尽相同。

Samuelson（1963，1969）等最早描述了长期投资者与短期投资者作出相同决策的限制条件；Merton（1969，1971，1973）也对此进行了长期、深入的研究。他们的研究告诉人们，投资机会会随时间变化，长期投资者总是关心长期中投资机会所受到的冲击，并希望从中套利。Kim，Omberg（1996）；Balduzzi；Lynch（1999）；Barberis（2000）等人建立了长期投资者资产组合选择的实证模型，这些模型是建立在 Samuelson（1963，1969）；Mossin（1968）；Merton（1969，1971，1973）；Stiglitz（1979）；Rubinstein（1976a，b）；Breeden（1979）等文献的基础上，并且最终完成了早期理论文献的实证检验。他们假设一个生命有限的投资者具有期末财富的 HARA（hyperbolic absolute risk aversion）效用，结果发现没有用到任何近似，最优的组合权重是线性的。Balduzzi，Lynch 通过对那些忽视投资长期性的投资者的效用检验得出，忽略现实的交易成本将导致效用成本增加 0.8% 到 16.9%；Barberis 研究发现即使将许多参数的不确定性包含进模型之后，还有足够的收益期望使长期投资者总能在股票上分配更多资产。

对于利率在长期的影响，Morton（1973）提出了套期保值效应，当投资者的风险厌恶系数大于 1 时，对风险资产的需求不仅受到资产风险溢价的影响，还受到预期收益率与预期远期利率调整的协方差的影响；对于跨期理论中的跨期预算约束条件，Campbel（1993）认为当消费—财富比率不变或变动不大时，投资者的跨期预算约束条件为近似线形；Tepla（2000）在允许借入和卖空的约束条件下，将静态投资组合的选择标准结果扩展到动态的跨期模型。Campbell 和

Viceira（2001）对这部分结论也有详细的阐述。

对长期投资的资产组合选择和风险控制问题，Jeremy Siegel（1994）通过分析认为在长期投资中，股票的风险低于债券甚至国库券，长期股票是最安全的投资资产。Campbel，Viceira（1999，2000）证明对最优投资策略中市场择机的忽略，会导致更大的效用损失。Campbell，Chan，Viceira（2001）等用 VaR（一阶向量自回归）模型来分析长期投资者的消费和资产组合选择问题。研究表明，股票收益的可预测性增加了投资者对于股票投资的需要，并且长期通货膨胀债券能够增加稳健投资者的效用。John Y. Campbell，George Chacko，Jorge Rodriguez（2004）的研究也展示，保守的长期投资者有一个积极的股票跨期套利需求。这些研究对长期资产组合框架的建立做出了卓越贡献。

对长期投资的资产配置问题，用连续时间数学来分析动态资产组合选择，至少可以追溯到 Robert Merton（1969～1973）的研讨工作。Duffle（1996）；Karatzas，Shreve（1998）；Morton（1990）给出了连续时间中资产组合选择的一般方法。Chacko，Viceira（1999）探讨了时变风险对投资的影响。Cox，Huang（1989）；Cox，Leland（1982）；Pliska（1996）等提出跨期消费与资产组合选择的"鞍方法"，利用完全市场中的 SDF（随机贴现因子）属性，把动态问题转换为静态问题，使得结果更容易求解。Campbell，Viceira（2002）在他们合著的《战略资产配置：长期投资者的资产组合选择》中第一次系统地讨论了长期资产组合选择问题。他们创立了一个可以与均值—方差分析相媲美的跨期实证分析方法；证明了长期通货膨胀指数化债券是对于长期投资者的无风险资产；揭示了股票作为对长期投资者比短期投资者更为安全资产的条件；证明了劳动收入怎样影响资产组合选择。

四、基于 VaR 的投资组合理论

VaR 方法在 20 世纪 50 年代才得到研究证券投资组合理论的学者们的关注，它原先被人们用于测度一些金融公司交易证券的市场风险。VaR 方法的引入在一定程度上弥补了原先投资组合理论对证券投资组合风险度量的不足。

国外学者先后给 VaR 从不同角度进行定义。Joroin（1996）认为是给定概率置信水平内最坏情况下的损失；Sironi，Resti（1997）认为是在定义期间内，在一定的概率条件下，潜在的最大损失。Luciano（1998）认为是在一定的概率条件下，单个头寸或整个组合可能产生的损失；在给定资产（组合）价值变动分布的前提下，风险按照价值变动超过某一临界点的可能性来界定。Mauser，Rosen，Jorion（2001）分别利用历史模拟法或蒙特卡罗模拟法估算了 VaR 条件下的资产组合选择最优化问题。但 VaR 仍然存在有很多的缺陷。Artzner 等（1999）提出了一致性风险度量的概念，其中一致性以四条公理假设条件作为判别标准，由于 VaR 不满足四个条件中的次可加性，意味着在某些条件下拒绝资产组合风险分散化原理，认为 VaR 不是一个 Coherent 风险度量。基于此，Pflug，Rockafellar，Uryasev（2000，2002）；Acerbi，Tasche（2002）先后提出了条件风险价值（conditional valueat risk，CVaR）作为风险的度量来对 VaR 进行修正。CVaR 被定义为损失超过 VaR 部分的条件期望，只考虑下跌风险（downside risk）。如果 VaR 对应的置信区间为（$1-\alpha$），则 $\alpha-CVaR$ 就是超过 $\alpha-VaR$ 的平均损失；针对 VaR 无法比较来自不同市场的风险暴露，Giuseppe Tardivo（2002）提出 Benchmark-VaR 的概念，即在一定的时间段内，在一定的置信区间内，基金或者组合偏离基准（benchmark）的最大离差；Emmer 等（2001）引入了风险资本（capital at risk，CaR）的概念，用以代替方差来衡量风险；鉴于 VaR 仅测度了市场常态下的资产组合的风险，Embrechts 等（1997）将测度极端情况的极值理论与 VaR 相结合提出了测度市场极端风险的方法；McNeil，Frey（2000）运用极值理论研究了瑞士金融市场时间序列的尾部特征，结论认为极值方法比 VaR 更为稳健和精确。

在界定了 VaR 和 CVaR 等风险测度指标后，以其为基础研究资产组合选择的工作相应展开。Rockafellar 等（2000），Anderson 等（2001）考虑了 CVaR 作为风险测度时的资产组合优化问题，证明了 CVaR 是凸函数，可以用来构建有效的优化方法，而且 Rockafellar 等还提出了一种线性规划方法，可以同时最小化 VaR 和 CVaR。Emmer 等在引入了风险资本的概念后，建立了资产组合选择的"均值－CaR 模型"，推导出解析形式的最优解和有效边界；Young（1998）提出了一个极大极小收益的资产组合模型（MMR）：在保证资产组合平均收益率超过某一最低收益水平约束下，极大化其任一时期的极小收益，决策目标是考虑在最不利收益中取最优收益。风险度量指标采用的是最小的可能收益而不是方差。

另外 Bogentoft 等（2001）；Topaloglou 等（2002）；Castellacci，Siclari（2003）也研究了基于 VaR 和 CVaR 的资产组合选择问题。

五、基于非效用最大化的长期投资组合理论

Cover 是较早非效用最大化投资组合理论的学者之一，他提出了在离散时间条件下的泛组合模型。该模型的突出优点是，其构建不需要知道市场参数及有

关统计信息，如利率、价格波动率，甚至不需要详细描述离散时间条件下价格变动的动力学机制，只要通过跟踪不同证券权重的绩效加权变动情况便可达到最优恒定组合。Cover 还描述了泛组合的渐近行为，并引用实例说明了泛组合具有较好的解释力。

Helwing 提出了一种普遍适用的经济资源定价方法—价值维持原理（value preserving principle），即资源的内在价值（将来收益价值）不随时间变化而变化。Helwing 利用该方法考察了在离散时间、有限状态空间条件下证券市场的组合最优化问题，并表现出较好的解释力。

Buckley 和 Korn 从考察随机现金流下的指数跟踪误差的角度认为：对于那些消极跟踪指数的投资者来说，其理想状况的证券组合总是由金融指数的所有证券持有组成。这必然导致资本资产投资者持有的现金账户绩效与指数绩效的偏离（即导致跟踪误差的产生）。据此，Buckley 和 Korn 给出了这种情形下的相关模型（即基于半鞍的一般连续时间模型），分析了投资者导致的脉冲控制问题，并给出了其存在最优控制策略的一般条件。除此之外，他们还探讨了某些扩散类型市场价值维持策略的存在性和唯一性，解决了来自于非完全市场中的期权套期保值理论的唯一价值维持测度问题（即最小鞍测度问题），并考察了附加约束对组合策略的影响。

六、行为金融和行为投资组合理论

近 20 年来的金融实证研究不断发现股票收益率具有可预测性的证据，EMH 的理论基础和实证检验都受到了强有力的挑战。证券市场上实证研究发现了许多无法由 EMH 和资本资产定价模型加以合理解释的异常现象。面对一系列金融异象，人们开始质疑以有效市场假说为核心的传统金融理论。由于行为金融学能够较好地解释这些现象，因此原先不受重视的行为金融学开始受到越来越多学者的关注。行为金融学的发展可分为三个阶段：

（一）萌芽阶段

行为金融学的起源可追溯到 19 世纪，Gustave Lebon 和 Mackey 在其著作中首先开始研究投资市场行为。凯恩斯（1936 年）的"空中楼阁理论"开始关注投资者自身的心理影响。该理论主要从心理因素角度出发，强调心理预期在人们投资决策中的重要性。他认为决定投资者行为的主要因素是心理因素，投资者是非理性的，其投资行为是建立在所谓"空中楼阁"之上，证券的价格决定于投资者心理预期所形成的合力，投资者的交易行为充满了"动物精神"（animal spirit)。Burrel（1951）发表《投资战略的实验方法的可能性研究》一文，标志着行为金融学的真正产生，该文首次将行为心理学结合在经济学中来解释金融现象。

（二）基础理论确立阶段

Burrel，Bauman（1969）发表《科学投资方法：科学还是幻想》认为，金融学新的研究领域应该重点考虑数量模型和传统行为方法的结合，这样会更贴近实际。Slovic，Bauman 教授（1972）发表了《人类决策的心理学研究》，这篇文章为行为金融学理论作出了开创性的贡献。Daniel Kahneman，Amos Tversky（1974）在《科学》杂志中，讨论了直觉驱动偏差（heuristic-driven error）。Tversky，Kahneman（1979）发表了《展望理论：风险决策分析》，正式提出了展望理论。该理论以其更加贴近现实的假设，严重冲击并动摇了传统金融学所依赖的期望效用理论，并为行为金融学奠定了坚实的理论基础。同时，Tversky，Kahneman（1979）在《经济计量学杂志》讨论了框架依赖（frame dependence）。

（三）发展繁荣阶段

预期理论的提出大大推动了行为金融学的发展，一大批研究成果相继取得。Debondt，Thaler（1985）发表了《股票市场过度反应了吗?》一文，引发了行为金融理论研究的复兴。De Bondt，Thaler（1985，1987）发现的逆向投资策略以及 Jegadeesh，Titmann（1993，2001，2002）发现的动量投资策略，更是引起市场的广泛关注。而 Robert Shearer（2000）发表的《非理性繁荣》则标志着行为金融学的兴起。De Bondt（2000）实证研究发现除了美国之外，英国、加拿大、德国、瑞士、瑞典、荷兰、西班牙、马来西亚、澳大利亚、巴西等国家都存在过度反应现象。与过度反应情况相反，Jegadeesh，Titman（1993）发现，根据过去 3 ~ 12 个月的市场表现，买进表现较好的公司股票，同时卖出表现较差的公司股票，所构造的这个零投资组合在下一年度平均每月有 1% 的收益。Rouwenhorst（1998）采用 1978 年 ~ 1995 年间欧盟 12 国的 2190 家公司作为样本构造国际投资组合。在考虑了风险、公司规模、不同国家差异后，实证研究结果表明，过去赢家在未来 1 年内的表现优于过去的输家大约每月 1%。这个结果与 Jegadeesh，Titman（1993）关于美国市场的研究结果是一致的。

针对上述问题，出现了许多解释性的研究结果。Zarowin（1990）认为逆向效应可能是季节效应造成的。Conrad，Kaul（1998）将动量投资策略和逆向投资策略的获利性完全归因于期望收益率的截面方差，而不是任何收益率可测的时间序列方差。Barberis，Shleifer，Vishny（1998）；Daniel，Hirshleifer，Sburamanyam（1998）；Hong Stein（1999）；Huang，Barberis（2001）认为行为金融理论所描述的投资者解读信息方式的内在偏差或信息缓慢扩散也可能导致所谓股价反应不足和过度反应，从而产生逆向效应和动量效应。Moskowitz，Grinblatt（1999）认为个股动量效应可以由行业动量效应来解释。Lo，Mackinlay（1990a）以及Jegadeesh，Titman（1995）认为股价对信息反应不足或者反应过度是导致投资组合内个股自身及彼此间收益率时间序列可预测性的原因，也是动量投资策略和逆向投资策略获利性的重要来源。Barberis（1998）提供了可解释反应过度和反应不足的模型。Hersh Shefrin（2000）提出情绪测度的概念，以情绪测度资产价格和基本价值之间的总体偏差。异质能解释期权定价的"波动性微笑"和均值方差组合的"皱眉"。Mehra，Sah（2002）在 Becker，Mulligan（1997）建立的主观贴现因子内生决定的理论框架基础上将主观贴现因子的波动称为情绪波动，并进一步研究了主观贴现因子的波动对均衡股票价格的定量影响。他们通过计算发现，主观贴现因子的1个百分点的波动可以导致股票价格高达几十个百分点的波动。也就是说，投资者情绪的较小波动，可以引起股票价格的很大波动。从而解释了股票市场的过度波动性。

在行为金融繁荣发展的过程中，行为金融学有关理论和行为资产组合理论（BPT）及行为资产定价模型（BAPT）也在迅速发展。Shiller（1989）从证券市场的波动性角度，揭示出投资者具有非理性特征，同时他在羊群效应、投机价格和流行心态的关系等方面也做出了卓著的贡献。Odean（1998）考察了行为金融的处置效应——持有劣质东西而卖出优质东西的倾向。Poterba（1998）说明终身捐赠是和行为金融直接相关的。Thaler（1987，1999）研究了股票回报率的时间序列、投资者"心理账户"以及"行为生命周期假说"等问题。Rabin（2001）将人的心理行为因素引入经济学的分析模型，他关注在自我约束的局限下，人们会出现"拖延"和"偏好反转"等行为，这些有趣的研究成果对储蓄、就业等问题都具有一些有意义的启示。Belsky，Gilovich（1999）；Shefrin（2000）很好地介绍了行为金融，后者更加翔实。Barber，Odean，Zheng（2005）透视了共同基金投资者支出的重要性和行为金融概念的框架，强调了如何传递信息才能使信息和其内容一样重要。Delong，Shleife（1990）研究了不可预测的随机交易的结果，说明噪音交易者的随大流买卖导致了溢价的波动。Shefrin，Statman（1994）构造了一个关于异质交易者的对数效用函数模型，他们分析了代表人怎样利用不同交易者的异质理念，指出异质造成短期利率是随机而非固定的。Cabrales，Hoshi（1996）给出一个关于异质理念的动态定价模型。Shefrin，Statman

（1994）以 Roy（1952）的安全第一模型和 Lopes（1987）的 SP/A 理论为基础，将投资者行为的研究成果与资产组合选择模型结合起来，提出单一心理账户行为资产组合理论（BPT–SA）。该理论建模类似于均值—方差模型，目标函数也是期末财富期望值最大化，不同之处在于它的约束条件：期末财富低于最低财富的概率水平低于事前设定值。Shefrin，Statman 还进一步提出多心理账户行为资产组合选择理论（BPT–MA）。Gul（1991）建立了一个考虑投资者失望厌恶效用函数模型，并进行了公理性的证明工作；利用他的研究工作，Epstein，Wang（1994）；Bekaert 等（1997）研究了均衡资产定价问题；Ang 等（2000）分析了失望厌恶偏好投资者的资产组合选择问题，得出一些定性的结论。Hwang，Satchell（2001）利用 Benartzi，Thaler（1995）的损失厌恶效用函数模型分析了资产组合选择问题。他们的研究表明由于失望厌恶和损失厌恶的存在，投资者在面临不利投资环境和事实损失时将更加趋向于风险厌恶，从而资产配置向无风险资产倾斜。Daniel 等（2001）研究了过度自信的投资者和风险厌恶的理性套利者相互交易的多种风险证券的过度自信模型。

在行为资产定价理论方面，Epstein，Zin（1989，1991）；Weil（1989，1990）在 Kreps，Porteus（1978）的理论框架基础之上提出了更加灵活的递归效用函数，推广了传统的时间可分、状态可分效用函数。而 Weil（1989），Campbell（1999）在研究股票溢价之谜和无风险利率之谜时；Smith（2001）；Seckin（2000）；Campbell（1993）；Restoy，Weil（1998）；Duffie，Epstein（1992）研究资产定价模型时；Svensson（1989）；Weil（1990）；Dumas，Uppal，Wang（2000）；Schroder，Skiadas（1999）时将递归效用函数应用到资产定价领域的研究工作中。Constantinides（1990）在 Merton（1969，1971）基础之上求解了引入习惯的消费—投资组合模型，并使用最优解解释了股票溢价之谜和消费平滑之谜。Sundaresan（1989）研究了基于习惯形成的资本资产定价模型。Abel（1990）使用习惯形成解释了股票溢价之谜。Carroll（2000）；Campbell，Cochrane（1999）；Campbell（2000）研究了习惯形成对资产定价的影响。Ferson，Constantinides（1991）；Boldrin，Christiano，Fisher（1997）；Haug（2001）；Li（2001）也研究了习惯形成对资产价格的影响。Abel（1990）研究了基于追赶时髦的资产定价模型。Gali（1994），Gollier（2003）研究了基于嫉妒的资产定价模型。Abel（1999）构造了一个基于嫉妒和追赶时髦的消费外在性基础上的效用函数，并研究了一般均衡下资产的风险溢价和期限溢价。Bakshi，Chen（1996a）首次研究基于财富偏好的资产定价理论，在 Merton（1969，1971）基础之上求解了基于消费偏好的消费—投资组合模型，并得到了相应的资产定价模型。Barberis，Huang，Santos（2001）在 Lucas（1978）基础上，将投资者的效用函数定义在消费和财富的波动之上，从而投资者不但规避消费风险，还规避财富的损失；Brunel（2005～2006，2006）等研究了行为资产配置。

本章小结

本章主要包括三个方面的内容。一是证券组合管理概述。从投资风险与收益分析，最优投资组合的构建等问题，引入现代投资组合理论。二是马科维茨选择资产组合的方法。通过马科维茨投资组合理论的理论假设，投资组合选择的过程等内容的介绍，举例说明投资组合的选择过程。三是投资组合理论的新发展。介绍基于交易费用和流动性、基于风格投资、基于连续时间、基于 VaR、基于非效用最大化、基于行为金融等六个方面的投资组合理论。

参考文献

1. Markowitz，Harry：*Portfolio Selection：Efficient Diversification of Investment*，New York：John Wiley & Sons，Inc. 1959.

2. Sharpe，William：*Portfolio Theory and Capital Markets*，New York：McGraw-Hill，1970.

3. Grauer，R. Robert，Hakansson，H. Nils："A Half Century of Returns on Levered and Unlevered Portfolios of Stocks，Bonds，and Bills，With and Without Small Stocks"，*Journal of Business*，59，No. 2（Apr. 1986），287.

4. Hakansson，Nils："Risk Disposition and the Separation Property in Portfolio Selection"，*Journal of Financial and Quantitative Analysis*，IV，No. 4（Dec. 1969），pp. 401～416.

5. Alexander，Gordon："The Derivation of Efficient Sets"，*Journal of Financial and Quantitative Analysis*，XI，No. 5（Dec，1976），pp. 817～830.

6. 黄贞贞、臧真博主编：《等证券投资学》，重庆大学出版社 2017 年版。

7. 张亦春、郑振龙、林海主编：《金融市场学》，高等教育出版社 2017 年版。

8. ［美］埃德温·J. 埃尔顿等：《现代投资组合理论与投资分析（原书第 9 版）》，机械工业出版社 2017 年版。

9. 岑仲迪、顾锋娟编著:《证券投资学》,清华大学出版社 2011 年版。

思考题

1. 马科维茨投资组合理论的重要作用和意义有哪些?

2. 马科维茨的投资组合理论是如何解释分散化投资的? 这种解释在现实中有何不足之处?

3. 现代投资组合理论对马科维茨投资组合理论做了哪些重要扩展?

4. 马科维茨投资组合理论对量化金融的贡献有哪些?

5. 按照马科维茨投资组合理论构造除了的最优投资组合,在持有期间要不要调整,如果要调整,怎样进行调整?

风险资产的定价与证券组合管理的应用

⊖ 教学目标

风险资产的定价是金融学的核心内容之一，证券组合管理的相关理论在风险资产定价中起到了重要的作用。在风险资产定价过程中，主要考虑资产价格和哪些因素有关、一个合理的资产价格水平应如何确定、无套利的市场上不同资产价格之间有何关系等一系列问题。学完本章之后，要求学生了解资本资产定价模型的主要内容，了解资本资产定价模型假设的进一步放松，了解套利定价模型的主要内容，了解资产定价模型的实证结果，了解期权及其 B–S–M 定价模型。

⊖ 重点和难点

本章重点是：资本资产定价模型和套利定价模型的基本原理，期权价格的构成和影响因素。本章的难点是：资本资产定价模型和套利定价模型的应用，对 B–S–M 期权定价模型的理解。

第一节　资本资产定价模型

前述章节介绍了最优投资组合的确定方法：投资者首先必须估计所有证券的预期收益率和方差、这些证券之间的协方差以及无风险利率水平；随后，找出切点处投资组合（最优风险组合），并由无风险利率与切点处投资组合共同决定一条直线，再根据无差异曲线与直线的切点确定最优投资组合。这种方法属于规范经济学的范畴。本节将在假定所有投资者均按上述方法投资的情况下，确定风险资产的定价问题，它属于实证经济学范畴。我们将着重介绍资本资产定价模型（capital asset pricing model，简称 CAPM）。该模型是由夏普（Sharpe，1964）、林特勒（Lintner，1965）和莫辛（Mossin，1966）等人在现代投资组合理论的基础上提出的，在投资学中占有很重要的地位，并在投资决策和公司理财中得到了广泛运用。

一、基本假定

为了推导资本资产定价模型，作如下假定：

1. 所有投资者的投资期限均相同。

2. 投资者根据投资组合在单一投资期内的预期收益率和标准差来评价这些投资组合。

3. 投资者永不满足，当面对其他条件相同的两种选择时，他们将选择具有较高预期收益率的那一种。

4. 投资者是厌恶风险的，当面对其他条件相同的两种选择时，他们将选择具有较小标准差的那一种。

5. 每种资产都是无限可分的。

6. 投资者可按相同的无风险利率借入或贷出资金。

7. 税收和交易费用均忽略不计。

8. 对于所有投资者而言，信息都是免费的并且是立即可得的。

9. 投资者对于各种资产的收益率、标准差、协方差等具有相同的预期。

这些假定虽然与现实世界存在很大差距，但是通过这个假想的世界，可以得出证券市场均衡关系的基本性质，并以此为基础，探讨现实世界中风险和收益之间的关系。

二、资本市场线

（一）分离定理

在上述假定的基础上，可以得出如下结论：

1. 根据相同预期的假定，我们可以推导出每个投资者的切点组合（最优风险组合）都是相同的，从而每个投资者的线性有效集（预算线）都是一致的。

2. 由于投资者的风险—收益偏好不同，其无差异曲线的斜率不同，因此他们的最优投资组合也不同。

由此可以得出著名的分离定理：投资者对风险和收益的偏好状况与该投资者最优风险资产组合的构成是无关的。

分离定理可从图 10 - 1 中看出，其中，I_1 代表厌恶风险程度较轻的投资者的无差异曲线，该投资者的最优投资组合位于 P_1 点，这表明他将借入的资金投资于风险资产组合；I_2 代表相对更厌恶风险的投资者的无差异曲线，该投资者的最优投资组合位于 P_2 点，这表明他将部分资金投资于无风险资产，将另一部分资金投资于风险资产组合。虽然 P_1 和 P_2 位置不同，但它们都是由无风险资产（A）和相同的最优风险组合（T）组成，因此两类投资者的风险资产组合中各种风险资产的构成比例是相同的。

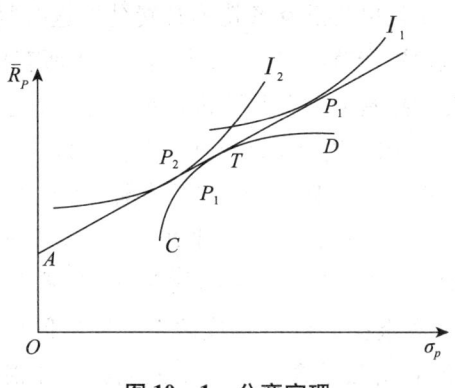

图 10 - 1　分离定理

（二）市场组合

根据分离定理，还可以得到另一个重要结论：在均衡状态下，每种证券在均衡点处投资组合中都有一个非零的比例。

这是因为，根据分离定理，每个投资者都持有一定数量的切点组合（T）。如果某种证券在 T 组合中的比例为零，那么就没有人购买该证券，该证券的价格就会下降，从而使该证券的预期收益率上升，直到在最优风险组合 T 中，该证券的比例达到非零为止。

同样，如果投资者对某种证券的需求量超过其供给量，则该证券的价格会上升，这就导致其预期收益率下降，从而降低其吸引力，它在最优风险组合中的比例也将下降，直到对其的需求量等于其供给量为止。

因此，在均衡状态下，每一个投资者对每一种证券都愿意持有一定的数量，市场上各种证券的价格都处于使该证券供求相等的水平上，无风险利率的水平也正好使借入资金的总量等于贷出资金的总量。这样，在均衡时，最优风险组合中各证券的构成比例等于市场组合（market portfolio）中各证券的构成比例。这里的市场组合是指出市场中所有证券构成的组合，在这个组合中，每一种证券的构成比例等于该证券的相对市值。一种证券的相对市值等于该证券市值除以所有证券的总市值。

习惯上，人们将切点处组合称为市场组合，并用 M 代替 T。从理论上讲，M 不仅由普通股构成，还包括优先股、债券、房地产等其他资产。但在现实生活中，人们常将 M 局限于普通股。

（三）共同基金定理

如果投资者的投资范围仅限于资本市场，而且市场是有效的，那么市场组合就大致等于切点组合。于是单个投资者就不必费劲地进行复杂的分析和计算，只要持有指数基金和无风险资产就可以了。（当然，如果所有投资者都这么做，这个结论就不成立了。因为指数基金本身并不进行证券分析，它只是简单地根据各种股票的市值在市场总市值中的比重来分配其投资。所以，如果每个投资者都不进行证券分析，证券市场就会失去形成风险收益均衡关系的基础。）如果我们把货币市场基金看作无风险资产，那么投资者所要做的事情只是根据自己的风险厌恶系数，将资金合理地分配于货币市场基金和指数基金，这就是共同基金定理。

共同基金定理将证券选择问题分解成两个不同的问题：一是技术问题，即由专业的基金经理人创立指数基金；二是个人问题，即根据投资者个人的风险厌恶系数将资金在指数基金与货币市场基金之间进行合理配置。

（四）有效集

根据资本资产定价模型的假定，可以很容易地找出有效组合风险和收益之间的关系。如果我们用 M 代表市场组合，用 R_f 代表无风险利率，从 R_f 出发画一条经过 M 的直线，这条线就是在允许无风险借贷情况下的线性有效集，在此我们称之为资本市场线（capital market line，简称 CML），如图 10 - 2 所示。任何不利用市场组合以及不进行无风险借贷的其他组合都位于资本市场线的下方。

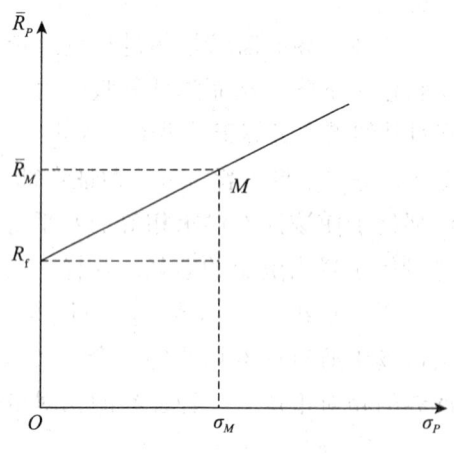

图 10 - 2　证券市场线

从图 10 - 2 可以看出，资本市场线的斜率等于市场组合预期收益率与无风险证券收益率之差 ($\bar{R}_M - R_f$) 除以它们的风险之差 ($\sigma_M - 0$)，即 ($\bar{R}_M - R_f$)/σ_M。由于资本市场线与纵轴的截距为 R_f，因此其表达式为公式 10 - 1。

$$\bar{R}_P = R_f + \frac{\bar{R}_M - R_f}{\sigma_M} \sigma_P \qquad (10-1)$$

其中，$\bar{R}_P$ 和 σ_P 分别代表最优投资组合的预期收益率和标准差。

从公式可以看出，证券市场的均衡可用两个关键数字来表示：一是无风险利率 R_f；二是单位风险报酬 ($\bar{R}_M - R_f$)/σ_M，它们分别代表时间报酬和风险报酬。因此，从本质上说，证券市场提供了时间和风险的交易场所，其价格由供求双方的力量决定。

三、证券市场线

资本市场线反映的是有效组合的预期收益率和标准差之间的关系，任何单个风险证券由于不是有效组合因而一定位于该直线的下方。因此，资本市场线并不能告诉我们单个证券的预期收益与标准差之间存在怎样的关系。为此，我们有必要做进一步分析。投资组合的标准差可用公式 10 - 2 表示。

$$\sigma_P = \sqrt{\sum_{i=1}^{n} \sum_{j=1}^{n} X_i X_j \sigma_{ij}} \qquad (10-2)$$

根据公式 10 - 2 可以得出市场组合标准差的计算公式为 10 - 3。

$$\sigma_M = \Big[\sum_{i=1}^{n} \sum_{j=1}^{n} X_{iM} X_{jM} \sigma_{ij} \Big]^{\frac{1}{2}} \qquad (10-3)$$

其中，X_{iM} 和 X_{jM} 分别表示证券 i 和 j 在市场组合中的比重。10 - 3 可以展开为公式 10 - 4。

$$\sigma_M = \Big[X_{1M} \sum_{j=1}^{n} X_{jM} \sigma_{1j} + X_{2M} \sum_{j=1}^{n} X_{jM} \sigma_{2j} + \cdots + X_{nM} \sum_{j=1}^{n} X_{jM} \sigma_{nj} \Big]^{\frac{1}{2}} \qquad (10-4)$$

根据协方差的性质，证券 i 与市场组合的协方差 σ_{iM} 等于证券 i 与市场组合中每种证券的协方差的加权平均数，如公式 10 - 5 所示。

$$\sigma_{iM} = \sum_{j=1}^{n} X_{jM} \sigma_{ij} \qquad (10-5)$$

如果将协方差的这个性质运用于市场组合中的每一个风险证券，并代入式子中，可以得到公式 10 - 6。

$$\sigma_M = \Big[X_{1M} \sigma_{1M} + X_{2M} \sigma_{2M} + \cdots + X_{nM} \sigma_{nM} \Big]^{\frac{1}{2}} \qquad (10-6)$$

　　其中，σ_{1M} 表示证券 1 与市场组合的协方差，σ_{2M} 表示证券 2 与市场组合的协方差，依此类推。上式表明，市场组合的标准差等于所有证券与市场组合协方差的加权平均数的平方根，其权重为各种证券在市场组合中的比例。

　　由此可见，在考虑风险时，重要的不是各种证券自身的整体风险，而是其与市场组合的协方差。这就是说，自身风险较高的证券，并不意味着其预期收益率也应较高；同样，自身风险较低的证券，也并不意味着其预期收益率也就较低。单个证券的预期收益率水平应取决于其与市场组合的协方差。

　　因此，可以得出如下结论：具有较大 σ_{iM} 值的证券必须按比例提供较高的预期收益率以吸引投资者。由于市场组合的预期收益率和标准差分别是各种证券的预期收益率和各种证券与市场组合的协方差（σ_{iM}）的加权平均数，其权重均等于各种证券在市场组合中的比例。因此，如果某种证券的预期收益率相对于其 σ_{iM} 值太低的话，投资者只要把这种证券从其投资组合中剔除就可提高其投资组合的预期收益率，从而导致证券市场失衡。同样，如果某种证券的预期收益率相对于其 σ_{iM} 值太高的话，投资者只要增持这种证券就可提高其投资组合的预期收益率，从而也会导致证券市场失衡。在均衡状态下，单个证券的风险和收益的关系可以表示为公式 10 - 7。

$$\bar{R}_i = R_f + \left(\frac{\bar{R}_M - R_f}{\sigma_M^2}\right)\sigma_{iM} \qquad (10-7)$$

　　上式所表示的就是著名的证券市场线（security market line，SML），它反映了单个证券与市场组合的协方差和其预期收益率之间的均衡关系，如果用纵轴表示 $\bar{R}_i$，用横轴表示 σ_{iM}，则证券市场线在图上就是一条截距为 R_f、斜率为 $\left(\frac{\bar{R}_M - R_f}{\sigma_M^2}\right)$ 的直线，如图 10 - 3（a）所示。

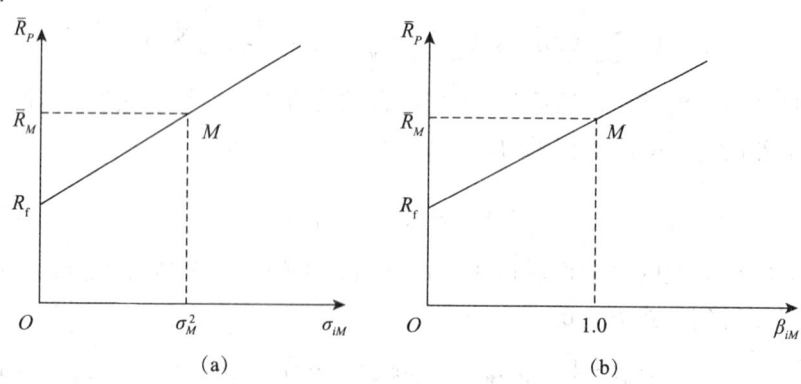

(a)　　　　　　　　　　(b)

图 10 - 3　证券市场线

从上式可以发现，对于 σ_{iM} 等于 0 的风险证券而言，其预期收益率等于无风险利率，因为这个风险证券与无风险证券一样，对市场组合的风险没有任何影响。更有趣的是，当某种证券的 $\sigma_{iM} < 0$ 时，该证券的预期收益率甚至低于 R_f。

令 $\beta_{iM} = \dfrac{\sigma_{iM}}{\sigma_M^2}$，可以得到公式 10 - 8。

$$\bar{R}_i = R_f + \beta_{iM}(\bar{R}_M - R_f) \qquad (10-8)$$

其中，β_{iM} 称为证券 i 的 β 系数，它是表示证券 i 与市场组合协方差的另一种方式。上式是证券市场线的另一种表达形式。如果用纵轴表示 $\bar{R}_i$，用横轴表示 β_{iM}，则证券市场线也可表示为截距为 R_f，斜率为 $(\bar{R}_M - R_f)$ 的直线，如图 10 - 3（b）所示。

β 系数的一个重要特征是，一个证券组合的 β 值等于该组合中各种证券 β 值的加权平均数，权重为各种证券在该组合中所占的比例，即如公式 10 - 9 所示。

$$\beta_{PM} = \sum_{i=1}^{n} X_i \beta_{iM} \qquad (10-9)$$

其中，β_{PM} 表示组合 P 的 β 值。

由于任何组合的预期收益率和 β 值都等于该组合中各个证券预期收益率和 β 值的加权平均数，其权重也都等于各个证券在该组合中所占比例，因此，既然每一种证券都落在证券市场线上，那么由这些证券构成的组合也一定落在证券市场线上。

通过比较资本市场线和证券市场线可以看出，只有最优投资组合才落在资本市场线上，其他组合和证券则落在资本市场线的下方。而对于证券市场线而言，无论是有效组合还是非有效组合，它们都落在证券市场线上。

既然证券市场线包括了所有证券和所有组合，那么它也一定包含了市场组合和无风险资产。在市场组合那一点，β 值为 1，预期收益率为 $\bar{R}_M$，因此其坐标为 $(1, \bar{R}_M)$。在无风险资产那一点，β 值为 0，预期收益率为 R_f，因此其坐标为 $(0, R_f)$。证券市场线反映了在不同的 β 值水平下，各种证券及证券组合应该实现的预期收益率水平，从而反映了各种证券和证券组合系统性风险与预期收益率的均衡关系。由于预期收益率与证券价格成反比，因此证券市场线实际上也给出了风险资产的定价公式。

资本资产定价模型所揭示的投资收益与风险的函数关系，是通过投资者对持有证券数量的调整并引起证券价格的变化而达到的。根据每一证券的收益和风险特征，给定一个证券组合，如果投资者愿意持有的某一证券的数量不等于已持有的数量，投资者就会通过买进或卖出证券进行调整，由此对这种证券价格产生上涨或下跌的压力。在实现一组新的价格水平后，投资者将重新估计对各种证券的需求，这一过程将持续到投资者对每一种证券愿意持有的数量等于已持有的数量为止，此时证券市场达到均衡。

四、β 值的估算

（一）单因素模型

β 系数的估计是 CAPM 实际运用时最为重要的环节之一。在实际运用中，人们常用单因素模型来估计 β 值。单因素模型一般可以表示为公式 10 - 10。

$$R_{it} = \alpha_i + \beta_i R_{mt} + \varepsilon_{it} \qquad (10 - 10)$$

其中，R_{it} 为证券 i 在 t 时刻的实际收益率，R_{mt} 为市场指数在 t 时刻的实际收益率，α_i 为截距项，β_i 为证券 i 收益率变化对市场指数收益率变化的敏感性指标，它衡量的是系统性风险，ε_{it} 为随机误差项，该随机误差项的期望值为零。公式 10 - 10 常被称为市场模型。

虽然从严格意义上讲，资本资产定价模型中的 β 值与单因素模型中的 β 值是有区别的，前者相对于整个市场组合而言，而后者相对于某个市场指数而言，但是在实际操作中，由于我们不能确切知道市场组合的构成，所以一般用市场指数来代替，因此，可以用单因素模型所得出的 β 值来代替资本资产定价模型中的 β 值。而且，CAPM 中的 β 值是预期值，而我们无法知道投资者的预测值是多少，只能根据历史数据估计过去一段样本期内的 β 值，并把它当作预测值使用。其中的偏差是显而易见的，我们应注意这个问题。

单因素模型可以用图 10 - 4 中的特征线表示，特征线是由对应于市场指数收益率的证券收益率的散点图拟合而成的，根据单因素模型，β 值可以看作是特征线的斜率，它表示市场指数收益率变动 1% 时，证券收益率的变动幅度。

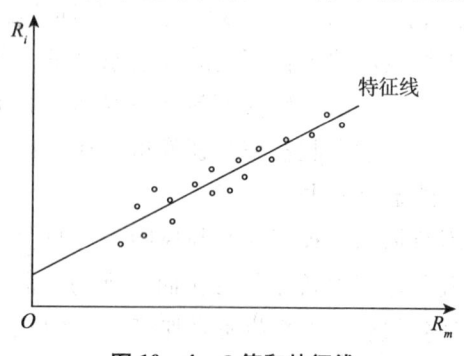

图 10 - 4　β 值和特征线

可以根据对历史数据的回归分析估计出单因素模型中的参数，从而得出 β 值。例如，我们可以计算 7 只股票过去 9 年间的月平均收益率，这样市场指数和某一证券的收益率就分别有 108 个观测值，然后对这些观测值进行回归分析。观测值越多，β 值的估算就越准确。估计结果列于表 10-1 中。

表 10-1 根据市场模型估计的 7 只股票和等权重组合的 β 值

股票代码	α	β	R^2	标准误		样本数
				α	β	
600601	0.017	1.075	0.612	0.013	0.083	108
600602	−0.005	1.300	0.775	0.011	0.068	108
600603	0.000	1.098	0.773	0.009	0.058	108
600604	−0.004	0.930	0.690	0.009	0.061	108
600651	0.021	1.020	0.603	0.012	0.080	108
600652	0.014	1.004	0.579	0.013	0.083	108
600653	0.008	1.104	0.730	0.010	0.065	108
等权重组合	0.008	0.977	0.827	0.007	0.043	108

表中的 R^2 被称为可决系数，它表示因变量（股票收益率）的方差能被自变量（上证综合指数收益率）的变动所解释的比例，可用公式 10-11 表示。

$$R^2 = \frac{\beta^2 \sigma_M^2}{\sigma^2} \qquad (10-11)$$

标准误主要用于判断所估计的系数是否显著不为 0。基本的判断原则是当估计的系数小于标准误的 2 倍时，就不能拒绝其真实值为 0 的原假设。从表中的数据来看，α 估计值都不显著，而 β 估计值都显著不为 0。

（二）多因素模型

市场收益率的变动只是系统性风险的最终表现，而系统性风险本身的原因可能是多方面的（如 GDP 的增长率、利率水平、通货膨胀率等），同时各种证券对这些因素的敏感度也是不同的。因此，有些学者提出了各种各样的多因素模型，例如陈、罗尔和罗斯（Chen，Roll & Ross，1986）提出的公式 10-12。

$$R_{it} = \alpha_i + \beta_{IPi}IP_t + \beta_{EIi}EI_t + \beta_{UIi}UI_t + \beta_{CGi}CG_t + \beta_{GBi}GB_t + \varepsilon_{it} \quad (10-12)$$

其中，IP 表示工业生产增长率，EI 表示预期通货膨胀率，UI 表示未预期到的通货膨胀率，CG 表示长期公司债相对于长期国债的超额收益率，GB 表示长期国债相对于短期国库券的超额收益率，β_{IPi}、β_{EIi}、β_{UIi}、β_{CGi}、β_{GBi}分别表示证券 i 的收益率对工业生产增长率、预期通货膨胀率、未预期到的通货膨胀率、长期公司债相对于长期国债的超额收益率和长期国债相对于短期国库券的超额收益率的敏感度。

此外，有些学者还认为，投资者在投资时，关心的不仅仅是市场收益率变动的风险，还关心其他的风险源，例如证券投资收益率与其工资收入之间的关系，因此也提出了各种各样的多因素模型，其中最为著名的是法马和弗伦奇（Fama & French，1986）的三因素模型，如公式 10 – 13 所示。

$$R_{it} = \alpha_i + \beta_{Mi}R_{Mt} + \beta_{SMBi}SMB_t + \beta_{HMLi}HML_t + \varepsilon_{it} \qquad (10-13)$$

其中，SMB 表示小股票组合收益率与大股票组合收益率的差额，HML 表示账面市值比率高的股票组合收益率与账面市值比率低的股票组合收益率的差额，β_{SMBi} 和 β_{HMLi} 分别表示证券 i 的收益率对 SMB 和 HML 的敏感度。

五、关于资本资产定价模型的进一步讨论

资本资产定价模型是建立在严格的假设前提下的，这些严格的假设条件在现实世界中很难满足。那么，该理论有多大的应用价值呢？可以从两个方面来回答这个问题，一是放宽不符合实际的假设前提后，看该理论本身或者经过适当修改后能否基本成立；二是通过实证检验看这一理论是否能较好地解释证券市场的价格运动规律。

（一）不一致预期

如果投资者对未来收益的分布具有不同的预期，那么他们将持有不同的有效集并选择不同的市场组合。林特勒（Lintner，1969）的研究表明，不一致预期的存在并不会对资本资产定价模型造成致命影响，只是资本资产定价模型中的预期收益率和协方差需要使用投资者预期的一个复杂的加权平均数。尽管如此，如果投资者存在不一致预期，市场组合就不一定是有效组合，其结果是资本资产定价模型不可检验。

（二）多要素资本资产定价模型

传统的资本资产定价模型假设投资者关心的唯一风险是证券未来价格变化的不确定性，然而投资者通常还会关心一些其他风险，这些风险将影响投资者未来的消费能力，例如，与未来的收入水平变化、未来商品和劳务价格的变化以及未来投资机会的变化等相关的风险都是投资者可能关心的风险。

为此，默顿（Merton，1973）发展了包含"市场外"风险（要素）的资本资产定价模型，称为多要素资本资产定价模型，如公式 10 - 14 所示。

$$\bar{R}_i = R_f + \beta_{i,M}(\bar{R}_M - R_f) + \beta_{i,F_1}(\bar{R}_{F_1} - R_f) + \cdots + \beta_{i,F_K}(\bar{R}_{F_K} - R_f)$$

$$(10 - 14)$$

其中，R_f 为无风险资产收益率；F_1、F_2、$\cdots$、F_K 为第一个至第 K 个要素或市场风险来源；K 为要素或市场风险来源的数量；β_{i,F_K} 为证券组合或证券 i 对第 K 个要素的敏感度；$\bar{R}_{F_K}$ 为要素 K 的预期收益率。

上式表明，投资者除了因承担市场风险而要求获得补偿外，还要求因承担市场外的风险而获得相应补偿，当市场风险外的风险要素为零时，多要素资本资产定价模型就变为传统的资本资产定价模型，如公式（10 - 8）所示。

就传统的资本资产定价模型而言，投资者可以通过持有市场组合而规避非系统性风险，市场组合可以看作是根据相对投资额投资于所有证券的共同基金。在多要素资本资产定价模型中，投资者除了要投资于市场组合以规避市场上的非系统性风险外，还要投资于其他的基金以规避某一特定的市场外风险。虽然并不是每个投资者都关心相同的市场外风险，但是关心同一市场外风险的投资者基本上是按照相同的方法来预防风险的。

多要素资本资产定价模型承认非市场性风险的存在，市场对风险资产的定价必须反映补偿市场外风险的风险溢酬。但是，多要素资本资产定价模型的一个问题是，投资者很难确认所有的市场外风险并根据经验估计每一个风险。当综合考虑这些风险因素时，多要素资本资产定价模型与后面将要讨论的套利定价模型就非常相似。

传统的 CAPM 假定投资者的投资期限都是单期的，而默顿则假定投资者关心其一生的消费，并由此推导出投资者对证券的需求，因此该模型又称为跨期资本资产定价模型（ICAPM）。

（三）借款受限制的情形

CAPM 模型假定所有投资者都能按相同的利率进行借贷。但在现实生活中，借款常受到限制（我国大多数投资者常面临这种局面），或者借款利率高于贷款利率，甚至在一些极端的情形下根本就不存在无风险资产。在这种情况下，预期收益率与 β 系数之间的关系又会如何呢？布莱克（Black，1972）对此作了专门研究，推导出借款受限制的各种情况（没有无风险资产、不允许无风险借款和借款利率高于贷款利率）下 CAPM 模型的变形。

(四) 流动性问题

流动性指的是出售资产的难易程度和成本。传统的 CAPM 理论假定，证券交易是没有成本的。但在现实生活中，几乎所有证券交易都是有成本的，所以不具有完美的流动性。投资者更偏好流动性好、交易成本低的证券，因此，流动性差的股票收益率自然就应较高。

很多经验证据也表明流动性差会大大降低资产的价格。艾米胡和门德尔松（Amihud & Mendelson，1996）的研究发现，在 1961～1980 年这段时间里，纽约证交所流动性最差的股票收益率平均每年比流动性最好的股票高 8.5 个百分点。乔迪亚、罗尔和苏伯拉曼（Chordia，Roll & Subrahmanyam，2000）的研究则发现流动性风险是系统性的，因而是难以分散的。因此，资产价格中应包含流动性溢酬（liquidity premium）。

第二节　套利定价理论

1976 年，罗斯（Ross，1976）利用套利定价原理，提出了套利定价理论（arbitrage pricing theory，APT），从另一个角度探讨了风险资产的定价问题。与夏普等人的 CAPM 模型相比，APT 的假设条件减少了许多，因此，使用起来也较为方便。

一、因素模型

套利定价理论认为，证券收益是与某些因素相关的。为此，在介绍套利定价理论之前，必须先了解因素模型（factor models）。我们先前已经涉及了因素模型，这里做进一步讨论。因素模型认为各种证券的收益率均受某个或某几个共同因素影响。各种证券的收益率之所以相关，主要是因为它们都会对这些共同因素起反应。因素模型的主要目的就是找出这些因素并确定证券收益率对这些因素变动的敏感度。

(一) 单因素模型

为理解方便，我们循序渐进地从单因素模型开始。单因素模型认为，证券收益率只受一种因素影响。

对于任意的证券 i，其在 t 时期的单因素模型表达式为公式 10-15。

$$r_{it} = a_i + b_i F_t + \varepsilon_{it} \qquad (10-15)$$

其中，r_{it} 表示证券 i 在 t 时期的收益率；F_t 表示该因素在 t 时期的值；b_i 表示证券 i 对该因素的敏感度；ε_{it} 为证券 i 的收益率在 t 时期的随机扰动项，其均值为零，标准差为 σ_{it}；a_i 为常数，它表示要素值为 0 时证券 i 的预期收益率。因素模型认为，随机扰动项 ε 与因素是不相关的，且两种证券的随机扰动项之间也是不相关的。

根据上述公式，证券 i 的预期收益率（$\bar{r}_i$）为公式 10 – 16。

$$\bar{r}_i = a_i + b_i \bar{F} \tag{10-16}$$

其中，$\bar{F}$ 表示该要素的期望值。

根据公式 10 – 15，证券 i 收益率的方差 σ_i^2 可以表示为公式 10 – 17。

$$\sigma_i^2 = b_i^2 \sigma_F^2 + \sigma_{\varepsilon i}^2 \tag{10-17}$$

其中，σ_F^2 表示因素 F 的方差，$\sigma_{\varepsilon i}^2$ 表示随机变量 ε_i 的方差。公式 10 – 17 表明，某种证券的风险等于因素风险（$b_i^2 \sigma_F^2$）加上非因素风险 $\sigma_{\varepsilon i}^2$。

在单因素模型下，证券 i 和 j 的收益率的协方差 σ_{ij} 如公式 10 – 18 所示。

$$\sigma_{ij} = b_i b_j \sigma_F^2 \tag{10-18}$$

单因素模型可以大大简化马科维茨模型中确定切点处投资组合的过程，因为它只要知道 a_i、b_i、$\sigma_{\varepsilon i}$ 以及 $\bar{F}$ 和 σ_F 即可。

在单因素模型中，证券组合的方差 σ_P^2 如公式 10 – 19 所示。

$$\sigma_P^2 = b_P^2 \sigma_F^2 + \sigma_{\varepsilon P}^2 \tag{10-19}$$

其中，$b_p = \sum_{i=1}^{N} x_i b_i$，$\sigma_{\varepsilon P}^2 = \sum_{i=1}^{N} x_i^2 \sigma_{\varepsilon i}^2$。

（二）两因素模型

两因素模型认为，证券收益率取决于两个因素，其表达式为公式 10 – 20。

$$r_{it} = a_i + b_{i1} F_{1t} + b_{i2} F_{2t} + \varepsilon_{it} \tag{10-20}$$

其中，F_{1t} 和 F_{2t} 分别表示影响证券收益率的两个因素在 t 时期的值，b_{i1} 和 b_{i2} 分别表示证券 i 对两个因素的敏感度。

在两因素模型中，证券 i 的预期收益率为公式 10 – 21。

$$\bar{r}_i = a_i + b_{i1} \bar{F}_1 + b_{i2} \bar{F}_2 \tag{10-21}$$

证券 i 收益率的方差可以表示为公式 10 – 22。

$$\sigma_i^2 = b_{i1}^2 \sigma_{F1}^2 + b_{i2}^2 \sigma_{F2}^2 + 2 b_{i1} b_{i2} \mathrm{cov}(F_1, F_2) + \sigma_{\varepsilon i}^2 \tag{10-22}$$

其中，$\mathrm{cov}(F_1, F_2)$ 表示两个因素 F_1 和 F_2 之间的协方差。

证券 i 和证券 j 的协方差如公式 10 – 23 所示。

$$\sigma_{ij} = b_{i1} b_{j1} \sigma_{F_1}^2 + b_{i2} b_{j2} \sigma_{F_2}^2 + (b_{i1} b_{j2} + b_{i2} b_{j1}) \mathrm{cov}(F_1, F_2) \tag{10-23}$$

（三）多因素模型

多因素模型认为，证券 i 的收益率取决于 k 个因素，其表达式如公式 10 - 24 所示。

$$r_{it} = a_i + b_{i1}F_{1t} + b_{i2}F_{2t} + \cdots + b_{ik}F_{kt} + \varepsilon_{it} \tag{10 - 24}$$

应该注意的是，与资本资产定价模型不同，因素模型不是资产定价的均衡模型。在实际运用中，通常可以通过理论分析确定影响证券收益率的各种因素，然后，根据历史数据，运用时间序列法、跨部门法、因素分析法等实证方法估计因素模型。

二、套利组合

根据套利定价理论，在不增加风险的情况下，投资者将利用构建套利组合的机会来增加其现有投资组合的预期收益率。那么，什么是套利组合呢？

根据套利的定义，套利组合要满足以下三个条件：

条件一：套利组合要求投资者不追加资金，即套利组合属于自融资组合。如果用 x_i 表示投资者持有证券 i 的比例变化，则该条件可以表示为公式 10 - 25。

$$x_1 + x_2 + x_3 + \cdots + x_n = 0 \tag{10 - 25}$$

条件二：套利组合对任何因素的敏感度为零，即套利组合没有因素风险。证券组合对某个因素的敏感度等于该组合中各种证券对该因素敏感度的加权平均数，因此，在单因素模型下该条件可表达为公式 10 - 26。

$$b_1x_1 + b_2x_2 + \cdots + b_nx_n = 0 \tag{10 - 26}$$

在两因素模型下，条件二的表达式为公式 10 - 27。

$$b_{11}x_1 + b_{12}x_2 + \cdots + b_{1n}x_n = 0$$
$$b_{21}x_1 + b_{22}x_2 + \cdots + b_{2n}x_n = 0 \tag{10 - 27}$$

在多因素模型下，条件二的表达式为公式 10 - 28。

$$b_{11}x_1 + b_{12}x_2 + \cdots + b_{1n}x_n = 0$$
$$b_{21}x_1 + b_{22}x_2 + \cdots + b_{2n}x_n = 0$$
$$\cdots\cdots$$
$$b_{k1}x_1 + b_{k2}x_2 + \cdots + b_{kn}x_n = 0 \tag{10 - 28}$$

条件三：套利组合的预期收益率应大于零，即如公式 10 - 29 所示。

$$x_1\bar{r}_1 + x_2\bar{r}_2 + \cdots + x_n\bar{r}_n > 0 \tag{10 - 29}$$

【例 10 - 1】套利组合的构建。某投资者拥有一个 3 种股票组成的投资组合，3 种股票的市值均为 500 万元，投资组合的总价值为 1500 万元。假定这 3 种股票均符合单因素模型，其预期收益率（$\bar{r}_i$）分别为16%、20%和13%，其对该因素的敏感度（b_i）分别为0.9、3.1和1.9。请问该投资者能否修改其投资组合，以便在不增加风险的情况下提高预期收益率。

令3种股票市值比例的变化分别为x_1、x_2和x_3。根据公式10－28，可以得到：

$$x_1 + x_2 + x_3 = 0$$
$$0.9x_1 + 3.1x_2 + 1.9x_3 = 0$$

上述两个方程有三个变量，因此有多个解。作为其中的一个解，我们令$x_1 = 0.1$，则可解出$x_2 = 0.083$，$x_3 = -0.183$。

为了检验该解能否提高预期收益率，代入可得：

$$0.1 * 0.16 + 0.083 * 0.2 - 0.183 * 0.13 = 0.881\%$$

由于0.881%为正数，因此我们可以通过卖出274.5万元的第二种股票（等于$-0.183 * 1500$万元），买入150万元第一种股票（等于$0.1 * 1500$万元）和124.5万元第二种股票（等于$0.083 * 1500$万元），使投资组合的预期收益率提高0.881%。

三、套利定价模型

投资者的套利活动是通过买入收益率偏高的证券，同时卖出收益率偏低的证券而实现的，其结果是使收益率偏高的证券价格上升，其收益率相应回落；同时使收益率偏低的证券价格下降，其收益率相应回升。这一过程将一直持续到各种证券的收益率与各种证券对各因素的敏感度保持适当的关系为止。下面就来推导这种关系。

（一）单因素模型的定价公式

投资者套利活动的目标是套利组合的预期收益率最大化（因为根据套利组合的定义，套利无需投资，也没有风险）。套利组合的预期收益率$\bar{r}_P$如公式10－30所示。

$$\bar{r}_P = x_1\bar{r}_1 + x_2\bar{r}_2 + \cdots + x_n\bar{r}_n \qquad (10-30)$$

但套利活动要受到条件的约束。根据拉格朗日定理，我们可建立如下函数：

$$L = (x_1\bar{r}_1 + x_2\bar{r}_2 + \cdots + x_n\bar{r}_n) - \lambda_0(x_1 + x_2 + \cdots + x_n) - \lambda_1$$
$$(b_1x_1 + b_2x_2 + \cdots + b_nx_n)。$$

L取最大值的一阶条件是上式对x_i和λ的偏导等于零，即：

$$\frac{\partial L}{\partial x_1} = \bar{r}_1 - \lambda_0 - \lambda_1 b_1 = 0$$

$$\frac{\partial L}{\partial x_2} = \bar{r}_2 - \lambda_0 - \lambda_1 b_2 = 0$$

$$\cdots\cdots$$

$$\frac{\partial L}{\partial x_n} = \bar{r}_n - \lambda_0 - \lambda_1 b_n = 0$$

$$\frac{\partial L}{\partial \lambda_0} = x_1 + x_2 + \cdots + x_n = 0$$

$$\frac{\partial L}{\partial \lambda_1} = b_1 x_1 + b_2 x_2 + \cdots + b_n x_n = 0$$

由此可以得到均衡状态下 $\bar{r}_i$ 和 b_i 的关系如公式 10 - 31 所示。

$$\bar{r}_i = \lambda_0 + \lambda_1 b_i \qquad\qquad (10-31)$$

这就是单因素模型下的 APT 定价公式，其中 λ_0 和 λ_1 是常数。

从上式可以看出，$\bar{r}_i$ 和 b_i 必须保持线性关系，否则投资者就可以通过套利活动来提高投资组合的预期收益率。上式可以用图 10 - 5 来表示。

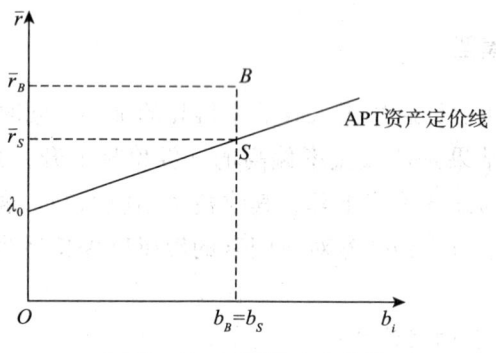

图 10 - 5　APT 资产定价线

从图 10 - 5 可以看出，任何偏离 APT 资产定价线的证券，其定价都是错误的，这会给投资者提供构建套利组合的机会。以 B 点所代表的证券为例，该点位于 APT 资产定价线的上方，这意味着其预期收益率较高，投资者就可以通过卖出 S 点所表示的证券，同时买入相同金额的 B 证券，从而形成套利组合。由于买卖证券 B 和 S 的金额相同，因此满足套利组合的条件一。由于证券 B 和 S 的因素敏感度相等，而买卖金额也相同，因此满足条件二。由于证券 B 的预期收益率大于证券 S，且两者在套利组合中的权重相等，因此满足条件三。

由于投资者买入证券 B，其价格不断上升，预期收益率也随之下降，直到回到 APT 资产定价线为止。此时，证券价格处于均衡状态。

那么，上式中的 λ_0 和 λ_1 代表什么意思呢？我们知道，无风险资产的收益率等于无风险利率，即：$\bar{r}_i = r_f$。由于上式适用于包括无风险证券在内的所有证券，而无风险证券的因素敏感度 $b_i = 0$，因此，根据上式，我们有：$\bar{r}_i = \lambda_0$。由此可见：上式中的 λ_0 一定等于 r_f，因此，上式可以重新表示为公式 10 - 32。

$$\bar{r}_i = r_f + \lambda_1 b_i \qquad (10-32)$$

为了理解 λ_1 的含义，我们考虑一个纯因素组合（p^*），其因素敏感度等于 1，即 $b_{p^*} = 1$，将其代入公式 10 - 32，可得：

$$\bar{r}_{p^*} = r_f + \lambda_1$$

$$\lambda_1 = \bar{r}_{p^*} - r_f$$

由此可见，λ_1 代表风险价格，即单位因素敏感度组合的预期收益率超过无风险利率的部分。为表达方便，我们令 $\delta_1 = \bar{r}_{p^*}$，即 δ_1 表示单位因素敏感度组合的预期收益率，因此可以得到公式 10 - 33。

$$\bar{r}_i = r_f + (\delta_1 - r_f) b_i \qquad (10-33)$$

（二）两因素模型的定价公式

用同样的方法可以得出两因素模型下的 APT 资产定价公式，如公式 10 - 34 所示。

$$\bar{r}_i = \lambda_0 + \lambda_1 b_{i1} + \lambda_2 b_{i2} \qquad (10-34)$$

由于无风险证券的收益率为 r_f，其对第一种和第二种因素的敏感度均为零，根据上式，其预期收益率一定为 λ_0。由此可知，λ_0 一定等于 r_f，如公式 10 - 35 所示。

$$\bar{r}_i = r_f + \lambda_1 b_{i1} + \lambda_2 b_{i2} \qquad (10-35)$$

为理解 λ_1 的含义，我们考虑一个充分多样化的组合，该组合对第一种因素的敏感度等于 1，对第二种因素的敏感度为 0。从公式 10 - 33 和 10 - 35 可知，该组合的预期收益率（δ_1）等于 $r_f + \lambda_1$，因此，$\lambda_1 = \delta_1 - r_f$。这样，公式 10 - 35 可以转变成公式 10 - 36。

$$\bar{r}_i = r_f + (\delta_1 - r_f) b_{i1} + \lambda_2 b_{i2} \qquad (10-36)$$

为理解 λ_2 的含义，我们考虑另一个充分多样化的组合，该组合对第一种因素的敏感度等于 0，对第二种因素的敏感度为 1。从上式可知，该组合的预期收益率（δ_2）等于 $r_f + \lambda_2$，因此，$\lambda_2 = \delta_2 - r_f$。这样，公式 10 - 36 进一步转变为公式 10 - 37。

$$\bar{r}_i = r_f + (\delta_1 - r_f)b_{i1} + (\delta_2 - r_f)b_{i2} \tag{10-37}$$

（三）多因素的定价公式

同样道理，在多因素模型下，APT 资产定价公式为公式 10-38。

$$\bar{r}_i = \lambda_0 + \lambda_1 b_{i1} + \lambda_2 b_{i2} + \cdots + \lambda_k b_{ik} \tag{10-38}$$

如果用 δ_j 表示对第 k 种因素的敏感度为 1，对其他因素的敏感度为 0 的证券组合的预期收益率，可以得到公式 10-39。

$$\bar{r}_i = r_f + (\delta_1 - r_f)b_{i1} + (\delta_2 - r_f)b_{i2} + \cdots + (\delta_k - r_f)b_{ik} \tag{10-39}$$

公式 10-39 说明，一种证券的预期收益率等于无风险利率加上 k 个因素的风险报酬。

第三节　期权定价理论

期权市场是美国发展最快的金融资产市场之一。尽管期权交易很早就已出现，但直到 1973 年芝加哥期权交易所成立以后，期权交易才经历了迅猛的发展。期权上市交易为证券提供了更有序、更广泛的市场。

随着期权交易的发展，学术界和实践者对期权合约的定价产生了浓厚的兴趣。这部分将讨论期权的类型，研究一些性质等对期权价值的影响，并明确给出期权定价模型。

一、期权概述

（一）期权的定义

期权的萌芽形式已出现了几百年，较早的期权交易主要是用于实物商品、贵重金融和房地产业务。20 世纪 20 年代，美国出现了股票的期权交易，但带着较为浓厚的投机色彩而不为大多数人接受。在同一时期里，美国政府赋予了期货交易正式的法律地位，并加强了期货管理，使交易所内期货交易稳步发展。1936 年，美国商品交易法案禁止对各种具体商品进行期权交易，但这并不能完全阻止场外的期权交易。期权交易都在场外进行，合约内容各不相同，而且市场一直很小。1973 年，期权市场发生了巨大的变化。世界上第一个期权交易所——芝加哥期权交易所（CBOE）——成立，推出了第一批场内股票期权，期权的场内标准化合约得以出现；不久，著名的 Black-Scholes 期权定价公式公开发表，并被 CBOE 采用，不到一年时间，期权交易量迅速上升。1982 年 10 月，作为美国政府试验的一部分，在 CBOE 正式推出了长期国债期货期权。同时，美国商品期货交易委员会开始对国内商品期货期权交易进行管理，期权交易被高度重视，由此带动了传统商品期货期权及其他金融期货期权的发展。目前，期权作为世界衍生品市场的重要组成部分，已经成为回避风险的重要手段。

场内期权交易是期权交易的重要形式，在世界各地的许多交易所都进行期权交易。标的物包括股票、外汇、股票指数和许多不同的期货合约。如在美国，交易股票期权的交易所就有芝加哥期权交易所、费城交易所、美国股票交易所、太平洋股票交易所和纽约股票交易所。

金融机构和大公司双方直接进行的期权交易称为场外期权交易。场外交易具有灵活性强、非标准化的特征，使金融机构可以根据客户的需要订立不同的期权合约。因而，场外期权交易越来越普遍，尤其是外汇期货和利率期货期权的场外交易量增长很快。

从根本上来说，期权也叫选择权（options）。它是以对一定标的物或其合约的选择性买卖权利为核心，赋予买方在将来一定时间内以事先商定的价格选择是否买入（或卖出）一定数量和规格的某种标的物或其合约的权利，而卖方有义务按规定满足买方未来买卖的要求。期权也以合约的形式存在，根据标的物的不同，可以分为现货期权和期货期权。现货期权包括商品现货期权（以实物商品为标的物）和金融现货期权（以股票、贵金属、股指为标的物）。期货期权包括商品期货期权（以商品期货合约为标的物）和金融期货期权（以金融期货期权为标的物）。

（二）期权交易的合约要素

期权交易的买方通过付出一笔较小的权利金费用，使其得到一种权利，在期权有效期内，若标的物价格朝有利于买方的方向变动，买方可以选择履约，即按敲定价格执行买或卖的权利；在期权合约的有效期内，期权也可以转让；超过规定期限，合约失效，买主的权利随之作废，卖主的义务也被解除。例如，某投资者买进一份某股票期权的9月份卖权，敲定价30美元。这意味着，在该期权到期前或到期时，如果股票价格低于30美元，他仍旧可以以30美元的价格卖出；如果价格高于30美元，他则放弃权利而不履约。

一般来讲，期权合约的要素主要有：

1. 期权的买方（taker）：购买期权的一方，即支付权利金，获得权利的一方，也称为期权的多头方。

2. 期权的卖方（grantor）：出售权利的一方，获得权利金，因而具有接受买方选择的义务。期权的卖方也称为期权的空头方。

3. 权利金（premium）：买方为获取权利而向卖方支付的费用。它是期权合约中的唯一变量，相当于期权合约的价格。其价格取决于期权合约的性质、到期月份及敲定价格等各种因素。

4. 敲定价格（strike price）：也称为协定价格或执行价格，即事先确定的标的资产或期货合约的交易价格。场内交易的敲定价格由交易所根据标的资产现货或期货合约的价格变化趋势确定；场外交易的敲定价格则由买方和卖方商定。

5. 通知日（declaration date）：当期权买方要求履行标的物（或期货合约）的交货时，他必须在预先确定的交货和提运日之前的某一天通知卖方，而让卖方做好准备，这一天就是"通知日"。

6. 到期日（prompt date）：也称"履行日"，在这一天，一个预先作了声明的期权合约必须履行交货。通常，对于期货期权而言，期权的到期日应先于其标的资产——期货合约的最后交易日。

（三）期权的主要种类

1. 欧式期权和美式期权。这是按照期权执行时间来划分。欧式期权是指仅在期权合约期限到期后，买方才能按敲定价格行使其买或卖的权利；而美式期权则给买方以更大的灵活选择权利，即在到期日或到期日之前均可行使权利。因此，美式期权的购买者一般需支付更高的权利金。欧式期权和美式期权的分类与地理概念毫无关系，纯粹只是命名的不同而已。在美国场外交易的外汇期权大都是欧式期权。

2. 买权和卖权。这是按期权所赋予的权利来划分，是期权最基本的分类方法。买权（call options）赋予期权的买方在未来预定时间内以一定的价格（敲定价格）向卖方购买一定数量的标的资产现货或期货合约的权利，即买方获得买权。买权的买方之所以要购买这一权利，是因为他对标的资产现货或期货合约的价格看涨，所以买权也叫看涨期权。

卖权（put options）的买方在预定时间内有权向卖方卖出一定数量的标的资产现货或期货合约，即买方获得卖权。因为买方对标的物或期货合约的价格看跌，所以卖权也称为看跌期权。

3. 交易所交易期权和柜台交易（OTC）期权。这是按期权的交易场所来划分。交易所交易期权也叫场内交易期权，一般在交易所的交易大厅内公开竞价，所交易的是标准化期权合约，即由交易所预先制定每一份合约的交易规模（如股票期权为100股，与股票交易相对应）、敲定价格、通知日、到期日、交易时间等，合约的唯一变量是权利金。

交易所期权采用类似股票交易所的做市商制度。每种期权在交易厅中都有具体的位置，某一确定的期权由特定的做市商负责。投资者的经纪人可向做市商询问买价和卖价。做市商可以增加场内期权市场的流动性，他本身从买卖价差中获利。

场内期权交易由专门的期权清算所进行清算，该清算所充当买方的卖方，卖方的买方。当投资者要求执行期权的指令传到清算所时，清算所随机地选择某个持有相同期权空头的会员。而该会员按事先订立的程序，选择某个特定的出售该期权的投资者，履行卖方义务。

柜台式期权也叫场外交易期权，是卖方为满足某一购买者特定的需求而产生的。它并不在交易所大厅内进行交易，因此没有具体的交易地点。成交额、敲定价格、到期日等都由买卖双方自行协商。柜台式期权合约不经过清算所清算，也没有担保，它的履约与否全看期权交易方是否履行合约。

4. 实值期权、平值期权和虚值期权。这是按敲定价格与标的物市场价格的关系不同，将期权分为实值期权、平值期权、虚值期权三种。

实值期权是指如果期权立即履约（执行），买方具有正值的现金流，对期权的买方有利；平值期权是指如果立即履约，买方的现金流为零；虚值期权则是指如果期权立即履约，买方的现金流为负，对期权的卖方有利。

实值期权、平值期权、虚值期权与看涨、看跌期权的关系见表 10 - 2 所示。

表 10 - 2 实值期权、平值期权、虚值期权与看涨、看跌期权的对应关系

	看涨期权（买权）	看跌期权（卖权）
实值期权	标的物市场价格 > 敲定价格	标的物市场价格 < 敲定价格
平值期权	标的物市场价格 = 敲定价格	标的物市场价格 = 敲定价格
虚值期权	标的物市场价格 < 敲定价格	标的物市场价格 > 敲定价格

例如，某股票的市场价格为 30 元，其期权合约的敲定价格为 27，那么若这份期权是看涨期权，则是实值期权；若这份期权是看跌期权，则是虚值期权。

二、期权价格的构成和影响因素

（一）期权价格的构成

期权合约要素中唯一的变量是权利金，权利金就是期权的价格。因此，期权的定价就是对权利金的理论值进行计算。影响权利金的因素很多，使期权定

价成为一个很复杂的问题。

根据持有成本理论，期货理论价格是由标的物价格（现货价格）和持有成本决定的。期权价格也要受其标的物价格的影响。期权敲定价与现时标的物价格的关系常用内涵价值这个概念来分析，与未来标的物价格的关系则用时间价值来分析。期权价格主要由内涵价值和时间价值两部分构成。

1. 内涵价值。内涵价值（intrinsic value）是期权买方立即履行合约时可获取的收益，它反映了期权合约敲定价格与标的物市场价格之间的关系。对看涨期权而言，内涵价值 = 标的物市价 − 合约敲定价；对看跌期权而言，内涵价值 = 合约敲定价 − 标的物市价。

实值期权的内涵价值大于零，虚值期权和平值期权的内涵价值等于零。

例如，当铜期货合约市价为 2050 美元/吨时，敲定价为 2000 美元/吨的看涨期权的内涵价值为 50 美元/吨；敲定价为 2060 美元/吨的看涨期权是虚值期权，内涵价值为零；敲定价为 2050 美元/吨的看涨期权是平值期权，内涵价值也为零。

内涵价值是期权价值的重要组成部分，所以一般来说，实值期权的权利金较高，平值期权和虚值期权权利金较小。

2. 时间价值。时间价值（time value）对期权卖方来说反映了期权交易期间内的时间风险，对期权买方来说反映了期权内涵价值在未来增值的可能性。可以这样理解，期权买方希望随着时间的延长，标的物价格波动可能使期权增值，因而愿意支付高于内涵价值的权利金；期权卖方由于要冒时间风险，也要求高于内涵价值的权利金。

通常，期权有效期越长，期权的时间价值越大。如 7 月某日某时点，对于同一敲定价同一标的物的买权来说，12 月到期的比 9 月到期的权利金要高。随着期权临近到期日，其时间价值逐渐变小；期权到期时，不再具有时间价值。

【例 10 − 2】设某股票价格为 27 美元，9 月看跌期权（敲定价 30）的权利金为 4，则内涵价值为 30 − 27 = 3，时间价值为 4 − 3 = 1；10 月看跌期权（敲定价 25）的权利金为 1.5，则该期权内涵价值为 0，时间价值为 1.5。

（二）影响期权价格的因素

影响期权价格的因素主要有六个：标的物市场价格（S）、敲定价格（X）、距离到期日前剩余的时间（T − t，其中 T 为期权到期时间，t 为当前时间）、标的物价格波动幅度（V）、无风险利率（r）、股票分红（对股票期权有影响）。下面分别加以分析。

1. 标的物市场价格。标的物市场价格直接影响权利金的大小，它是在期权交易中首先要考虑的因素。原因有三：其一，它决定敲定价格的选择；其二，它与敲定价格的关系决定了期权是实值、平值还是虚值，并决定了内涵价值的大小；其三，标的物市场价格的波动，增加了期权向实值或虚值方向移动的可能性，因此权利金也相应变化。

2. 敲定价格。敲定价格主要影响期权的内涵价值。如当某股票市场价格为50元时，在其他条件相同的情况下，敲定价格为52元的看涨期权的权利金比敲定价格为47元的看涨期权的权利金肯定要低。因为前者是虚值期权，后者是实值期权。有时，敲定价也会影响到期权的时间价值。如果对比同一品种的相同到期日但不同敲定价的两份期权合约，通常平值期权的时间价值较大。对平值期权来说，期权向实值还是向虚值转化，方向难以确定。转为实值时则买方盈利，转为虚值时卖方盈利，所以平值期权的时间价值最大。对于虚值期权来说，若市价离敲定价很远，则人们会认为其转为实值的可能性很小，其时间价值也会很小，甚至为零。对实值期权而言，若市价偏离敲定价很远（市价偏离更远的可能性已很小，因为市价不可能无限上涨或下跌），则期权的杠杆作用减弱了（因为内涵价值已经很大，在权利金中占绝大部分），此时时间价值也很小。

3. 标的物市场价格波动幅度。标的物市场价格的波动幅度是影响期权价格水平的重要因素之一。价格的上下波动会影响到实值、平值、虚值期权的时间价值，进而影响期权的价格。市价波动与期权有效时间衰减之间有一定的相关关系，当期权越临近到期日，如果其他条件不变，其时间价值衰减速度就越快。这主要是因为可以导致期权转向实值的时间逐渐减少所致。到期日时，期权不再具有时间价值，而只可能包含内涵价值。

4. 无风险利率。与期货交易不同的是，期权权利金在成交时以现金支付，因此短期利率反映了期权买方的融资成本，交易者交易时，自然会把短期利率考虑进去。但总的来说，利率对期权时间价值的整体影响是十分有限的。另外，无风险利率的变化，也会引起股票价格的变动，进而使期权的内涵价值改变。

5. 距离到期日前剩余时间长短。在期权的时间价值中起最大作用的是期权的期限。如果其他因素相同，随着时间向到期日（$T-t$）趋近，期权的时间价值也趋于减少。这是因为向不利方向变动的可能减少了，权利金也减少。

6. 股票分红。股票分红主要是对股票期权的价格有影响。随着红利支付日期的临近，股价趋于上升，股票看涨期权的内涵价值趋于升高，而看跌期权的内涵价值则趋于减少。当红利支付日期过后，人们预期股票价格会降低，因此，看涨期权价格会降低，看跌期权价格会升高。

三、Black-Scholes 期权定价模型

（一）Black-Scholes 和 Merton 对前人工作的改进

1997 年的诺贝尔经济学奖被授予两位美国经济学家：美国哈佛大学教授 Robert C. Merton 和斯坦福大学教授 Myron S. Scholes，以表彰他们和已去世的 Fischer Black 在期权定价理论中所作的贡献。其主要贡献就是提出了复杂的 Black-Scholes 期权定价模型。

在这之前，期权定价模型可以分为两类：一类是特定模型，即根据实际观测和曲线拟合程度来确定期权价格，这种模型的缺点在于无法反映经济均衡对期权价格的影响；另一类是均衡模型，即根据市场参与者效用最大化来确定期权价格，在这方面最早进行研究的是法国数学家兼经济学家路易丝·巴彻利尔。他在 1900 年的博士论文《投机的数学理论》中，给出了一个股票期权定价公式，首次提出了确定期权价格的均衡理论方法。但他的公式是建立在一些不现实的假设之上，如利率为零、股票价格可以为负等。遗憾的是其研究成果在随后五十多年里一直未引起经济学家们的注意。进入 20 世纪 60 年代，期权定价理论的研究开始活跃起来，Case Sprendle, James Boness 等人先后发表文章试图改善 Bechelier 的公式。这些研究在本质上是一致的，即大多数都根据认股权证的思想方法对期权定价，将期权价格等同于期权期望收益的贴现值；但期权期望收益依赖于未来股票价格的概率分布，期望收益的贴现值依赖于贴现率，而实际中未来股票价格的概率分布和贴现率是无法确定的。1969 年 Samuelson 和 Merton 在其合作完成的文章中认识到了这一点，他们将期权价格看作是股票价格的函数，并且认为贴现率依赖于投资者所持股票和期权的数量，但是他们导出的公式仍然依赖于特定投资者的效用函数，即投资者是风险厌恶、风险中性，还是爱好风险？其程度怎样？这在现实中无法估算。20 世纪 70 年代以前的期权定价公式所具有的共同不足之处，就是不同程度地依赖于股票未来价格的概率分布和投资者的风险偏好，而风险偏好和股票概率分布是无法预测或正确估计的，因而限制了这些公式在实际中的应用。

（二）Black-Scholes 的期权定价思想

Black-Scholes 模型奠定了现代期权定价理论的基础，具有重要意义。该模型避免了对未来股票价格概率分布和投资风险偏好的依赖。这是因为 Black 和 Scholes 认识到，股票看涨期权可以用来回避股票的投资风险。通过一种投资策

略,买入一种股票,同时卖出一定份额的该股票看涨期权,可以构成一个无风险的投资组合,即投资组合的收益完全独立于股票价格的变化。在资本市场均衡条件下,根据资本资产定价模型,这种投资组合的收益应等于短期利率。因此,期权的收益可以用标的股票和无风险资产构造的投资组合来复制,在无套利机会存在的情况下,期权价格应等于购买投资组合的成本,即期权价格仅依赖于股票价格的波动量、无风险利率、期权到期时间、敲定价格、股票时价。上述几个变量,除股票价格波动之外都是可以直接观察到的,而对股票价格波动量的估计也比对股票价格未来期望值的估计简单得多。这就是 Black 和 Scholes 的期权定价思想。

(三)Black-Scholes 微分方程的推导

首先,假定股票和期权市场的"理想条件"是:

1. 股票价格运动是一种"布朗运动",即在连续时间内股票价格遵循随机漫步,方差率(单位时间的方差)与股票价格的平方根成比例。因而在任何有限时间间隔末,可能的股票价格的分布是对数正态分布。股票收益率的方差率不变。

2. 股票不付分红或其他收益。

3. 期权为欧式期权,到期日才能履行。

4. 买卖股票或期权没有交易成本。

5. 无风险利率 r 为常数且对所有到期日都相同。

6. 证券交易是连续的。

7. 不存在无风险套利机会。

根据第一个假设,股票价格 S 遵循数学家 ITO 提出的 ITO 过程,如公式 10-40 所示。

$$dS = \mu Sdt + \delta Sdz \qquad (10-40)$$

其中:

μ——以连续复利计的年预期收益率,可取为常数;

μS——价格瞬时期望漂移率;

δ——股票价格年波动率,可取为常数;

δS——价格的瞬时方差率的平方根;

dz——维纳过程,z 为维纳过程的变量,取极限情形,则有 $dz = \varepsilon \sqrt{dt}$;

ε——标准正态分布(即均值为 0,标准差为 1 的正态分布)中取的一个随机值；

t——时间。

公式 10-40 中，股票价格 S 可用瞬时期望漂移率 μS 和瞬时方差率 $\delta^2 S^2$ 的 ITO 过程来表达。

假设 f 是依赖于 S 的衍生证券（比如期权）的价格，则变量 f 一定是 S 和 t 的某种函数。从 ITO 定理得到 f 遵循的过程如公式 10-41 所示。

$$df = \left(\frac{\partial f}{\partial S}\mu S + \frac{\partial f}{\partial t} + \frac{1}{2}\frac{\partial^2 f}{\partial S^2}\delta^2 S^2 \right)dt + \frac{\partial f}{\partial S}\delta S dz \qquad (10-41)$$

公式 10-40 和公式 10-41 的离散形式分别是公式 10-42 和公式 10-43。

$$\triangle S = \mu S\triangle t + \delta S\triangle z \qquad (10-42)$$

$$\triangle f = \left(\frac{\partial f}{\partial S}\mu S + \frac{\partial f}{\partial t} + \frac{1}{2}\frac{\partial^2 f}{\partial S^2}\delta^2 S^2 \right)\triangle t + \frac{\partial f}{\partial S}\delta S\triangle z \qquad (10-43)$$

其中，f 和 S 遵循的维纳过程相同，即两式中的 $\triangle z$ 相同，所以选择某种股票和衍生证券的投资组合可以消除维纳过程。设有某投资者卖出 1 份衍生证券，同时买入数量为 $\frac{\partial f}{\partial S}$ 的股票，则定义证券组合的价值为 $\prod$：

$$\prod = -f + \frac{\partial f}{\partial S}S \qquad (10-44)$$

$\triangle t$ 时间后，投资组合的价值变化为 $\triangle\prod$，如公式 10-45 所示。

$$\triangle\prod = -\triangle f + \frac{\partial f}{\partial S}\triangle S \qquad (10-45)$$

将公式 10-43 和 10-44 代入公式 10-45 后可得公式 10-46。

$$\triangle\prod = \left(-\frac{\partial f}{\partial t} - \frac{1}{2}\frac{\partial^2 f}{\partial S^2}\delta^2 S^2 \right)\triangle t \qquad (10-46)$$

因为这个方差不含 $\triangle z$，经过 $\triangle t$ 时间后投资组合的价值必定没有风险。当 $\triangle t$ 无限短时，该投资组合的瞬时收益率与其他短期无风险证券收益率相同。当不存在无风险套利机会时，应该存在如公式 10-47 的等式。

$$\triangle\prod = r\prod\triangle t \qquad (10-47)$$

其中，r 为无风险利率。将公式 10-44 和公式 10-46 代入公式 10-47，并化简可得公式 10-48。

$$\frac{\partial f}{\partial t} + rS\frac{\partial f}{\partial S} + \frac{1}{2}\delta^2 S^2\frac{\partial^2 f}{\partial S^2} = rf \qquad (10-48)$$

公式 10-48 便是 Black-Scholes 微分方程。此方程有多个解。其中对于欧式看涨期权的边界条件是：当 $t = T$ 时，$f = \max(S - X, 0)$；对于欧式看跌期权的边界条件为：当 $t = T$ 时，$f = \max(X - S, 0)$。其中，X 为敲定价格。

公式 10 – 48 中的变量包括股票当前价格 S、期权合约约定的股票敲定价格 X、时间 t、股票价格波动标准差 δ 和无风险利率 r，而不包含股票的预期收益 μ（μ 值依赖于风险偏好）。也就是说，该方程不包含任何受投资者的风险偏好影响的变量，风险偏好对 f 不产生影响。为了简化分析，Black-Scholes 模型假定所有的投资者都是风险中性的，也就是处在风险中性的世界里。在这种假设前提下的定价称为风险中性定价。风险中性定价是基于无套利定价的一种更为简便的定价方法。

3. Black-Scholes 风险中性定价计算公式

在风险中性世界里，欧式看涨期权到期日的期望价值为 $\widehat{E}[\max(S_T - X), 0]$。式中，$\widehat{E}$ 表示风险中性的期望值，S_T 为 T 时刻股票的价格，T 为期权的到期时间。

欧式看涨期权的价格 C 是期望值 E 以无风险利率贴现的结果，如公式 10 – 49 所示。

$$C = e^{-r(T-t)}\widehat{E}[\max(S_T - X), 0] \tag{10 – 49}$$

假定股票价格运动是几何"布朗运动"，运用数学上随机变量函数的一些定理，可以得出股票价格的自然对数 $\ln S_T$ 服从正态分布，具有下列概率分布：

$$\ln S_T \sim \varphi\left[\ln S + \left(r - \frac{\delta^2}{2}\right)(T-t), \delta\sqrt{T-t}\right]$$

通过数学上的积分过程对公式 10 – 49 的右边求值，可得出公式 10 – 50。

$$C = SN(d_1) - Xe^{-r(T-t)}N(d_2) \tag{10 – 50}$$

其中，

$$d_1 = \frac{\ln\left(\dfrac{S}{X}\right) + \left(r + \dfrac{\delta^2}{2}\right)(T-t)}{\delta\sqrt{T-t}}$$

$$d_2 = \frac{\ln\left(\dfrac{S}{X}\right) + \left(r - \dfrac{\delta^2}{2}\right)(T-t)}{\delta\sqrt{T-t}} = d_1 - \delta\sqrt{T-t}$$

其中 N 为标准正态分布的累计概率分布函数（即这一变量小于 X 的概率）。

公式 10 – 50 就是著名的 Black-Scholes 公式，在其包含的变量中，股价波动率 δ 可以通过历史数据进行估算，$N(d_1)$ 和 $N(d_2)$ 概率分布函数值可以通过查表求得，这样我们就可以算出无风险利率 r 时的不支付红利股票的欧式看涨期权的价格。欧式看跌期权的价格 P 可用与欧式看涨期权类似的方式计算出（也可使用看涨期权与看跌期权之间的平价关系来求得），其算式为公式 10 - 51。

$$P = Xe^{-r(T-t)}N(-d_2) - SN(-d_1) \qquad (10-51)$$

Robert C. Merton 则注意到，基于一种价格为 S，支付连续红利率为 q 的股票的欧式期权，与基于一种价格为 $Se^{-q(T-t)}$，不支付红利的股票的相应欧式期权有相同的价值。因此，Merton 将股票现价从 S 减小到 $Se^{-q(T-t)}$，然后代入 Black-Scholes 定价公式中，便得到了如公式 10 - 52 所示的支付红利股票的期权定价公式。

$$C = Se^{-q(T-t)}N(d_1) - Xe^{-r(T-t)}N(d_2) \qquad (10-52)$$

其中，

$$d_1 = \frac{\ln\left(\dfrac{S}{X}\right) + \left(r - q + \dfrac{\delta^2}{2}\right)(T-t)}{\delta\sqrt{T-t}}$$

$$d_2 = \frac{\ln\left(\dfrac{S}{X}\right) + \left(r - q - \dfrac{\delta^2}{2}\right)(T-t)}{\delta\sqrt{T-t}} = d_1 - \delta\sqrt{T-t}$$

（四）Black-Scholes 公式的性质

对远期合约而言，远期合约多头的价值为远期合约现价减去交割价的贴现值，即 $f = S - Ke^{-r(T-t)}$。式中，f 为远期合约多头的价值，S 为其标的资产（如股票）的现价，K 为远期合约交割价格。

而实际上，对期权而言，当股票价格 S 变得很大时，看涨期权肯定会被执行，此时，期权就与（交割）价格为 X 的远期合约非常相似。因为 S 相当大，d_1 和 d_2 也变得很大，$N(d_1)$ 和 $N(d_2)$ 都近似为 1.0。这样，Black-Scholes 模型就变为如公式 10 - 53 所示。

$$C = S - Xe^{-r(T-t)} \qquad (10-53)$$

而这就是远期合约价值公式。

公式 10 - 51 所表述的 Black-Scholes 模型，其经济意义就是：欧式看涨期权的价格，等于卖出利率为 r 的债券 $Xe^{-r(T-t)}N(d_2)$ 份，同时买进价格为 S 的股票 $N(d_1)$ 份所构成的投资组合的成本。

Black-Scholes 期权定价理论的意义在于，它是第一个有实际应用价值的期权定价理论。此后，许多学者对它进行了修正，以使其更为完善；并且，从 Black-

Scholes 的定价思想出发，学者们提出了解决利率期权、期货期权、货币期权以及更为复杂的期权（如新型期权、具有期权特征的衍生证券等）定价的理论与模型。值得一提的是，目前对于美式期权尚无严密逻辑推理下的价格预测方程（也许这样的方程根本就不存在），但是，学者们已经提了一些实用的近似方法，如有限差分方法和二叉树法等。

本章小结

本章主要包括三个方面的内容：一是资本资产定价模型。从模型的基本假定、资本市场线、证券市场线等内容，引出资本资产定价模型及其实证分析方法。二是套利定价理论。从因素模型和套利组合，引出套利定价模型的基本方法和手段。三是期权定价理论。基于期权概述和期权价格的构成及影响因素，引出期权定价的 B−S−M 模型。

参考文献

1. ［美］Sheldon M. Ross：《数理金融初步》，冉启康译，机械工业出版社 2013 年版。

2. 张亦春、郑振龙、林海主编：《金融市场学》，高等教育出版社 2017 年版。

3. 李一智主编：《期货与期权教程》，清华大学出版社 2017 年版。

4. 黄贞贞、臧真博主编：《证券投资学》，重庆大学出版社 2017 年版。

5. 周洛华：《金融工程学》，上海财经大学出版社 2011 年版。

6. Michael J. Brennan, Yihong Xia, "Assessing Asset Pricing Anomalies", *Review of Financial Studies*, 2001.

7. J. C. Hull, *Options, Futures and Other Derivatives*, Boston：Prentice Hall, 2012.

8. F. Black, M. Scholes, "The pricing of options and corporate liabilities", *Journal of Political Economy*, 1973.

思考题

1. 什么是 CAPM 模型？其应用的前提条件是什么？

2. 什么是 APT 模型？该理论和 CAPM 模型的区别是什么？

3. 资本资产定价模型的主要缺陷是什么？

4. 分析影响期权价格的因素。

5. 投资者买进可赎回债券与卖出有保护的看涨期权有何相似与不同之处？

财务风险规避与投资策略案例

⊃**教学目标**

本章主要介绍部分财务风险规避和大师投资策略案例。要求学生基本了解近年来上市公司财务风险案例以及大师投资理念，掌握通过财务分析进行风险规避的一些方法。

⊃**重点与难点**

本章重点是：财务分析进行风险规避的原理，本章的难点是通过财务分析进行风险规避的一些方法。

第一节　存贷双高

所谓"存贷双高"是指一家公司存款余额和贷款余额都非常高，在财务管理者眼里，这种情况是对资金的巨大浪费，一边需要支付高额的财务费用，一边账上还保留大量的现金，不符合商业逻辑。存贷双高的现象虽然不符合商业逻辑，但是，并不一定就意味着一定存在风险，需要探究存贷双高产生的原因。

一、存贷双高产生的原因

（一）公司存在存贷双高的正常原因

1. 管理水平差。对于子公司较多的集团型公司，可能存在的情况是有的子公司产生现金流的能力较强，账面资金较为充裕，而有的子公司则更多的依赖外部融资满足日常经营需求，从而负债率较高。合并报表层面就可能出现存贷双高的情况。但是，这种情况也反映出企业资金配置效率低、财务管理水平差，资金统筹不够合理。

2. 财务策略稳健。公司财务策略比较稳健保守，会倾向于保持较多的货币资金以应付一些支出。

3. 商业模式选择。如做供应链管理的企业，对资金的需求非常大，利润表的典型特点就是毛利率特别低，财务费用比较大；还有房地产行业，属于资金密集型，银行和房管的双重资金监管，降低了资金使用效益。

地产公司长期存在高货币资金和高有息负债并存的现象。2010 年第 4 季度~2019 年第 1 季度，A 股地产公司货币资金与有息负债比率常年维持在 30% ~ 50% 之间，2019 年一季度末货币资金/有息负债率为 36.0%。如图 11 - 1 所示：

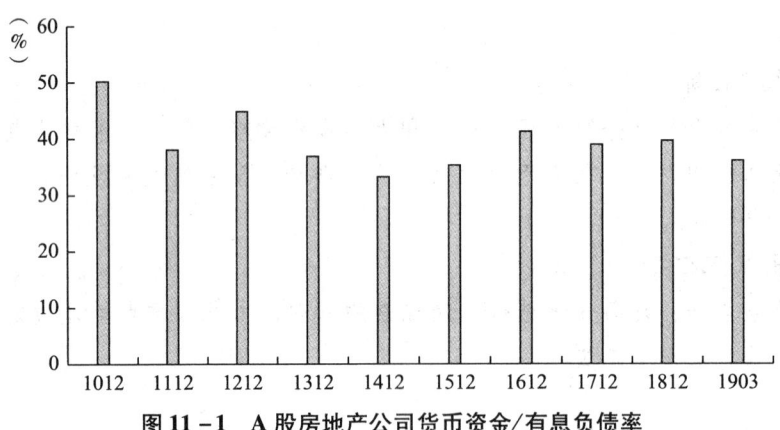

图 11 - 1   A 股房地产公司货币资金/有息负债率

一方面，地产行业由于需要进行土地储备，在招标过程（拿地环节）中需要消耗大量的现金。为了保证正常的经营需要，有必要保持必要的现金储备；另一方面，房地产行业属于重资产行业和资金密集型行业，周转周期较长，因此整体负债率高于其他行业。

4. 有明确用途。如上市公司通过非公开发行方式募集的资金、政府拨付的专款专用资金等，不能用来归还贷款。

（二）存在财务舞弊情况

1. 财务舞弊的含义。美国《审计准则公告第 16 号》明确规定，财务舞弊就是故意编制虚假的财务报表；中国《独立审计具体准则第 8 号》中对舞弊定义为导致会计报表产生不实反映的故意行为。

财务舞弊按舞弊主体可以分为管理层舞弊和员工层舞弊，按舞弊目的可以分为恶意舞弊和善意舞弊。

2. 财务报表粉饰常见手段：一是利用实物资产、股权置换的手法调节利润。这种手法通常为上市公司与母公司或其他关联方所用，他们通过实物资产、股权置换的方式，达到其增加利润的目的。二是利用调节营业外收入或补贴收入粉饰年报。这是 ST 公司惯用的手法。营业外收入是指与企业生产经营活动没有直接关系的各种收入，它不是由企业经营资金耗费所产生的，不需要企业付出代价，实际上是一种纯收入，不可能也不需要与有关费用进行配比。它不具有长期性和稳定性，对利润的影响是暂时的，所以，营业外收入常常成为利润的"调节器"。三是利用对存货价值的调节进行利润操纵。首先，存货计价的方法不同，对企业财务状况、盈亏情况会产生不同的影响。期末存货计价过高或期初存货计价过低，当期收益都可能因此而增加，反之亦然。所以，存货计价方法的变更可以产生一定的利润调整空间。其次，有的企业采用定额成本法计算产品成本时，将产品定额成本差异在产品和库存产品之间分摊，本期销售产品却不分摊，以降低本期销售成本。更有甚者，故意虚列存货或隐瞒存货的短缺或毁损，从而达到虚增本期利润的目的。这样的做法，虽然使上市公司当年的财务报表好看了，但却为其今后的发展前景蒙上了阴影。四是利用调节应收账款、其他应收款、其他应付款粉饰年报。年报不实的上市公司在应收款或其他应收款方面做文章，从而达到虚增利润目的的手法屡见不鲜，一些上市公司往往把一些难以收回的应收款挂在账上，以虚增资产。五是利用计提手段结合会计估计调节利润。企业巨额计提秘密准备，使估计计提成了操纵利润的一种普遍手段。秘密准备的手段一般有以下几种：低估资产、高估负债、不反映某些特定资产的价值、搁置资产价值上涨时的机制调整。六是费用"减肥"、利润"虚胖"。上市公司对当期费用进行调整，也可实现虚增利润的目的。在实际处理中，一些公司往往利用"待摊费用"、"长期待摊费用"、"在建工程"等科目进行调账，在以后年度逐渐进行分摊，从而达到平滑利润的目的。

3. 财务粉饰和存贷双高的关系。通常而言财务粉饰或造假的目的多出于做大利润或资产，以支撑股价和获得资本市场青睐。由于资产负债表反映的是存量信息，上市公司有可能在披露报表的时间节点附近提取现金放在账面上，之后再转出，由此改变相应的财务指标，起到粉饰作用。

货币资金中存在未披露的大额受限资金。受限资金未披露可能的情况：一是被关联方或者大股东占用，二是为大股东或关联方提供贷款质押、担保，如与银行签订抽屉协议，质押存单从而放款给大股东或者关联方。

二、案例分析

"存贷双高"不合理的现象受到市场普遍关注以来，一些业绩好的"存贷双高"的"白马"如康得新、康美药业、东旭光电等公司纷纷"暴雷",这充分说明了"存贷双高"是一种有效规避风险的方法。

（一）康得新"存贷双高"案例

2019年年初的康得新（002450）债券违约：1月15日，该公司超短期融资券"18康得新SCP001"不能足额偿付本息10.41亿元，构成实质性违约；1月21日，坏消息再次传出，"18康得新SCP002"不能足额偿付本息5.22亿元，构成实质性违约。然而，康得新2018年三季报显示，公司仅拥有的货币资金就高达150.14亿元。在拥有巨额货币资金的情况下却依然违约，连十几亿的本息都还不起，如此矛盾的行为引起了市场广泛关注。康得新2018年三季报部分财务数据如表11-1所示：

表11-1 康得新2018年财务报表部分信息

单位：元

项目	期末余额	期初余额
货币资金	15 013 531 518.90	18 504 142 834.01
利息收入	59 640 388.77	25 985 574.87
流动负债：		
短期借款	6 180 813 826.62	6 565 490 467.10
应付票据及应付账款	3 509 817 110.62	1 409 800 865.74
预收款项	56 787 634.69	116 677 612.90
应付职工薪酬	47 247 213.36	73 152 602.79
应交税费	312 902 635.37	220 469 956.85
其他应付款	196 595 272.21	221 682 841.01
一年内到期的非流动负债	299 500 000.00	630 952 146.67
其他流动负债	1 498 693 238.99	2 496 219 258.86
流动负债合计	12 102 356 931.86	11 734 445 751.92

"18康得新SCP001"与"18康得新SCP002"相继违约，有高额货币资金却依然违约的矛盾行为引起了市场广泛关注。康得新事件暴露出了财务报表中这个非常值得注意的现象——"存贷双高"，即公司一方面拥有巨额的存款，另一方面却又背负大量的有息负债。存款的利率比贷款的利率要低得多，而公

司宁可把钱放在银行吃利息也不偿还贷款，显然不符合常理。"存贷双高"问题近年来越来越多地出现在企业年报中，备受市场质疑，也逐渐成为监管的重点。

（二）东旭光电"存贷双高"案例

随着"存贷双高"这一不合理现象越来越受到重视，监管层加强了对存在"存贷双高"的上市公司的监管，而投资者也逐步开始回避"存贷双高"的上市公司股票和债券。

深交所曾就"存贷双高"问题向东旭光电下发过问询函，要求其说明公司在货币资金余额较高的情况下维持大规模有息负债并承担高额财务费用的必要性及合理性等，如图 11 - 2 所示。彼时，东旭光电给出的回复是，产业特性决定了产业链主要公司普遍存在资金需求量大、负债高的特点。公司所从事的光电显示产业属于技术、资金高度密集型的行业，技术壁垒高、资金需求大、投资回收期长，为了赶超美日主要寡头竞争对手，公司除了通过股权融资外，还需要通过有息负债取得公司持续研发、运营所必需的资金。至于大量货币资金的构成和用途，东旭光电称，公司货币资金由募集资金、受限资金、非受限资金三部分组成，其中，募集资金和受限资金是具有指定用途的专项资金。截至2018 年末，公司真正的储备资金是 65.20 亿元，这部分资金主要用于安全运营资金需求、经营扩张流动资金需求、研发投入及产线技术改造资金需求以及投资并购项目资金需求等必要与合理用途。而在深交所问询 5 个月后，10 月 31

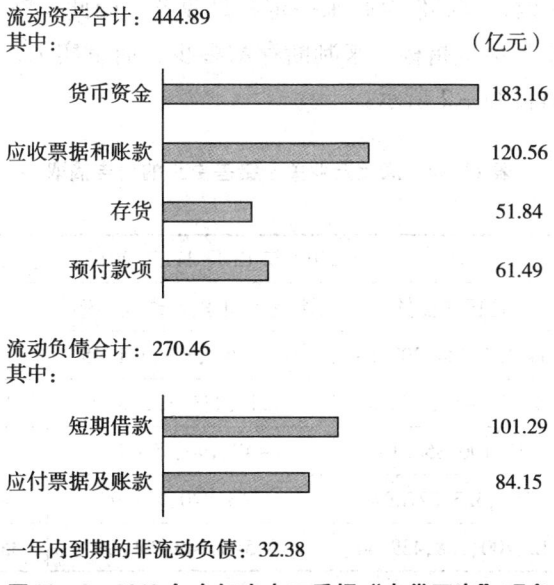

图 11 - 2 2019 年东旭光电三季报"存贷双高"现象

日，有投资者就货币资金和短期借债问题再向公司提问，称"为何有钱还要借钱"？对此，东旭光电回复表示，公司经营需要作出充足资金准备，除受限资金外，还需要安排好安全运营资金、经营流动资金、研发投入及产线技术改造资金、投资并购项目资金、偿还有息负债周转资金、风险准备资金等。

2019 年 11 月 19 日，市值 275 亿元的东旭光电科技股份有限公司债券确认违约。违约债券涉及两只，分别为"16 东旭光电 MTN001A"以及"16 东旭光电 MTN001B"中期票据，均于 2016 年发行，总债务规模为 30 亿元，当期应付本息合计约 20 亿元。

三、如何应用"存贷双高"规避风险

正如前文所讲，部分行业、企业的"存贷双高"现象具有一定的合理性。因此，在利用"存贷双高"进行避雷时需要注意以下几点：

1. 与同行业做对比。"存贷双高"不能简单地脱离行业来分析，就如前文所提的供应链、房地产等行业，其经营模式决定了这些行业中企业必须"存贷双高"。因此，分析"存贷双高"这一现象，必须将公司放在行业中做对比。对于行业不具备"存贷双高"特性的公司需要格外警惕。

2. 存款利息率。"存贷双高"的风险在于"存"，即，存款资金是否是真实的。事实上，企业不可能将数量庞大的资金放在保险柜中，一般而言，如果账上货币资金真实有效，其必然会带来一定利息收益。因此，需要用利息收入/平均货币资金余额作为衡量指标，来判断存款多少，而事实上，康美药业的存款利率低的吓人。如表 11－2 所示：

表 11－2　康美药业关于错差更正的公告摘取

单位：元

受影响的期间 报告项目名称	2017 年 12 月 31 日/2017 年度		
	更正前金额	错差更正累计影响金额	更正后金额
货币资金	34,151,434,208.68	−29,944,309,821.45	4,207,124,387.23
应收账款	4,351,011,323.40	641,073,222.34	4,992,084,545.74
应收利息	47,190,356.13	−47,190,356.13	
其他应收款	180,323,027.94	5,713,820,971.90	5,894,143,999.84
存货	15,700,188,439.34	19,546,349,940.99	35,246,538,380.33

从表 11 - 2 中可以看到，更正前，340 亿货币资金仅产生了 4700 万利息，存款利率在千分之一左右，因此，可以判断，其货币资金存在问题。

3. 财务费用。正常而言，公司负债和财务费用的上升本身就可以反映公司经营情况并非十分乐观，如果再碰上"存贷双高"的情况，就需要警惕，防止资金链断裂。

4. 大股东股权质押。若公司同时存在"存贷双高"和大股东股权质押时，也需要额外注意。

第二节　境外业务比重过高

企业的境外业务比例过高本身并非过错，但是由于国内投资者对国外情况不熟悉，加之调查取证的难度大幅上升，因此，一些公司便利用境外业务虚构利润，以期获得市场的青睐。

一、境外业务造假呈现的特点

1. 经济不发达地区收入偏高。通常而言，经济发达地区，金融体系较为完备，业务造假的难度和成本都相对偏高。并且经济不发达地区居民消费能力有限，如果一家上市公司来自不发达地区的业务比例持续增长，且收入和利润占比较高，此时，就需要提高警惕。

2. 应收账款、存货等资产规模逐步增大。如果一家企业是通过境外业务虚构利润，以期获得投资者青睐，这些虚构的业务虽然可以使财务报表的利润提高，但并没有实际现金流流入企业。因此，如果一家公司随着海外业务规模的扩大，应收账款、存货等资产的规模逐步增大，而公司的现金流并没有充分改善，此时，需要提高警惕。

3. 公司派息比例低。通过境外业务虚构利润，并没有实际现金流流入企业，因此，企业分红率必然不高，如果一家上市公司的现金分红远小于其融资额度（上市融资时间短的例外），或者用分红融资比指标（历年来的分红总额/历年来融资总额的比率）来衡量这个公司是回报投资人多还是向投资人索取的更多。如果公司派息比例低、现金分红总额远小于其融资总额，有可能该公司需要依靠融资生存，此时，结合其境外收入占比较高的情况，投资者需要提高警惕。

4. 大股东股权质押等情况。如果境外业务比重过高，还伴随着大股东股权质押、公司研报缺乏具体内容、企业热衷蹭热点式并购、公司和高管有不良记录等一些情况，投资者也需要提高警惕。

二、境外业务造假案例分析

（一）瑞幸咖啡

瑞幸咖啡在纳斯达克上市，对于美国投资者而言，该公司的收入大部分为境外收入，因此，对瑞幸咖啡的实际经营情况，美国投资者难以掌握真实详细的信息，这给其虚增提供了便利。如果要了解其真实经营情况，无疑需要投入大量的人力物力。如浑水雇佣了 92 个全职人员和 1148 个兼职人员，日夜不停地对瑞幸店铺进行录像，采集了 629 个直营店 1832 天录像，其中 851 份由于覆盖时间不足（10 分钟未覆盖）而不采用。共录制了 11 260 小时视频，包括了 620 个直营店 981 天营业日的全部营业时间监控录像。收集了 10 119 个客户 25 843 份收据，从而指出瑞幸咖啡存在造假：

确凿证据 1：单个门店的每日销售商品数量在 2019 年第三季度和第四季度分别至少被夸大了 69% 和 88%，支撑证据为 11 260 小时的门店流量视频。调动了 92 名全职和 1418 名兼职人员进行实地监控，记录了 981 个工作日的门店流量，覆盖了 100% 的营业时间。门店选择基于城市和位置类型分布，与瑞幸所有直营店的组合相一致。

确凿证据 2：瑞幸的"单笔订单商品数"已从 2019 年第二季度的 1.38 降至 2019 年第四季度的 1.14。

确凿证据 3：收集了 25 843 张顾客收据，发现瑞幸夸大了其每件商品的净售价至少 1.23 元人民币或 12.3%，人为地维持商业模式。真实情况下，门店层面的亏损高达 24.7%～28%。排除免费产品，实际的销售价格是上市价格的 46%，而不是管理层声称的 55%。

确凿证据 4：第三方媒体追踪显示，瑞幸夸大了其在 2019 年第三季度的广告费用 150% 以上，特别是在分众传媒上的支出。瑞幸有可能将其夸大的广告费用回收回去，以增加收入和门店层级的利润。

确凿证据 5：25 843 个顾客收据及其报告的增值税数字显示，瑞幸在 2019 年第三季度来自"其他产品"的收入贡献仅为 6% 左右，相当于近 400% 的膨胀率。

此外，还有一些危险的信号：

危险信号 1：瑞幸的管理者已经通过股票质押兑现了其持有的 49% 的股票（或流通股总数的 24%），令投资者面临追缴保证金导致股价暴跌的风险。

危险信号 2：神州租车（HKEX：699 HK）的既视感：瑞幸董事长陆正耀和同一批关系密切的私募股权投资者从神州租车中撤走 16 亿美元，而少数股东则损失惨重。

危险信号 3：瑞幸董事长陆正耀通过收购宝沃，将 1.37 亿元人民币从神州优车"UCAR"（838006CH）转移给其关联方王百因。神州优车、宝沃、王百因将在未来 12 个月向北汽—福田汽车支付 59.5 亿元人民币。现在王百因拥有一家新成立的咖啡机供应商，该供应商位于瑞幸总部隔壁。

危险信号 4：瑞幸最近通过增发和可转换债券发行筹集了 8.65 亿美元，以发展其"无人零售"策略，这更可能是管理层从公司吸纳大量现金的一种便捷方式。

危险信号 5：瑞幸的独立董事邵孝恒是（或曾是）一些非常可疑的在美国上市的中国公司的董事会成员，这些公司的公开投资者蒙受了巨大损失。

危险信号 6：瑞幸联合创始人兼首席营销官杨飞曾因非法经营罪被判处有期徒刑 18 个月，彼时他是北京口碑营销策划有限公司（简称"iWOM"）的联合创始人兼总经理。后来，iWOM 与北京氢动益维科技股份有限公司（简称"QWOM"）成为关联方，后者现在是神州租车的子公司，并且正在与瑞幸进行关联方交易。

2020 年 4 月 2 号，美股上市公司瑞幸咖啡宣布，在审计 2019 年年报发现问题后，董事会成立了一个特别调查委员会。委员会发现，公司 2019 年第二季度至第四季度期间，伪造了 22 亿元人民币的交易额，相关的成本和费用也相应虚增。公开"自爆"财务造假，瑞幸咖啡让所有人大跌眼镜。当天，瑞幸咖啡股价暴跌 75.6%，市值缩水至 16 亿美元。

（二）信威集团

中创信测于 2003 年 8 月 7 日在上交所上市，信威集团于 2014 年借壳中创信测上市，营业收入从 2013 年 2.3 亿快速增长至 2015 年 35.7 亿，净利润从 2013 年的 1479 万快速增长至 2015 年的 20 亿。市值最高达到 2000 亿，并于 2014 年 12 月 19 日正式纳入富时 A50 指数。

然而，信威集团高速业绩增长源于海外业务的不断扩张：2010 年信威集团濒临破产，柬埔寨电信业务引入，使其迅速扭亏为盈，自柬埔寨开始，信威集团的海外公网业务扩展至乌克兰、俄罗斯、坦桑尼亚、尼加拉瓜等多个国家，相关销售收入占到公司年总营收的 90% 以上。

中国 A 股上市公司信威集团（600485.SH）称，过去 5 年（2011～2015 年）

里，通过向独立第三方、上述拥有 8 个营业厅的柬埔寨信威销售基站和设备，获得近 30 亿元人民币的销售收入。其中 2011、2012 两年，柬埔寨信威贡献的销售收入，更是分别占到当期总体营收的 84.7% 和 90.47%。

信威集团借壳上市后，营业收入快速增长来源于并购，但其海外业务占比过高且主要来源于不发达地区，信威集团在买方信贷模式下，销售毛利率竟一度高达 93.86%，五年一期平均毛利率达 88.42%。远超行业平均水平，如图 11 - 3 所示，因此，需要提高警惕。

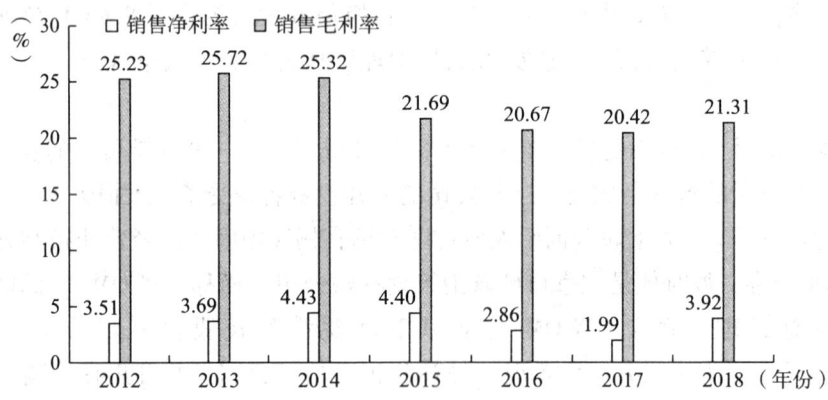

图 11 - 3　2012 ~ 2018 年第一季度中国通信板块净利润变化趋势

信威集团主营业务为通信行业，然而其宣传的挖运河、放卫星、收购乌克兰飞机公司等行为均与通信行业无关，一个公司过于热衷各种概念的炒作，本身也是一个危险信号。

某券商 2016 年 8 月 30 日发布的行业研究报告《大国崛起的侧面（二）：人中龙凤》鼓吹信威集团的海外业务，并明确给予"买入"评级。券商研报已经开始吹捧公司高管，加上信威集团上市接近三年，大股东持有股票快要解禁，此时投资者需要提高警惕。

2016 年 12 月 23 日，网易财经一篇名为《信威集团惊天局：隐匿巨额债务神秘人套现离场》揭开了信威集团造假的内幕，网易财经调查发现，信威集团的辉煌业绩背后疑点重重。以柬埔寨为代表，信威集团在当地的"合作伙伴"柬埔寨信威，被指是信威集团的境外子公司，因经营不善背负巨额债务。而这些负债的担保方，无一例外为信威集团及其子公司。这为信威集团埋下了巨大风险。风险背后，网易财经发现，信威集团的部分神秘股东，已经通过减持套现巨额财富。

当天信威集团股票跌停，随后，信威集团以各种理由停牌，直到 2019 年 7 月 12 日复牌，停牌时间长达 931 天，复盘后连续 42 个跌停至 1.7 元，信威集团股价最高时为 67.98 元，这给投资者带来了巨大损失。

（三）尔康制药

尔康制药于 2011 年 9 月 27 日在深圳创业板上市，上市伊始，尔康制药就遭到了舆论的广泛质疑。一是募投项目过度包装。根据招股说明书中募集资金投资计划，公司将斥巨资扩大注射用磺苄西林钠抗生素的产能，从 3000 万克提高到 8000 万克。但尔康药业的经营数据不足以支持磺苄西林钠产品，公司 2010 年产能已经达到了 3000 万克/年，但却仅仅生产了 742.09 万克，产能利用率仅为 24.74%，而产销率仅为 55.75%。二是资本运作绕开规则制约。2009 年 12 月，尔康制药的注册资本由 500 万元增加至 8821.01 万元，其中实际控制人以湘药制药 97.17% 股权作价 5821.01 万元作为出资。但从分类型产品利润贡献率角度来看，尔康制药母公司的原料药远不及子公司湘药制药的抗生素。从披露的详细数据来看，湘药制药 2010 年实现净利润 2279.72 万元，对应 8494.22 万元营业收入计算，销售净利润率为 26.84%，而合并业务实现销售收 36393.38 万元，实现净利润 6711.12 万元，销售净利率仅为 18.44%，二者相差 8.4 个百分点。作为子公司的湘药制药才是 IPO 时的亮点，但是截至其被尔康制药收购时，其净资产金额仍小于注册资本，这意味着该公司存在未弥补亏损，难以满足上市的主体资格要求。此外，公司还被指责存在突击缴纳社保，高管低价入股等情形，还有媒体质疑其涉嫌国有资产流失。不过，这些质疑并未影响尔康制药上市。可见，尔康制药一直被各种负面消息缠绕，投资这类公司，本身就应该提高警惕。

2017 年 5 月 9 日，尔康制药再遭质疑，称其在海外设立的公司涉嫌虚构利润，与此同时还涉嫌虚构公司资产。不过这一次情况发生了变化，舆论的关注最终引发了监管部门的干预。

质疑的焦点，是尔康制药旗下柬埔寨公司于 2016 年实现净利润 6.156 亿，占尔康制药当年净利润的 60.79%，其利润主要来自"年产 18 万吨药用木薯淀粉生产项目"。可见，尔康制药，在海外不发达地区收入占比较高，加之尔康制药之前各种负面新闻缠身，这需要引起投资者警惕。

进一步分析发现，根据海关数据，2016 年中国向柬埔寨进口木薯淀粉共计 3.09 万吨，金额为 1042.83 万美元，折合人民币 0.72 亿元，而公司 2016 年年报称，海外销售毛利润 4.34 亿，就算中国从柬埔寨进口木薯淀粉 0.72 亿均为柬埔寨子公司的毛利润，这两者之和也小于其公布的柬埔寨公司 2016 年净利润 6.156 亿。因此，可以判断出尔康制药存在虚构外汇业务收入的行为。此外，该项目盈利远超当初研报中预测的净利润。另外，从资产负债表中分析：尔康制药最近三年的固定资产增长速度较快，可能存在账面上记录房产并不存在的情形："从 2014 年账面价值 7.19 亿增长到 2016 年底的 17.69 亿，其中房屋建筑物占固定资产比例分别为 49.7%、71.01%、72.32%。2015 年和 2016 年从在建工程转入固定资产金额为 6.78 亿和 5.55 亿。公司固定资产占总资产比例远高于同行业公司。根据公司披露的房屋建筑物信息，2016 年应该缴纳的房产税金额至少应该是 552.42 万元，大于公司实际缴纳的房产税金额。加之在遭受质疑前，尔康制药董事长刚刚有连续大手笔的减持行为。种种迹象表明，尔康制药存在着相应的风险。

最终，2017 年 5 月份，湖南证监局派驻了小组进驻调查，8 月份，证监会宣布立案调查。2018 年 6 月，证监会立案调查 10 个月后，尔康制药的财务造假一案正式落定。根据尔康制药相关人员的违法行为事实、性质、情节及社会危害程度，湖南证监局对尔康制药责令改正，给予警告，并处以 60 万元罚款。对尔康制药直接负责的主管人员给予警告，并分别处以 30 万元罚款。

三、如何应用"境外业务比例过高"规避风险

1. 分析境外业务集中度。境外业务的集中度包括两部分，一部分是指境外业务占总业务的比重；另一部分是指境外业务中，主要来源于某一子公司或某一项目的比重。从上述案例中均可以看到，境外业务虚增利润均存在双高的特性，即境外业务占总业务比重高，某一项目占到境外业务比重高。这源于一方面境外业务难以被投资者了解和调研，例如浑水和网易财经均投入了人力物力进行实地调研，这显然是普通投资者无法进行的；另一方面，和一项境外业务虚增利润相比，多项境外业务虚增利润不仅难度大，而且被发现的可能也大。因此，通过境外业务虚增往往存在"双高"特性。存在这种情况时，投资者需要进一步加强对该上市公司和该项目分析研究。

2. 境外业务来源地分析。从上述案例可以看到，通过境外业务虚增利润，其利润来源地的金融监管往往较为薄弱，大多为发展中国家。如果一家上市公司境外业务存在"双高"特性，且来源于发展落后的国家或地区，此时，投资者需要提高警惕，如果无法进一步判断相关情况，需要回避该公司相关证券。

3. 高管或公司有不良记录。高管或公司有不良记录或行为，本身就说明该

公司存在 定的风险，如果再存在境外业务比例过高等现象，投资者应避开这类公司，避免自己资金遭受损失。

4. 应收账款等规模扩大、派息比例低。如果公司的境外收入是真实的，公司可以获得真实的现金流，其派息不应存在较大的压力，而如果其境外业务收入是虚假的，企业必须粉饰资产负债表，因此，应收账款、存货、在建工程、固定资产会被动提高，或存在"存贷双高"等现象。因此，如果某一公司境外业务比重偏高，且上述项目在资产负债表中持续扩大，且派息比例偏低，投资者就应该回避该公司相关证券。

5. 其他不良信号。比如各种项目跨界经营、浮夸的研报、高管及大股东减持、大股东股权质押等等。

第三节　商誉过高

商誉是指企业在同等条件下，能获得高于正常投资报酬率所形成的价值。这是由于企业所处地理位置的优势，或是由于经营效率高、历史悠久、人员素质高等多种原因，与同行企业比较，可以获得超额利润。可见，商誉是指能在未来期间为企业经营带来超额利润的潜在经济价值，或一家企业预期的获利能力超过可辨认资产正常获利能力（如社会平均投资回报率）的资本化价值。商誉是企业整体价值的组成部分。在企业合并时，它是购买企业投资成本超过被合并企业净资产公允价值的差额。

美国财务会计准则委员会（FASB）于 1999 年 9 月 7 日公布了一项征求意见稿，首次提出了"核心商誉"的概念，由六个要素组成：一是被收购企业净资产在收购日的公允市价大于其账面价值的差额；二是被收购企业未确认的其他净资产的公允市价；三是被收购企业存续业务"持续经营"构件的公允价值；四是收购企业与被收购企业净资产和业务结合的预期协同效应的公允市价；五是收购企业由于计量收购报价的错误而多计量的金额。尽管在所有现金交易中的收购价格不会出现计量错误，但如果是涉及股票交换的交易，则很难说不会出现计量错误；六是收购企业多支付或少支付的金额。

上市公司并购重组往往会溢价收购资产，从而积累了高额的商誉。业绩承诺期结束后，如果业绩不达标，商誉就会出现大规模的减值，拖累上市公司利润。2008 年，商誉占 A 股所有上市公司净资产总额比例仅 1.03%，涉及商誉上市公司占上市公司总数约 25%；截至 2018 年第三季度，这一比例攀升至

4.09%，如表 11 - 3 所示，大约 58% 的上市公司涉及商誉问题。因此，投资者需要额外注意商誉减值的风险。

表 11 - 3　2008～2018 年第三季度中国 A 股商誉规模及占净资产比重

年份	商誉	商誉占净资产比重
2008 年	815 亿	1.03%
2009 年	875 亿	0.92%
2010 年	993 亿	0.83%
2011 年	1417 亿	0.99%
2012 年	1692 亿	1.04%
2013 年	2144 亿	1.17%
2014 年	3333 亿	1.55%
2015 年	6541 亿	2.56%
2016 年	10530 亿	3.58%
2017 年	13037 亿	3.94%
2018 年第三季度	14486 亿	4.09%

一、商誉减值的特点

商誉减值是上市公司业绩变脸的一个常见现象，上市公司并购与重组，是优化资源配置，提高市场效率的重要手段，在此过程中难免形成商誉。但是如果形成商誉具有以下特点，投资者需要提高警惕。

1. 跨界并购或蹭热点。上市公司通过并购，整合资源，可以有效提高效率，或者通过并购进入其他领域，实现多元化发展。如果并购发生在行业内，或产业链上下游，由于企业熟悉相关行业特性，并购有利于整合资源，实现做大做强。而跨界并购，如果运用得当，将促进公司多元化经营和转型，运用不当，将为以后业绩暴雷埋下伏笔。

一方面，当前，A 股有相当一部分的公司跨界"动机"不纯。基于"市值管理"，并购热门的概念相关资源，以迎合投资者需求；另一方面，大部分公司跨界缺乏必要的资源禀赋，只有少数公司才能成功跨界。隔行如隔山，现有人力资源局限，新行业的壁垒等都是障碍。

因此，当一个上市公司由于跨界并购形成了规模庞大的商誉，并且原主营业务和新并购业务关联度极低，且新并购业务属于热门概念，此时投资者需要提高警惕。

2. 高估值收购。随着市场行情的火爆，上市公司高估值高溢价收购现象愈演愈烈，数据显示，2014年、2015年度证券市场并购事项中，并购标的的市净率（PB）平均分别为6倍、9倍，2016年上半年更攀升至11倍，个别标的超过了400倍。重大资产重组和借壳上市事项中，标的的市净率高企情况与之类似。

但是，2015年度A股上市公司全年市净率平均值为5.18倍，2016年1~6月，上市公司市净率平均值为4.19倍。由此数据可见，整体并购评估溢价远高于上市公司同期指标，进入2016年度，并购市场评估溢价已经为上市公司同期指标的2.7倍。

这些高溢价收购形成的商誉，显然比低溢价收购形成的商誉风险更大，而且，高溢价收购更易于出现市场行情火爆时期，因而，这些并购更可能是由于为了迎合投资者、进行"市值管理"所产生的，而非基于企业真实的发展需要。

因此，如果上市公司形成的商誉是由高估值高溢价并购产生的，投资者需要额外提高警惕。

3. 业绩承诺卡线完成，且即将过业绩承诺期。对于一些轻资产行业并购而言，用PB估值判断被收购公司估值价值存在一定问题，市场中对于被并购企业的估值多采用未来收益法，由此便需要被并购企业对未来业绩作出预测与承诺。在这样的背景下，为实现上市公司与被并购企业的"双赢"，形成了后者常给出高业绩承诺以提高估值，前者则以此来刺激二级市场上的股价的逻辑。

按照业绩承诺开始年度统计分析，2013年项目数106个，履约完成项目数61个。2014年项目数231个，履约完成项目数171个。2015年项目数371个，履约完成项目数310个。

从2013年至今的业绩承诺兑现情况来看，第一年度的情况相对较好，因为这是第一个履约期，更靠近基准日水平，承诺后期难以兑现往往成为大概率事件。以2015年度处于业绩承诺期的项目进行分析，2014年度并购项目未完成2015年度业绩承诺占比为25.97%，2013年度并购项目未完成2015年度业绩承诺占比为42.45%，三年以上业绩承诺期的并购重组项目到第三年的时候，业绩承诺能够完成的项目占比不到60%。

2013年创业板并购标的：业绩承诺期过后，并购标的业绩普遍下滑。2013年创业板完成的12家重大并购重组标的，平均形成商誉4.01亿元，三年业绩承诺期为 2013～2015 年，承诺期过后第一年有 10 家标的业绩下滑，平均下滑幅度 38.6%，但第一年仅有 4 家标的计提商誉减值，2017 年大部分标的业绩继续下滑，其中 7 家标的在第二年计提了商誉减值。承诺期过后的两年内，12 家重组标的仅有 3 家未计提商誉减值，但这三家标的的净利润均已较业绩承诺最后一年下滑近60%。

表 11-4 2013 年创业板并购标的商誉减值情况

上市公司	并购重组时间	三年业绩承诺完成比率	承诺期后一年（2016 年）并购标的业绩变化情况	商誉减值情况
掌趣科技	2013/8/14	104%	-30%	第二年减值
易成新能	2013/5/15	114%	-64%	拟出售并购标的 100% 股权
星星科技	2013/12/27	101%	-44%	第一年减值
吴通控股	2013/9/5	100%	-71%	第一年和第二年都减值
盛运环保	2013/9/25	107%	-12%	第一年和第二年都减值
上海新阳	2013/10/17	108%	-13%	未计提商誉减值
梅泰诺	2013/3/14	101%	-60%	未计提商誉减值
隆华节能	2013/11/1	98%	-57%	第二年减值
蓝色光标	2013/9/5	89%	3%	第一年和第二年都减值
华谊嘉信	2013/10/11	92%	-7%	第二年减值
华星创业	2013/9/9	103%	-27%	第二年减值
鼎龙股份	2013/10/28	117%	1%	未计提商誉减值
平均		103%	-31.80%	

2014 年情况类似，2014 年创业板并购标的的三年业绩承诺完成比率平均为 108%，但是业绩承诺期过后第一年业绩大幅下滑，比前一年的业绩下跌 39%，且大部分公司在当年并未计提商誉减值。

以 2015 年度为最后一个业绩承诺期的 44 个项目分析，完成承诺业绩的项目为 26 个，超过业绩承诺数额 110% 以上的项目仅为 10 个，40% 左右的项目未能完成业绩承诺。2015 年并购重组事项中，有业绩承诺的并购事项平均评估溢价率为 577%，无业绩承诺的则为 444%。从溢价率普遍较高的游戏和文化传媒两个行业看，有业绩承诺的评估溢价率分别为 1802% 和 1043%，无业绩承诺的则分别为 454% 和 506%。

从上面的数据中可以看到：一方面，存在业绩承诺的并购案例，往往具有更高的溢价。意味着这些并购所形成的商誉更高，如果无法完成业绩承诺，其商誉减值的风险也越大；另一方面，随着第一年和第二年业绩承诺期的逐步完成，被并购企业业绩无法完成承诺的可能性逐步增大，另外，一些公司卡线完成承诺业绩，可能存在着一定的业绩粉饰，这也使得承诺期过后，被并购资产收益下降的可能性增大。因此，商誉减值的风险也逐步增大，投资者应该尽量避免购买此类公司的股票。

4. 商誉比重过高。商誉占整个上市公司的净资产比重也是衡量商誉风险的一个重要指标。一方面，如果一家公司其商誉占净资产比重过高，发生减值时，对利润影响也就越大，投资者损失也就越大；另一方面，商誉比重过高，这些积累的商誉往往是通过多笔并购形成产生的，因此，其发生商誉减值的概率也越大。表 11 - 5 为 2018 年 3 季报所显示的商誉占比过高的上市公司。

表 11 - 5 部分商誉占比过高的上市公司

证券简称	商誉	净资产	商誉占净资产比重
南华生物	0.5758	0.0176	3272%
紫光学大	15.2677	1.3736	1112%
金宇车城	3.1648	0.6979	453%
凯瑞德	1.7436	0.4398	396%
纳思达	129.0115	45.5879	283%
曲美家具	36.6965	16.5115	222%
炼石航空	25.1602	12.7581	197%
长城影视	13.4974	7.6464	177%
国美通讯	6.1769	3.5530	174%
ST 富控	25.7838	15.4642	167%

此外，商誉如果超过上市公司的净资产，说明扣除商誉，该上市公司实际资不抵债，可见，投资者应该回避商誉占净资产比重过高的上市公司，尤其是商誉超过净资产的相关公司。

5. 存在大股东股权质押、减持等情况。如果上市公司商誉较高，且伴随着大股东或公司高管大幅减持、套现等现象，意味着了解公司实际经营情况的高管等均不看好上市公司，因此，投资者也需要注意回避风险。

二、商誉减值的案例分析

（一）天神娱乐商誉减值案例

天神娱乐全称大连天神娱乐股份有限公司，主营游戏研发与发行、移动互联网平台服务及影视娱乐等业务。于2014年借壳科冕木业，而登陆深交所挂牌上市。上市之后，天神娱乐快速扩张，资产规模、净利润均大幅增长。如图11-4所示：

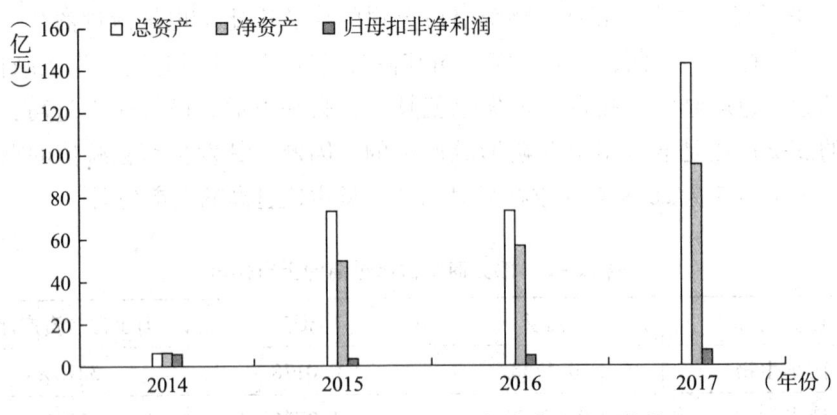

图11-4 天神娱乐2014～2017年资产和净利润情况

2014年末，天神娱乐总资产仅为7.44亿，三年后的2017年末，便增长到144亿，增长了近20倍。净资产也从6.63亿增长到95.47亿，增长13倍。净利润则从1.91亿增长到7.41亿。资产规模、盈利能力的巨大增长，来自于天神娱乐近乎疯狂的并购重组：2015年，并购爱普信息、妙趣横生、雷尚科技和Avazu Inc.，分别形成商誉4.93亿、5.04亿、7.83亿和18.85亿；2016年，并购一花科技，形成商誉9.02亿；2017年，并购幻想悦游、合润传媒、嘉兴乐玩和星空智胜，分别形成商誉29.28亿、5.20亿、4.36亿和629.94万。

3年时间，天神娱乐并购了8家公司，主要集中在游戏领域，累计形成的商誉超过 80 亿。截止 2017 年末，天神娱乐账面商誉原值 65.72 亿（由于 Avazu Inc. 股权转让，故其并购商誉一并减少）；其中，对妙趣横生的并购商誉计提了减值准备 0.31 亿。商誉净值为 65.41 亿。而同期，天神娱乐总资产 144.00 亿、净资产 95.47 亿。商誉占净资产比重高达 68.51%。

2016 年 6 月至 2017 年 8 月之间，天神娱乐采用杠杆收购方式，通过作为劣后级合伙人的方式设立五支并购基金分别收购了口袋科技（51%）、无锡新游（9%）、嗨乐影视（32%）、工夫影业（15%）、微影时代（3.46%）的部分股权。该论并购存在三个特点：一是不可思议的高溢价，投资标的估值较投资时标的资产的账面值（归母净资产）溢价比例分别是：口袋科技 1196%、无锡新游 730%、嗨乐影视 2050%、工夫影业 3136%、微影时代 416%；二是后三家影视类企业不设业绩对赌；三是均附有触发违约提前回购条款。

天神娱乐并购溢价较高，且采用了杠杆收购的方式，这样形成的商誉，风险较大。天神娱乐商誉占净资产的比重和金额很高，这为天神娱乐商誉减值暴雷埋下了伏笔：根据 2018 年三季报公告显示，预计 2018 年归属于上市公司股东的净利润为 0 - 5.10 亿之间，相比上年同期下滑 50% - 100%。同时还提到，公司存在商誉大额减值并导致业绩亏损的风险，如表 11 - 6 所示：

表 11 - 6　天神娱乐 2018 年三季度报告（对 2018 年度经营业绩的预计）摘取

2018 年度归属于上市公司股东的净利润变动幅度	- 100%	至	- 50%
2018 年度归属于上市公司股东的净利润变动区间（万元）	0	至	50，983.81
2017 年度归属于上市公司股东的净利润（万元）	101，967.62		
业绩变动的原因说明	公司今年业绩受宏观政策影响，预计业绩有所下降。同时，截至 2018 年第三季度公司存在商誉金额约 65.35 亿元，由于目前是否发生减值尚存在不确定性，无法确定减值金额及比例，因此本次业绩预告尚未考虑商誉减值的因素影响，但公司 2018 年仍可能存在商誉大额减值并导致公司 2018 年度业绩亏损的风险，敬请广大投资者注意投资风险。若公司确认存在减值情况，将及时修正公司业绩预告，敬请广大投资者留意公司在指定信息披露媒体的相关公告。		

随后，在 2019 年 1 月 31 日，天神娱乐发布业绩修正公告，预计公司 2018 年全年亏损 73 亿~78 亿，亏损主要来自于商誉减值、长期股权投资及可供出售金融资产减值等；剔除上述减值因素，公司实现的净利润为 3.77 亿，与三季报时的预测结果相符。

随着公司业绩不断下滑、资金呈现压力，加之 2018 年整体行情下行，天神娱乐的股价也持续下跌。2017 年最后一个交易日，12 月 29 日，天神娱乐收盘价 17.10 元/股；到 2018 年最后一个交易日，12 月 28 日，收盘价仅为 5.24 元/股。一年时间累计跌幅近 70%。

（二）飞乐音响商誉减值案例

飞乐音响是新中国上市的第一只股票，自股票上市交易至今，飞乐音响已历经了 32 年，如今面临退市的边缘。虽然保持着 32 年前的证券简称，但飞乐音响的主营业务早已脱离音响领域，跨界向照明业务发展。据其官网介绍，飞乐音响已成为绿色照明产业、IC 卡产业、电子部件产业、计算机系统集成与软件开发于一体的多元化产业公司。然而，不断谋求跨界转型、多元化布局的飞乐音响，业绩表现却一直不尽如人意，如图 11-5 所示：

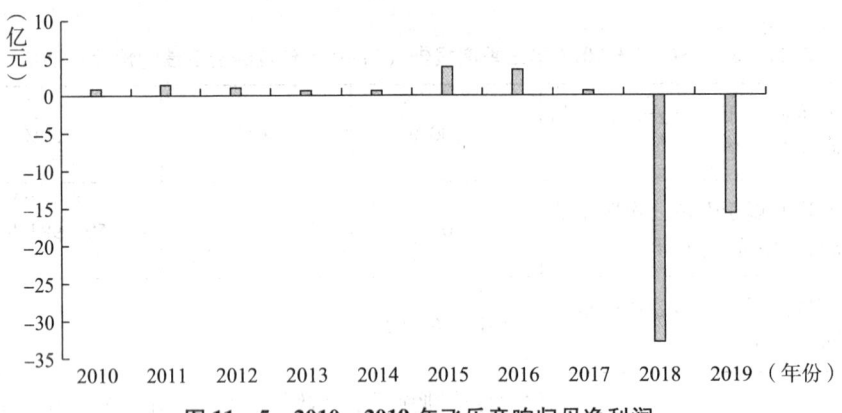

图 11-5　2010~2019 年飞乐音响归母净利润

从 2010 年以来的净利润趋势来看，2017 年之前，均在盈利线之上波动，虽毫无亮点，但也不存在财务风险。其真正崩塌的起点，是在 2018 年，而业绩巨亏的导火索，正是跨界转型、多元化布局。2014 年 12 月，飞乐音响斥资收购北京申安投资集团 100% 的股权，因收购价格过高，而产生了 10.44 亿元的商誉。2015 年 12 月，飞乐音响以 1.384 亿欧元的价格，收购了喜万年集团 80% 的股权。与此同时，飞乐音响的负债率也大幅攀升，从 2014 年底的 45.7% 上涨至

2017 年 77%，如图 11 - 6 所示：

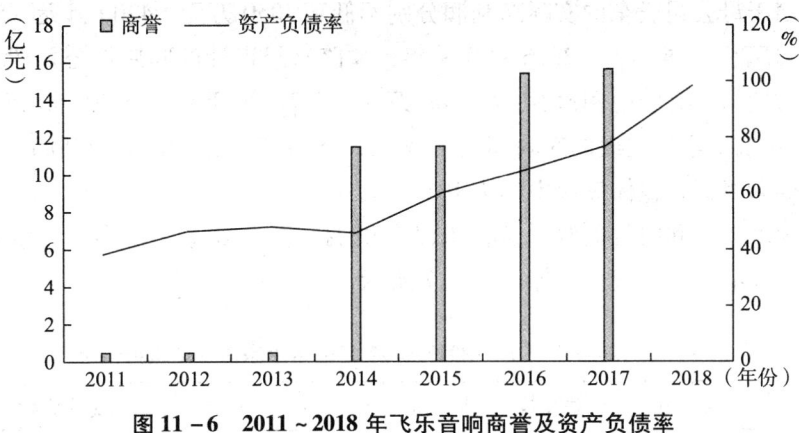

图 11 - 6　2011 ～ 2018 年飞乐音响商誉及资产负债率

这些信号表明飞乐音响跨界并购并不成功，且由于并购形成了规模较大的商誉，存在商誉减值的风险，这也导致后来飞乐音响商誉减值，给投资者带来巨大损失：

2017 年，申安投资集团业绩突然暴跌超 94%。无奈之下，飞乐音响在 2018 年年报中将 10.44 亿元商誉全额计提减值准备。2018 年喜万年集团业绩也一落千丈，2018 年年报再次计提 4.8 亿元商誉减值。2020 年 1 月 20 日晚间，飞乐音响公告，预计 2019 年将亏损 15.7 亿元，亏损的主要原因是：①喜万年集团因资金链紧张、采购端议价能力降低、竞争对手价格打压等原因，2019 年销售业绩未达预期。喜万年商标出现减值迹象，预计减值金额约 1.6 亿元；②由于政策变化、资金紧张等原因，北京申安投资集团的部分工程项目出现长时间停工，资金回收的不确定性较大，涉及的存货、应收款项等需要大额计提减值，预计金额约为 7.4 亿元。

（三）蒙草生态商誉案例

蒙草抗旱于 2012 年 9 月登陆创业板。公司上市最初几年，一直业绩平平。随后蒙草生态利用资本手段外延扩张，规模逐渐扩大，2014 年 1 月，蒙草生态通过发行股份并支付现金的方式收购浙江普天园林建筑发展有限公司 70% 股权，交易对价 3.99 亿元，其中支付现金对价 1.33 亿元。合并成本 3.99 亿元与可辨认净资产公允价值份额 2.15 亿元的差额 1.84 亿元确认为商誉。

2016 年 5 月，蒙草生态作价 2.73 亿元收购厦门鹭路兴绿化工程建设有限公司 60% 股权，该收购事项形成商誉 18 194.87 万元。鹭路兴原股东承诺鹭路兴

2015 年度、2016 年度、2017 年度、2018 年度对应的经审计的扣除非经常性损益后的归属于母公司股东的实际净利润分别不低于 4050 万元、4200 万元、5040 万元、6048 万元。事实上，2016～2018 年，鹭路兴经审计的归属母公司股东的扣除非经常性损益后的净利润为 4459.68 万元、5672.39 万元和 5431.66 万元，截至 2018 年期末累计实现的净利润大于截至 2018 年期末累计承诺净利润，已达到承诺的经营目标，整体完成率约为 101.8%。

伴随着业绩和股价的双增长，2017 年 3 月以来，蒙草生态多位高管和其相关人员持续减持手中股份，如表 11 -7 所示。

表 11 -7　2017 年 3 月～2017 年 12 月蒙草生态高管增减持情况

时间	变动人	变动股数	成交价	时间	变动人	变动股数	成交价
2017/12/1	焦某某	5.00 万	13.12	2017/9/21	王某某	-57.00 万	11.85
2017/12/1	王某某	-1037 万	11.48	2017/9/20	于某某	-1.60 万	12.26
2017/12/1	焦某某	-82.63 万	13.17	2017/9/19	王某某	-65.50 万	12.48
2017/11/7	焦某某	-60.00 万	12.65	2017/9/19	黄某某	-4400	12.5
2017/11/7	王某某	-9.00 万	12.61	2017/9/13	王某某	-563 万	11.37
2017/11/6	焦某某	-200 万	12.93	2017/9/12	王某某	-25.00 万	11.11
2017/11/6	王某某	-14.00 万	12.89	2017/9/6	王某某	-72.00 万	11.26
2017/11/2	王某某	-21.00 万	14.05	2017/6/20	邢某某	-1.06 万	10.2
2017/10/31	王某某	-3.00 万	14.02	2017/3/24	王某某	-3.00 万	15
2017/10/27	焦某某	-165 万	14.35	2017/3/23	徐某某	-225 万	13.38
2017/10/27	王某某	-35.00 万	14.44	2017/3/16	徐某某	-115 万	12.65
2017/9/21	王某某	-65.70 万	11.95	2017/3/14	郝某	7000	12.89
2017/9/21	黄某某	-4560	12.1				

可以看到，蒙草生态并购案例中，被并购资产的承诺业绩基本可以判断是卡线完成，加上业绩承诺到期后，董监高以坚持股票为主，这也预示了公司业绩可能变脸。

2017 年年报显示，蒙草生态确定了关于普天园林的商誉减值了 3753.61 万元并予以了计提。2018 年蒙草生态对普天园林产生的商誉进行减值测试并计提商誉减值准备 14 672.30 万元。对鹭路兴计提了商誉减值准备金额为 2495.35 万元。

三、如何运用商誉规避风险

1. 分析商誉总体规模和构成。商誉的总体规模既要从绝对值的总量来考察，也需要从商誉占净资产比重这种相对比值来衡量。如果商誉总体规模较大或占净资产比重较高，则上市公司出现商誉减值的可能性较高或商誉减值后投资者的损失会较大。

在对商誉总体规模的分析基础上，还需要对商誉的构成进行分析，了解该公司商誉是由哪些并购形成的，各部分商誉形成的时间、所处行业、溢价情况以及近几年并购资产的业绩变化情况等，从而判断商誉减值的风险。

2. 分析形成商誉的并购是否跨界以及溢价率。跨界并购的成功可能性显然相对要小一些，这源于上市公司对其他行业信息掌握、资源掌控整合的能力要低。如果企业跨界并购，此时，还需要分析其并购是否有"蹭热点"的嫌疑。如果并购是基于"市值管理"的目的而进行的，上市公司整合各类资源能力显然会大打折扣，这并不会显著提高效益，所形成的商誉后期减值的风险也会增大。

高溢价率也是衡量商誉减值风险的一个重要指标，如暴风科技为账面价值仅有 3835 万元的稻草熊影业 60% 股权开出了 10.8 亿元的天价；瀚叶股份 38 亿元购买拥有 981 个微信公众号的量子云。这类高溢价的并购所形成的商誉，后期会有较大的商誉减值风险，投资者应当回避。

3. 分析业绩承诺完成情况。前文数据已经揭示，较多的被并购资产渡过业绩承诺期后，下一年业绩就出现大幅下滑，如果还存在被并购资产业绩承诺仅仅是压线完成等情况，这些并购所形成的商誉，未来将存在减值风险，投资者需要谨慎回避。

4. 分析大股东、董监高减持情况等。除了对商誉相关内容进行分析外，投资者还需要结合其他信息来分析，比如大股东是否存在大规模减持、股权质押等情况，董监高等管理人员是否存在减持的情况，证监会是否对公司一些并购发函问询等，如果根据商誉分析得出存在一定的风险，再存在上述不良信号，投资者需要回避该上市公司的股票。

第四节 其他财务指标分析

除了通过"存贷双高"、境外业务占比和商誉分析进行风险规避之外，还有其他的财务指标可以用于分析上市公司可能存在风险，如：存货和应收账款双高、关联交易占比偏高、现金流差等。

一、各类指标分析原理

1. 存货和应收账款双高。有"药中茅台"之称的东阿阿胶 2019 年上半年业绩预计大幅下滑，这让市场注意到了"存货、应收账款双高"这一新的业绩警报标贴。假若一家企业存货、应收账款同时高企，这多半不是好现象，预示企业面临了不小的挑战，有的可能在下游销售方面遇到了问题。

2. 关联交易占比偏高。公司关联交易的利弊及防范关联交易就是企业关联方之间的交易。所谓关联方就有关联关系的各方。所谓关联关系，是指公司控股股东、实际控制人、董事、监事、高级管理人员与其直接或者间接控制的企业之间的关系，以及可能导致公司利益转移的其他关系。

上市公司业绩增长如果是靠关联交易增加，关联交易比重过高，仅背离公司利益，也常常隐藏着违规、违法等因素。比如有些公司虚构并不存在的交易来转移收入和分摊费用，或者通过互拆借资金的方式调解利息费用。如果关联交易比重较高，且伴随着较多的应收账款或现金流量较差，此类上市公司需要回避。

3. 现金流较差。现金流是衡量一家公司经营情况的重要指标，如果一家企业业绩持续增长，而现金流并没有改善，或者上市长期以来分红远小于融资，该公司的实际经营情况值得怀疑，投资者需要回避。

4. 其他情况。比如，公司以前出现过业绩爆雷、存货情况难以核实、产品无法接触等等，上述公司即使通过财务报表分析没有得出异常情况，但是基于谨慎原则，投资者还是需要对相关公司股票。

二、相关案例分析

（一）汉能薄膜案例

汉能薄膜发电集团有限公司是一家在香港上市的公司，汉能薄膜发电集团自 2010 年开始与汉能控股签订的多份关联交易协议在公告、通函及年报中均作出了披露，在 2015 年之前该交易一直存在并获得批准。2011～2014 年，汉能薄膜净利润分别为 7.2 亿港元、13.2 亿港元、20.2 亿港元、33.1 亿港元，一路呈直线飙升态势，关联交易始终居高不下。汉能在 2012 和 2013 年向母公司的销售收入占比达到 90% 以上，而在 2014 年，这一收入占比仍高达到 61%。2015 年 1 月，《金融时报》质疑汉能薄膜主要销售来自于关联交易：自 2010 年以来汉能薄膜发电合计实现 148 亿港元营收，几乎全部为向母公司汉能集团销售设备所得。

与此同时，汉能薄膜的股价持续上涨，2015 年 3 月汉能薄膜总市值突破 3000 亿港元，约合 2400 亿元人民币，一举超越了中国国内所有太阳能企业市值的总和。李河君晋升为中国的新首富。5 月 23 日消息，据港交所交易信息显示，汉能薄膜董事局主席李河君 2015 年 5 月 18 日增加抵押股票，从 5.81% 增至 7.71%，抵押总市值近 58 亿港元。2015 年 5 月 20 日，汉能薄膜股票从开盘时 7.35 跌至收盘时 3.91，几近腰斩，给投资者带来的巨大的损失。

此后，汉能薄膜暂停交易，为了向香港证监会自证"清白"、尽快复牌，2015 年，汉能薄膜逐步减少关联交易，2016 年 3 月 31 日汉能薄膜公布了年度业绩，亏损 122.33 亿港元。

2016~2018 年，汉能薄膜净利润分别为：2.5 亿港元、2.6 亿港元、46.61 亿港元。然而，汉能薄膜发电的独立核数师对该报告作出了保留意见。安永在独立核数师报告书中表示："2018 年 12 月 31 日，贵集团的贸易应收款项及应收合约客户总额包括应收一位第三方客户的款项，分别约为 10.85 亿港元（2017 年：约 18.17 亿港元）及约 12.19 亿港元（2017 年：约 8.65 亿港元）。我们未能取得关于贵集团应收前述第三方客户的贸易应收款项及应收合约客户总额 23.03 亿港元的可回收性的充分适当的审核证据。"

2019 年 6 月 11 日汉能薄膜正式从港交所退市。

（二）獐子岛扇贝之谜

獐子岛于 2006 年 9 月 28 日登陆深圳证券交易所中小板，有"第一水产股"之称，农林牧渔业的存货与其他行业的存货相比有一定的不同，该行业企业的存货一般种类繁多，其中消耗性生物资产占存货的比重较大，不同种类的消耗性生物资产生长周期各异、生长环境特殊，极容易遭受不可分散的生态风险影响。獐子岛大部分存货一般在水下，若在人工圈养的情况下，其存货在计量与确认方面相对较方便些。而獐子岛属于海洋牧场式养殖模式，对其消耗性生物资产进行的后续确认、计量和期末盘点等方面有一定的难度。考虑到成本与效益原则及技术上的不可操作性，中后期不可能对其存货全部进行盘点。獐子岛对其水中底播的消耗性生物资产基本上通过抽盘。

早在 2007 年 3 月，辽宁、山东、河北地区出现罕见的大风雪和寒潮天气，獐子岛发布公告称，公司受此次风暴潮影响，海上产品及陆地固定资产直接经济损失人民币 600 多万元，其中海参的直接经济损失约 80 万元；鲍鱼损失较大，损失约 350 万元，为账面库存 1/3，其中含成品鲍鱼约 3 吨，按市场价格计算约 240 万元。

2011 年 6 月 26 日、8 月 7 日，强热带风暴"米雷""梅花"均对公司位于山东省荣成市的荣成分公司造成养殖网箱及鲍鱼、海带等产品部分损失。后经上市公司确认，荣成公司受台风影响损失金额合计为 1.06 亿元，具体损失项目分别为：丢失鲍鱼 393 吨，损失金额 5817 万元；幸存鲍鱼经历高温期后，死亡率比同期增加 17.9 个百分点，损失 165 吨，损失金额 2297 万元；浅海底播增殖的马粪海胆全部死亡，损失金额 972 万元；台风前购买在养用于鲍鱼饵料的鲜海带菜 15 000 吨和自养的海带菜 5500 吨全部脱落损失，损失金额 1187 万元；被摧毁不能使用的养殖台筏物资及装备损失金额 365 万元。

2014 年"冷水团"使獐子岛集团备受质疑：2014 年 10 月獐子岛集团公告一股未被大连市气象局通报的"冷水团"让獐子岛在近海底播养殖的扇贝受灾，獐子岛由盈利转为净利润亏近 12 亿元。此后，网上流传 2000 人实名举报和航海日志被没收等传闻，更为"冷水团"事件披上了一层神秘的面纱。

2018 年 1 月 31 日晚，獐子岛发布一则公告：公司在进行年末存货盘点时发现部分海域的底播虾夷扇贝存货异常，因此需要对该部分海域的存货计提跌价准备或核销处理，预计可能导致公司 2017 年度全年亏损，亏损规模 5.3 亿~7.2亿元。公告甫一发出，獐子岛随即遭到铺天盖地的质疑。2018 年 2 月 6 号，獐子岛将造成底播虾夷扇贝损失的原因初步归结为降水减少导致扇贝的饵料生物数量下降，养殖规模的大幅扩张更加剧了饵料短缺，再加上海水温度的异常，造成高温期后的扇贝越来越瘦，品质越来越差，长时间处于饥饿状态的扇贝没有得到恢复，最后诱发死亡。獐子岛预计 2017 年业绩由盈利 0.9 亿元至 1.1 亿元，最终变为亏损 7.23 亿元。该公告发布后不到一个月，獐子岛就因涉嫌信息披露违法违规，被证监会立案调查。

2019 年第一季度，獐子岛实现营业收入 5.59 亿元，较上年同期下降21.48%；当期净亏损 4314 万元，上年同期为亏损 900 万元。公司的解释是：因为底播虾夷扇贝受灾，报告期内产销量及效益下降影响。这是獐子岛五年内，出现第三次扇贝"跑路"。

2019 年 7 月 10 日晚间，獐子岛公告称，由于涉嫌财务造假、内部控制存在重大缺陷和涉嫌未及时披露信息等情况，公司收到证监会《行政处罚及市场事先告知书》。獐子岛董事长吴厚刚被采取终身市场禁入措施，獐子岛被给予警告并处以 60 万元罚款。

2019 年 10 月 19 日獐子岛回复深交所对其三季报预亏的关注函时称，2017

年度底播虾夷扇贝投苗已于 2019 年进入收获期，本年度计划收获采捕约 20 万亩，结合 2019 年春季抽测数据、本年实际采捕数据以及预计存量等数据测算，目前不存在减值风险。仅仅 20 多天后，2019 年 11 月 11 日，獐子岛公告称：重大底播虾夷扇贝存货存在减值风险。换言之，獐子岛的扇贝再一次"跑路"。

（三）豫金刚石业绩变脸

豫金刚石于 2010 年 3 月在创业板上市，上市后连续 8 年盈利。据统计，2010 年至 2018 年，豫金刚石合计实现净利润 10.61 亿元。随着利润增长，豫金刚石存货、固定资产等常用于粉饰的项目也急剧增加：存货从 2010 年 4979.49 万迅速扩张至 2019 年的 11.52 亿，固定资产净值从 3.27 亿迅速扩张至 33.71 亿。此外，公司货币资金常年保持在 5 亿以上，应收账款、其他应收款项、预付款项等也大幅提升（以爆雷前的 2018 年年报比较）：应收账款从 2010 年 839 万扩张至 2018 年的 7.87 亿、其他应收款项从 2010 年的 299.84 万元扩张至 2018 年 5.85 亿元、预付款项从 2010 年的 2136.08 万元扩张至 2018 年的 4.17 亿元。上市以来，公司累计分红 9 次，共计 1.75 亿元，但是从市场上增发融资 2 次，共计 49.65 亿元。因此，无论是从应收账款等财务指标分析，还是从分红融资比看，豫金刚石均存在一定的风险。

深交所自 2018 年年报后即将豫金刚石列为风险公司，紧盯公司存在的涉嫌资金占用和违规担保、挪用募集资金等异常行为，先后发出监管问询函件 8 份，并多次上报违规线索、风险报告及重大事项报告，提请证监局现场检查并强化监管协作，多次要求会计师、保荐机构核查关注，共同督促公司核实并披露涉诉进展及其他异常情况，充分向市场揭示风险。

2020 年 2 月 29 日，豫金刚石发布了 2019 年业绩快报，公司实现营业收入 9.76 亿元，较上年同期下降 21.33%；营业利润 8628.65 万元，较上年同期增长 9.37%；利润总额 9121.08 万元，较上年同期下降 29.70%；归属于上市公司股东的净利润 8040.34 万元，较上年同期下降 16.54%。

2020 年 4 月 3 日晚间，豫金刚石披露《2019 年度业绩预告及业绩快报修正公告》，将此前预盈的 8040 万元，修正为亏损 51.51 亿元，同时将巨额业绩变脸归因于新冠肺炎疫情、经济下行以及应收款项的对手方等等。具体如下：

第一，截至目前，公司共涉及 45 项诉讼及仲裁案件，案件金额合计约 44.32 亿元，部分诉讼尚未开庭，部分诉讼进入诉讼程序。公司认为部分诉讼最终的法律判决很可能对公司不利，根据相关诉讼事项的证据及估算赔偿金额确认预计负债约 21.76 亿元。

第二，公司结合近期存货销售价格、未来成品钻石价格走向、市场供需变化，对存货的可变现净值再次进行了分析和评估，测算本期对存货计提跌价准备约 10 亿元。

第三，由于部分应收款项的对手方存在信用风险，公司重新评估其资信状况，拟对单项金额重大的应收款项单独进行减值测试，按其未来现金流量现值低于其账面价值的差额确定减值损失，预计计提坏账准备并确认减值损失 10.3 亿元。

第四，为应对外部市场变化，公司对产品结构进行优化调整，并相应对设备进行升级改造，可能会影响资产的未来现金流量与设备的使用寿命，公司会同专业的外部评估专家对截至 2019 年末的固定资产及在建工程进行了更全面的检查和评估，对可能存在减值损失的固定资产及在建工程补充计提资产减值准备约 8 亿元。

一家年营业收入最高为 15.33 亿元，上一年（2018 年）净利润不到 1 亿元，市值仅 35 亿（爆雷前）的上市公司，一年亏损额度竟然能高达 50 多亿元，此消息一出，市场哗然，证监会也以最快速度立案，成为史上最快立案案例：3 个假期与 1 个工作日后，2020 年 4 月 7 日晚间，豫金刚石公告称，因公司涉嫌信息披露违法违规，收到中国证券监督管理委员会立案调查通知书。与此同时，豫金刚石和相关责任人还收到了河南证监局下发的警示函，警示函载明，公司对 2019 年度净利润这同一事项信息披露前后存在重大差异。

三、如何利用相关财务指标规避风险

1. 关联交易。首先，需要了解关联交易的金额、占比等信息。如果一家上市公司关联交易的金额较高，占总体业务比重较重，至少说明了企业严重依赖于关联交易，存在潜在的风险；其次，有些企业掩盖了相关的关联交易，如信威集团掩盖了柬埔寨子公司的相关信息，此时，需要从集中度角度辅助判断，如果上市公司利润主要来源于某一或某几个大客户，即集中度比较高，此时，投资者需要结合其他财务指标进一步分析；最后，要从存货、应收账款、分红融资比、大股东和公司高管增减持情况辅助判断。如果上市公司存在关联交易占比较高的现象（或疑似），则需要看是否存在之前分析如"存贷双高"或者存货、应收账款、在建工程、固定资产等项目的大幅增加现象。如果存在相关现象，说明企业的收益可能是通过相关科目资产的增加所形成的，存在一定的风险。再结合公司历年来分红融资比、大股东和公司高管股权质押、减持情况来判断，如果存在分红融资比低等现象，投资者需要回避该公司股票。

2. 公司是否有"污点"。相对于各类财务指标和报表分析,"污点"分析更必要,也更便捷。首先,需要查阅该公司历年来的公告,是否存在业绩变脸、业绩造假等相关信息;其次,可查阅证监会是否对其公告内容发函问询;最后,再结合相关财务指标进行分析。

第五节 大师们的投资策略

一、格雷厄姆的投资理念

本杰明·格雷厄姆(Benjamin Graham)被誉为"现代证券分析之父"、价值投资之父、基本面分析之父、证券分析之父、价值投资理论奠基人。

(一)格雷厄姆的经历

格雷厄姆 1894 年出生于英国,次年随父母移居美国,学生时代的格雷厄姆表现出色,后来考入哥伦比亚大学,并在 20 岁时以班级优秀生的身份毕业。哥伦比亚大学向他提供了一份教授数学、英语、希腊语和拉丁语哲学的工作,但他拒绝了,他转而走向了华尔街,以寻求属于自己的财富。

1914 年,他开始为纽伯格—亨德森—劳伯证券公司工作,他开始潜心研究债券,写了关于密苏里太平洋铁路公司债券的研究报告,结果大受客户和老板赏识。不久,格雷厄姆就被提升为证券分析师。当时,人们主要关注债券,很少关注股票,对公司基本面的分析尚停留在十分原始、粗糙的阶段。格雷厄姆通过对那些上市公司的财务报表进行系统研究,发掘到一些具有巨额隐蔽资产的公司,使他所在的投资公司收益颇丰。1920 年,格雷厄姆又荣升为纽伯格—亨德森—劳伯公司的合伙人。

1923 年格雷厄姆离开了这家公司,成立了基金,资金规模就 50 万美元。在 1914～1929 年美国股票市场投资狂潮中,格雷厄姆管理的格兰赫基金投资回报率高达 100% 以上,而同期股市平均股价也至少上涨了高达 79%。1926 年 1 月 1 日,32 岁的格雷厄姆成立了一个新的小投资公司本杰明格雷厄姆(Benjamin Graham Joint Account)继续进行投资管理。1926～1928 年间,格雷厄姆管理资金的年平均投资收益率为 20.2%,远远高于同期道琼斯工业指数的上涨速度。由于格雷厄姆的业绩非常好,他的公司的资金规模也越来越大。3 年以后,到了 1929 年初,公司资金规模已从最初的 40 万美元上升到 250 万美元。

在 1929 年 1 月,格雷厄姆的投资公司自豪地拥有 250 万美元的资金规模,但在 1929～1932 年间（经济复苏之前），公司损失了 70%，公司濒临破产。据其回忆录中说：1930 年共同账户最糟糕的财务年度，亏损 50%。1931 年共同账户又亏损 16%。1932 年共同账户再亏损 3%。

格雷厄姆在华尔街惨遭重创和苦苦支撑的时期，也正是他关于证券分析理论和投资操作技巧日渐成熟的时期。1934 年底，格雷厄姆终于完成他酝酿已久的《证券分析》这部划时代的著作，并由此奠定了他作为一个证券分析大师和"华尔街教父"的不朽地位。

格雷厄姆认为，对于一个被视为投资的证券来说，基本金必须有某种程度的安全性和满意的回报率。当然，所谓安全并不是指绝对安全，而是指在合理的条件下投资应不至于亏本。一旦发生极不寻常或者意想不到的突发事件也会使安全性较高的债券顷刻间变成废纸。而满意的回报不仅包括股息或利息收入而且包括价格增值。格雷厄姆特别指出，所谓"满意"是一个主观性的词，只要投资者做得明智，并在投资定义的界限内，投资报酬可以是任何数量，即使很低，也可称为是"满意的"。判断一个人是投资者还是投机者，关键在于他的动机。

（二）格雷厄姆的投资思想

1. 格雷厄姆认为股票的"内在价值"是股票投资的基础价值。格雷厄姆是第一个强调股票"内在价值"是股票基础价值的学者。格雷厄姆认为"股票价格等于股票价值"的说法是不正确的，股票的内在价值与市场价格的不相同是一种市场的常态。他认为股票的市场价值经常偏离其内在价值，当这种偏离出现时，市场中纠正其偏离的趋势就会产生。在实际的操作中，投资者经常面临着股票的市场价格向其价值缓慢回归的趋势，这种回归的过程可能短暂，也可能长久，这一回归速度取决于市场的调整情况。在这种回归过程中，投资者也有可能面临一定的风险，如果想对这些风险进行规避，投资者必须采用以下几种方法：其一，投资者应该在不大可能发生很大变化的环境中进行股票的投资和分析；其二，投资者应该挑选一些在市场中被大多数人关注或引起兴趣的股票；其三，投资者应该根据市场的总体变化来调整自己的投资行为，如果市场的行为趋于稳定，投资者应该挑选比较"廉价"的股票，如果市场波动剧烈，投资者的行为应该趋于谨慎。格雷厄姆认为股票的内在价值可以不用像其市场价格那样有一个精确的值，该价值有一个近似值或者一个范围即可。投资者进行证券分析的目标不是要得出股票内在减值的精确值，而是要在内在价值和市场价格之间进行比较，分析相对于市场价格，内在价值是否足够。尽管格雷厄姆认为无须对股票的内在价值进行测算，但他还是给出了一个内在价值的计算方法，认为应该通过股票未来几年的预期平均收益和一个资本化率对股票的内在价值进行测算，即内在价值等于股票未来几年的预期平均收益和资本化率的比例，这一定价方法与我们现在的市盈率定价方法比较相似。对于资本化率，格雷厄姆认为它是由公司的管理、资产负债状况、股利变化记录、当期股利率、一般长期背景、企业特征等因素综合决定的。

　　另外，格雷厄姆还提出了"股票的整体价值"概念，认为股票的整体价值就是要求投资者在购买股票时，要具有买进整个公司的心态，也就是说投资者应从公司控制股东的角度来对股票的价值进行判断。

　　2. 格雷厄姆对投机和投资的概念进行了区别。传统理论中对投资和投机的概念定义如下：投资是指不使用保证金的，并且往往选择具有稳定收入的、安全的证券的行为。而投机是指使用保证金的，同时选择具有风险的、目的是获得资本利得的并且可以快速换手的证券的行为。投资就是获得长期的收入，而典型的投机就是纯粹的追求资本增值。格雷厄姆认为这种划分是不科学和不准确的，同时也没有抓住投资与投机的根本区别。有的时候，劣质的、具有稳定收入的债券并非是很好的投资工具，而优质的优先股或普通股有可能是优秀的投资工具，即便不使用保证金，购买投机证券的行为也离投资很远。格雷厄姆认为，投机者与投资者的根本区别在于他们对股票价格运行的态度，投机者的目的就是为了获得资本利得，而投资者的兴趣在于持有股票，市场的持续波动只是为投资者提供了廉价买进被低估股票的机会。

　　由此可见，格雷厄姆的投资概念强调了股票买价的重要性，这也是其后来"安全边际"重要思想的基础。格雷厄姆在他的经典著作《证券分析》中提到，一只股票的投资价值是和其价格紧密相连的，某种股票在特定的价格上可能具有很好的投资价值，而在其他的价格上很可能就变成了投机的工具。

　　3. 格雷厄姆的长期投资、组合投资和控制投资的基本思想。

　　（1）格雷厄姆的长期投资思想。格雷厄姆认为应该对长期投资进行坚持，但他认为长期投资并不是"买入并持有"，而是包含了价值判断和波段操作。其实他的长期投资中的"长期"是一种相对的长期（一般的学者认为是 3 年左右）。由于格雷厄姆认为应该长期投资，所以他基本上否定了技术分析的作用，对于各种经济政策和经济走势，格雷厄姆也对此表示了怀疑。他认为证券分析的重点就是对股票进行评估价值，而市场分析只是对市场的走势进行预测，这种预测只能作为证券分析的补充。证券分析和市场分析是截然不同的两个范畴。

格雷厄姆还认为，投资者获得收益有两种途径：时机和价格。所谓的时机就是致力于对市场走势进行预测，在预测市场将要上升时买进股票，预测市场将要下跌时卖出股票，价值投资者就应该在价格低于合理价格时买进股票，而当价格超过合理价格时卖出股票，这两种途径都可以使投资者获利。因此格雷厄姆对长期持有股票以获得固定红利的投资者给予了肯定，对于利用市场价格波动来获利的投资者也表示了支持，他的主导思想就是"只有长期的耐心才会获得可观的收益"。

（2）格雷厄姆的组合投资思想。格雷厄姆的组合投资思想就是认为投资往往不是对一种证券进行买卖或一次买卖，而是一组交易，他认为购买单个股票的安全性较低，投资者要想获得较高的安全性，就必须购买一组证券，在买入某些证券的同时也可以卖出其他证券进行套利，或者进行对冲操作，这都被列入了投资的范畴，因此格雷厄姆建议人们分散持有大量的股票，这比马科维兹现代资产组合理论的诞生早了近半个世纪。但是，格雷厄姆的多样化分散原则与马科维兹的现代资产组合理论也有截然的不同，前者考虑的是"安全边际"下的分散投资，后者是在股票的方差和协方差的基础上进行的分散组合；前考虑的是公司的基本价值，而后者注重的是公司股票的市场表现。

（3）格雷厄姆的控制投资思想。格雷厄姆的控制投资思想认为公司的投资者应该对公司进行控制和管理，投资者的最佳机会在于处理股票持有人和管理层之间的关系。控制投资是格雷厄姆的重要思想，他认为如果一家公司的市值远远低于其内在价值，或者该公司拥有大量的资产而无所作为，这家公司就应该成为接管和清算的对象。格雷厄姆认为应从控制股东的角度来对公司的市场价值与其整体价值进行比较，从而判断公司价值的高低。

4. 格雷厄姆基本分析理论中的"安全边际"思想。"安全边际"是格雷厄姆投资思想中的核心思想。所谓的"安全边际"，就是指投资者所要投资股票的买入价格和内在价值之间有一定的差距，买入价格越低于内在价值，股票持有的风险就越小，因此安全的边际就越大。安全边际在格雷厄姆的投资思想中处于核心地位，该思想认为投资者应该买入低廉的股票，同时这一思想也强调了风险控制与分散投资原则的一致性。

（1）"安全边际"思想强调了风险的控制。安全边际思想包含了现代证券投资组合理论中的风险溢价的概念，投资者需要在股票的内在价值和市场价格之间使自己的投资成果受到保护。股票的价格最终是向价值回归的，这一差距越大，投资者获得的回报就越高。格雷厄姆认为如果一家公司的净资产价值比公司的股票市值高，意味着公司的清算价值高于市值，因此投资者就应该介入，同时投资者的安全边际也比较高。因此，格雷厄姆认为风险主要取决于股票的市场价格与内在价值的差距，在市场价格比内在价值低的情况下，低的程度越高，风险就越低，安全边际就越高。因此，他认为股票的波动性，也就是现代资产组合理论中的方差并不是股票的风险，下跌也不是股票的风险。股票的内在价值才是判断股票风险的基准。

（2）"安全边际"思想强调了要买进绝对低廉的股票。上文已经说过，格雷厄姆在进行证券分析时非常强调"买价"，这一点与成长投资者宣称的要买进任何价位的具有良好成长品质的股票的不同。格雷厄姆强调买价低于内在价值的股票就是绝对低廉的股票，同时也是安全边际的基本要求。他认为投资者不应该为股票的"成长"进行支付，买价才是投资者进行投资决策的重要因素，充分低的买价也可以使低质量的股票变成具有投资价值的股票。对股票进行分析不应该看"成长"，而应该看"买价"。

（3）安全边际思想与组合投资的关系。格雷厄姆认为即使投资者喜欢具有安全边际的股票，但一个单独的股票也可能使操作变得无效。安全边际的股票并不意味着没有风险，它只能保证投资者具有较高的获利机会，但并不能保证损失不会发生。格雷厄姆认为随着投资者投资组合数量的增加，其利润总归会超过损失的，因此他认为多样化的组合投资是可取和有效的，但在多样化的组合中，投资者必须买进具有"安全边际"的股票，同时在投资中考虑的不是协方差，这一点也显示了格雷厄姆投资组合思想与现代资产组合理论的不同。

5. 格雷厄姆的基本分析理论对公司利润和资产的论述。格雷厄姆认为，投资者应对被调低的公司利润和公司隐蔽资产进行发掘。如果投资者发现公司的利润被调低了或者公司还具有其他的隐蔽资产，他就可以在股票市场的波动中获得利润。格雷厄姆认为，投资者对公司价值的分析不应该简化、夸大和对重要细节的忽视，聪明的投资者不仅要发掘公司披露信息的表面现象，还应该对公司的各种报表进行深入的分析、还原及调整，要善于发现公司的隐蔽资产以及利润是否被调低了，要寻找具有安全边际的股票。

6. 格雷厄姆的行为投资思想。与20世纪80年代以后迅速发展的行为金融理论一样，格雷厄姆也认为市场中的投资者并非都是完全理性的，市场中包括完全理性的和非完全理性的投资者，同时市场也并非完全有效的。格雷厄姆提出了"市场先生"的概念，并将"市场先生"界定为贪婪、恐惧和非理性的化身。他认为，聪明的投资者要想完全战胜市场就必须摆脱"市场先生"的影响，要战胜自我贪婪、恐惧的情绪，在"在市场乐观时谨慎，在市场恐慌时乐观"。

格雷厄姆还认为股票市场并非总是有效的，股票的价格经常会偏离其内在价值，投资者必须具有良好的判断力，必须把对公司价值的判断与市场中不断传染的不良情绪区分开来，投资者在进行投资分析时要把重点放在公司的股息收入和经营上。格雷厄姆虽然认为股票市场并非总是有效的，但他没有否认股票市场的资源配置效率功能，他对非有效的界定就是股票的价格经常偏离其内在价值。

后来，格雷厄姆的"市场有效性"思想有了变化，他认为随着机构投资者的不断发展和壮大，在可预见的基础上，股票的价格水平经常处于相对正确的范围内，因此出现超额收益的可能性是微乎其微的。股票的市场价格已经充分地反应了市场中多数分析师的判断和预期。格雷厄姆的这一思想与后来"弱式有效市场"的思想已经非常接近。虽然他承认市场是有效的，但他始终都没有放弃价值投资的信念。

7. 格雷厄姆的证券分析技巧。

（1）格雷厄姆认为，对普通股票进行分析应该是公司盈利价值与资产价值的综合分析。他认为华尔街基于利润的传统分析方法是不得当的，因为利润比较容易操纵、波动巨大，所以基于公司盈利价值和资产价值的综合分析才是最具有科学性的。

（2）格雷厄姆认为，对公司盈利能力的分析要识别出其中那些"被操纵"的利润，通过对利润进行的调整来对公司的价值进行分析。格雷厄姆给出了一整套有关公司盈利价值的分析方法，认为对公司盈利能力的分析要重视公司的长期表现，公司当期的收益不能作为评估的主要依据，要对公司的历史平均收益、当期表现以及长期收益趋势综合起来进行分析。

（3）格雷厄姆认为，对资产价值的分析应着重分析公司的账面价值、净流动资产价值、清算价值与内在价值和市场价值的关系，同时提出了有关相同领域的比较分析、历史趋势分析等有关资产价值的分析方法。

（4）格雷厄姆提出了一套完整的针对公司财务指标对股票进行分析的方法。这些指标主要包括无形资产、现金、固定资产、市盈率、周转金、每股现金、市售率、每股销售、销售折旧率、盈利增长率、盈利稳定率、财务安全指标、流动资产净值以及预计市盈率等，由此可见格雷厄姆的指标体系是灵活多样的。

二、巴菲特的投资理念

沃伦·巴菲特是当今世界具有传奇色彩的证券投资家，拜师于著名投资学理论学家本杰明·格雷厄姆。2008 年巴菲特力压比尔·盖茨，以 620 亿美元的财富成为世界首富，与其他富豪不同，巴菲特是唯一一个通过投资成为世界首富的人，美国人称其为 100 年来最伟大的投资者。巴菲特创造了一个又一个的投资神话，其投资理念让人折服。

（一）巴菲特的经历

1. 幼年及求学经历。1930 年 8 月 30 日，沃伦·巴菲特出生于美国内布达斯加州的奥马哈市，巴菲特从小就极具有投资意识：6 岁时，巴菲特会挨家挨户的兜售批发来的可口可乐，还动员邻居捡别人打飞的高尔夫球，清洗后转手倒卖；13 岁他开始送《华盛顿邮报》，后来又送《华盛顿时代先驱报》，共建立了 5 条送报线路，每天早上要送近 500 份报纸，每月可挣 175 美元；14 岁的巴菲特拿出 1200 美元积蓄，购买了一块 40 英亩的农场，当上小地主；高中时期，巴菲特和同学成立了一家公司，购买了旧弹子球机，放在理发店，按小时收费，每周能挣 50 美元，上大学前，巴菲特将弹子球公司转手，卖了 1200 美元；大学期间，巴菲特为《林肯周报》6 个县城的 50 个报童每天的送报工作，成为一个管理者。到大学毕业时，巴菲特已经攒了 9800 美元，此时，巴菲特年仅 19 岁，却拥有了 13 年的商业经验。这些宝贵的商业经验，使巴菲特对企业经营有着深刻的理解，而分析企业经营的竞争优势，正是巴菲特一生投资成功的根本所在。

1941 年，巴菲特购买了平生第一张股票。1947 年，巴菲特进入宾夕法尼亚大学攻读财务和商业管理，两年后转学到尼布拉斯加大学林肯分校，一年内获得经济学学士学位。1950 年巴菲特读到格雷厄姆的名著《聪明的投资人》，这让他茅塞顿开：原来真正的投资之道是价值投资。1950 年当申请哈佛大学被拒之门外后，巴菲特考入哥伦比亚大学商学院，拜师于著名投资学理论学家本杰明·格雷厄姆。1951 年巴菲特获得哥伦比亚大学经济硕士学位。

2. 投资经历。毕业后，巴菲特在父亲的经纪公司做了 3 年经纪人，随后终于得到机会在格雷厄姆的投资公司工作了 2 年，在导师的言传身教下，巴菲特终于得到了价值投资的真谛，投资业绩大幅改善，个人财富也从大学毕业时的 9800 美元激增至 14 万美元。巴菲特基金连续 10 年以接近 30% 的复利速度膨胀，其 4400 万美元的资产规模和连续 10 年的投资业绩，1966 年初美国公众就将其视为最出色的投资者之一。1966 年春，美股股市持续走牛，道琼斯指数首次突破了 1000 点，但是巴菲特却坐立不安，他发现很难找到符合其投资标准的廉价股票，因此，巴菲特开始缩小投资规模，并下调盈利预期，1966 年股指从 1000 点跌到 700 点，1967 年 10 月巴菲特掌管的资金达到 6500 万美元。1968 年，巴菲特控制的资产获得了4000万美元的利润，掌控的资金上升至10 400万美元。1968年5月，当股市一路凯歌的时候，巴菲特却通知合伙人，他要隐退了。随即，他逐步清算了除伯克希尔·哈撒韦和戴维斯·费尔德以外的所有股票。1969年6月，股市开始下跌，渐渐演变成股灾，到1970年5月，在这一年期间，每种股票都下跌了50%甚至更多，而巴菲特仍取得了7%的收益。他结束合伙企业时，获得了长达13年的盈利记录，他的投资组合年收益率29.5%，13年中翻了14倍，而同期道琼斯指数只增长了53%。

1970~1974年间，美国股市持续低迷，持续的通货膨胀和低增长，使美国经济进入"滞涨"时期，而巴菲特却暗自欣喜异常，因为他发现了太多的便宜股票。1972年，巴菲特看好报刊业，1973年巴菲特开始买入《波士顿环球》和《华盛顿邮报》。巴菲特的介入使得《华盛顿邮报》利润大增，每年平均增长35%，10年后，巴菲特投入的1000万美元升值为2亿美元。1980年，巴菲特用1.2亿美元，以每股10.96美元的单价，买进可口可乐7%的股份，到1985年可口可乐改变经营策略，开始抽回资金，投入饮料生产，其股价单价已涨至51.5美元。1992年巴菲特以74美元一股购下435万股美国高技术国防工业公司——通用动力公司的股票，到年底股价上升至113美元。2018年2月28日，《2018胡润全球富豪榜》发布，87岁的沃伦·巴菲特保持第二位，财富增长31%，成为越过1000亿美元大关的第二人。

3. 巴菲特与伯克希尔·哈撒韦。巴菲特于1962年11月起就开始购买伯克希尔·哈撒韦公司的股份。最初的购买价是7.60美元每股。巴菲特最初进行该项投资的目的并非是为了收购伯克希尔·哈撒韦公司，而是基于烟蒂法则，购买股票转手卖给公司，从而赚取利润。1964年，伯克希尔·哈撒韦公司打算回购巴菲特手中所持股票，时任伯克希尔·哈撒韦总裁的斯坦顿向巴菲特保证，以11.5美元每股价格回购股票，而在协议达成一周后，巴菲特收到斯坦顿书面协议，回购价格为11.375美元每股，这一行为惹怒了巴菲特，他决定不出售手中股票，并疯狂购买伯克希尔·哈撒韦，最终获得了公司的控制权，而最终的购买均价为14.86美元每股。21世纪，巴菲特接受采访时谈到当年的收购，称收购伯克希尔·哈撒韦公司（把一大笔钱投到纺织这个不景气的行业）是一个价值"2000亿美元"的最大人生失误，但是，伯克希尔·哈撒韦也成为了巴菲特一生事业的新起点。尽管巴菲特自嘲买下伯克希尔·哈撒韦是其最大的投资失误，但毋庸置疑的是，这家濒临倒闭的"制造纺织品"的公司今天已经成为举世瞩目的投资公司。在巴菲特的精心运作下，股价从最初的7美元一度上涨至 34.74 万美元，巴菲特 2020 股东信中显示，伯克希尔·哈撒韦 2019 年收益为814 亿美元，现金储备为 1279 亿美元。

（二）巴菲特投资理念

比起随机漫步、有效市场假说、资本资产定价模型等理论，巴菲特的投资理念要显得朴实无华，其没有那么多深奥的理论及数学推导，但这并不意味着巴菲特的投资理念不深刻。其投资理念可以概括为五项投资逻辑、十二项投资要点、八项选股标准和两项投资方式。

1. 五项投资逻辑。

（1）因为我把自己当成是企业的经营者，所以我成为优秀的投资人；因为我把自己当成投资人，所以我成为优秀的企业经营者。

（2）好的企业比好的价格更重要。

（3）一生追求消费垄断企业。

（4）最终决定公司股价的是公司的实质价值。

（5）没有任何时间适合将最优秀的企业脱手。

2. 十二项投资要点。

（1）利用市场的愚蠢，进行有规律的投资。

（2）买价决定报酬率的高低，即使是长线投资也是如此。

（3）利润的复合增长与交易费用和税负的避免使投资人受益无穷。

（4）不在意一家公司来年可赚多少，仅有意未来 5 至 10 年能赚多少。

（5）只投资未来收益确定性高的企业。

（6）通货膨胀是投资者的最大敌人。

（7）价值型与成长型的投资理念是相通的；价值是一项投资未来现金流量的折现值；而成长只是用来决定价值的预测过程。

（8）投资人财务上的成功与他对投资企业的了解程度成正比。

（9）"安全边际"从两个方面协助你的投资：首先是缓冲可能的价格风险；其次是可获得相对高的权益报酬率。

（10）拥有一只股票，期待它下个星期就上涨，是十分愚蠢的。

（11）就算联储主席偷偷告诉我未来两年的货币政策，我也不会改变我的任何一个作为。

（12）不理会股市的涨跌，不担心经济情势的变化，不相信任何预测，不接受任何内幕消息，只注意两点：①买什么股票；②买入价格。

3. 八项投资标准。

（1）必须是消费垄断企业。

（2）产品简单、易了解、前景看好。

（3）有稳定的经营史。

（4）经营者理性、忠诚，始终以股东利益为先。

（5）财务稳健。

（6）经营效率高、收益好。

（7）资本支出少、自由现金流量充裕。

（8）价格合理。

4. 两项投资方式。

（1）一次买入、终生持有，每年检查一次以下数字：①初始的权益报酬率；②营运毛利；③负债水准；④资本支出；⑤现金流量。

（2）当市场过于高估持有股票的价格时，也可考虑进行短期套利。

概括而言，巴菲特的投资理念就是：注重投资的安全性，利用基本面分析找出市场上价值被低估的股票然后长期持有，并且重视企业的盈利能力。这就是巴菲特的价值投资理念。其精髓在于：质好价低的个股的内在价值在足够长的时间内总会体现在股价上，利用这种特性使本金稳定的复利增长。巴菲特正是靠着他的投资理念，创造了 39 年投资盈利 2595 倍业绩的神话，也正是靠着巴菲特的投资理念，伯克希尔·哈撒韦公司才能历经 1969 年、1987 年及 2000 年等数次熊市仍一枝独秀。保持着平均每年 29.5% 的增长速度，击败了华尔街所有投机时代的佼佼者。

三、索罗斯的投资理念

乔治·索罗斯在大学学的是经济学专业，一直梦想成为哲学家，最后成为一个最具争议的投资家。索罗斯建立了一个 20 年资产增值 300 倍的基金，1992 年，索罗斯展开了袭击英镑的行动，两周的时间里，他从英镑空投交易中获利接近 20 亿美元，被人称为"打垮英格兰银行的人"。索罗斯因此一举成名，"金融大鳄"诞生。1997 年，索罗斯把目光锁定在东南亚。在泰国，他开始大量抛售泰铢，泰国外汇市场立刻波涛汹涌，最终泰国被卷走了 40 亿美元；飓风继续，整个东南亚被刮了百亿美元之巨的财富，东南亚经济危机使这些国家几十年的经济增长化为灰烬，由此索罗斯获得"金融杀手"的称号。在 2007 年，曾经退出沙场的索罗斯，又重出江湖，他以敏锐的嗅觉感到即将到来的金融危机将不同以往，他抖擞精神，频频出手。2008 年，"金融海啸"冲击全球，2/3 的对冲基金都在亏损，全球亏损达 3500 亿美元，在同行们纷纷报亏的同时，索罗斯旗下的对冲基金却斩获骄人业绩——索罗斯量子基金的回报率却达到了近 10%。

1. 索罗斯的经历。

（1）幼年经历。1930 年 8 月 12 日，乔治·索罗斯出生于普达佩斯，他有个匈牙利的名字吉奇·索拉什，后改名为乔治·索罗斯。在普达佩斯，年满 14 岁才能入学，对于贫穷的家庭，早一点送小孩上学非常困难，1940 年，索罗斯与米克拉斯·霍恩一起上小学，同年转入国立学校。

1939 年 9 月第二次世界大战爆发，索罗斯年仅 9 岁，第二次世界大战初期，并未对索罗斯的生活带来影响，直到 1944 年 3 月 19 日，纳粹的坦克开进普达佩斯的街道。在此后的 12 个月中，有 40 万普达佩斯的犹太居民被杀害，活下来的人包括索罗斯和他的家人，忍受了许多个胆战心惊的日日夜夜。1944 年的一天，犹太人索罗斯一家藏在布达佩斯的地窖之中，以躲避纳粹的搜索。乔治·索罗斯、哥哥保罗·索罗斯和他的父亲提瓦达·索罗斯打起了扑克牌，当保罗和乔治获胜时，他们会立刻吃掉自己的战利品，而提瓦达赢了的时候却不会吃掉他那部分。提瓦达教会 14 岁的索罗斯在生死危难的生存技巧，这其中的两条经验对他此后的投机生涯大有帮助，一是不要害怕冒险，二是冒险时不要押上全部家当。1945 年秋天，乔治·索罗斯回到了学校，和其他从纳粹创伤走过来的学生一样，索罗斯比实际年龄成熟许多。基于对新政府的担忧，1947 年秋，乔治·索罗斯只身上路，途径瑞士抵达伦敦，由于父亲的帮助，索罗斯拥有足够的盘缠，但是到达伦敦后，索罗斯只能自力更生。在伦敦的这段时光是索罗斯一生中一段艰难的时期，多年后他还清晰记得自己曾经很嫉妒一只猫，因为那只猫吃的是沙丁鱼，而他却根本吃不上。索罗斯做了一个又一个的兼职，1948年夏天，他参加了土地援助计划，做一些农活，还组织了一次罢工，目的是为了让农场的工人按件计酬，而不是按天计酬。

（2）求学经历。1949 年，乔治·索罗斯注册成为伦敦经济学院的一名学生，在伦敦经济学院里，主张自由市场的弗里德里希·哈耶克和哲学家卡尔·波普对索罗斯产生了重要影响。索罗斯仅用 2 年时间就修完了本科的课程，但是他决定继续留在伦敦经济学院，直到 1953 年拿到学位，鉴于比较熟悉《开放社会及其敌人》，索罗斯找波普做导师，希望学到更多的东西。为了在学习期间获得经济资助，索罗斯找到了犹太人保护委员会，但是犹太人保护委员会拒绝了索罗斯，因为其只援助有收入的工作者，不会向学生提供援助。索罗斯只能自己做兼职，在一个圣诞节假期，索罗斯来到火车站当夜班搬运工，很不幸，折断了腿。由于这次在火车站有一份工作，因此，索罗斯告诉委员会自身处境：腿断了，由于是非法务工，不能申请国家援助，而且还是一个学生。犹太人保护委员会勉强同意给索罗斯提供一些帮助，索罗斯为了拿到资助，被迫拄着拐杖爬上 3 楼。1952 年末到 1953 年初，索罗斯思考着一堆哲学问题，并开始写《意识的负担》，然而，这本教材的写作失败，使得索罗斯意识到他不太可能成为教授了。而这次写书的失败也使索罗斯决心放弃哲学而转向赚钱。

（3）索罗斯的投资经历。无论索罗斯多么想从教，他都得谋生，索罗斯做了自己能找到的一切工作：索罗斯第一份工作是在英国的度假胜地布莱克浦做一个手提包推销员，但这对一个带有浓重口音的外国人而言相当困难。索罗斯在校期间，虽然没有接触太多的金融知识，但是他已经感觉投资是一个赚钱的好领域，索罗斯给所有的投行写信，最终 SF 银行（Singer & Friedlander）给他提供了一个见习生的工作，索罗斯欣然接受。在这家公司的股票操作十分繁忙，索罗斯从事黄金和股票的套利交易，从不同市场差价中获利，然而，索罗斯表现并不出色。1956 年，索罗斯动身前往纽约。来到纽约，使索罗斯比同事更具优势，尽管索罗斯在伦敦表现并不出色，但他至少了解欧洲的金融市场，而在华尔街，人们对欧洲金融市场知之甚少，因此，索罗斯被定为这一领域的专家。1956 年，索罗斯转投沃特海姆公司，继续从事欧洲证券业务，索罗斯仍然是能在欧洲和美国之间做套利的少数交易员之一。1960 年，索罗斯第一次成功突袭了外国金融市场，索罗斯认为安联公司的股票价格大大低于资产的价值，建议投资安联公司股票，最终，安联公司股票价值翻了 3 倍，索罗斯因此名声大振。然而，1961 年 1 月，肯尼迪政府上台，随后修改了利息平衡税，不允许美国投资者购入外国证券，索罗斯的事业又陷入低潮。1963 年，索罗斯开始在阿洛德·莱希罗德公司就职，鉴于索罗斯在欧洲建立了良好的人脉，又会多种欧洲语言，索罗斯在外国证券业务取得了诸多成绩，1967 年，他成为阿洛德·莱希罗德的研究部主管。索罗斯为了谋求更重要的领导职位，说服上司建立了两个基金："第一老鹰基金"和"双鹰基金"，其中"双鹰基金"是对冲基金，设立在荷属安的列斯群岛，可以逃避美国证券交易委员会的检查和资产收益税。索罗斯是对冲基金领域的先驱之一，此时的对冲基金利润丰厚。

1970 年索罗斯和吉米·罗杰斯携手合作，并建立了索罗斯基金管理公司，该公司是私人合资企业，与传统基金公司相比，可以进行卖空，因此，索罗斯有更多的优势。到 1980 年 12 月 31 日，索罗斯管理的基金公司获利 3365%，而标准普尔指数只涨了47%，1979年索罗斯重新命名基金公司，更名为量子基金，1980年底，基金公司的净值达到了3.81亿美元，索罗斯的个人资产也达到了1亿美元。1980年索罗斯管理的基金取得了102.6%的增长，是索罗斯和罗杰斯合作最成功的一年，而这一年5月，罗杰斯离开了公司。

　　1981年是索罗斯基金经营的最差的一年，是多年来以来首次，索罗斯基金全年没有盈利。有1/3的投资者撤资，基金的规模缩水至1.93亿美元。1982年，索罗斯遇到诸多困境，但量子基金增长56.9%，净资产达到了3.028亿美元。1983年索罗斯尝试隐退，将一半的资产交给马克斯管理，当年基金增长24.9%，然而，1984年基金只增长了9.4%，迫于股东的压力，索罗斯只能打消退居二线的念头。1985年，索罗斯坚信里根最终会导致经济萧条，于是大幅加仓马克和日元，最高时仓位达到15亿美元，远超量子基金资产净值，而美元最终贬值使索罗斯获益颇丰，当年量子基金惊人的增长了122.2%。1986年量子基金增长了42.1%，资产价值上升到15亿美元。1987年，索罗斯预测日本股市即将崩盘，但不会对美国股市产生大的影响，索罗斯的判断失误，也导致一周后量子基金净资产缩水26.2%。

　　1992年索罗斯在英镑上下了惊人的赌注，一举击溃了曾经无所不能的英镑及英格兰银行：索罗斯决定做空疲软的欧洲货币，卖空了70亿美元的英镑，买入了60亿美元的德国马克及少量的法郎，及5亿英镑的英国股票。最终英镑崩盘，量子基金获得了大约9.5亿美元的利润，当年索罗斯从量子基金获得收入为6.5亿美元（含2亿美元的基金管理费），量子基金的总资产也达到了37亿美元。1997年3月，当泰国中央银行宣布国内9家财务公司和1家住房贷款公司存在资产质量不高以及流动资金不足的问题时，索罗斯认为千载难逢的时机已经到来，索罗斯、国际投机者、套利基金开始大量抛售泰铢，1997年7月2日，泰国放弃维持13年之久的货币联系汇率制，泰国政府被国际投机家一下卷走了40亿美元。索罗斯并不以此满足，决定席卷整个东南亚。印尼盾、菲律宾比索、缅元、马来西亚林吉特纷纷大幅贬值，这些国家几十年的经济增长一夜之间化为乌有。

　　2. 索罗斯的哲学思想和投资理念。索罗斯的哲学思想是其1947年移居英国就读于伦敦经济学院时萌发，并在唯心主义哲学家卡尔·波普的影响下经过后期的实践验证后逐步形成的。卡尔·波普的证伪主义哲学认为，人类的认知活动具有本质的不完备性，人们只能在一个不断批判的过程中接近真理，在这个过程中，一切判断都只是暂时有效的并且都是证伪的对象。索罗斯在波普的理论基础上又有了进一步的突破：索罗斯认为，对自然现象的研究同社会现象的研究有着根本的区别，因为在后者中，参与者的思想成为所要认识的事态的一个不可分割的组成部分，事态的发展并不具有对于思想的独立性，因此，在自然科学中适宜的方法，在社会现象的研究中不再适宜。在此基础上，索罗斯形成了自己独特的哲学理论——反身性原理。

反身性原理认为参与者的思想和他们所参与的事态都不具有完全的独立性，二者之间不但相互作用，而且相互决定，不存在任何对称或对应。比如说，公司的经营状况（基本面）决定了其在股票市场上交易的股票的价格，尽管这一过程可能存在滞后，但与之对应的是，股票的价格可以影响一家公司的地位，更微妙的方式还有信用评级、消费者接受程度、管理者信誉等，这些因素都会对公司的基本面产生影响。这种思想与思想所参与的事态相互作用、相互决定的理念与正统的古典经济学理论完全不同：古典经济学理论认为参与者的偏好与机会成本相互独立，价格是由这两个因素作用达到某一均衡的结果。因此，根据古典经济学理论也可以推导出：公司在股票市场上交易的股票价格仍然由公司的基本面决定，但公司的基本面却是由其他因素决定的，与股票价格无关。

索罗斯同时认为，虽然反身性原理和古典经济学的理论看似矛盾，但却可以在同一体系下共存：反身性之中最重要的双向反馈机制虽然可以随时运作，但它在大多数情况下都是十分微弱的，以至于可以忽略它的影响，在这个时候，古典经济学是适用的。但是在其他情况下，诸如金融市场，均衡理论就已经不再适用，市场上参与者的预期将不仅仅影响市场价格，而且影响所谓的基本面，这才是反身性变得重要的时刻。

在反身性原理的基础上，索罗斯形成了自己对股市波动的独特看法。索罗斯认为，由于股市上参与者的预期在股票价格的形成过程中起着非常重要的作用，因此古典的均衡经济理论对股票市场并不适用。"市场永远正确"这一传统观点对于股票市场而言是错误的。索罗斯还认为，股票市场总是表现出某种主流偏向，这种主流偏向是市场参与者各种分散的观点的合力，并且正的偏向将引起价格上涨，负的偏向将导致价格下跌，主流偏向和市场基本发展趋势共同决定股票价格的运动。在这里存在着这样的一种"反身性"的关系：股票价格取决于两个因素——基本趋势和主流偏向，这两个因素又反过来受股票价格的影响。在股票市场向前发展的过程中，股票价格、基本趋势和主流偏向，没有一个变量可以保持不变，这三个变量先是在一个方向上彼此加强，到了某一个转折点后又接着在另一个方向上彼此加强，这就形成了股票市场在"反身性"

驱使下繁荣和萧条的交替运动。

由此，索罗斯认为股市波动模型可以分为以下五个阶段：

第一个阶段：某个趋势尚未得到确认。这是过程的开始阶段，市场表现出的趋势尚不足以被投资者所觉察。这时，主流偏向是消极的，基本趋势也并不明显，二者虽然能够推动股价缓慢上涨，但是缓慢上涨的股票价格暂时还无法"反身"加强主流偏向和基本趋势。如果股票价格始终无法"反身"加强主流偏向和基本趋势，股票市场将一直在低位徘徊，直到情况发生改变，进入下一阶段。

第二个阶段：开始自我强化。人们开始觉察这种趋势并付诸行动（趋势开始加强偏向），一个积极的偏向发展起来，它引起股票价格的进一步上涨（偏向加强股票价格），上升的股价又加强了基本趋势（股票价格"反身"加强趋势）。这就形成了市场趋势和人们的偏向互相强化。这时，股票价格进一步上涨，主流偏向变得越来越积极，基本趋势得到加速发展。只要偏向是自我加强的，预期就会比股票价格升得更快。随着股票价格的不断升高，其上涨越来越依赖主流偏向的支撑，从而造成基本趋势与主流偏向两者同时滑入极其脆弱的状态。

第三个阶段：进入矫正阶段。当股票价格的变化无法支撑主流偏向的预期时，失望的预期对股票价格有一种消极的影响（股票价格开始波动），不稳定的股票价格的变化削弱了基本趋势，于是进入了矫正阶段（股票价格的回调）。在股价回调后，趋势、股价和偏向三者的互相强化过程将得到巩固和持续，大盘将继续上扬。

第四个阶段：转折阶段。当股价上扬到一定程度时，基本趋势已经过度依赖股票价格的变化，这时一次矫正就可能成为彻底的逆转。在这种情况下，市场将出现转折，股票价格下跌，基本趋势反转，预期则跌落的还要快一些。这样，自我加强的过程就朝着相反的方向启动了。

第五个阶段：衰落达到极限，并使自己重新反转过来。索罗斯的反身性原理并没有达到成熟的阶段，他的理论也未组成一个系统的体系。即使是《金融炼金术》一书，也并没有将反身性原理讲述透彻：诸如股票价格对趋势的反身性作用有多大，这种反身性作用对市场的波动起多大影响，在什么条件下矫正阶段才会发生，在什么情况下矫正会转化成彻底的逆转，这些问题在《金融炼金术》一书中都没有得到解答。但是，索罗斯的理论仍然尤其参考价值，其对市场的非均衡性和反身性的论述为经济理论的研究提供了一个新的视角。

本章小结

本章介绍了近年来通过财务分析进行风险规避的各类案例以及大师的投资策略，其中，第一节介绍了如何通过"存贷双高"进行风险规避；第二节介绍了通过分析境外业务情况进行风险规避；第三节介绍了通过分析商誉情况进行风险规避；第四节介绍了其他一些财务分析进行风险规避的案例；第五节介绍了格雷厄姆、巴菲特、索罗斯等大师的投资经历和投资理念。

参考文献

1. 李国强、李雯主编：《证券投资分析》，机械工业出版社 2013 年版。

2. ［美］坎宁安：《向格雷厄姆学思考向巴菲特学投资》，闫佳、侯君译，机械工业出版社 2011 年版。

3. ［美］本杰明·格雷厄姆、［美］戴维·多德：《证券分析》，巴曙松、陈剑译，四川人民出版社 2019 年版。

4. ［美］罗伯特·斯莱特：《索罗斯传》，陶娟译，中国人民大学出版社 2015 年版。

5. ［美］罗杰·洛温斯坦：《巴菲特传》，蒋旭峰、王丽萍译，中信出版社 2013 年版。

6. 姜波克：《国际金融新编》，复旦大学出版社 2018 年版。

7. 赵选民、张旭霞："从'存贷双高'看企业财务舞弊——以康美药业为例"，载《经营与管理》2019 年第 12 期。

8. 倪艳、朱红媛："医药上市公司外延式并购商誉减值研究——以新华医疗为例"，载《财会通讯》2020 年第 14 期。

9. 张吉婕："企业合并商誉减值问题研究——以华谊兄弟并购为例"，云南财经大学 2020 年硕士学位论文。

10. 谢文武、叶聪颖、汪涛："信息不对称视角下并购商誉对股价崩盘的影响研究"，载《金融与经济》2020 年第 4 期。

11. 赵妍、陈姿羊、梁耀丹：《信威集团惊天局：隐匿巨额债务 神秘人套现离场》，https：//money.163.com/special/view728，最后访问时间：2016 年 12 月 23 日。

思考题

1. 哪些信号表明公司可能存在一定的风险，投资者需要规避？
2. 投资者应该如何规避风险？
3. 格雷厄姆的投资理念对你有什么启示？
4. 巴菲特的投资理念对你有什么启示？
5. 索罗斯的投资理念对你有何启示？

第十二章

中国证券市场监管理论与实践

🔵教学目标

通过本章教学，要求学生了解证券监管的含义、证券监管的相关理论与法律基础、证券监管的目标与原则、证券市场监管体制、几种常见的证券监管种类及证券监管的国际化趋势。

🔵重点与难点

本章教学的重点包括证券监管的含义、证券监管的相关理论与法律基础、证券监管的目标与原则；难点主要包括证券监管体制的比较分析、我国证券市场的监管体制以及证券监管的国际合作与组织。

第一节　证券监管概述

一、证券监管的含义

监管是监督管理的意思，有两层含义：其一是具有监督的含义，即法律法规赋予一些人或机构某些权力，并设定执行这种权力的措施（多指惩罚性措施），这些人和机构可以对其所管辖区域的其他人或机构及其活动进行督察，如发现不符合规定或不符合权利人意志的现象就可以依法采取相应的惩罚措施。其二是具有管理的意思，即被赋予监管职能的主体可以在职权范围内对被监管对象及其行为进行合理、合法的调节和控制，以维持其正常、健康的运行。

由此我们给出关于证券监管的定义：是指为了保护证券市场参与者的合法权益，促进证券业持续健康发展，维护证券市场运行的正常秩序，证券监督管理机构运用法律、经济以及必要的行政手段，对证券的募集、发行、交易等行为以及证券投资中介机构的行为以及其他证券市场参与者的行为进行监督和管理。根据这个定义，我们应该明确以下几点含义：

第一，证券监管的目的。证券监管的目的是通过维持公平、公正、公开的市场秩序来保护证券市场参与者的合法权益，并以此来促进证券业持续健康发展。

第二，证券监管的机构。依据《中华人民共和国证券法》规定，中国证券业监督管理委员会是我国的证券监管机构。

第三，证券监管的活动范围。合理的监管范围是维持证券市场健康运营的重要条件，监管范围过大会影响证券市场的运行效率，监管范围过小则可能达不到监管目的。

第四，证券监管的依据和手段。证券监管应依据相关的法律法规及管理办法，尽可能少地采用行政命令手段。

对于发展中国家来讲，金融市场特别是证券市场的不完整性，往往缺乏较完善的市场自律性，这时候对于证券市场的稳定发展，证券监管机构行使监管职能就显得尤为重要。

二、证券市场监管的分类

（一）按监管对象划分

按照监管对象划分，分为对发行人监管（如发行股票的上市公司、发行债券的企业或政府等）、对投资者监管（如证券投资人等）、对证券中介机构监管（如证券公司、律师事务所、资产评估机构等）等。

（二）按监管内容划分

按照监管内容划分，分为发行监管、上市监管、交易监管、市场行为监管等。发行监管是指监管机构对证券发行进行的监督和管理，其中主要是规定证券发行的条件与发行审核等；上市监管是指监管机构对已经发行的证券在进入公开市场这个过程中制定的一系列规章制度以规范证券上市行为，这主要是针对在交易所上市的证券而言；交易监管是指证券监管机构对证券交易活动进行的监督和管理；市场行为监管是指针对证券交易过程中各类证券交易者的行为进行监督和管理。[1]

（三）按监管主体划分

按照监管主体划分，分为他律监管、自律监管和媒体监管。他律监管是指

---

〔1〕 贾忠磊主编：《证券市场监管》，中央广播电视大学出版社 2004 年版。

政府依法成立一个专门的机构负责对整个证券市场的运行、各类证券机构及其行为进行监管；自律监管是指证券交易所、证券业协会等社会团体对证券机构及其行为进行的主动性控制和管理；媒体监管是指各类新闻媒体对证券市场出现的各类问题进行的舆论监督。

（四）按被监管的证券工具划分

按照被监管的证券工具划分，分为股票监管、债券监管、基金监管、期货监管等。股票监管是指对股票的发行、上市和交易等活动的监管；债券监管是指对债券的发行、上市和交易等活动的监管；基金监管是指对基金的发行、上市和交易等活动的监管；期货监管是指对期货市场活动的监管。

（五）按监管手段划分

按照监管手段划分，分为法律监管、经济监管和行政监管。法律监管是指证券监管机构在监督和管理证券市场时是按照法律法规来执行的；经济监管是指证券监管机构在监督和管理证券市场时采用的手段是经济方面的手段措施；行政监管是指证券监管机构在监督和管理证券市场时所采取的手段是行政命令方面的手段措施。

三、证券监管的产生与发展

现代意义上的证券监管与金融监管几乎是相伴而生，在发展过程中，由于分业经营和混业经营的此起彼伏，两者之间有着千丝万缕的联系。

（一）证券监管萌芽时期（1929 年股灾爆发之前）

早期的证券监管可以追溯到 18 世纪 20 年代。1720 年，英国政府为了治疗"南海股票泡沫"事件所造成的创伤，颁布的《反金融诈骗和投机法》，又名"泡沫法"，它的许多原则是具有划时代意义的，至今还具有重要的研究价值；1913 年，美国颁布实施的"联邦储备法"，成为早期金融监管史上的一个里程碑，标志着早期的金融监管正式成立。但早期的证券市场监管呈现出松散及以自律为主的特征，这与早期证券市场的不发达具有直接的关系。

（二）证券监管的发展阶段（1929 年股灾爆发后至 20 世纪 70 年代中期）

1929 年全球股灾使人们意识到市场并非万能，同时也深刻认识到证券业的高风险性和股灾损失的毁灭性。深刻的教训使人们充分认识到针对证券业相关的市场交易活动、经济主体的行为等的监督与管理成为一项极为重要的课题。这时期美国相继出台《1933 年银行法》及包括 Q 条例在内的众多管制条例，对证券业和银行业开始实行分业监管，同时又制定了《1933 年证券法》和《1934

年证券交易法》；英国则相继出台 1958 年《防止欺骗法》、1963 年《保护存款人法》、1973 年《公正交易法》、1975 年《工业法》和《产业保护法》等；日本则相继出台 1948 年《证券交易法》、1951 年《证券投资信托法》和 1971 年《外汇和外贸控制法》。

（三）证券监管的成长阶段（20 世纪 70 年代中后期～20 世纪 90 年代）

在证券监管的成长阶段，经历了"先从严格监管到放松监管，后从放松监管到强化监管"的曲折发展过程。首先是从严格到放松监管阶段（20 世纪 70 年代中后期～20 世纪 80 年代中期），此阶段各国都希望从"滞胀"阶段中摆脱出来，证券监管的主旋律从控制风险逐渐向提高效率转变，这个阶段的证券监管最重要的特征就是放松管制和鼓励创新。然后是从放松到加强监管阶段（20 世纪 80 年代后期～20 年代初期），在经历了 1987 年"黑色星期一"股市危机后，人们逐渐意识到监管机构对证券市场缺乏协调统一的监管机制所带来的严重危害，因此许多国家的金融监管机构顺应混业经营的发展要求逐渐在重组和合并。

第二节　证券监管的理论与法律基础

一、证券监管的主要理论

证券市场监管的基本原理可以从金融监管的理论中去溯源，有些人认为金融机构应当受到严格的监管，主要是由于金融机构的职能及其在国民经济中的特殊作用；而有些人认为，金融监管是一国政府对市场失灵的反应。关于证券监管的主要理论有市场失灵论、俘获论、利益集团论、法律不完备性理论等。

（一）市场失灵论

从亚当·斯密到米尔顿·弗里德曼，许多反对政府进行市场干预的经济学家都认为，市场机制无所不能，所有经济活动都可以通过"看不见的手"进行自我调节，从而使得社会资源的配置达到最优状态。然而随着科学与技术的进步，西方国家出现了小规模生产向大规模生产的转变，以小规模生产为基础的自由市场经济理论，由于在前提假设上排除了会导致竞争性体制的结构和职能发生根本变化的一切因素，因此既不能反映大规模生产所带来的各种变化，又不能解决因大规模生产所产生的一系列经济问题。此时，市场失灵论针对现实中种种导致自由市场均衡背离帕累托最优的市场现象应运而生了。"市场失灵"是指市场机制在若干领域或情形下，失去其优化资源配置的作用并进而降低经济运行的效率。为此，需要政府介入经济运行过程，以管制的手段纠正或消除"市场缺陷"或"市场失灵"，从而改进资源配置效率和"一般福利"。

市场失灵论提倡在市场失灵时，针对自然垄断、外部效应或信息不对称等现象而对私人市场进行的有效监管，该理论认为：监管是政府提供的为满足公众要求，用来矫正市场失灵的一种行之有效的方法。通过监管可以实现社会利益，提高潜在的公众福利。

（二）俘获论

由于实证分析在很大程度上与市场失灵论不符，经济学家提出了政府俘获论。该理论认为，监管当局往往被监管者所利用，监管提高的是被监管产业的利益，而不是社会的福利。20世纪60年代，有一项实证研究表明，监管有利于提高厂商的利益，斯蒂格勒等学者的研究也支持了监管有利于生产者的观点。

俘获论与监管的历史更加吻合，因为俘获论比社会利益论更有说服力，但缺乏理论基础，仅仅是一些实证研究的结论。它没有提供关于问题的解释，只是提供一种假设，即监管有利于生产者。俘获论同样不能解释监管怎样为产业部门所利用和控制，更难以解释为什么许多产业先前被监管，而后又被放松监管的事实。

（三）利益集团论

利益集团论核心思想为：政府监管经济往往是打着维护公众利益的旗号，实则服务于某个特定的集团。该理论认为，监管是维护某个特定集团利益的产物。代表人物有斯蒂格勒、匹兹曼和欧文等。

利益集团论提出监管在实际中很难做到完全为公众利益服务，而往往受制于某个利益集团，具有一定的现实意义，但它认为监管完全没有存在的必要性，有失偏颇。

（四）法律不完备性理论

法律不完备性理论提出了这样一个问题：在金融市场上，从一开始就不断充斥着丑闻和舞弊的行为，尽管立法者一直试图通过颁布新的法律和强化执法，控制损害的发生，但是为什么依赖法庭执行的法律没有对金融及证券市场上的舞弊行为产生有效的阻吓呢？该理论认为，法律的阻吓效果因其内在的不完备性而减弱。从逻辑上而言，引入监管尚需具备两个条件，一个是对导致损害结果的行为类型要能够有所预期和把握，以便监管机构能够制定合适的监管措施，以及为监管机构授予合适的监管权限；另一个是预期到的损害程度要足够高，以至于不为事后立法和被动式执法所忍受。

法律不完备性理论开拓了认识政府行政监管在市场经济制度结构中重要作

用的新视角，并从制度结构逻辑上解释了监管对证券市场的重要性，揭示了证券市场上应该引入强有力行政监管的原因。

二、证券监管的法律基础

证券监管的存在除了需要理论基础支持外，还需要得到法律上支持。法律是证券监管的现实依据，它在证券监管中处于极其重要的地位。

（一）法律在证券监管中的地位和作用

在早期证券市场的发展历史上，并没有专门针对证券市场的法律法规，出现的纠纷和矛盾主要依靠合同法和侵权法来处理。但随着证券市场的飞速发展，大量的舞弊和欺诈行为层出不穷，这时仅仅依靠合同法和侵权法已经不能够完全应对大量具有新特点的案例。在这种情况下，各个国家开始相继制定和颁布专门适用于证券市场的法律法规，例如证券法和证券交易法等。

证券法律制度对于证券市场的运行和活动方式而言，具有极为重要的作用。证券法律对于证券参与人的约束具有最高的权威性，对市场行为有强制性的要求。如果没有专门的比较严格的证券法律体系，证券市场的监管体系就没有办法很好地建立起来，各行为主体不能很好地明确自身的权利和义务，因此，证券法律体系对于证券监管非常重要。

证券立法是整个证券市场监管的基础。现实中，各个国家的证券市场监管都是以专门的证券立法为基础来进行的，法律基本上设定了监管的总体框架以及各个监管主体的权力范围，并对证券市场主要的损害行为作出了描述和相应的处罚原则的规定，甚至还对各种监管主体的损害行为作出了具体规定。证券立法和执法是整个证券市场的基础，同时也是其他形式的证券监管依据。

（二）法律在证券监管中的局限性以及解决办法

证券法律与所有的其他法律一样，也存在着不完备性缺陷。这是因为，在证券市场上，证券定价机制具有主观性，存在严重的信息不对称现象，也存在着各式各样欺诈投资者利益的违法行为，这就造成了任何设计精密的证券法律也往往表现出不足之处。证券法律的不完备性应由立法机关及时进行矫正、修改和补充，但立法机关受到立法成本、法律稳定性和持续性要求的限制，不可能做到随时对法律进行修改和调整。为了弥补法律设计的不完备性缺陷，必须对立法权进行适当的分配，让裁决法庭具有一定的剩余立法权和自由裁量权。但在一些专业性很强的领域，由于执法机构的知识总量有限，不能很好地对该领域作出公正客观的判断，因此在这种情况下，必须引入一个具有强激励机制的、专业化的独立监管机构，行使剩余立法权，以弥补证券法律不完备性的缺陷。

总之，证券市场法律监管非常重要，但由于证券市场机制本身具有的缺陷，造成证券法律具有了很高程度的不完备性。同时，执法机构具有的被动性和事后性特点，以及被其所掌握的专业知识所限，使得证券市场单纯依赖执法机构有可能造成严重的执法不足现象。证券法律监管的这两个方面的局限性，使得证券市场必须建立起一个强激励机制的独立监管机构，来维持证券市场健康、稳定的运行。

第三节 证券监管的目标与原则

一、证券监管的目的

证券监管本质上是为了保证证券市场参与者的合法权益，促进证券业持续健康的发展，以及维护证券市场运行的正常秩序。[1]

（一）保护证券市场参与者的合法权益

保护证券市场参与者的合法权益既是要维护证券体系持续、健康发展的先决条件，也是维护证券市场稳定运行的基本要求。其中，保护证券投资者的合法权益是最重要的内容。证券监管应紧紧围绕对投资者合法权益的保护这个中心展开工作。

（二）保障公平、自由与效率原则的顺利贯彻和实施

公平原则是证券市场的重要原则。公平不是结果的平均分配，而是机会公平，主要体现为防止不正当交易。政府作为公众利益的代表，通过建立证券监管模式对证券市场进行不同程度的监管，是不可或缺的。

（三）促进证券业持续、健康的发展

证券监管的主要目的是要促进证券业持续、健康的发展。通过保障公平、自由与效率原则，维护证券市场的正常交易秩序，有利于充分发挥证券市场的筹融资功能和资源配置功能，有利于维持整个金融市场的稳定运行。

二、证券监管的目标

证券市场监管的目标服从于整个证券市场的发展目标，分为总体目标和具

---

〔1〕 贾忠磊主编：《证券市场监管》，中央广播电视大学出版社 2004 年版。

体目标。

（一）证券监管的总体目标

第一，统一管理各种投资或融资性证券的发行和交易活动，建立证券发行管理制度、证券交易管理制度和证券交易所管理制度等。

第二，监督管理证券市场信息的传播和使用，建立严格的信息披露制度，为证券投资者提供公平获取信息的机会，维护证券市场的公平、公开、公正原则。

第三，防范并查处证券市场上可能出现的欺诈客户、操纵市场、内幕交易、虚假陈述等违法行为，创造一个公平、合理、有序的投资环境和交易环境，促使证券投资活动健康发展。统一管理证券经营机构和市场中介机构，监督其合法的经营活动。

（二）证券监管的具体目标

根据国际证监会组织制定的指导性文件所描述的，证券监管的目标在于保护投资者的合法权益，确保证券市场运行的公平、有效、透明原则，以及降低系统性风险。例如美国在《1933年证券法》中阐述了证券监管的两个基本目标：一是向投资者提供有关证券公开发行的实质性信息；二是禁止证券交易过程中的误导、虚假陈述等违法行为的发生；日本《1948年证券交易法》中指出：为使有价证券的发行、交易等过程的公正进行，并使有价证券顺利流通，以保证国民经济的正常运行及保护投资者利益，特制定本法；我国1998年颁布的《中华人民共和国证券法》规定：为了规范证券发行和交易行为，保护投资者的合法权益，维护社会经济秩序和社会公众利益，促进社会主义市场经济的发展，制定本法。

综上可以看出，证券市场监管的具体目标可归纳为：克服证券市场上的种种缺陷，保护市场参与者的合法权益，维护证券市场的公平、公正、公开原则，促进证券市场功能的发挥，保证证券市场的稳定、有序和高效率。

（三）证券监管的根本目标

证券市场监管的具体目标更多地从微观层次来阐述，而其根本目标则更多地从宏观层次来阐述。证券市场监管是为了解决市场失灵现象，从而保障市场机制更好地发挥作用，而不是替代市场机制。国际证监会组织指出，证券监管应当促进资本形成与经济增长。证券市场不仅与一国的金融体系和实体经济密切联系，而且与经济发展、社会稳定甚至政治形势等休戚与共，任何政府的证券监管机构都必须也必然会从社会经济整体而不仅仅是证券市场本身的局部来制定和执行监管的制度、法规和政策，通过证券监管来最终维护国民经济的稳定和发展是任何政府监管机构追求的根本目标。

三、证券监管的手段

证券监管机构的监管手段多种多样，主要有法律手段、经济手段和行政手段。

（一）法律手段

运用法律手段管理证券市场，主要是通过立法和执法抑制和消除欺诈、垄断、操纵、内幕交易和恶性投机现象等，维护证券市场的良好运行秩序。涉及证券市场管理的法律、法规范围很广，大致分为两类：一是证券监管的直接法规，除证券管理法、证券交易法等基本法律外，还包括各国在上市审查、会计准则、证券投资信托、证券融资业务、证券清算与交割等方面的专门法规；二是与证券市场密切相关的其他法律，如公司法、银行票据法、破产法、财政法等，形成一个以证券法为核心，证券管理专门法规或规则相补充及其他相关法律相配套的证券法律体系。

（二）经济手段

经济手段是指监管部门以管理和调控证券市场为主要目的，采用间接调控方法影响证券市场运行和参与主体的行为，在实践中主要有以下两种调控手段：一是金融信贷手段，金融货币手段可以有效地平抑股市的非理性波动和过度投机，有助于实现稳定证券市场的预期管理目标；二是税收政策，税率和税收结构的调整直接造成交易成本的增减，从而可以产生抑制或刺激市场的效应，并为监管者所利用。

（三）行政手段

行政手段是指监管部门采用计划、政策、制度、办法等对证券市场进行直接的行政干预和管理，与经济手段比较，运用行政手段对证券市场的监管具有强制性和直接性的特点。早期证券市场受社会经济等方面制约，往往是法律手段不健全而经济手段低效率，造成监管不足的局面，故需要行政手段作为补充。然而，证券市场毕竟是市场经济高度发达的伴生物，完善的市场经济特性必然要求伴随市场的成熟与完善，逐步减少行政干预，过度的行政干预反而可能会造成监管过度的局面，扭曲市场机制。

第四节 证券市场监管体制

一、证券监管体制的比较分析

证券监管体制，是指一个国家对其证券市场运行和发展所采取的管理体系、管理结构和管理模式的总称。世界上没有任何一个国家是以完全放任自由的态度来对待证券市场，但由于各个国家和地区的政治制度、经济制度、中央和地方的关系等情况的不同，各个国家和地区资本市场发展的阶段、发育程度以及由此决定的资本市场自我监管体制发展水平的差异，导致各国具体的监管体制及其组织结构不尽相同。总的来说，各国对资本市场的监管大致有以下三种不同的监管体制或监管模式：

（一）集中型监管体制

集中型监管体制是指政府通过设立专门的全国性证券监管机构，制定和实施专门的证券市场管理法规来实现对全国证券市场的统一管理，有如下特点：

第一，全国性的资本市场管理法规。例如美国以《1933 年证券法》《1934 年证券交易法》《1940 年投资公司法》为核心；日本以《1948 年证券交易法》为核心，构建了一系列证券专门法规并形成较为完整的体系。

第二，统一的、全国性的证券管理机构。美国的证券监管模式是集中型监管体制的典型代表，分为三个层次：第一层是政府监管机构的集中监管，是市场监管最重要的组成部分；第二层是自律机构的自律管理，自律机构包括证券交易所、证券商协会、清算机构等，它们负责对其自身和会员进行自律监管；第三层是证券监管的内部管理，主要包括证券公司按照监管部门要求或基于自身需要而建立的各种风险管理制度和内部控制制度。

（二）自律型监管体制

自律型监管体制是指除了一些必要的立法外，尽量减少对市场的干预，对资本市场的监管主要由证券交易所和证券商协会等自律组织来进行。英国是这种监管体制的典型代表，欧洲的一些国家也实行这种监管体制，有如下特点：

第一，没有专门的、系统的资本市场监管法规。更多地是通过自律机构的规章制度和一些间接法规来监管证券活动。如英国在 1986 年之前没有关于证券管理的专门立法，主要由交易所的自我管理规定和公司法、反欺诈法等法规中的有关规定来监管。

第二，没有设立全国性的统一证券监管机构。主要依靠自律组织及市场参与者的自我管理，如英国在 1986 年以前是采用这种做法的典型代表，没有专门的政府管理机构，主要依靠两个层面的自律组织来管理，一是证券交易所的监管，二是由 3 个非政府管理机构即证券交易所协会、证券业理事会、企业收购和兼并专门研究小组进行监管。

（三）混合型监管体制

混合型监管是一种介于集中统一型监管和自律型监管体制之间的监管模式，既强调集中统一的立法监管，又注重自律约束。实行这种模式的出发点是寻找公平与效率的均衡点，力图更有效、更全面地保护各方利益。典型代表是德国，在机构设置方面，德国没有对全国证券市场进行监管的专门机构，在联邦政府一级对证券市场进行监管的机构是德国中央银行和银行监督局，而德国中央银行通过监管经营证券业务的商业银行来实现对证券业的监管并由银行监督局实施监督。

二、政府监管与行业自律

上一节中我们对证券监管体制进行了分析介绍，实际上这三种监管体制都是在经历证券市场动荡、监管失灵和加强监管的循环过程中逐步形成和完善的，各自具有不同的优缺点。在任何国家的证券监管实践中，以政府监管为运作核心的集中立法型体制必然需要行业自律的有效辅助；以自律管理为传统重心的自律型体制也同样离不开政府监管的支撑；更多的是两种监管模式的相结合。因此，对于证券监管体制的优劣和选择的关键在于对政府监管和自律监管的定位及其相互关系的辩证分析。

（一）自律监管概述

自律的定义是：由同行业的从业人员组织起来，共同制定规则，以此约束自身行为，实现行业内部的自我监管，保护自身利益并维护本行业的繁荣发展。

证券业自律监管组织通常包含两个层面的机构：证券交易所和证券业协会。其基本内容包含三个方面：一是对市场交易活动的监督；二是在监管市场参与者方面发挥重大作用；三是以维护市场的公平、秩序和运行效率为出发点，处理争议并实施仲裁，保护市场参与者的利益。

（二）政府监管与自律监管

由于市场的不完整性，有必要对证券市场实施有效的监管，但是证券市场的监管责任绝非政府机关一家所能包揽，政府主管机关必须同其他性质、层次的监管主体进行某种程度上的分工与配合，才能组成一个有效的监管机构。政府监管和自律监管相互支持，缺一不可，这是证券市场发展过程的必然要求和结果。与发达国家走过的道路不同的是，许多发展中国家在其建立自身市场之初，大多采用概念引进、制度模仿等手段，其证券监管通常完全依赖于政府。尽管这些国家都是仿照西方模式设立的证券交易所，但这些证券交易所事实上仅仅是政府意向和利益的体现者，而不是市场参与者维护竞争秩序和共同利益的自然产物。在市场深化的过程中，这些国家开始放松对证券交易所的控制，让其逐步发挥自律组织的作用；同时，许多国家开始设立证券主管机构，以便在不放弃行政监管的同时，解除证券交易所作为政府一枝的他律责任。

（三）政府监管的优劣分析

以政府监管为主要监管体制的集中立法型体系具有如下优点：①具有超脱于市场参与者之外的统一管理机构，能够更为公平、客观、有效地发挥监管职能，更为有力地维护市场秩序等。②具有专门的证券立法和有力的证券法规体系，有力地提高了证券监管的权威性和管制的深度和广度，突破了跨区域的管制界限。③政府监管机构作为纯公共机构，其非利益导向型使之更为注重保护投资者利益。④政府部门在监管结构中的最高地位使得政府监管可以有效限制自律组织的"自利"弱点并加以合理引导和利用。

但是也存在以下不足之处：①由于证券市场管理的艰巨性和复杂性，其涉及面之广、难度之大和监管内容的多样性，使得单靠政府管理机构而缺乏自律组织的配合，很难实现既有效管理又不过多行政干预的目标。②由于政府监管与自律机构相比距离市场较远，掌握的信息相对有限，这使得政府监管的直接成本更为高昂，从而降低了监管效率。③政府监管工作者往往受到专业知识和素质所限，对层出不穷的技术问题可能会处于束手无策的地步。

（四）自律监管的优劣分析

以自律管理为主要监管体制的自律体系具有如下优点：①自律监管的主体是证券市场的参与者，这样的地位决定了他们能够及时地掌握市场信息，能够对市场的短暂变化做出敏感的反应。②自律组织紧靠市场，发现违规现象的概率很高，有利于打击投机现象。③自律监管的动力来源是市场参与者对自身利益的保护，对于违规行为的惩罚不仅是对其短期利益的补偿，更是对未来违规行为的警告和对其长期利益的保障。④自律监管在范围上比他律监管更为宽泛，同时在时间上又比他律监管更为领先，能够灵活地根据市场的变化对自律监管行为作出调整。

但是同样存在以下不足之处：①自律通常把重点放在市场的高速运行和证券从业者利益的保护上，对投资者提供的保护往往不够充分。②没有统一的专门立法作为后盾，对违法行为的约束缺乏强有力的法律效力，管理手段有限，监管力度不够。③自律是建立在券商自利基础上的，它仅仅代表券商的利益，因此在多方利益发生冲突时，首要保护的可能不是公众利益，这与政府监管的本质目的背道而驰。

三、我国证券市场监管体制

（一）我国证券市场的监管体制变迁

改革开放以来，伴随我国证券市场的产生和发展，证券监管体制也逐步建立和完善起来，其变迁过程可以大致分为以下四个阶段：

第一阶段（1981~1985年）无实体监管部门阶段。这个阶段我国证券市场尚处于萌芽阶段，除了国债发行外，基本上不存在股票市场和企业债券市场。与之相应的是，该阶段并不存在真正的监管体制或明确的管理主体。

第二阶段（1986~1992年）为多部门分散监管体制阶段。1986年上海设立了第一家证券柜台交易中介机构（工行静安信托证券业务部），标志着柜台交易形式的股票市场和企业债券市场（金融债券、投资公司债券等）开始起步，之后上海、深圳证券交易所的相继建立，标志着我国开始出现集中统一的证券交易所。此时形成了多部门分散监管的证券监管体制。

第三阶段（1992~1997年）为分散监管体制向集中监管体制的过渡阶段。一方面，1992年邓小平同志的南巡讲话，消除了股票市场姓"资"还是姓"社"等疑虑，从理论上和思想上排除了证券市场发展的障碍。另一方面，自1996年以后在连续四次降息的刺激下，我国证券市场获得了快速的发展。在股票市场持续升温、证券市场快速发展的过程中，也产生了诸多问题，暴露出原有的管理体制的不适应性，这使得政府意识到加强证券市场宏观管理的重要性，国务院决定成立国务院证券委员会及其执行机构——中国证券监督管理委员会（简称中国证监会）为专门的证券监管机构。这一阶段的证券监管体制虽然首次确定了独立的专门性监管机构，但这一时期的证券市场监管还具有分散监管体制的诸多局限，监管机构的权威性和效率也不能适应证券市场快速发展的要求。

第四阶段（1998年至今）为集中型监管体制的建立和巩固发展阶段。1997年亚洲金融危机的爆发，使得我国充分认识到金融风险对国家安全的重要性，因此中央决定大力加强金融风险的防范和化解，对金融监管体制进行改革，其中一项重大举措就是由中国证监会集中监管证券市场。1999 年 7 月 1 日，《证券法》开始实施，与此同时，中国证监会派出机构正式挂牌，这标志着我国集中的证券、期货监管体制正式形成。

（二）我国主要证券监管机构

我国目前证券市场监管体系包括以中国证券会及其派出机构为主体的全国集中统一监管和以中国证券业协会为主体的行业自律监管两个组成部分。

1. 中国证监会。中国证监会是国务院直属事业单位，为全国证券期货市场的主管机关，按照国务院授权履行行政管理职能，依照法律法规对全国证券期货业进行集中统一管理，维护证券市场秩序，保障其合法运行。其基本职能有：①建立统一的证券期货监管体系，按规定对证券期货监管机构实行垂直管理。②加强对证券期货的监管，强化对证券期货交易所、上市公司、证券期货经营机构等机构的监管，提高信息披露质量。③加强对证券期货市场金融风险的防范和化解工作。④负责组织拟定有关证券市场的法律、法规草案，研究制定有关证券市场的方针、政策和规章，指导、协调、监督和检查各地区、各有关部门与证券市场有关的事项等。

其基本职责有：①研究和拟定证券期货市场的方针政策、发展规划；起草证券期货市场的有关法律法规；制定证券期货市场的有关规章。②统一管理证券期货市场，按规定对证券期货监督机构实行垂直领导。③监督股票、可转换债券、证券投资基金的发行、交易、托管和清算；批准企业债券的上市；监管上市国债和企业债券的交易活动。④监管境内期货合约上市、交易和清算；按规定监督境内机构从事境外期货业务。⑤监管上市公司及其有信息披露义务股东的证券市场行为。⑥管理证券期货交易所；按规定管理证券期货交易所的高级管理人员；归口管理证券业协会。⑦监管证券期货经营机构、证券投资基金管理公司、证券登记清算公司、期货清算机构、证券期货投资咨询机构；负责证券期货从业人员的资格管理等。⑧监管境内企业直接或间接到境外发行股票、上市；监管境内机构到境外设立证券机构；监督境外机构到境内设立证券机构、从事证券业务。⑨监管证券期货信息传播活动，负责期货市场的统计与信息资源管理。⑩国务院交办的其他事项。

2. 中国证监会派出机构。中国证监会在上海、深圳等地设立 9 个稽查分局，在各省、自治区、直辖市、计划单列市共设立 36 个证监局。其主要职责有：执行国家有关法律法规和方针政策；依据证监会授权，对辖区内的上市公司证券期货经营机构、证券期货投资咨询机构和从事证券业务的律师事务所、会计师事务所、资产评估机构等中介机构的证券业务活动进行监督管理；督促辖区内的上市公司严格执行国家财务会计制度，按时编制、报送和披露定期报告，并按照法律法规和会计制度的有关规定，对定期报告进行事后审查；履行证监会赋予的其他职责。

3. 自律监管机构。《证券法》颁布实施以来，证券行业自律管理不断得到加强，为证券行业健康发展作出了一定的贡献，我国的自律监管机构主要包括中国证券业协会和深沪证券交易所。

（1）证券业协会。中国证券业协会是依据《证券法》和《社会团体登记管理条例》的有关规定设立的证券业自律性组织，是非营利社会团体法人，接受中国证监会、国家财政部的业务指导、监督、管理。其主要职能有：①教育和组织会员执行证券法律法规，向中国证监会反映会员在经营活动中的问题、建议和要求。②制定证券业自律规则、行业标准和业务规范，并监督实施。③依法维护会员的合法权益。④监督、检查会员的职业行为，对违反章程及自律规则的会员给予处罚。⑤对会员之间、会员与客户之间发生的纠纷进行调解。⑥收集、整理证券信息，建立行业诚信记录和诚信评价制度。⑦开展证券业的国际交流与合作。⑧法律法规规定或中国证监会赋予的其他职责。

（2）证券交易所。证券交易所是证券市场的组织者，为筹资者提供证券发行的场所，为投资者提供证券交易的场所，同时提供与证券发行和交易相关联的各项服务。1990 年 11 月 26 日中国第一家证券交易所——上海证券交易所正式成立，并于 12 月 19 日开业；1990 年 12 月 1 日，深圳证券交易所投入试运营，同年 7 月 3 日正式开业。证券交易所作为证券行业的自律组织，同中国证监会和地方证监部门一同构成了我国证券市场的监管体系，共同承担着保护投资者、维护市场政策秩序的监管责任。其主要职责有：①对证券交易活动进行监管。包括规定交易证券的种类和期限、证券交易方式和操作程序、交易中的禁止行为、交易交割事项等。②对会员的监督。包括具体的上市规则，证券上市的条件、申请和批准程序，上市协议与上市公告书的内容与格式，上市推荐人的资格、责任、义务，监管上市公司的信息披露，处理违反上市公司规则的公司等。

证券交易所是上市证券集中交易的场所，在日常工作中配备了相当的专业人员和先进有利的技术手段，负责对会员业务、上市公司的信息披露和证券交易活动的自律工作，容易及时发现问题，能够对整个交易活动进行全面的实时监控。

第五节　证券市场监管种类

一、公司治理监管

公司治理是现代企业制度中最重要的组织架构。狭义上的公司治理主要指公司的股东、董事与经理层之间的关系。广义上的公司治理还包括与利益相关者（如员工、客户、供应商、债权人和社会公众等）之间的关系。公司治理结构是有关所有者、董事会和高级执行人员三者之间权力分配和制衡关系的一种制度安排，表现为明确界定股东大会、董事会、监事和经理人员职责和功能的一种企业组织结构。本质上讲，公司治理结构是企业所有权安排的具体化，是有关公司控制权和剩余索取权分配的一整套法律、文化和制度性安排。这些安排决定了公司的目标、行为，决定了在公司的利益相关者中，在什么状态下由谁来实施控制、如何控制、风险和收益如何分配等一系列重大问题。各国证券市场的发展表明，良好的公司治理对于证券市场的稳定健康发展有着极为重要的作用，因此，各国的证券监管机构均对公司治理给予了极大关注。公司治理的主要架构和规范如下：

（一）股东大会

股东大会是由股份有限公司全体股东组成的，对公司经营管理、股东利益事项和其他重大事项进行决策的权力机关。但其并非常设机关，也不能代表公司对外从事公司行为，其权力行使主要是通过股东大会决议的方式进行。

（二）董事会

从理论上讲，股东大会选举董事会，董事会负责聘选、考核和监督公司总经理，因此董事会在公司治理结构中发挥着非常大的作用。对上市公司的监管在很大程度上就是对董事会的监督。董事会产生于股东大会，代表股东利益。上市公司董事会的职责就是对上市公司的经营决策进行内部监督和咨询，以利于公司保护和股东权益保护。股东通过董事会对公司经营业绩做出客观、公正的评价，从而对公司的管理层发挥激励、监督和奖惩等职能。对上市公司董事会的监管主要集中在董事会是否真正履行了其监管和咨询的职能，在其运作过程中是否根据相关的信息披露规定，保障了公司的有效运作和投资者权益。

（三）经理机构

经理机构是公司的执行机构，对董事会负责。主要包括总经理与其领导的副经理、财务负责人和其他高级管理人员组成的公司经营管理机构。其职权为：主持公司的日常生产经营管理，组织实施董事会决议；组织实施公司年度经营计划和投资方案；拟定公司内部管理机构设置方案和公司基本管理制度；提议召开董事会临时会议；等等。

（四）监事会

监事会是专门的监督机关，监事依法对公司财务行使检查权，对董事、经理及其他高管人员进行监督，体现股东对董事会、经理层的权力制衡。对监事会的监管主要集中在监事的任职资格和监事会的议事程序方面。监事人员应有足够的经验、能力和专业背景，具有法律、财务、会计等方面的专业知识或工作经验，能够履行对董事、经理和公司财务的监督。同时，监事会应当制定完善的议事规则和工作程序，并严格遵照执行。

（五）关联交易

关联交易就是企业关联方之间的交易。关联方是指：①直接或间接地通过一个或多个中介机构，被发行公司控制，或控制发行公司，或与发行公司一同受控于某个机构的公司。②上述公司的关联企业。关联企业是指未与有关公司合并，但有关公司能够对它产生重大影响或它对有关公司能够产生重大影响的企业。③直接或间接拥有公司权益和表决权，而这些表决权使他们成为能够对公司产生重大影响的个人。④关键的管理人员，包括公司的董事、高级管理人员等。⑤上述③类和④类成员直接或间接拥有重大表决权或能带给企业重大影响的公司。

二、证券交易监管

在证券市场上，最频繁、最活跃和风险最集中的是证券交易行为。证券是一种特殊的商品，具有虚拟性以及特殊的效用和需求特征，这就使得其价格背离价值而产生大幅度的波动，导致证券交易市场具有较强的投机倾向，容易形成证券交易价格的严重扭曲和大起大落，也容易给投机者操纵证券交易价格提供方便，内幕交易使得其他证券投资者处于不公平的投资地位，因此，加强对证券交易市场的监管就成为保证证券市场健康发展的重要一环。证券交易监管的总体目标是：保证交易机制在证券产品交易价格形成过程中能够发挥正常的作用，使得交易价格能够真正反映证券交易市场的供求关系。对市场稳定性的监管控制通常包括以下几种措施：

（一）价格涨跌限制制度

价格涨跌限制制度又称涨跌停板制度，即限定某种证券在某段交易时间内的最高或最低价格限额或升降幅度。该制度一般以价格百分比来确定，由证券交易所负责具体实施。如我国深沪交易所、东京证券交易所和维也纳证券交易所等对证券交易的最大价位幅度分别为 10%、20% 和 5%。对于股价涨跌的限制，国际证券市场有两种一般做法，即限定委托价格和涨跌停板，前者是指一笔交易不能高于或低于某个特定成交价的一定幅度，否则委托无效，以防股价的过快变动；后者除规定每日最大的变动幅度外，还根据不同的股价水平规定了相邻两笔交易之间价格涨跌的最大变动幅度，超过这一幅度则需等待，不得成交。

（二）交易断路器

通常在股市下跌达到一定幅度之后，证券交易所会采取停市措施，以便投资者有机会和时间重新审视股市以及权衡投资决策，舒缓羊群效应，减轻股市下滑速度。这种在股市异常情况下进行的闭市措施被称为交易断路器。与价格涨跌限制制度不同，交易断路器指的是整个市场在下跌到一定程度时关闭，而不仅仅是某个或某几种股票的交易暂停。前者是属于市场交易规则中自动调控的一部分，如我国沪深交易所，某个超过前一收盘价格 10% 的申报价格将不再被电脑撮合系统所接受。后者则是一个针对整个市场的监控体系，对整个市场的关注重于单个证券的波动。两者的侧重点有所不同，但都体现了有效稳定市场的目标。

（三）政府入市

政府入市是指政府监管机构或其他有关政府部门以稳定或调节市场，抑制投机或防止市场崩溃为目的，以直接或间接的方式入市干预的行为。它包括直接入市和间接入市两种，前者是典型的政府直接干预方式，后者指政府监管部门不以公开的交易中身份斥资入市，而是以各种间接手段影响各类市场参与者的行为与决策。证券市场在一段较长时期内的供需不平衡，或在种种证券市场失灵因素下市场难以恢复，是政府入市干预的基本理由，但要注意的是，政府入市干预的不利影响也是显而易见的，这种干预扭曲了价格信号对资源配置的指示作用，使得市场上以逐利最大化为目的的所有买卖力量无法以自由竞争的内在规律产生均衡价格，从而降低了市场效率。

三、期货市场监管

期货市场是进行期货合约买卖的场所。进入期货市场进行期货交易的完整过程通常为：期货交易者（客户）委托经纪公司为代理人，在交易所内按照一定的交易规则，通过公开平等的竞价来进行期货合约的买卖，而后通过结算部门登记确认。为防范和降低风险，维护期货市场的正常运作，各国立法机构、管理部门和期货交易所都制定了一系列详细、严格的规章制度。主要包括以下几个方面：

（一）保证金制度

保证金是期货交易的财政保证，是期货交易风险控制的基本手段。期货交易手段按性质与作用的不同，可分为结算准备金和交易保证金两大类。前者一般由会员单位按固定的标准向交易所交纳，是为交易结算预先准备的资金；后者是会员单位或客户在期货交易中因持有期货合约而实际支付的保证金。从期货监管角度来讲，保证金制度有两个功能：一是控制投机规模的重要手段，可以增加投机者的入市成本，抑制投机行为；二是为期货合约的覆盖提供财务担保，根据交易盈亏情况不断调整保证金，使期货交易始终处于无负债状态，降低风险。

（二）涨跌停板制度

涨跌停板制度是指期货合约在一个交易日中的成交价格不能高于或低于以该合约上一个交易日结算价为基础的某一涨跌幅度，超过该范围的报价将视为无效，不能交易。其作用包括：①可以有效地缓解和抑制突发事件和过度投机行为对期货市场的冲击，给予市场一定的时间来充分化解这些因素对市场造成的影响，维护市场的正常秩序。②锁定了客户及会员单位每一交易日可能的新增最大浮动盈亏和平仓盈亏，为初始保证金和追加保证金的设置水平提供了客观依据。③在市场出现单边行情时，通过适度缩小停板幅度，可以减少价格波动的速度和幅度，把交易所、会员单位及交易者的损失控制在相对较小的范围内。④涨停板制度使期货价格在更为理性的轨道上运行，当某一交易日以涨跌停板收盘后，交易者能够引起充分的注意并进行理性的思考，从而使期货市场更好地发挥价格发现的功能。

（三）逐日盯市制度

逐日盯市制度是指结算部门在每日闭市后计算、检查保证金账户余额，通过适时发出追加保证金的通知，使保证金余额维持在一定水平之上，防止负债现象发生的结算制度。其功能主要为：①对所有账户的交易头寸按不同品种、不同月份的合约分别进行结算，保证每一账户的盈亏都能得到及时、完整和真实的反映，为及时调整账户资金、控制风险提供依据。②由于这一制度规定以一个交易日为最长的结算周期，使会员保证金账户上的负债现象不超过一天，从而能将市场风险控制在交易全过程的一个相对最小的时间单位内。

（四）限仓制度和大户报告制度

限仓制度是期货交易所为了防止市场风险过于集中于少数交易者和防范市场操纵行为，对会员和客户的持仓数量进行限制的制度。其作用在于：①根据会员保证金数量规定持仓限量，以会员承担风险的能力来确定会员的交易规模。②对会员持仓量进行限制，可以防止市场风险过度集中于少数会员。我国期货交易所一般规定一个会员对某种合约的单边持有量不得超过交易所此种合约持仓总量的15%，否则交易所将对该会员的超量持仓部分进行强制平仓。③交易所对每个客户编码下的持仓总量有所限制，可以防止大户过量持仓操纵市场。

（五）强制平仓制度和风险准备金制度

强制平仓制度是指当会员或客户的交易保证金不足并且未能在规定时间内补足时，或当会员或客户的持仓数量超过规定的持仓限额时，或当会员或客户违反期货交易的有关规定时，为防止风险进一步扩大，对违规者的有关持仓进行平仓处理的一种强制性制度。风险准备金制度是指交易所从自己收取的会员交易费中提取一定比例的资金，用以作为维护期货市场正常运行而提供财力担保和弥补因期货交易所不可预见风险带来的亏损所需要的备付金制度。

（六）信息披露制度

信息披露制度是指期货交易所按有关规定定期公布期货交易有关信息的制度。信息的公开与透明是"公开"原则的体现。它要求期货交易所应当及时公布上市品种期货合约的有关信息及其他应当公布的信息，并保证信息的真实、准确。只有这样，参与期货交易的所有交易者才能在公平、公开的基础上接受真实、准确的信息，从而有助于交易者根据所获信息做出正确抉择，防止不法交易者利用内幕信息获取不正当利益。

【例12-1】国泰君安证券"砸盘"新三板

2015年12月31日下午14：50分，为执行本部门"卖出做市股票、减少做市业务当年浮盈"的交易策略，国泰君安业务部对圆融科技、凌志软件等16只股票以明显低于最近成交价的价格进行卖出申报，造成以上股票盘尾价格大幅度波动。这其中，有13只股票当日收盘价跌幅超过了10%，最大的一只跌幅最大达到 19.93%。上述行为严重扰乱了市场秩序，影响极其恶劣。

案件相关人：王某宏，作为国泰君安做市业务部负责人，是该业务的直接主管人员，同时具有向他人透露做市交易策略的行为，负有主要责任；陈某，场外市场部总经理，负有领导责任；李某恺，作为交易总监，负有直接责任。

案件处理：2016 年 1 月，全国股转公司给予国泰君安证券股份有限公司公开谴责，并给予上述责任人通报批评的处分。2016 年 2 月，国泰君安证券公告称收到了上海证券局《行政监管措施事先告知书》，包括限制新增做市业务 3 个月等处罚措施。

案件分析：本案相关责任人涉嫌以下三种违法行为：

1. 国泰君安构成了异常交易。国泰君安的"砸盘"行为，破坏了证券市场的正常运行机制，给证券市场带来了严重的负面影响。

2. 王某宏"向他人透露内部交易策略"的行为，违反了公司的内部规定。

3. 国泰君安的异常交易，涉嫌操纵市场，其涉嫌以持股和资金优势操纵市场，影响股价的正常波动。

第六节　证券市场的国际化趋势

一、证券市场国际化的趋势

证券市场的国际化是指以证券形式为媒介的资本在国际上自由流动，即证券发行、证券投资、证券交易和证券市场结构超越国界，实现国际自由化。一般证券市场的国际化包含两方面的含义：服务型开放和投资型开放。前者是金融服务业开放的主要内容之一，它包含：允许外国投资银行、商业银行、资产管理公司、基金管理公司、律师事务所等外国证券中介机构在本国证券市场上为证券投融资提供各种服务等；后者属于服务贸易范畴，包含：证券市场准入原则、国民待遇原则、市场透明度原则和逐步自由化原则等。证券市场国际化主要表现在以下几个方面：[1]

（一）跨境的国际资本流动迅速增长，国际证券发行与交易活跃

随着证券市场国际化浪潮的推进，国际间资本流动的组成也相应地发生变化：20 世纪 80 年代后半期国际直接投资取代了商业银行贷款，成为了国际资本

---

〔1〕 吴晓求主编：《证券投资学》，中国人民大学出版社 2014 年版。

流动的主要形式，但 90 年代证券投资类在各种形式的资本流动中占据了主导地位，而在 90 年代末证券投资形式的资本流动成为了国际资本流动的主要形式。

（二）西方国家外汇管制基本取消，国际外汇市场交易额迅速增加

外汇市场交易额是一种典型的国际流量指标，可以用来衡量资本市场全球化和国际化的程度。据统计，全球外汇日交易额从 1986 年 2000 亿美元增至 1998 年的 1.74 万亿美元，年均增长 8%。

（三）金融管制逐步放松，证券市场国际化的障碍基本消除

证券市场的国际化必须以各国放松金融管制的方式得到更好的发展。金融管制的放松，使得证券市场的准入和创新进入蓬勃发展的阶段，推动各国证券市场之间的渗透合作。

（四）全球范围内推行国际准则，促进各国证券市场走向一体化

证券市场的国际化，或者说更具广泛意义的金融全球化，实质上是在全球范围内实施一套技术标准和制度规则。关税和贸易协定以及其后世界贸易组织、国际货币基金组织和巴塞尔委员会等组织及其规定是证券市场国际化或全球化的制度体系内容。

二、证券监管的国际化趋势

随着证券市场国际一体化的发展态势，20 世纪 90 年代以来，国际证券监管出现了新的发展态势。主要表现在：

（一）从放松监管到再监管

如果说 20 世纪 80 年代放松监管是全球金融体系的突出特征之一，那么在金融危机频繁爆发后，目前这一特征已经让位于"再监管"。事实上，在 20 世纪 90 年代初，当许多发展中国家热衷于金融自由化的时候，西方国家的金融监管机构已经着手于建立并强化审慎监督制度，致力于排除影响市场约束力的障碍。巴塞尔委员会在制定统一的监管制度和推动各国监管合作方面始终发挥重要的作用，近些年来，在充裕资本、降低信用风险、增强透明度、加强对大型金融集团的监管、加强国际监管合作等方面提出了一系列指导性原则和建议，构成了国际金融再监管的基本框架。

（二）从分业监管到混业监管

英国于 1986 年进行全面金融监管，使监管体制由分业监管向混业监管迈进。在金融混业经营的影响下，完全分业监管的国家在数目上呈现逐步减少的趋势，各国金融监管的组织机构正向部分混业监管或混业监管的模式过渡。

（三）加强对大型金融集团的监管

巴塞尔委员会认为，对大型金融集团的监督应集中于两点：对集团内部交易与风险的监督与控制和对风险集中度的监管与控制。内部交易与风险反映的是集团内各实体间的风险暴露，风险集中度则反映了不同集团间的风险程度。这两点是大型金融集团实施完善的内部风险管理程序的关键，也是对大型金融集团进行外部监督的关键。

（四）扩大监管范围

由于金融工具的不断创新，许多金融机构一方面通过金融创新绕开管制，另一方面则通过子公司或控股公司从事非银行业务。各国监管当局相应地通过扩大金融监管的范围，从单纯的表内业务，扩展到包括表外业务在内的所有业务，监管的范围逐步扩大。

三、证券监管的国际合作与组织

国际证券监管合作包括三个层面：其一，各国监管当局相互之间的双边合作，包括签订或达成谅解备忘录、条约、联合宣言等；其二，区域性监管协作，目前只有欧盟实现了对国际市场运作的超国界安排，真正地实现了区域性合作；其三，国际证监会组织等其他国际性组织的合作。其合作内容主要有：

（一）建立信息共享机制，制约跨国界的欺诈、市场操纵和内幕交易行为

在一体化市场环境中，交易者为避开本国监管约束而转向海外交易，由于管辖权的局限，和相应的管制存在漏洞，使得跨国界的证券犯罪行为更具隐蔽性和破坏性。信息共享机制是国际监管合作的主要方面，其意义在于提高所有政府和监管者在全球市场范围内的信息对称性和信息完全性，致力于降低一国的国内监管成本从而提高整体监管效率，有效地制裁欺诈、操纵和内幕交易行为。

（二）加强对跨国金融联合企业的监管合作，降低市场系统性风险

国际证券监管界日益注重于明确和协调证券经营机构的资本充足度要求并日趋严格。协调资本充足度监管的经济原理首先在于降低金融市场运行中难以克服的系统性风险，而国际市场一体化令这种风险通过清算支付系统和大规模撤资迅速蔓延于全球，导致一体化环境中证券市场外部负效应的成倍增加。其次，由于银行业和证券业之间的管制界限不再如以往那样明显，经营证券业务的金融机构呈现多样化和复杂化，许多监管机构要求设立国际资本标准，以此在从事证券经营的银行和非银行金融机构间创造一种"平等运作场地"。与此相

一致的监管发展趋势强调"业务"而非"机构"监管，即根据不同机构的相同业务领域，实施规则一致的监管。

（三）建立证券跨国发行和上市统一的信息披露及会计标准

信息披露及会计标准的国别差异成为阻碍国际资本流动的制度壁垒，这实质上增加了筹资企业的守法成本，并由此成为企业公募和上市选择的决定因素。因此，监管制度对上述标准的统一和协调将直接有助于减少成本、促进进入机会和信息共享，并提高国际市场领域中的资本形成和资本配置效率，而且能够在不影响市场稳定性和不损害国际竞争的情况下增强市场一体化进程。

（四）保证国际证券市场运行的安全性、流动性

跨国界交易的迅速增长导致跨国界条件下的结算成本和风险的大幅度增加，远远超出一国范围内的同类监管成本和风险，并成为各国监管的重点。国际分割状态也使得跨国界清算的有效的风险转移机制难以建立。因此，如何通过国际合作来降低清算和结算过程中的种种风险则成为国际监管协作领域的重要研究方向。

四、我国证券监管国际化的原则和战略

证券市场国际化是建立在国内证券市场高度发达、高度规范基础上的。作为新兴的证券市场，我国证券市场既不算高度发达也不算特别规范。因此，必须在规范中发展国内证券市场，这是证券市场国际化的基础。近些年，我国证券市场全面开放后，监管将面临两个重要因素，一是信息科技的迅猛发展，二是金融国际化和全球一体化的进一步发展。在金融市场提高效率的同时，伴随而来的风险因素和金融市场的不稳定性也加大了，因此要加强风险的管理和预防工作。

（一）进一步加强监管

当前情形下，证券监管的成功在很大程度上更取决于金融机构的自律和市场机制的作用，注重建立激励相容的制度安排，将外部施加的监管与内部自发的响应有机地统一和结合起来。

（二）构建适应证券市场国际化的监管框架

为适应证券市场国际化要求，要注重建立监管制度的长效机制。应根据我国的现实国情，建立适合我国监管的基本框架，做好与国际接轨的工作，并保持政策的稳定性、连续性和可预见性。

（三）完善证券法律体系，加强执法力度

首先是进一步完善国内证券法律体系，建立以《证券法》为基础，国务院行政法规和证券主管部门的规章为补充的统一的证券法律体系。其次，由于证券市场的国际化后涉及境外管辖权的问题，因此要尽快颁布适用于境外证券监管的法规。

（四）加强对国际证券市场新形势的研究

要加强对国际证券市场新形势的研究，尤其要加强研究新技术的发展对证券市场将造成的影响。中国证券市场对外开放后，国际证券市场、金融市场的新变化，都将对中国证券市场产生重大影响，因此必须加强对国际证券市场新形势、新发展的研究。

（五）加强国内和国际监管机构的协调与合作

金融市场国际化、一体化的加强由于技术和通信的发展，使得风险可以被分散或集中管理，对证券市场的监管也必须与环境变化相适应。许多国家都签署了多边的谅解备忘录，保证信息的共享和应急措施的共同一致。

参考文献

1. 贾忠磊主编：《证券市场监管》，中央广播电视大学出版社 2004 年版。

2. 吴晓求主编：《证券投资学》，中国人民大学出版社 2014 年版。

3. 中国证券业协会编：《金融市场基础知识》，中国财政经济出版社 2018 年版。

4. 中国证券业协会编：《证券市场基本法律法规》，中国财政经济出版社 2018 年版。

5. 李英主编：《证券投资学》，中国人民大学出版社 2016 年版。

6. 吴晓求等：《中国资本市场研究报告（2013）中国资本市场：制度变革与政策调整》，北京大学出版社 2013 年版。

7. 邢天才、王玉霞主编：《证券投资学》，东北财经大学出版社 2017 年版。

8. 柯湘：《中国证券监管权的行使与制约研究》，知识产权出版社 2015 年版。

9. 贾君怡："国际证券融资市场交易宏观审慎监管改革与启示"，载《证券市场导报》2018 年第 9 期。

思考题

1. 什么是证券监管？证券监管的含义是什么？
2. 证券监管的种类有哪几种？分别都有什么？
3. 证券监管是如何产生的？发展历程是怎样的？
4. 我国证券市场监管的法律不足之处有哪些？你有什么改进建议？
5. 未来我国的证券监管会面临哪些挑战和机遇？